Gerhard Schürer

Gewagt und verloren

Eine deutsche Biographie

FRANKFURTER ODER EDITIONEN

Zu diesem Buch

Die Autobiographie Gerhard Schürers, inzwischen in der dritten und stark bearbeiteten Auflage, ist die Geschichte eines deutschen Lebensweges in diesem Jahrhundert. Er war als Chef der Plankommission Wegbereiter und Hürde für Neues zugleich. An ihm führte kein Weg vorbei, vom Neubau eines Stahlwerkes bis zur Rolle Toilettenpapier. Er wurde geachtet und verflucht. Mit seinem Rückblick versucht er, seine Lebenshaltung zu vermitteln, sein Ringen um seine Art von Aufrichtigkeit. Eine nachträgliche Rechtfertigung? Er hebt sich in jedem Fall von denen seiner ehemaligen Genossen und "Mitkämpfer", Honecker und Krenz, Mittag und Schabowski, ab. Gerhard Schürer unternimmt den Versuch, sechs Jahre nach dem Verschwinden des Landes und seiner eigenen Funktion, aufzuhellen, worin seine Verantwortung an diesem Zusammenbruch lag.

Gerhard Schürer

Gewagt und verloren

Eine deutsche Biographie

FRANKFURTER ODER EDITIONEN

Für Christina

Fotos: Privatarchiv des Autors
ISBN 3-930842-15-7

4. bearbeitete Auflage
Umschlaggestaltung: GRAFIKSTUDIO Mann, Berlin
Satz: Verlag Matthias Kirchner Eggersdorf/Mü.
Druck: Print on demand Libri

Inhaltsverzeichnis

Statt eines Prologs

Schwer klappte die Eisentür ins Schloß. „Stellen Sie sich mit dem Gesicht zur Wand" - sagte in barschem Ton ein Beamter zu mir. Es war der 25. Januar 1990, 16 Uhr. Vor 12 Tagen hatte mich die Volkskammer der DDR mit Dank für die geleistete Arbeit als Vorsitzender der Staatlichen Plankommission (SPK) von meiner Aufgabe als Minister der Regierung *Modrow* auf eigenen Wunsch entbunden. Und nun? Ich wurde der Haftrichterin vorgeführt. Sie wirkte streng. Selbst die beiden hübschen jungen Frauen an ihrer Seite brachten keinen Hauch Wärme in die Kälte der Amtsstube in der Untersuchungshaftanstalt Berlin II, Keibelstraße. Mir wurde die Beschuldigung des Staatsanwaltes verlesen. „Verbrecherische Untreue zum Nachteil sozialistischen Eigentums" und „Vertrauensmißbrauch" blieben mir in Erinnerung. Ob ich Bemerkungen zu machen hätte, wurde ich gefragt. „Nur eine", sagte ich, „zu Hause wartet meine 3jährige Tochter auf ihren Vater!" Das war schon zu viel. „Die beiden Frauen hier haben je drei Kinder", antwortete die Haftrichterin und fragte, ob sie meine Bemerkung zu Protokoll nehmen soll. Ich verneinte und bat höflich um Verständnis, daß nach der Verhaftung und nach 5 1/2 Stunden Verhör ein Gedanke an meine Tochter *Christina* doch erlaubt sei. Dennoch bewegte mich das Schicksal der zwei anwesenden Frauen, die hier beisitzen mußten, wenn Haftentscheidungen ausgesprochen wurden. Zwei Unterschiede sah ich aber doch zwischen ihnen und mir: Sie konnten abends nach Hause gehen zu ihren Kindern; und ich habe sieben Kinder: *Christina*, *Conny*, *Frank*, *Andy*, *Martina*, *Marion* und *Gabi*.

Die Entscheidung war gefallen, die Untersuchungshaft wurde angeordnet. Man führte mich in das Zellenhaus. Unzählige Eisentüren fielen nacheinander klirrend ins Schloß, als letzte die der Zelle 108. Dieser Moment ist sicher für jeden, der bisher frei gelebt hat, so auch für mich, der ich 27 Jahre Minister der DDR war, ein erschütterndes Ereignis, eine Situation der Verzweiflung und der Hoffnungslosigkeit.

Begonnen hatte es morgens 9 Uhr. Ich war in unserer neuen Wohnung nach dem Umzug aus Wandlitz gerade dabei, den letzten Dübel zu setzen, als es klingelte. Etwa 10 Herren und eine Frau wiesen sich als Staatsanwälte bzw. Kriminalbeamte aus und begehrten Einlaß. Von der ersten Minute an waren alle bemüht, die Modalitäten streng einzuhalten, aber auch darauf zu achten, daß ich als ehemaliges Mitglied der Partei- und Staatsführung keinen Hauch anders behandelt wurde als jeder andere eines Verbrechens Verdächtigte. Telefonisch durfte ich meine Frau verständigen und meine Schwiegermutter bitten, die Betreuung unserer Tochter zu übernehmen. Mir wurden meine Rechte verlesen, und ich wurde abgeführt. Im Fahrstuhl, im Hausflur und auf dem Hof waren weitere 10-12 Herren postiert, die mir zum Teil bekannt waren, denn bis vor kurzem war es noch ihre Aufgabe, Personen wie mir Schutz zu gewähren, weshalb sie in der „Hauptverwaltung Personenschutz des Ministeriums für Staatssicherheit" arbeiteten. Als der mir ebenfalls gut bekannte Staatsanwalt sagte, daß man meine Verhaftung so „diskret" organisiert habe, damit die Nachbarn nichts merkten, empfand ich das als mißlungenen Witz, denn nur die Handschellen fehlten, aber dafür waren es weitaus mehr Leute als üblich. Die Hausdurchsuchung war total. Nichts in der Wohnung blieb an seinem Platz. Alles wurde durchwühlt, ständig wurde gefragt, gesucht, durchgeblättert und fotografiert. Auch der Keller, den meine Frau noch gar nicht kannte, wurde nicht ausgelassen. Beschlagnahmt wurde kaum etwas, weil sich nichts Geeignetes fand, denn ich hatte vor meinem Ausscheiden aus dem Amt angewiesen, daß alle Akten in der Staatlichen Plankommission verbleiben und nichts davon vernichtet werden soll.

Immerhin ist eine Verhaftung und Hausdurchsuchung für die Familie ein großer Schock. Nachdem Stunden später die Beamten endlich das Haus verlassen hatten, waren meine Frau und meine Schwiegermutter so niedergeschlagen, daß sie sich eine Zigarette anzünden mußten, obwohl sie wenige Monate vorher mit dem Rauchen aufgehört hatten. Sehr beeindruckt waren sie allerdings davon, daß mehrere der uns noch fremden Hausbewohner ihnen sofort ihre Hilfe und Unterstützung anboten, denn sie hatten natürlich meine Verhaftung bemerkt.

Als erstes habe ich versucht, mir über meine Situation klar zu werden. Zunächst gelang mir gar nichts. Wie bei einem Film im Schnelldurchlauf rasten die Bilder meines Lebens an mir vorbei: die armselige Kindheit, die Jugend im Dritten Reich, die Zeit als Soldat und Flieger während des verbrecherischen Krieges, die Bombennacht in Dresden, die neuen Ideen des Wiederaufbaues, die Anstrengungen einer Karriere im Sozialismus, das Studium in Moskau, die staatliche Planwirtschaft mit ihrem Aufbau und Untergang, die Jahre als „ewiger“ Kandidat des Politbüros sowie die Tage der Wende, als der Ruf: „Wir sind das Volk“ unüberhörbar das Ende ankündigte und als dann die Grenzen fielen, die Deutschland so lange geteilt hatten. In der engen, stickigen Zelle ließ mich der Gedanke nicht mehr los, daß ich nun nicht nur für das ökonomische Schicksal des Landes einzustehen habe, für das ich mehr als 40 Jahre gearbeitet und gelernt hatte, sondern für seine gesamte Politik und ihre Folgen, also auch für den 17. Juni 1953 und seine Opfer durch die Politik der SED und die sowjetischen Panzer, den Bau der Mauer 1961 und die langjährige Trennung von Familien, für Tote an der Grenze und inhaftierte politische Gegner oder auch für gemaßregelte Genossen der eigenen Partei. Tatsachen bleiben Tatsachen. Auch wenn man sie in unterschiedliche Zusammenhänge stellt und verschieden interpretiert, kann man nicht leugnen, daß es Opfer gab. Während des „siegreichen Aufbaus des Sozialismus“ wurde im Lande kaum und international offiziell wenig über diese Opfer gesprochen. Da übergaben die Großen der Politik bei freundlich geführten Gesprächen allenfalls einmal ein „Nonpaper“ mit Namen von Verhafteten, die man freibekommen wollte und meist auch frei bekam. Oder man ließ dieses „Papier“ diplomatisch einfach am Verhandlungstisch liegen und erreichte mit „good will“ das Gleiche. Aber nun, nach der Niederlage, wird mit Sicherheit alles Negative abgerechnet werden und zwar ausschließlich auf der Seite des Verlierers der Geschichte, niemals gegenseitig. Kommt nun die Nacht der langen Messer? Besagt nicht unsere eigene Theorie, daß die Konterrevolution um das Vielfache opferreicher sei als die Revolution?

Die Ungewißheit, wie es nun weitergehen soll, war das schlimmste für mich in dieser Situation. Mir war, als hätte plötzlich jemand eine Eisenzwinge um mein Herz gelegt. Ich suchte, wo die Pulsadern liegen und hatte doch zugleich alles abgeben müssen, was Werkzeug des Todes hätte sein können: den Gürtel, den Rasierapparat, die Glasplatte vom Bild meiner kleinen Tochter, die Schnürsenkel und sogar die Uhr. Ich erhielt anstelle dessen, eine uralte, zerbeulte Emailleschüssel, Seife, Zahncreme, Kunststoffbecher, Handtücher, blaukarierte Bettwäsche, 3 Decken und eine neue Zahnbürste.

Aber schon bald hatte ich meine Gedanken wieder im Zaum. Niemals werde ich aus meiner Verantwortung flüchten, schwor ich mir, auch nicht in den Tod, der in Wirklichkeit weit weniger sühnen kann als eine ehrliche, aus dem Herzen kommende Entschuldigung gegenüber den Opfern. Ich machte mir klar, daß niemand mein Jammern hören will und daß ich selbst mit meiner neuen Situation zurechtkommen muß. Die Stahlgitter des Gefängnisses waren die neue Realität, auf die ich mich einzustellen hatte. Es waren Stunden wichtiger Erkenntnisse in einem Schnellkursus, wie er kaum von einer Universität geboten werden kann. Wieder einmal bewährten sich die eisernen Nerven aus meiner Fliegerzeit, denn „Gefahrenzustände“ gehören zum Ausbildungsprogramm eines jeden Piloten. Nur wer sich selbst aufgibt, ist verloren. Aber gestürzt war ich verdammt tief.

Meine Zelle Nr. 108 in der Untersuchungshaftanstalt war 4 m lang, 1,80 m breit und stank penetrant. Das kleine Fenster war unerreichbar hoch und das Licht mußte den ganzen Tag brennen. Als einzige Lüftung diente ein 20 x 20 cm großes Loch in der Wand unter der Decke zum Zellenhaus. Das eiserne Feldbett war für eine Doppelbelegung aufstockbar, für mich war jedoch Einzelhaft angeordnet. Ein Wandregal, ein hochklappbarer Tisch und ein harter Stuhl ergänzten den Raum, in dem übrigens alles schief war. Das Waschbecken hing schief an der Wand, die Toilette wackelte von links nach rechts, alle Rohrleitungen waren schief montiert und sogar das Toilettenpapier konnte nicht gerade hängen, weil es vom schiefen Abflußrohr zur Seite gedrängt wurde. Das Eßbesteck war schief, krumm und stumpf und aus Aluminium. Nicht schief, sondern kerzengerade und stabil waren dagegen die Eisengitter am Fenster des „Verwahrraumes“, wie die Zelle in der Hausordnung genannt wurde. Sie schienen innen und außen mit der Wasserwaage montiert worden zu sein, zusammen mit der schweren, mit breiten Riegeln versehenen Stahltür einschließlich Guckloch und von außen zu öffnendem Fensterchen zur Essenübergabe, das wichtigste Utensil der Zelle. Diese stabilen Stahltüren bestimmten die Musik der Haftanstalt. Ständig schlugen Eisenriegel, drehten sich Schlüssel, klappten Durchreicheluken, und zweimal am Tag rief ein Beamter laut: „Zählung"! Dann krachte es im Verwahrhaus wie im Elbtal-Eisenwerk Dresden, wo ich 1945 als Stahlbauschlosser gearbeitet hatte. Das ist die Zeit der Übergabe des Traktes von der einen Wachmannschaft an die andere. Das ist auch die Zeit der Meldung des Häftlings an das Wachpersonal: „Verwahrraum 108, belegt mit einem Häftling. Keine besonderen Vorkommnisse. Es meldet der Häftling Schürer. Guten Tag Herr Meister!" Ich empfand diese Meldung besonders demütigend, denn noch war ich nicht verurteilt, war noch nicht einmal angeklagt. Es machte mir jedoch den tiefen Sturz ins Ungewisse schmerzhaft deutlich, und mein Nachdenken galt jenen Menschen, die jahrelang unter solchen Bedingungen leben mußten bzw. müssen. Auch als mir eine robuste Wachmeisterin sagte, ich sei kein Häftling, sondern nur ein „Verhafteter", fand ich darin keinen Trost.

Die Benennung „Meister" ist im Gefängnis übrigens kein Beruf und auch keine Qualifikation, sondern ein Dienstgrad für das Wachpersonal. Die Rangstufen in den Haftanstalten der DDR waren: Anwärter, Unterwachtmeister, Wachtmeister, Oberwachtmeister, Meister, Obermeister, Unterleutnant, Leutnant, Oberleutnant, Hauptmann, Major, Oberstleutnant und Oberst. Die mit den Häftlingen direkt arbeitenden Wachleute waren meist Dienstgrade zwischen Wachtmeister und Meister. Es waren in der Regel etwa 30-45 Jahre alte, robuste, soldatisch exakte, kräftige Menschen, die sich streng an die Vorschriften hielten und diese auch durchzusetzen verstanden.

In diesem rauhen Klima der Haftanstalt habe ich jedoch auch einen Menschen kennengelernt, der mir einen Funken Hoffnung gab. Die Station, in der auch die ehemaligen Politbüromitglieder *Heinz Keßler* (Verteidigungsminister) und *Joachim Herrmann* (verantwortlich für die Medien) einsaßen, wurde von einer Frau, einer Obermeisterin, geleitet. Sie wirkte auf mich wie ein Engel, der sich verflogen hatte. Nicht nur, daß sie sympathisch, hübsch und zu zart für das grobschlächtige Verwahrhaus war, nein, sie war korrekt wie die anderen auch, aber höflicher und feinfühliger. Sie nannte mir meine Rechte und Pflichten, gab mir meine Uhr zurück und die Schnürsenkel, weil sie sah, wie unbeholfen ich mit meinen durch einen Flugzeugunfall beschädigten Füßen herumlatschte. Für meinen Hals waren die Schnürsenkel ohnehin zu kurz und zu dünn für mein Gewicht. Als gute Nachricht empfand ich auch, daß ich im Monat 6 Briefe schreiben, Bücher lesen und tauschen konnte, daß es im Zellenhaus eine Verkaufsstelle der HO gab und ich „Wertbons" erwerben konnte, die andere Häftlinge „Zigeunergeld" getauft hatten. Ferner durfte ich mir ein kleines Radio bringen lassen und für den 8. Februar war der Besuch meiner Frau genehmigt worden, was für mich die schönste Nachricht war. Die Hausordnung, die auf 14 Seiten bestimmte, was erlaubt war und vor allem festschrieb, was zu unterlassen war, konnte aber auch Frau „Engel", wie ich sie für mich getauft hatte, weil ich ihren Namen nicht erfahren konnte, nicht ignorieren. Punkt 20 Uhr wurde das Licht gelöscht, um 5 Uhr früh wurde geweckt, eine schreckliche Zeit für mich mit dem Tagesrhythmus eines Menschen, dessen Arbeitszeit viele Jahre nach 20 Uhr erst noch einmal richtig begann. Könnte ich jetzt, wie noch vor zwei Wochen, im Kabinett neben dem Innenminister sitzen, würde ich drei Dinge dringend anmahnen zu ändern: die Nachtruhe auf 22 Uhr bis 6 Uhr zu verlegen; die schrecklich kratzenden und verdreckten Roßhaardecken gegen saubere auszutauschen und die riesigen Kakerlaken zu bekämpfen. Aber mit all dem mußte ich mich abfinden. Abfinden mußte ich mich auch damit, daß die in der Anstaltsordnung als Recht des Häftlings fixierten 30 Minuten Freigang ständig auf 10-15 Minuten begrenzt wurden. Zwar ist man auch in dieser Zeit auf dem Dach des Hauses von hohen Mauern, Stahlgittern, Sichtblenden und bewaffneten Posten eingekeilt und kann nur 20 Schritte längs und 3 Schritte quer gehen, aber welch glückliches Gefühl kann es doch sein, für Minuten die Sonne sehen zu dürfen! Leider sind es nur wenige von den 1 440 unendlich langen Minuten am Tag. Für mich, der ich schon im steckengebliebenen Fahrstuhl über Luftmangel klage und an einer lästigen Thrombose im rechten Bein leide, wäre ein längerer Freigang sehr wichtig gewesen. Viel zu laufen hatte mir der Arzt verordnet, aber wer im Gefängnis eingesperrt war, hat nun einmal zu „sitzen" und nicht zu laufen. Also mußte ich auch das verdauen.

Frau „Engel" hielt Wort. Am 8. Februar durfte mich meine Frau eine halbe Stunde besuchen. Welches Glück, welche Freude, welche

Tränen. *Steffy* war so lieb. Sie versuchte ihre Erschütterung zu verbergen. Sie sagte, daß sie mit den Kindern schon durchkommen werde, obwohl man meine Rente „arretiert" hatte, wie es juristisch so sinnig hieß. Weinend erzählte sie, daß *Christina* immer nach ihrem Papa fragt und daß sich alle rührend um sie kümmern. Sie berichtete von den anderen Kindern, ihren Sorgen und Problemen, sowie von Opa und Oma, die jeden Tag 8 Stunden unsere Tochter betreuen müssen, obwohl die kranke Uroma zu Hause dringend ihrer Hilfe bedarf. Ja, ich werde zu Hause sehr gebraucht, Herr Staatsanwalt! Nach der gültigen Strafprozeßordnung müßten neben der Schwere der Beschuldigungen auch die Persönlichkeit des Beschuldigten, sein Gesundheitszustand, sein Alter und seine Familienverhältnisse für die Fortdauer der Untersuchungshaft berücksichtigt werden, aber daß ich fast 70 Jahre alt war, Thrombose hatte und als Babysitter zu Hause sehr gebraucht wurde, war ungewöhnlich und reichte nicht zu meiner Entlassung aus der Untersuchungshaft aus, obwohl nach § 123 Absatz 1 des Strafgesetzbuches der DDR „die Untersuchungshaft nur angeordnet oder aufrechterhalten werden darf, soweit dies zur Durchführung des Strafverfahrens unumgänglich ist".

Zwei Eindrücke aus meiner kurzen, aber sehr lehrreichen Zeit in der Haft sind mir noch wichtig festzuhalten. Das betrifft erstens das Essen im Gefängnis. Seid mir nicht böse, ihr Köchinnen und Köche der Minister-Casinos, ihr Gastronomen der Staatsempfänge und Küchenchefs der Gästehäuser und Interhotels, das Essen im Knast war für mich besser als in diesen Einrichtungen. Nicht weil die einen unfähig waren und die anderen Könner sind, sondern weil ich die Hausmannskost vorziehe, während die Chefköche garnieren, kombinieren, glasieren und ihren Gästen eine Speisekarte anbieten, die den erlesenen Geschmack ansprechen soll. Ich dagegen mag Gulasch mit Makkaroni, Hering mit Pellkartoffeln, Erbsen mit Bockwurst, Bulette mit Kartoffelsalat, Kaßler mit Sauerkraut und Eintöpfe aller Art. All das habe ich in der Haftanstalt bekommen, und ich fand es besser als Chateau briand mit Souce bearnaise oder Steak in Rotweinsouce. Ich mag auch nicht Fleisch mit Apfelsine darauf oder Pastete in Blätterteig und gegen Shrimps, Hummer, Langusten und Scampis bin ich allergisch. Oft kam ich nach Staatsempfängen spät abends hungrig nach Hause, weil mir die exklusiven Speisen einfach nicht schmeckten. Nur heiß möchte ich alles essen, doch das schaffte leider unser „Servierer" in der U-Haft nicht, denn er hatte das Vielfache an „Gästen" zu bedienen als die vielen Kellner bei einem Bankett. Dieser „Servierer" war ein Bild von einem Mann. Groß gewachsen, ca. 35 Jahre alt, sportliche Figur, sympathisches Wesen, fast schön zu nennendes Gesicht mit männlichen Zügen, ausdrucksvollen Augen und vollem welligem brünetten Haar. Er schien auch kein Mithäftling gewesen zu sein, denn er war immer sauber und adrett in Zivil gekleidet. Aber wenn er Zivilangestellter war, warum hatte er dann ohne jede Ablösung täglich, einschließlich der Wochenenden von früh 5 Uhr bis abends 19 Uhr Dienst? Leider hatte ich keine Chance, sein Schicksal zu erhellen, obwohl ich beim Haarschneiden, was er auch bei allen anderen Häftlingen erledigte, zu meiner Überraschung feststellen mußte, daß er wie ich Ökonomie studiert hatte. Mehr konnte ich aber nicht über sein eigentliches Leben von ihm erfahren. Was gibt es doch für Schicksale!

In meiner Zelle büffelte ich - zum ersten Mal in meinem Leben - das Strafgesetzbuch und die Strafprozeßordnung der DDR, was vor mir schon manch anderer hatte tun müssen. Nie kam mir in den Sinn, daß ich in die Situation geraten könnte, haargenau wissen zu müssen, was darin steht. Als Planungschef habe ich jährlich über Milliarden Mark oder Rubel und über Hunderte Millionen freier Devisen entscheiden müssen. Das habe ich immer mit bestem Wissen und Gewissen getan. Niemals habe ich etwas veruntreut. Mein persönlicher Kontenstand auf der Sparkasse blieb, schon wegen der vielen Kinder, immer recht niedrig. Nach Begleichung der Kosten für meinen Umzug aus Wandlitz nach Berlin betrug er fast Null, denn man verfuhr nach dem Prinzip: Was du mitnimmst, mußt du bezahlen, was zurück bleibt, fällt dem Staat zu. Da ich als Verhafteter mehrere Monate selbst kein Geld erhielt, mußten meine Schwiegereltern sogar aushelfen.

Die Ermittlungen gegen mich bezogen sich nicht auf die Unterschlagung staatlicher Mittel bzw. ihre Verbringung auf ausländische Konten, sondern darauf, daß ich meine „Vertrauensstellung im politischen System der DDR" genutzt haben soll, um den Bau eines Freizeitobjektes in Dierhagen anzuordneten und daß die monatliche Miete dafür in Höhe von 214,90 DM die Kosten nicht deckte.

Für mich war von Anfang an klar, daß ich zu meiner politischen und moralischen Verantwortung als Mitglied der Führung und als langjähriger Planungschef der DDR zu stehen, nichts zu beschönigen und auch persönliche Schlußfolgerungen zu ziehen habe. So habe ich es auch auf der 11. Tagung der Volkskammer am 13. November 1989 dargelegt und meine Rede fand Anerkennung bei den Abgeordneten. Am Anfang kamen noch kritische Zwischenrufe, aber dann erhielt ich sogar mehrfach Beifall. Auch vor der „Eppelmann-Kommission" des Bundestages habe ich mich später aufrichtig und offen zu allen gestellten Fragen geäußert, was mir die Achtung von nicht wenigen Mitgliedern des Ausschusses, aber herbe Kritik aus den eigenen Reihen einbrachte. Aber für meine Weltanschauung möchte ich mich bei niemandem entschuldigen müssen und strafrechtliche Schuld sah ich, auch nach dem Studium der Gesetzbücher der DDR, bei mir nicht. Schon beim ersten Durchlesen der mir genannten Paragraphen 161,162 und 165 fand ich Argumente zu meiner Verteidigung. Ich konnte auch feststellen, daß die Staatsanwälte sowohl bei der Hausdurchsuchung als auch bei meiner ersten Vernehmung Formfehler gegenüber der Strafprozeßordnung zugelassen hatten, die ich vor Gericht hätte anführen können.

Meine Frau suchte für mich einen Verteidiger und rief deshalb Rechtsanwalt Professor *Wolfgang Vogel* an, den sie nur dem Namen nach kannte und fand dann schließlich den Rechtsanwalt *Wetzenstein-Ollonschläger*, den wir beide nicht kannten. Wir waren froh, daß er den Auftrag übernahm. Für 2 000.- Mark, die uns unsere Schwiegereltern liehen, bemühte er sich um Haftverschonung und Einstellung des Verfahrens, hat jedoch, ehrlich gesagt, sonst wenig bewegt. Ich glaube, daß ich nicht zuerst ihm, sondern vor allem Oberleutnant *Geipel* von der Kriminalpolizei Chemnitz, der die Ermittlungen gegen mich sehr sachlich führte, sowie der Staatsanwältin *Fomferra* und Professor Dr. *Reuter* als zuständigem Stellvertreter des Generalstaatsanwalt meine Entlassung aus der Untersuchungshaft am 12. Februar 1990 und später die Einstellung des Verfahrens gegen mich zu verdanken habe.

Meine Entlassung aus der Untersuchungshaft war ein Tag, den ich nie vergessen werde. Die Staatsanwältin teilte mir mit, daß alle Punkte der unbedingten Notwendigkeit entsprechend § 123 StPO geprüft worden seien und ich am gleichen Tag nach Hause gehen kann. In der Haft hätte ich mich sehr ordentlich verhalten, sagte sie, und mehrfach habe ich in der Tat ein Lob ausgesprochen bekommen. Ich war ein „pflegeleichter" Häftling. Täglich hatte ich meine Zelle geschrubbt, das Bett wie ein langjähriger Knastologe stets eckig und glatt gebaut, jedem Wachmeister exakt Meldung erstattet und immer „bitte" und „danke" gesagt, wie ich es seit meiner Kindheit gewohnt war. Ich bedankte mich fast überschwenglich für diese unerwartete Nachricht. Natürlich war mir klar, daß die Ermittlungen fortgeführt würden, aber zunächst war ich frei und konnte zu meiner Familie zurück, was für mich unendlich viel bedeutete.

Als sich das eiserne Tor der U-Haftanstalt für mich öffnete und ich mit meinen „Effekten" die Straße betrat, überwältigten mich die Gefühle dieser Stunde. Seit meinem 19. Lebensjahr hatte ich nicht mehr geweint. Zu viel an harten Schicksalsschlägen mußte ich im Leben verdauen: den frühen Tod meines Vaters, den schweren Flugzeugunfall, die Bergung schwerverletzter oder toter Fliegerkameraden, den Tod fast aller meiner Mitschüler im Krieg, den furchtbaren Luftangriff auf Dresden, den Hunger und die Wirren der Nachkriegszeit, den Ruin meiner Partei und des Staates DDR, all das hat mich hart werden lassen. Aber mit Ausnahme von fünf Tagen Arrest wegen einer Bruchlandung beim Militär lebte ich immer frei. Nun setzte ich mich erst einmal auf einen Stein und weinte vor Freude.

Wenn ich bis zu diesem Zeitpunkt etwas über Haftstrafen las, wußte ich kaum, was das für einen Menschen bedeutet, einen Monat, ein Jahr oder noch länger im Gefängnis zu verbringen. Nun, nach nur 18 Tagen Haft war ich mir im klaren, wie Menschen über uns denken mußten, denen wir unberechtigt oder wegen Lappalien die Freiheit auf lange Zeit genommen hatten. Auf jeden Fall nahm ich mir vor, den Menschen der Bürgerbewegung aufgeschlossen entgegenzutreten, ihnen Achtung zu zollen und keiner Frage zum Schicksal von Opfern und zu meiner Verantwortung auszuweichen. Es kam mir der seltsame und sicher dumme Gedanke, daß Politiker eigentlich drei Dinge kennenlernen müßten, um immer lebensnah und erfolgreich sein zu können: Sie müßten eine gewisse Zeit einen großen Betrieb geleitet haben, Bürgermeister einer Stadt oder wenigstens einer Gemeinde gewesen sein und eine bestimmte Zeit im Knast gesessen haben. Das würde ihnen ausreichend Kraft, Erfahrung, Geduld, Feinfühligkeit und Bescheidenheit für ihre wichtige Tätigkeit geben. Um nicht mißverstanden zu werden, muß ich noch betonen, daß meine Erlebnisse in der U-Haftanstalt die Justiz der DDR betrafen. Der Einigungsvertrag war noch nicht wirksam. In dieser Zeit war viel von Abrechnung mit „denen da oben" die Rede. Die oppositionellen Kräfte verlangten, aus ihrer Sicht sicher begründet, energische Maßnahmen gegen alle, die politische Verantwortung in der DDR getragen hatten. Andere haben sich schnell angepaßt, um dabei zu sein, wenn die Karten neu gemischt werden. Sie waren besonders bemüht, ihr prinzipielles Handeln gegen die alte Führung unter Beweis zu stellen und ihren eigenen Anteil an der früheren Politik des Staates zu vertuschen. Aus dem Präsidenten des Obersten Gerichts der DDR, Dr. *Heinrich Toeplitz*, war plötzlich ein Ankläger geworden, der so tat, als hätte er von nichts gewußt und der die führenden Persönlichkeiten im Untersuchungsausschuß der Volkskammer nun scharf attackierte, zumindest bis der neu gewählte Innenminister, *Lothar Arendt*, im Parlament bekannt gab, daß auch er Privilegien hatte und Waffenträger war. Aber in diesem Ausschuß waren auch viele einfache, aufrechte, volksverbundene Abgeordnete tätig - wie z. B. der Radrennfahrer *Gustav Adolf (Täve) Schur* - , deren Kritik mir tief unter die Haut ging.

Ich wage zu behaupten, daß es für die Mehrheit der Betroffenen nicht ungünstig war, daß nicht auf Rache sinnende Kräfte der DDR, sondern Rechtsorgane der Bundesrepublik Deutschland wirksam geworden sind, obwohl die Frage offen bleibt, wieso ein heutiges deutsches Gericht über Bürger eines souveränen, von der UNO anerkannten Staates, wie es die DDR war, überhaupt richten kann. Vielleicht hat das aber auch schon *Michael Gorbatschow*, damals noch Staatschef der Sowjetunion vergessen, in dem er seine Freunde in der DDR ohne jeden Schutz mit der Bemerkung in die Einheit entlassen haben soll, daß die Deutschen das schon richtig machen werden.

Zugleich bin ich überzeugt, daß die Justiz der Bundesrepublik die Geschichte der DDR objektiv nicht aufarbeiten kann und daß sie in Gefahr gerät, neues Unrecht zu schaffen, wenn sie Bürger der DDR auf der Grundlage von nachträglich konstruierten Rechtsakten verurteilt. Ich verstehe noch die Bezugnahme auf die Verfassung der DDR, die den Charakter eines Grundgesetzes hatte, werde aber nie begreifen, daß mit ausländischen Kommunisten, selbst wenn sie Menschenrechte verletzten, freundschaftlich umgegangen und vieles entschuldigt wird, während die eigenen Landsleute ausgegrenzt oder gar mit Prozessen verfolgt werden. Immer wieder verlangten Politiker, das Politbüro der SED oder das MfS als eine „verbrecherische Organisationen" einzustufen, um alle kriminalisieren zu können, die dort gearbeitet haben. Sie berufen sich dabei auf den Nürnberger Prozeß, was zu mindestens in zweierlei Hinsicht unsinnig ist: Zum einen standen in Nürnberg die Verantwortlichen für grausame Naziverbrechen, für Angriffskriege, Holocaust und Euthanasie mit mehr als 50 Millionen Toten vor Gericht. Gewiß beginnt Unrecht schon mit dem Einzelfall und ich möchte mich ausdrücklich auf die Seite des Menschenrechts stellen und nichts vertuschen, aber einer verbrecherischen Organisation habe ich nicht angehört und ich muß mich gegen diese globalen Anschuldigungen wehren dürfen. Gleichzeitig sagt man, daß die DDR mit dem Faschismus nur „verglichen", aber nicht „gleichgesetzt" wird, aber ob man es will oder nicht, kommt eine Verunglimpfung der DDR und - was noch schlimmer ist - eine Bagatellisierung des Faschismus dabei heraus. Immerhin betrieb die DDR eine Politik des Friedens und der Abrüstung und führte keine Eroberungskriege, sie war antifaschistisch und achtete die Gleichberechtigung der Völker, Rassen und Nationen, während die deutschen Faschisten in ihrem Wahn danach trachteten, ganze Völker auszurotten oder unter ihre Knute zu zwingen. Die DDR war bei allen Problemen, die es in der Vergangenheit gab, Mitglied der UNO, weltweit diplomatisch anerkannt und hatte die Beziehungen mit der Bundesrepublik durch den Grundlagenvertrag geregelt, den beide Seiten unterzeichnet und eingehalten haben.

Zum anderen hat es das Nürnberger Tribunal mehrheitlich abgelehnt, die Hitlerregierung, das Oberkommando der Wehrmacht sowie den Generalstab - also im höchsten Maße belastete Organe - als „verbrecherische Organisationen" einzustufen, sondern hat verlangt, in Einzelprozessen die individuelle Schuld der Angeklagten in jedem einzelnen Fall nachzuweisen. Wer also eine globale Verurteilung bestimmter Institutionen der SED oder der DDR vertritt, kann sich nicht auf den Nürnberger Kriegsverbrecherprozeß berufen, sondern vertritt eine These des Unrechts, der sich übrigens die Justizorgane der BRD zu keinem Zeitpunkt angeschlossen haben.

Die Tendenzen der Geschichtsfälschung oder zumindest ihrer Verzerrung sind, wie auch die Beschimpfung der PDS als eine Partei, „die in den Abfalleimer der Geschichte" gehöre und deren Mitglieder „rotlackierte Faschisten" seien, nur der Ausdruck eines abgrundtiefen Hasses gegen Andersdenkende. Mit Haß und Ausgrenzung ganzer Bevölkerungsgruppen wird jedoch die Vollendung der deutschen Einheit, trotz anspruchsvoller schöner Formulierungen in den Programmen der „Volksparteien", wie sie sich selbst nennen, nachhaltig behindert, wenn nicht sogar auf lange Zeit unmöglich gemacht. Wäre es nicht gut, wenn nach dem Untergang der DDR, der Sowjetunion, des RGW und nach der Auflösung des Warschauer Paktes wenigstens ein Hauch des Geistes von *Nelson Mandela* in Deutschland einziehen würde, der nach 27 Jahren Kerkerhaft und Zehntausenden von Opfern in Südafrika die Toleranz und staatsmännische Weitsicht aufbringt, Schwarze und Weiße auf demokratischer Grundlage zu einen? Ist es nicht an der Zeit, die vorhandene berufliche Diskriminierung eines Teils der Bevölkerung der DDR als „rote Socken" und die Ausgrenzung eines Teils der Altersrentner wegen „Staatsnähe" aus dem Rentenrecht der Bundesrepublik (ich betrachte die Dynamisierung der Renten als eine große Errungenschaft der Bundesrepublik Deutschland) zu beseitigen? Ist es wirklich nicht lösbar, den Menschen in den neuen Bundesländer den Garten, die Laube, das Wochenendhaus oder ihr Häuschen auf Lebenszeit zu belassen, weil sie diesen kleinen Besitzstand mit Fleiß und Schweiß in einer Zeit geschaffen haben, als es noch keine freien Baukapazitäten und keine Baumärkte gab? Kann denjenigen, die 40 Jahre in der BRD die Chance hatten, Eigentum und Land in Größenordnung zu erwerben, nicht doch ein dauerhafter Verzicht, eventuell gegen Entschädigung, zugemutet werden?

Ich habe schon früher bewundert, mit welcher Geduld und Umsicht das spanische Königshaus und die Vertreter der demokratischen Parteien es verstanden haben, in historisch kurzer Zeit das faschistische Franco-Regime in einen demokratischen Staat umzuwandeln. Ist es denn nicht sehr kurzsichtig, in unserem Land Menschen bis an ihr Lebensende als Feinde zu betrachten, nur weil sie Kommunisten waren oder sich im Sinne der sozialen gesellschaftlichen Ziele auf demokratischer Basis noch heute dazu bekennen? Stünde es nicht gerade den Deutschen gut an, den im Ergebnis der Niederlage *Hitlers* im Zweiten Weltkrieg entstandenen zweiten deutschen Staat historisch gerecht einzuordnen, einen Staat, der alles andere als faschistisch war, jedoch mit dem Kainsmal des Stalinismus belastet, trotz großer Leistungen seiner Menschen unterging, weil er die ihm von der Geschichte gebotene Chance, seine gesellschaftliche Lebensfähigkeit zu beweisen, nicht erfüllt hat, vielleicht auch nicht erfüllen konnte? Hat der Sieger der Geschichte, wenn er sich schon als solcher sieht, nicht die moralische Pflicht, all den fleißigen Menschen, die diesen zweiten deutschen Staat mit aus Trümmern aufgebaut und getragen haben, die unter den Nachkriegsbedingungen auch gar keine Alternative hatten, etwas anderes zu tun, neuen Mut und neue Hoffnung zu geben, und zwar auch denen, die „staatsnah" und „rotbesockt" waren? Finden die politisch Verantwortlichen nicht bald die Kraft zu einer realen Einschätzung der Geschichte und zur Versöhnung, wage ich vorauszusagen, daß in Deutschland noch lange das Gespenst der DDR-Nostalgie umgehen wird, und zwar um so mehr, je schärfer die Ausgrenzung betrieben wird.

Der Generalstaatsanwalt der DDR verfügte am 02.05.1990 die Einstellung des gegen mich eingeleiteten Ermittlungsverfahrens.

Elternhaus, Hitlerjunge, Feldwebel der Luftwaffe

Kindheit und Jugend

Als ich am 14. April 1921 als drittes Kind von *Max* und *Johanna Schürer*, in Zwickau/Sa. geboren wurde, war ich alles andere als ein Wunschkind.

Mein Vater war als Berufssoldat des Kaisers entsprechend der Bedingungen des Versailler-Vertrages nach dem von Deutschland verlorenen Ersten Weltkrieg demobilisiert worden und er hatte auch die Entlassung aus der Polizeireserve sowie die Kündigung unserer Wohnung in einer Kaserne schon in der Tasche, als ich ungewollt das damals düstere Licht der Welt erblickte. Aus dem Krieg war er mit einem Kopfschuß zurückgekehrt, den er mit Mühe überlebte. Eine zwölf Zentimeter große Silberplatte im Schädel bereitete ihm ständig Kopfschmerzen, dennoch zeigte er oft voller Stolz die herausoperierte Bleikugel, die er wie einen Schatz bewahrte. Der Staat gab ihm nach der Entlassung aus der Armee zwar als verdienten Kriegsteilnehmer zum Eisernen Kreuz noch einen Kredit, um ein „Kolonialwarengeschäft" eröffnen zu können, aber ohne jede kaufmännische Bildung und mit seinem Mitgefühl für jeden, der knapp bei Kasse war und anschreiben ließ, war er bald pleite. Meine Eltern fanden eine mit 14 Mark Miete pro Monat noch bezahlbare Wohnung im Dorf Auerbach bei Zwickau. Meine 1917 geborene Schwester *Hildegard* lebte bei den Großeltern in Chemnitz, (die in der Hainstraße 30 Eigner des Friseurgeschäftes „Paul Herrmann" waren), damit war in Auerbach ein Esser weniger am Tisch. Nach längerer Arbeitslosigkeit fand mein Vater endlich Arbeit als Anstreicher bei der Papierfabrik „Leonhard und Söhne" in Crossen und war glücklich, pro Woche wenigstens zwanzig Mark nach Hause bringen zu können. Um sich Zigaretten und ein paar Bier kaufen zu können, arbeitete der ständig übermüdete Mann am Wochenende zusätzlich als Aushilfskellner bis nachts in der Dorfkneipe. In der Firma mußte er eine unendlich lange Papiermaschine sowie die dazugehörige Fabrikhalle von vorn bis hinten permanent anstreichen und war er „hinten" fertig, begann er wieder von vorn. Die Monotonie der Arbeit, die tägliche anstrengende Fahrt mit einem verrosteten „Drahtesel" nach Crossen und der Frust, sich selbst nichts leisten und der Familie nichts bieten zu können, hatten aus meinem gutmütigen und stets lebenslustigen Vater einen mürrischen, schweigsamen Menschen gemacht. Nur einmal kam er fröhlich lachend und pfeifend von der Arbeit nach Hause. Er durfte am folgenden Tag anstelle der langweiligen Pinselei an der Papiermaschine und Fabrikhalle den hohen Stahlzaun vor der Villa seines Chefs streichen. Nun kam zur Armut noch das Unglück. Er fiel bei dieser ungewohnten Tätigkeit von der hohen Leiter und drei der spitzen Stahlstäbe des Zaunes bohrten sich in seine Rippen. Nachdem er endlich vom Sturz genesen war, ging es wieder an die Papiermaschine.

Meine Mutter war eine ungeheuer geduldige, fleißige, sparsame Frau. Als gelernte Friseuse verdiente sie durch Schwarzarbeit in der kleinen Wohnung etwas zum kargen Etat der Familie hinzu. Es war so wenig, daß die beiden Friseure im Dorf noch nicht einmal Anzeige gegen sie erstatteten, obwohl sie deren niedrige Preise noch unterbot, um wenigstens einige Kunden anzulocken. Unsere „Muttl", wie wir sie im sächsischen Dialekt nannten, war politisch völlig indifferent und streng gläubig. Sie schickte meinen älteren Bruder und mich zur Kirche und ihr zuliebe wurden wir Mitglieder des „Christlichen Vereins Junger Männer"(CVJM). Wir sangen im Kinderkirchenchor mit, bedienten per Hand den Blasebalg der Orgel und halfen oft beim Läuten der Glocken, wofür wir ein Lob vom Pfarrer, oder, wenn es hoch kam, ein paar Pfennige verdienten. Wir konnten also sagen, daß wir aus einer Arbeiterfamilie stammen, was für den Lebenslauf in der DDR wichtig war, aber kommunistische Ideen wurden uns nicht in die Wiege gelegt.

Meinem ein Jahr älteren Bruder *Heinz* und mir gefiel das Leben auf dem Lande recht gut. Wir waren mit der Natur und den Tieren vertraut und beteiligten uns an den üblichen Streichen im Dorf. Aus gegebenem Anlaß nannte man die beiden Schürer-Buben auch die „Kohlrabiklauer", weil sich der um zwei Kohlrabi geschädigte Bauer bei der Schulleitung über uns beschwert und verlangt hatte, daß diese freche Freveltat in allen Klassen ausgewertet wird.

Ein junger Lehrer an unserer Schule, Herr *Schmidt*, begeisterte uns damals mit seinen Ideen, Deutschland die Würde wiederzugeben, den „Versailler-Schandvertrag", der Deutschlands Souveränität einschränkte, zu bekämpfen, die Arbeitslosigkeit und Unordnung der Weimarer Republik zu beseitigen und verkündete seine nationalsozialistischen, völkisch-antisemitischen und antibolschewistischen Ideale. Er gefiel uns besonders aber auch deshalb, weil er frischen Wind in den Unterricht brachte, und die unangenehmen Schläge der anderen Lehrer mit dem Rohrstock auf die Fingerspitzen scharf rügte und schließlich verbot. *Heinz* und ich wurden, zum Leidwesen unseres Vaters, der nichts mit dem Nationalsozialismus am Hut hatte, unter dem Einfluß Herrn *Schmidts* Mitglieder der Hitlerjugend.

Auerbach war ein Bauern- aber auch zugleich ein Bergarbeiterdorf. Politisch war es gespalten, denn viele Bauernsöhne traten in die SA ein, und zum anderen waren viele Steinköhler Kommunisten. Es kam vor, daß sich die beiden Gruppierungen prügelten, und unser Vater forderte streng, uns da rauszuhalten. Er selbst war ein überzeugter „Deutsch-Nationaler", ein Verehrer des Kaisers und *Hindenburgs.* Zucht, Ordnung und Disziplin waren seine wichtigsten Prinzipien. Oft wußten wir beide nicht, wie wir die uns anerzogenen Gedanken an den Kaiser (Vater), an *Hitler* (Herr *Schmidt*) und an Gott (Mutter) vereinen sollten. Nur einmal gelang es uns: Im Pfarramt lagerten ungenützte Musikinstrumente, die wir dem Pastor mit dem Versprechen abluchsten, am Silvesterabend vom Kirchturm blasen zu wollen. Heimlich übten wir aber zugleich Marschmusik. Nachdem wir zu Silvester zur Begeisterung unseres Pfarrers mit Posaunen, Trompeten und Tenorhörnern Weihnachtslieder und Kirchenmusik vom Turm geblasen hatten, beschafften wir uns noch eine Pauke und zogen am 1. Mai, dem „Tag der nationalen Arbeit", mit Marschmusik durch die Straßen des Dorfes. Der Lehrer *Schmidt* sowie mein Vater (und vielleicht auch der Kaiser) waren darüber sehr stolz, unsere „Muttl" duldete es, und den Pfarrer vertrösteten wir auf den nächsten Silvesterabend. Das Dorf hatte übrigens unter dem Einfluß, des Lehrers und forschen NSDAP-Mitglieds *Schmidt*, aber auch, weil viele Dorfbewohner sich erstmals im Leben einen „Volksempfänger" kaufen konnten, d. h. ein Radio, das man „Goebbelsschnauze" nannte, einen deutlichen Ruck nach rechts gemacht. Sogar in der Bergarbeitersiedlung sah man immer mehr Hakenkreuzfahnen und nur eine kleine Anzahl standhafter Kommunisten um den Arbeiter *Paul Langheinrich* blieben ihrer Gesinnung treu. *Paul Lang-*

heinrich wohnte im Haus über uns, kritisierte uns heftig als Nazibuben und sprach viele Jahre kein Wort mehr mit unseren Eltern. Lehrer *Schmidt* ist später übrigens bei der NSDAP in Ungnade gefallen, weil er gegen den Krieg auftrat und *Paul Langheinrich* wurde nach Gefängnis und Krieg Parteifunktionär der SED in Zwickau.

Die Schönheit des Fliegens

Mit 15 Jahren begannen mein Bruder und ich mit der Segelflugausbildung. Beinahe täglich nahmen wir nach der Arbeit als Maschinenschlosserlehrlinge die Strapazen eines 8 km langen Weges zur Segelflugwerkstatt auf uns, und an jedem Wochenende nahmen wir an den Gleitflugübungen am Hang teil. Relativ schnell hatte ich die A-, B- und C-Prüfung abgelegt. Nur an der Silber-C scheiterte ich zunächst, weil ich den 5-Stunden-Flug als eine der geforderten Bedingungen an der Flugschule in Laucha an der Unstrut nach 4 Stunden 50 Minuten blöderweise abbrach, weil ich „pinkeln“ mußte. Mein Fluglehrer war entsetzt und nannte mich unverblümt ein „Arschloch“! Ein Kumpel der Landemannschaft tröstete mich mit den Worten: „Wenn's gebraten ist, schmeckt ein Arschloch nach Gans“, aber sauer war ich über die verpatzte Chance, denn am folgenden Tag hielt der Aufwind am Hang nicht 5 Stunden an, und ich mußte nach fast 3 Stunden Flugzeit wieder landen.

Das Fliegen und besonders das Segelfliegen ist und bleibt für mich das Schönste, was ich in meinem Leben gelernt habe. Gestartet mit dem Gummiseil, an der Winde oder im Motorschleppflug beginnt mit dem Ausklinken das Ringen um Aufwinde am Hang oder in Thermikbereichen, die man nicht sehen aber durch kreisende Vögel oder Wolkenformationen erahnen kann. Besonders der Bussard, der wegen seines klagenden Rufes auch „Katzenadler“ genannt wird, kreist gern in Thermikschläuchen und verrät dem Piloten die Aufwindzonen, die sofort durch einen Druck auf das Gesäß spürbar und natürlich auch instrumental auf dem Variometer als Steigflug angezeigt werden, wenn man sie erreicht hat. Es ist ein unendlich glücklichmachendes Gefühl, nur den pfeifenden Wind und das leise Knarren der beanspruchten Spannten des Aeroplans zu hören, stets mit dem Risiko konfrontiert, daß jeder Aufwind nur zeitweilig wirkt und das Flugzeug ohne jede Motorhilfe sicher gelandet werden muß. „Über den Wolken, da muß die Freiheit wohl grenzenlos sein", heißt es in einem Schlager und genau so empfindet es auch der Pilot.

Aufgrund unserer Vorbildung wurden mein Bruder und ich 1939 für ein halbes Jahr zum Arbeitsdienst und dann zur Luftwaffe einberufen. In Eger (Cheb) als Rekruten gedrillt, wurden wir zunächst in München-Freimann als Flugzeugwarte technisch ausgebildet, betreuten die Me 109 einer Jagdstaffel in Leeuwarden (Niederlande) und in Calais (Frankreich) und besuchten dann einen Unteroffizierslehrgang in Wien-Stahmersdorf. Im November 1940 begannen wir in der Fluggruppe 11/40 in Pilsen (heute Plzen) mit der Motorflugausbildung. Interessanterweise war mein Bruder geradezu ein Genie in allen theoretischen Fächern und war immer die Nummer eins des Lehrgangs, während ich bei nicht schlechten Zensuren in der praktischen Ausbildung die Nase vorn hatte. Als wir in einem Lokal in Pilsen den Schauspieler und Kabarettisten *Georg Thomalla* sehen wollten, saßen an unserem Tisch zwei ebenfalls junge Mitarbeiterinnen von der Flugstatistik, die uns nach unserer Fluggruppe fragten und als wir antworteten „11/40", bemerkten sie kichernd, daß dies doch die mit den zwei Brüdern sei. Das stimmt, sagten wir, was ist daran aber so komisch? Ohne zu ahnen, daß wir die Brüder waren, antwortete die eine keß: „Der eine ist der gescheite und der andere der dumme". Warum ich denn so rot würde, fragte die andere und ich erwiderte schnell, daß ich „der andere" bin!

Man hielt uns beide übrigens immer für unzertrennlich, in Wirklichkeit aber standen wir nur in allen alphabetisch geordneten Listen aus verständlichen Gründen nacheinander und wurden deshalb, vom Arbeitsdienst an, von einer zur anderen Einheit zusammen versetzt. Erst nach Abschluß unserer A/B-Ausbildung trennten sich unsere Wege. Mein Bruder wurde Ausbilder für große Kampfflugzeuge, vor allem He 111, während ich an der Schule in Pilsen als Fluglehrer verblieb und wegen eines schweren Unfalls bei Flugvorführungen mit dem Segelflugzeug des Typs „Rhönbussard" wegen zahlreicher Knochenbrüche und anderer Verletzungen „frontuntauglich" geschrieben wurde. So blieb ich bis zum Kriegsende Motorfluglehrer für die A/B-Grundausbildung an der Luftkriegsschule in Dresden-Klotsche.

Der Beruf eines Fluglehrers ist interessant und prägte wesentlich meinen Charakter. Es ist viel Geduld und Einfühlungsvermögen für die Sorgen und Nöte der Schüler erforderlich, um ihnen das Fliegen beizubringen und es stählte meine Nerven zu Drahtseilen. Man läßt die Anfänger die Schönheit des unendlichen Luftraumes erleben und muß ihnen zugleich die Gefahren bewußt machen. Der erste Alleinflug ist ein aufregendes Ereignis. Für den Schüler, weil er sich wie *Ikarus* fühlt, der sich mit seinem Vater *Dädalus* aus Federn und Wachs Flügel baute und sich den Traum des Fliegens erfüllte. Für den Schüler auch deshalb, weil er spürt, daß nun er allein die komplizierte Technik beherrschen muß und daß es nur von ihm selbst, von seinem Können abhängt, daß ihn die Erde wieder sicher in ihre Arme nimmt, und er nicht wie Ikarus der Sonne zu nahe kommt und verglüht.

Für den Lehrer ist es die Stunde der Verantwortung für das Leben eines ihm anvertrauten jungen Menschen, ohne jede Möglichkeit, noch korrigierend eingreifen zu können. Zugleich ist es die Stunde der tiefen Befriedigung und des Stolzes auf seinen Schüler, wenn alles klappt. Nicht umsonst ist die Tradition entstanden, jedem Flugschüler nach dem ersten Alleinflug den Po kräftig zu versohlen, damit ihm dieser Tag in ewiger Erinnerung bleibt.

Nach diesem ersten Alleinflug folgen dann zahlreiche „Platzrunden“, denn immer wieder müssen der einwandfreie Start, das Abheben im richtigen Moment und vor allem die butterweiche Landung geübt werden. Vom Himmel herunter kommen sie alle wieder, noch ist keiner oben geblieben, aber bei der Landung ist höchste Präzision gefordert. Völlig zu recht klatschen die Passagiere noch heute den Piloten der großen Düsenjets nach einer gelungenen weichen Landung Beifall. Ferner gehörten zur Schulung Orientierungsflüge, Blind- und Kunstflug. Letzterer brachte für manchen Eleven das „Aus“, denn nicht jeder verträgt den Wirbel von Loopings, Turns, gesteuerten und gerissenen Rollen, Messer-, Rückenflug, Trudeln und andere Figuren. Aber einmal beherrscht, werden sie ein unvergeßlicher Teil der Schönheit des Fliegens. Im Leben sagt man oft zu einer Sache, die man ohne feste Orientierung vollzieht, das sei ein „Blindflug“. Für den Piloten ist jedoch der Blindflug der am gründlichsten gemessene und über immer neue Daten exakt berechnete Flug, der ausschließlich nach Instrumenten gesteuert wird. In der

Ausbildung hieß die offizielle Bezeichnung deshalb auch „Instrumentenflug“. Wer hierbei seinem Gefühl und nicht den Instrumenten vertraut, z. B. dem „künstlichen Horizont“, wird schnell merken, daß die oft bizarre Wolkenbildung durch optische Einflüsse das fliegerische Gefühl außer Kraft setzt, von dem man nicht zu unrecht sagt, daß es im Hintern sitzt.

Zu meiner Zeit als Fluglehrer war die Technik gegenüber heute weit zurück. Man wurde z. B. zur Standortbestimmung mittels Funkpeilung von Bodenstationen geortet, bekam deren Angaben und mußte dann als Pilot oder Navigator mit Hilfe eines auf das Knie geschnallten runden Rechenstabes, dem „Knemayer“, selbst den Kurs berechnen. Auch den Autopiloten gab es noch nicht. Insofern war das Fliegen schwieriger als heute. Aber die heutige elektronisch gesteuerte Super-Flugtechnik in jeder Situation und bei jedem Wetter zuverlässig zu beherrschen, bei Geschwindigkeiten, Traglasten und Anzahl der Passagiere, die das Zigfache von damals betragen, läßt mich bewundernd zu jeder Crew und zum gesamten Personal der Fluggesellschaften aufschauen, die täglich Millionen von Passagieren und Tonnen von Frachtgut pünktlich um die Welt fliegen. „In Tegel, Tempelhof und Schönefeld alle Starts und Landungen planmäßig“, lautet fast täglich die lapidare Meldung über Flugverspätungen und kaum jemand denkt dabei daran, welch riesige Leistung und geschichtliche Entwicklung hinter dieser Nachricht steht.

Als ich später in der DDR bei langen Flügen nach Afrika oder Asien mit Flugzeugen der Typen TU 134 und IL 62 der Regierungsstaffel von Kommandanten, die meine Flugleidenschaft kannten, bei abgeschaltetem Autopiloten zeitweilig ans Steuer gelassen wurde und es mir gelang, die Maschine exakt auf dem vorbestimmten Kurs und in der geforderten Flughöhe zu halten sowie die Vorgaben des Chefpiloten zu erfüllen, war ich sehr glücklich. Es war für mich ein wunderbares, aber zugleich nachdenklich machendes Erlebnis, als im Jahre 1993 ein Mitschüler unserer Fluggruppe 11/40 aus Pilsen die Initiative für ein Treffen in Landshut übernahm und noch 6 der ehemals 30 Schüler zusammenkamen. Die anderen haben den Krieg nicht überlebt oder sind inzwischen gestorben. Nur wenige hatten wir nicht erreicht. Trotz großer Unterschiede in den Biographien haben *Jolf Bielefeld*, *Alfons Focker*, *Werner Mößner*, *Karl Schweizerhof* und die beiden *Schürers* nach mehr als 50 Jahren zwei Tage lang über ihre Erlebnisse berichtet und Gedanken ausgetauscht.

Meine damalige Fluggruppe in Dresden-Klotsche unter Leitung von Gruppenfluglehrer *Willy Belser* hatte schon bald nach Ende des Krieges Kontakte gepflegt und über politische Differenzen hinweg, meist während der Leipziger Messe, Treffen veranstaltet. Da saßen dann der Kfz-Meister aus der DDR und der Autohausbesitzer aus der BRD, der Eisenbahner von der Fähre in Saßnitz und der Bankdirektor aus Köln, der Baudenwirt von den Rauensteinen in Sachsen und der Versicherungskaufmann aus dem Rheinland, der Minister der DDR und der Konzernchef aus dem Westen im Auerbachs-Keller zusammen und freuten sich über das Wiedersehen. Auch dieser Kreis wurde immer kleiner, denn *Hans Redlin, Bruno Heinze, Max Grundig, Leo Dangelmeier, Gerhard Winkler* und vielleicht noch andere sind inzwischen verstorben.

Unsere Eltern waren damals stolz auf ihre beiden Fliegerfeldwebel, wenn auch die Sorgen des Krieges und die Gefahren des Fliegens schwer auf ihnen lastete. Mein Vater wurde schließlich selbst noch als Reservist eingezogen und starb im Alter von 50 Jahren im Dezember 1941 an „Flecktyphus“ in Thorn, dem heutigen „Torun“. Er liebte das Leben, seine Familie und seine Heimat Deutschland so sehr, aber in seinem kurzen Leben war ihm wenig vergönnt. Einen einzigen Anzug für die Kirche konnte er sich kaufen und ab und zu einmal Skat spielen gehen. „Muttl“ konnte den seelischen Schmerz über seinen frühen Tod nie überwinden und starb 1976 einsam in Zwickau. Ihr Tod gehört für mich zu meinen erschütterndsten Erlebnissen. Sie wollte mit 80 Jahren weder zu mir noch zu meinen Geschwistern ziehen, um niemanden zur Last zu fallen, und ich hatte sie überzeugt, wenigstens in ein Altersheim zu gehen, um versorgt zu sein. In ihrer im Winter eisig kalten und feuchten Wohnung konnte sie keinesfalls länger bleiben. Schließlich willigte sie in den Umzug ein, aber nur unter der Bedingung, wenn sie ihren alten Schrank, die Kommode und ihr Bett ins Heim mitnehmen darf. Es bedurfte meiner ganzen Autorität als Regierungsmitglied, das Altersheim zu veranlassen, die neuen Möbel gegen die wurmstichigen meiner Mutter auszutauschen. Dann lebte sie noch einmal richtig auf, denn einsam war es dort nicht. Sie pflegte liebevoll bettlägerige Heimbewohner und lobte mich für meine Idee, sie dort untergebracht zu haben. Eines Tages rief mich mein Bruder an, daß unsere Mutter schwerkrank ist, ganz gelb aussieht und von der Ärztin im Heim offensichtlich zuwenig getan wird. Er bat mich, meine Möglichkeiten zu nutzen um „Muttl" zu helfen. Ich organisierte ihre Einlieferung ins Heinrich-Braun-Krankenhaus in Zwickau und machte mich sofort auf den Weg dorthin. Die Ärzte hatten akuten Gallenverschluß diagnostiziert und baten mich um Einwilligung zu einer komplizierten Operation, da sie selbst nicht mehr bei Bewußtsein war. Ich fragte den Oberarzt, ob er auch operieren würde, wenn es seine eigene Mutter wäre, und er antwortete mit einem klaren „ja". Am folgenden Tag stand ich am Bett meiner sterbenden Mutter und sie sagte vorwurfsvoll zu mir: „Gerhard, warum hast du mir das angetan, warum hast du mich nicht sterben lassen? Warum muß ich nun noch die Schmerzen einer Operation ertragen?" Sie starb noch in der folgenden Nacht. Ich machte mir schreckliche Vorwürfe. Habe ich mich falsch verhalten, als ich mich einmischte? Haben nicht die Leute im Heim gewußt, wie es um sie steht und konnten nicht anders handeln, weil ich von Berlin aus interveniert hatte? Hätte ich, ohne etwas zu tun, meine Mutter in Ruhe sterben lassen sollen? Ich gebe zu, auf diese Frage bis heute keine Antwort zu wissen.

Der Bombenangriff auf Dresden

Ich muß noch einmal auf das Jahr 1945 zurückkommen. Der Krieg war in seinem Endstadium. Die „Erfolgsmeldungen" von den Fronten wurden nur noch belacht. Ganz offen meckerte ein Obergefreiter in der Flugzentrale gegen *Hitler* und den faschistischen Staat. Keiner der Fluglehrer, die dort ein und aus gingen, verpfiff ihn. Wir waren zu Beginn des Krieges als gute Soldaten angetreten, aber immer mehr plagten uns die Zweifel, welch schlimmem System wir gedient hatten. In der Etappe und als Flieger mit dem Vorzug der Start- und Bordverpflegung (für jeden Flugtag bzw. längeren Flug erhielten wir zusätzlich ein Ei, etwas Butter, Milch und Schokolade) hatten wir von der Grausamkeit des Krieges zu wenig mitbekommen. Dresden und Kamenz, unsere Ausbildungsflugplätze, wurden von den anglo-amerikanischen Bomberverbänden, die täglich zu ihren Angriffen auf die deutschen Städte aufstiegen, nur ab und zu gestreift oder überflogen.

Sehr oft besuchte ich in diesen Tagen meine Braut *Maria*, die mit ihrer Mutter in Dresden-Cotta wohnte. Den Fliegeralarm am 13. Februar 1945 nahmen wir gar nicht so ernst. Mißmutig über die Störung trotteten wir in den Keller des Hauses. Wir hatten ihn noch gar nicht erreicht, als plötzlich massenhaft Leuchtfallschirme gesetzt wurden und anschließend ein Hagel von Brandbomben auf die Stadt niederging. Das durch die hohe Brandlast der unzerstörten Stadt entstandene gigantische Feuer entfachte einen Orkan, der in kurzer Zeit die Innenstadt und große Teile der Außenbezirke erfaßte. Auch Dresden-Cotta blieb nicht verschont. Die Detonation der Brandbomben und der beim ersten Angriff relativ wenigen Sprengbomben und vor allem der heiße Feuersturm verursachten ein Inferno, wie es bisher unbekannt war. In panischem Schrecken flohen die Menschen aus den brennenden Häusern in Richtung des Großen Garten und der Elbwiesen, die wenigstens etwas Schutz vor dem Flammentod boten. Viele, besonders Frauen, Kinder und Greise, schafften auch das nicht und verbrannten qualvoll. Ich raste noch während des abklingenden Angriffs zum Haus der sehr alten Großmutter meiner zukünftigen Frau, die ich unverletzt, aber völlig verstört in der Ecke ihres Kellers fand. Die Hausbewohner gingen in dieser Stunde nicht auseinander. „Macht endlich Schluß mit diesem verdammten Krieg“, sagte ein Kriegsversehrter und eine Frau wies auf meine Fliegeruniform und sagte: „*Göring* protzt doch immer, er habe die Lufthoheit, aber seine Flieger sitzen hier im Luftschutzkeller“. Sollte ich ihr nun die Geschichte von meiner Frontuntauglichkeit erzählen? Sollte ich Ihr sagen, daß auch ich den Krieg für verloren hielt! Nein, sie alle hatten recht und mir wurde endgültig klar, daß ich für falsche Ideale gekämpft und Mitschuld auf meine Schultern geladen hatte.

Für Dresden kam es in dieser Nacht noch schlimmer. Erneut ertönte gegen Mitternacht von den wenigen intakt gebliebenen Sirenen der Stadt Fliegeralarm. Nun begann der zweite Teil des meines Erachtens in seiner Art gemeinsten Angriffs in der Luftkriegsgeschichte bis zu diesem Zeitpunkt, der später nur noch durch die Atombombenabwürfe auf Hiroshima und Nagasaki übertroffen wurde. Es begann der Angriff mit einer Masse von Sprengbomben auf diejenigen Teile der Stadt, in die sich die Überlebenden geflüchtet hatten; auf den Großen Garten, die Elbwiesen und auf den Hauptbahnhof. Von den etwa 35 000 Toten dieser Nacht fand man dort den größten Teil, meist grausam verstümmelt. Die Industriegebiete Dresdens waren dagegen fast unversehrt. Auch am nächsten Tag fielen die Bomben auf zivile Ziele der Stadt. Als ich am 14. Februar morgens zu Fuß von Dresden-Cotta nach Klotsche ging, um mich bei meiner Einheit zurückzumelden, mußte ich in den Straßen, am Postplatz, an der Elbbrücke und in Dresden-Neustadt über Berge von Leichen steigen und an schreienden Verwundeten vorbeigehen, die notdürftig verbunden wurden. Ein Bild des Horrors, das ich im Leben nie vergessen werde. Es ist wohl nachvollziehbar, daß ich nach diesem Erlebnis nicht nur Haß auf *Hitler* und den Krieg, sondern auch Abneigung gegenüber den Engländern und Amerikanern wegen dieses Luftangriffs kurz vor dem Ende eines für sie schon gewonnenen Krieges empfunden habe.

Noch heute dreht sich in mir alles um, wenn ich lese, daß ausgerechnet dem englischen Luftmarschall *Sir Arthur Harris*, der den Angriff auf Dresden geleitet hat, in seiner Heimatstadt London ein Denkmal gesetzt worden ist, obwohl ich als Soldat der Hitlerwehrmacht auf der Seite der Schuldigen stand und niemals vergesse, daß es das faschistische Deutschland und nicht Großbritannien und die USA waren, die diesen Krieg zu verantworten haben. Nie darf man vergessen, daß lange vor Dresden die Städte Coventry, Rotterdam und Warschau bombardiert und zerstört wurden. Meine Hoffnungen aber richteten sich nun auf die Russen.

Die Zeit des Umdenkens

Sie begann bei mir also nicht erst nach der totalen Niederlage der faschistischen Wehrmacht im Zweiten Weltkrieg. Ich sah der Ankunft der sowjetischen Truppen in Dresden mit viel Sorge, aber auch mit einer gewissen Erwartung entgegen. Was ist das für ein Land, das den Sozialismus errichtet und die Hauptlast bei der Befreiung vom Faschismus getragen hat? Historisch objektiv betrachtet war es eine Tat der Befreiung, nicht einfach ein „Einmarsch", auch wenn das einigen Politikern, Publizisten und einer handvoll Historikern noch nicht einmal beinahe 50 Jahre später bei der Verabschiedung der Roten Armee in Berlin über die Lippen kam.

Ich begann mich zu fragen, was an den Ideen von *Marx, Engels* und *Lenin* interessant ist, vor denen mich mein Vater und auch mein Lehrer, Herr *Schmidt*, noch vor Jahren immer gewarnt hatten, die aber in der Sowjetunion gesiegt, die gemeinsam mit den alliierten Mächten den hochgerüsteten Koloß Deutschland auf die Knie gezwungen hatten! Was war dran an der Oktoberrevolution, an den „Tagen, die die Welt erschütterten"?

Ich begann nach und nach an die Idee zu glauben, daß es eine neue Welt, eine Welt ohne Krisen und ohne Kriege geben kann und wagte es, diesen neuen Weg mit zu beschreiten.

Werde ich einmal sagen können: „Gewagt und gewonnen?" Während andere Mitbewohner unseres Hauses vor der Roten Armee in Richtung Chemnitz zu den Amerikanern flüchteten, blieb ich in der Stadt und wartete auf die „Russen", wie wir damals sagten, obwohl es auch Ukrainer, Bjelorussen, Esten, Litauer, Kasachen, Usbeken, Kirgisen, Turkmenen, Tadshiken, Armenier, Aserbaidshaner, Georgier usw. waren. Allerdings gingen den Truppen nicht unbegründete Ankündigungen über Mord, Totschlag, Plünderungen und Vergewaltigungen auf ihrem Vormarsch voraus, die einem Angst machen konnten.

Zunächst wurde ich jedoch kurz vor Kriegsende, nach sechs Wochen Irrfahrt durch den noch nicht besetzten Rest Deutschlands mit einem Lkw-Fahrer der Organisation *Todt*, der sich mir gegenüber offen als Widerstandskämpfer bekannte und seine Ladung mit Panzerblitzgeräten bei Ingolstadt einfach irgendwo abkippte, am 7. Mai 1945 an die Front geschickt, um Dresden in Weistrop, wenige Kilometer vor der Stadt, zu verteidigen. Ich griff mir ein von desertierten Soldaten weggeworfenes Maschinengewehr und meldete mich bei einem blutjungen Leutnant, der den Abschnitt befehligte. Als er meine nicht einsatzfähige Waffe sah, schrie er, daß ich als Saboteur sofort zu erschießen sei. Ich glaubte, nun noch kurz vor Ende des Krieges sterben zu müssen, als ein älterer Obergefreiter dem Leutnant die Schulterstücke abriß und mit ganz ruhiger, gefaßter Stimme sagte: „Nee, mein Junge, jetzt ist Schluß, nun gehen wir alle nach Hause." Und wir gingen, auch der junge Leutnant. Das war's! Der faschistische Krieg war zu Ende. 55 Millionen Menschen fielen ihm zum Opfer, davon mehr als 22 Millionen Sowjetbürger, 6,5 Millionen Deutsche, 6 Millionen Polen 1,7 Millionen Jugoslawen, 600 000 Franzosen, 405 000 Amerikaner, 375 000 Engländer. Mehr als 10 Millionen Menschen wurden in den faschistischen Konzentrationslagern ermordet, der überwiegende Teil von ihnen waren Juden. 35 Millionen Kriegsversehrte überlebten, als Krüppel oder mit grausamen Wunden. Unermeßliche materielle und kulturelle Schäden blieben zurück und die geistigen waren nicht meßbar, aber oft noch schlimmer.

Am frühen Morgen des 8. Mai 1945, dem Tag der bedingungslosen Kapitulation, ging ich nach Dresden-Cotta in die Wohnung meiner zukünftigen Frau *Maria*. Dort durfte ich die Zivilkleidung ihres im Krieg gefallenen Bruders anziehen und wir schlugen allen Hausbewohnern vor, uns im Hof aufzuhalten, um Vergewaltigungen vorzubeugen. Gegen 10 Uhr rollte die Front über unseren Stadtbezirk. Ein Offizier und sein Trupp kamen auf uns zu und forderten mit barscher Stimme: „Uri, Uri, dawai, dawei". Der Offizier ergriff meinen Arm und jubelte wie ein Kind, als er meine wertvolle Fliegeruhr mit Stoppzeiger sah. Wie glücklich war ich, als man uns allen nur die Uhren abnahm. *Maria* hatte ich mit einem Kopftuch und alten Klamotten verschandelt, aber einer jungen Schönheit kann man ein Kochgeschirr aufsetzen, und sie sieht immer noch hübsch aus. Bei uns im Haus und in der näheren Gegend kamen keine Akte des Wandalismus vor, die leider fast jeden Krieg begleiten. Natürlich weiß ich von Übergriffen durch die Angehörigen der Roten Armee und will nicht blauäugig über diese wilde Zeit berichten. Nie darf dabei jedoch vergessen werden, was die deutschen Truppen bei ihren Okkupationsfeldzügen den anderen Völkern angetan und wieviel Leid und Tränen sie anderen Menschen gebracht haben.

Die ersten Tage nach dem Kriegsende verbrachte ich damit, gemeinsam mit anderen Hausbewohnern die Apotheke im Haus zu öffnen, denn der Besitzer war geflüchtet und die Russen versuchten, Fenster und Türen einzuschlagen, um Einlaß zu finden. Wir zogen uns weiße Kittel an, legten eine Armbinde mit einem roten Kreuz um den Arm und verkauften alles, was sie wollten und was wir ungeübten Verkäufer in den gefüllten Regalen, Schränken und Schüben der Apotheke vorfanden. Manche bezahlten, andere beschimpften uns, besonders wenn wir keine Sulfanomide mehr fanden, die als Mittel gegen Geschlechtskrankheiten sehr oft gefordert wurden. Als der Apotheker zurückkam, konnten wir ihm zur Beruhigung einen Wäschekorb voll zerknitterter Geldscheine geben. Nur das Brot und auch einmal etwas Speck hatten wir inzwischen im Haus verteilt.

Die „Apothekerzeit“ ließ in mir den Entschluß reifen, russisch zu lernen, um die Menschen zu verstehen, mit denen wir Deutsche nun bestimmt für eine lange Zeit umgehen mußten. Gemeinsam mit *Maria* belegte ich einen entsprechenden Lehrgang. Wenige Tage nach der Besetzung Dresdens durch die Rote Armee hatten wir sogar den Mut, zu heiraten. Wir fuhren mit einer Sonderstraßenbahn zum Standesamt im Rathaus Dresden-Cotta, denn Pferde vor einer Hochzeitskutsche wären sofort von marodierenden Banden beschlagnahmt worden. Viele Menschen und auch russische Soldaten betrachteten das erste Brautpaar ihrer Stadt als ein Zeichen neu aufkeimenden Lebens. Nur mit Mühe gelang es uns, eine ganze Anzahl Besatzungssoldaten vom Mitfeiern abzuhalten. Von diesen ersten Berührungen, den von Angst begleiteten Kontakten bis zum festen Freund der Sowjetunion, zum Kenner der „russischen Seele“, sollte es noch ein langer Weg werden!

Stahlbauschlosser, Oberregierungsinspektor, Mitglied des ZK der SED

Die schwere Arbeit des Wiederaufbaus

Es war Frieden, und wir gehörten zu den glücklichen Menschen, die den Krieg überlebt und eine kleine Wohnung hatten. Das war das vorherrschende Gefühl, als wir daran gingen, Trümmer aufzuräumen und den täglichen Kampf um etwas Eßbares zu führen. Wie Ameisen kamen die Menschen aus den Ruinen, den Behausungen und den noch wenigen intakten Häusern und zeigten zäh ihren unbändigen Willen, ihr Leben wieder neu zu organisieren. Die wärmende Sonne der ersten Maitage vermittelte einen Hauch Optimismus. Die sowjetische Stadtkommandantur meldete sich mit Aufrufen und der Aufforderung an alle arbeitsfähigen Menschen Dresdens, sich an den Aufräumungsarbeiten zu beteiligen. Nach den schweren Enttrümmerungsarbeiten der ersten Nachkriegstage, die auch *Maria* mitmachte, meldete ich mich, entsprechend meinen beruflichen Erfahrungen, als Maschinenschlosser bei dem in der Nähe unseres Wohnortes gelegenen „Elbtal Eisenwerke Clemens Steuer" und wurde als Stahlbauschlosser eingestellt. Der Wochenlohn betrug 80 Mark und reichte auf dem Schwarzmarkt knapp für ein Brot. Meine Schwiegermutter ging jeden Morgen 10 bis 20 Kilometer über die Dörfer, um gegen Bettwäsche und Hausrat Kartoffeln zu tauschen oder einfach von den Bauern etwas Eßbares zu erbetteln. Wenn wir abends hungrig nach Hause kamen, hatte sie meist eine Suppe gekocht, indem sie rohe Kartoffeln in kochendes Wasser rieb, die man in Dresden wegen ihres Aussehens abwertend „Rotzflädelsuppe" nannte. Aber wir waren glücklich, überhaupt etwas im Magen zu haben.

Die Arbeit eines Stahlbauschlossers ist sehr schwer. Brückenteile, Stahlmaste, große Rohre, starkes Profileisen, dicke Bleche, Stahltrossen usw. haben ein großes Gewicht. Sie bewegen, heben, schweißen, richten, nieten und montieren erfordert eine besondere Technik, Kraft und Geschicklichkeit. Was aber tun, wenn außer einigen Flaschenzügen die gesamte Technik, die Kräne, Hebezeuge, Bohrwerke, Pressen, Stanzen, Blechscheren, Biegemaschinen als Reparationslieferungen demontiert, in Kisten gepackt und nach Osten geschickt werden mußten wie auf meiner ersten Arbeitsstelle nach dem Krieg. Wir produzierten Teile zur Wiederherstellung der zerstörten Brücken der Stadt sowie hohe Stahlmaste und montierten sie, oft genug allein mit der Muskelkraft einer Vielzahl von Menschen. Mit einem Kanten Brot im Bauch leisteten wir mit primitivsten Hilfsmitteln schwerste „Knochenarbeit". Im Anschluß an die „normale" Arbeit gingen wir zur Enttrümmerung bzw. zum Ziegelabputzen. Müde vom Tagwerk ging ich dann mit meiner Frau abends noch zum Russischunterricht, um über diese schwierige Sprache mit der uns völlig fremden kyrillischen Schrift etwas von der Seele der Menschen dieses sowjetischen Vielvölkerstaates kennenzulernen, die nun unsere „Besatzer" waren. Meine Frau wurde Volkspolizistin, regelte auf den Kreuzungen der Stadt mit zwei Fähnchen den wieder zunehmenden städtischen Verkehr und kam mit Kopfschmerzen, ausgelöst durch die Abgase der Militärfahrzeuge nach Hause.

Wenn ich heute wiederholt die These von der „in 40 Jahren SED-Herrschaft heruntergewirtschafteten DDR" lese, frage ich mich, ob jene Politiker, die solche Einschätzungen vertreten, wirklich so unfair, oder einfach zu vergeßlich sind, so entwürdigend von den Leistungen der Menschen in der DDR zu reden. Sie lassen außer Betracht, daß dieser Teil Deutschlands 1945 nicht eine blühende Insel kapitalistischer Marktwirtschaft war, sondern daß der neue Staat - wie die Bundesrepublik auch - auf den schrecklichen Trümmerbergen des faschistischen Weltkrieges errichtet werden mußte, und zwar von Menschen, die sich ihre Besatzungsmacht nicht aussuchen konnten. Die SED hat doch in Wirklichkeit gar nichts vorgefunden, was sie hätte herunterwirtschaften können. Die Menschen waren ganz sicher in beiden Teilen Deutschlands fleißig und beseelt von den Gedanken des Wiederaufbaues, aber zu den Kriegszerstörungen in Ost und West kamen in der Sowjetischen Besatzungszone noch die umfangreichen Demontagen und Reparationen hinzu, die das Land auf einen Tiefstand zu Beginn des Wiederaufbaues gebracht haben, der von den hungernden Menschen nicht ertragen worden wäre, hätten sie nicht nach diesem grausamen Krieg den Frieden so dankbar empfunden.

- In der sowjetischen Besatzungszone wurden zehnmal mehr Demontagen als in den westlichen Zonen durchgeführt. 2 000 Betriebe und fast 50 Prozent der industriellen Kapazitäten des Standes von 1936 wurden demontiert, ebenso fast vollständig das zweite Gleis der Eisenbahn, was zu Einschränkungen in der Logistik führte, die Jahrzehnte nachwirkten. In der späteren Bundesrepublik waren es im Zeitraum 1948-1950 ca. 5 Prozent des Anlagevermögens, das demontiert wurde.

- Die Reparationsleistungen der SBZ/DDR 1945-1953 waren mit 15 Milliarden Dollar 25mal größer als die Westdeutschlands, obwohl im Grunde genommen eine gesamtdeutsche Verpflichtung vorlag. Vom erwirtschafteten Bruttosozialprodukt mußten wir 1945/46 fast 50 Prozent, bis 1949 30 Prozent und bis 1953 15 Prozent für Reparationen aufwenden. In den Westzonen bzw. in der BRD ging der Aufwand dafür von 14,6 Prozent 1946 bis auf 3,8 Prozent 1953 zurück.

- Um das Atomwaffenmonopol der USA zu brechen, dessen Gefahren und furchtbare Auswirkungen in Hiroshima und Nagasaki sichtbar geworden waren, mußte die DDR, die im Ostblock über die besten geologischen Voraussetzungen zur schnellen Erschließung großer Mengen von Uran verfügte, allein 1946 bis 1953 mehr als 7 Milliarden Mark für die Wismut aufwenden, wobei dem Reparationskonto für 11.00 Mark Aufwand nur 1 Dollar gutgeschrieben wurde. Die Wismut blieb bis 1989 ein Zuschußbetrieb und entzog der Wirtschaft dauerhaft 70 000 bis 100 000 gut ausgebildete Arbeitskräfte und hinterließ gewaltige Umweltschäden.

Die Siegermächte hatten vereinbart, daß jeder seine Ansprüche an den Kriegsgegner Deutschland aus dem Sektor entnimmt, den er besetzt hält und so war die Sowjetische Besatzungszone bzw. die DDR schicksalhaft am meisten betroffen. Zu keiner Zeit sollte dabei vergessen werden, daß der Sowjetunion durch den faschistischen Eroberungskrieg viel größere Schäden zugefügt worden waren als alle Zahlungen, Entnahmen, Demontagen und Wiedergutmachungsleistungen der DDR zusammengenommen ausmachten.

Zählt man zu diesen Fakten - wenigstens verbal - noch die Belastungen der DDR durch Besatzungskosten, Finanztransfers und die umfangreichen Transportkosten hinzu, die durch die Abhängigkeit von sowjetischen Rohstoffen aus riesigen Entfernungen entstanden, sowie die Schäden, die aus der Trennung ihrer langjährigen, natürlichen Wirtschaftsverflechtungen mit Westdeutschland und Westeuropa resultierten, kann man annähernd eine Vorstellung von den realen Ausgangsbedingungen für die wirtschaftliche Entwicklung der DDR bekommen. Gewiß, auch die Menschen im anderen Teil Deutschlands haben gelitten, geschuftet und schließlich gewonnen, aber Gründe zur Geringschätzung der Leistungen der Menschen im Osten Deutschlands kann ich nicht ausmachen.

Auf der Potsdamer Konferenz im Juli/August 1945 wurde durch die Siegermächte festgelegt, daß Deutschland während der Besatzungszeit als wirtschaftliche Einheit zu betrachten ist. Leider wurde von den Siegermächten in Ost und West niemals ernsthaft versucht, diese Übereinkunft in die Tat umzusetzen. Im Gegenteil. Der Austausch von Gütern zwischen den Gebieten der späteren DDR und BRD, der 1936 nach Berechnungen des Schweizer Historikers *Jörk Fisch* 8,6 Milliarden Reichsmark betrug, belief sich 1946 noch auf ganze 176 Mio. Mark. Wir mußten anfangs in der Sowjetischen Besatzungszone fast das gesamte Nationaleinkommen für die Reparationen und die Konsumtion der Bevölkerung einsetzen, um überleben zu können. So begann die DDR die Nachkriegsperiode mit einer Akkumulationsrate von ca. 7 Prozent an der Seite der vom Krieg schwer geschädigten UdSSR, und die BRD startete mit einer Akkumulationsrate von ca. 22 Prozent an der Seite der aus dem Krieg gestärkt hervorgegangenen USA, die den Aufbau durch den Marshallplan kräftig unterstützten. Wir neiden es nicht, aber wir sollten uns für unser Schicksal auch nicht vor kurzsichtigen und vergeßlichen Leuten entschuldigen müssen.

Im Jahre 1946 wechselte ich meinen Beruf, weil die Belastungen im Stahlhochbau für meine vom Unfall beschädigten Beine zu groß waren. Ich wurde Autoschlosser. Da ich aus dem Wehrmachtsschrott ein Citroen-Chassis und einen passenden Motor geholt hatte, wollte ich die erforderlichen Fachkenntnisse erwerben, um das Auto aufbauen zu können. Als ich mit der Schrottlaube auf blanken Felgen, von einem Pferd gezogen, auf den Hof kam, hielten mich nicht wenige im Haus für schizophren. In der Opel-Autoreparaturwerkstatt „Harlan“ in der Tharanterstraße, weihte ich nur einen Gesellen ein, daß ich kein gelernter Autoschlosser war, und bat ihn um Unterstützung. Und es klappte. Versuche, mich beim Zweitaktmotor die „Ventile nachstellen“ zu lassen, der doch gar keine hat, oder gar die „Zündstange zu richten“, waren zwecklos. Und nebenbei bastelte ich an meinem Citroen, bis er lief. Aber ich hatte weder Reifen noch einen „Propusk“, das damals erforderliche Zulassungsdokument der Sowjetischen Militäradministration. Den erhielt ich nur durch einen Zufall:

Als mein neu lackiertes und mit den Gardinen meiner Schwiegermutter frisch gepolstertes Auto auf dem Hof der Werkstatt stand, kam ein hoher sowjetischer Offizier mit einem völlig zerbeulten Opel-Olympia und bot an, das Wrack gegen meinen schicken schwarzen Wagen zu tauschen, der noch immer ohne Reifen dort stand. Da ich mein Vehikel wegen der intensiven Bastelarbeiten so liebte und deshalb lange Zeit den Tausch mit einem klaren „Nein“ ablehnte, bot er immer mehr, um zu dem Auto zu kommen. Als er bei 3 000 Mark für die Reparatur, neuen Verdeckstoff, zehn Pfund Speck, fünf kompletten Reifensätzen und dem Propusk angelangt war, machte ich den Handel perfekt. Meine Opel-Werkstatt reparierte für das Geld den Olympia, und ich war stolzer Besitzer eines typenreinen Fahrzeuges mit Reifen und Zulassung.

Den Führerschein hatte ich mir schon bei der Wehrmacht auf abenteuerliche Weise erworben. Der Fahrer von der Organisation *Todt*, der mich ständig seinen schweren Büssing-Lkw in der Hoffnung fahren ließ, daß ich ihn zu Schrott fahre, schrieb mir einen Schein aus, daß ich im Besitz des Wehrmachtsführerscheins aller Klassen sei und die Papiere durch Kriegseinwirkungen verloren gegangen wären. Die Bescheinigung unterschrieb er mit „Scheiße, Major und Kompaniechef“. Als ich ihn fragte, daß doch kein Mensch so heißt, meinte er, daß sei gerade der Trick, so könne man ihm keine Urkundenfälschung anhängen, wenn es herauskommt. Auch eine Logik! Meinen Führerschein habe ich nach dem Krieg nach Vorlage dieser Bescheinigung des Majors mit dem einmaligen Namen problemlos bekommen und kann heute eine Fahrpraxis von 50 Jahren ohne Unfall und mit mehreren Weltumkreisungen vorweisen. Auch als es den Funktionären durch Politbürobeschluß verboten war, selbst zu fahren, habe ich meinen Fahrern von der Staatssicherheit geruhsame Stunden auf dem Rücksitz ermöglicht, weil ich mich nach anstrengenden Verhandlungen am Steuer am besten ablenken und erholen konnte. Auch *Erich Mielke* wußte, daß ich entgegen seinen Weisungen selbst fahre, aber wenn andere es auch probieren wollten und mein Beispiel nannten, sagte er: „der kann auch fahren“:

Mein Opel-Olympia eröffnete mir neue berufliche Chancen. Die soeben gegründete „Industrieverwaltung Fahrzeugbau“, zu der nach dem Volksentscheid zur Enteignung von Junkern und Kriegsverbrechern im Lande Sachsen seltsamerweise auch unsere kleine Werkstatt als volkseigener Betrieb gehörte, forderte mich in dieser Zeit immer häufiger für Dienstfahrten an, denn es gab damals noch sehr wenig fahrtüchtige Autos. Schon bald avancierte ich zum Fuhrparkleiter der VVB, zu einem Leiter, der wegen Benzinmangel wenig fuhr, kaum etwas zu leiten hatte und viel reparieren mußte.

Das Jahr 1947 war für meinen weiteren Lebensweg sehr entscheidend. Unter der Losung „Arbeiter in die Regierung“ fischte mich irgend jemand - wahrscheinlich wegen des gelungenen Deals mit dem Auto - aus dem großen Meer der arbeitenden Menschen und delegierte mich zu einem dreimonatigen Lehrgang auf eine in Mittweida neu gegründete Wirtschaftsschule der Landesregierung Sachsen. Geschult wurden wir in Marxismus-Leninismus, Betriebswirtschaft, Planökonomie und Sozialwissenschaft. Erstmals hörte ich Vorlesungen über Mehrwert und Profit, über dialektischen und historischen Materialismus, über Produktivität und Lohn, über die Befreiungskämpfe der Arbeiterklasse und, obwohl ich parteilos war, beeindruckten mich die Lehrer mit ihren Lektionen. Das waren z. B. der Wirtschaftsminister von Sachsen, *Fritz Selbmann*, früher Abgeordneter des Reichstages der KPD, dann 12 Jahre Häftling von Waldheim und Sachsenhausen, oder der Planungschef der Landesregierung, *Kurt Gregor*, der als Emigrant in der UdSSR große sowjetische Betriebe geleitet hatte, oder ein russischer Philosoph, dessen Namen ich vergessen habe, der zur Rolle der Volksmassen in der Geschichte sagte, daß die bürgerliche Geschichtsschreibung die Menschen nur in Zahlen, als quantitative und nie als qualitative Größe erfaßt. Und erst ein Kaiser oder ein Führer an der Spitze verleiht der Masse Größe. In Wirklichkeit werde die Geschichte aber von den

Volksmassen geschrieben und einzelne Persönlichkeiten können nur dann Großes, Unvergeßliches leisten, wenn sie die elementaren Interessen der Volksmassen erkennen und energisch vertreten. Wie oft habe ich später an diese Worte gedacht.

Dem Planungschef von Sachsen, *Kurt Gregor*, stellten wir damals sehr kritische Fragen, denn es lag vieles im Argen. Wir hungerten schrecklich an der Schule, wie überhaupt das ganze Land hungerte, in der Wirtschaft fehlte Material und Energie, unerfahrene Leiter wurden schnell als Saboteure abgestempelt, Ingenieure und Chemiker ließen die Produktion im Stich und gingen in den Westen oder wurden abgeworben. Die Wismut hatte ein „Wild-Ost"-Klima im Erzgebirge erzeugt, was andere Betriebe störte, und wenn *Kurt Gregor* keine Antwort mehr wußte, sagte er, er müsse schließlich auch an seinen Ministersessel denken und könne nicht jede dumme Frage beantworten. Da schrieb ich vor seiner nächsten Lektion einen Zettel für die Wandzeitung, auf dem stand:

> „Wenn einer, der von unten gekommen,
> sich endlich einen Sessel erklommen,
> dann glaubt, daß der ihm sicher wär,
> so irrt sich der."

Als er das las, fragte er wütend: Wer ist dieser *Schürer*? Ich meldete mich kleinlaut und er sagte, ich solle nach dem Unterricht ins Lehrerzimmer kommen. Zu meiner Überraschung schimpfte er dort aber gar nicht, sondern sagte, daß ein solcher Mensch mit Mut und Witz wie ich in der Landesregierung gebraucht würde. Wenn ich einverstanden sei, würde er das veranlassen. Auf meinen Hinweis, daß ich doch vom Regieren nichts verstünde, sagte er nur: „Ich auch nicht! Die es können, haben abgewirtschaftet und wir müssen es lernen." Im November 1947 wurde ich zur Personalabteilung der Landesregierung bestellt und als ich nachmittags meiner Schwiegermutter den neuen Ausweis zeigte, auf dem stand, daß ich nun „Oberregierungsinspektor" bin, sagte sie entsetzt: „Mein Gott, Junge, du warst doch bisher immer ein anständiger Mensch!"

Die Tätigkeit von uns ungenügend ausgebildeten Arbeitern in der Landesregierung war nicht leicht. Hatte ich als Flieger nach acht Klassen Dorfschule wenigstens noch mein Niveau der Allgemeinbildung erhöhen können, so stand manch einer vor noch größeren Herausforderungen. Als in der Landesregierung 1948 ein Festakt stattfand und auf der Einladung vermerkt war, daß „dunkler Anzug mit Schlips und Kragen" erwünscht sei, war ich froh, auf meine Hochzeitskluft zurückgreifen zu können. Die geladenen Gäste von Wissenschaft und Kunst, die Rektoren der Hochschulen und der Akademien mit ihren goldenen Amtsketten, die kirchlichen Würdenträger und die Aktivisten der Produktion, schufen eine feierliche Atmosphäre, die Ehrfurcht einflößte. Ministerpräsident *Max Seydewitz*, besonders sein Charakterkopf mit den buschig weißen welligen Haaren, wirkte auf die Anwesenden. Seine Festrede hatte den Klang von Friedensglocken. Nachdem er mit viel Beifall geendet hatte, trat der Vorsitzende der Gewerkschaftsleitung der Landesregierung (ein herzensguter Arbeiter, der viele Jahre im KZ war) an das Rednerpult und sagte im breiten sächsischen Dialekt: „ Und nu spielt uns unsre Kabelle noch e scheenes Lied'chen und dann gehn mir heim". Da ließ der Dirigent, Generalmusikdirektor Professor *Joseph Keilberth*, seinen Taktstock sinken, ging ans Pult und sagte. „Die Kapelle ist das Staatliche Sinfonieorchester und das schöne Lied'chen ist aus der Oper 'Die Zauberflöte' von *Wolfgang Amadeus Mozart*, Köchelverzeichnis 620."

Beauftragter zur Durchführung des Befehls 234 der sowjetischen Militäradministration in Deutschland

Die Sowjetische Militäradministration in Deutschland (SMAD), die von 1945 bis zur Gründung der DDR 1949 die oberste Gewalt ausübte, hatte 1947 den Befehl 234 zur Förderung von besonderen Leistungen erlassen, der vorsah, den Werktätigen von Schwerpunktbetrieben ein Mittagessen mit dem Ziel der Steigerung der Arbeitsproduktivität zu garantieren. In Berlin nannte man diese Mahlzeit nach dem Namen des sowjetischen Stadtkommandanten das „Kotikow-Essen" und in Sachsen sagte man einfach: „Freßbefehl", zu dessen Durchführung ein gesondertes Büro bei der Regierung gebildet wurde. Mein erster Chef war der Spanienkämpfer *Reinhold Hentschke* und später *Walter Kirsten*, ein Antifaschist, der fast seine ganze Jugend als politischer Gefangener im Zuchthaus Waldheim zugebracht hatte.

Es war eine bei der Knappheit an Lebensmitteln sehr verantwortungsvolle Aufgabe, die Betriebe richtig auszuwählen, die einen Antrag zur Aufnahme in diese wichtige Liste stellten. Man mußte gegen viele Bestechungsversuche standhaft bleiben, denn der eigene Magen knurrte ständig.

Offenherzig muß ich eine Anfechtung schildern, die ich nicht bestand. Der Winter 1948/49 war schrecklich kalt. Meine Frau war schwanger und fror zu Hause jämmerlich. Die Kohleration reichte gerade aus, warmes Essen zu bereiten. Ein privater Kohlenhändler beschimpfte mich schon längere Zeit wegen meiner Sturheit, die schwere Arbeit der Kohlenträger nicht durch Aufnahme in die Liste der Betriebe des Befehls 234 zu würdigen, weil das, so mein Argument laut Befehl, nicht zur Steigerung der Arbeitsproduktivität beitrug. Als er erneut kam und ich auch selbst zweifelte, ob ich diese kraftaufwendige, wichtige Arbeit nicht doch unterstützen sollte und auch so entschied, bat er um meine Adresse. Die hätte ich ihm nicht geben dürfen, denn ich ahnte, was passieren wird. Am nächsten Tag ließ er mir 10 Zentner Briketts anfahren, mit Rechnung, aber ohne Kontingent. Ich war bedrückt und glücklich zugleich. Doch mein Chef *Walter Kirsten* kannte *Lenins* Spruch: „Vertrauen ist gut, Kontrolle ist besser." Er rief mich zu sich und machte mir massive Vorwürfe, daß ich wie ein korrupter Bürokrat gehandelt hätte, die Regierung der Arbeiter und Bauern sauber sein müsse und nicht von Leuten wie mir in Mißkredit gebracht werden dürfe. Auch wenn ich nicht Genosse sei, halte er es für enttäuschend, daß ich nicht zur Partei komme, wenn ich Probleme in meinem persönlichen Leben habe, die ich allein nicht lösen kann.

Natürlich übernahm ich die volle Verantwortung für mein Vergehen und bat, mich wieder als Arbeiter in die Produktion zu schicken, da ich mich in der Regierung nicht bewährt habe. Er sagte jedoch, daß er noch nachdenken müsse, ich solle zunächst meine Arbeit fortsetzen. Am nächsten Tag ließ der Kohlenhändler seine Briketts im Auftrag *Walter Kirstens* wieder abholen, bedankte sich aber bei mir, da die Sonderverpflegung, wie von mir entschieden, gesichert bleibe. Zu meiner großen Überraschung wurden mir wenige Stunden später vom staatlichen Kohlehandel 15 Zentner Briketts gegen Bezahlung angeliefert, aus einem Kontingent der Regierung für besondere Härtefälle.

Diese Reaktion hat mich tiefer getroffen als ein Rausschmiß oder eine Strafe. Ich war beschämt und wußte, daß dies eine Lehre fürs Leben war. Ich begann meiner Rolle als junger Arbeiter im Regierungsapparat immer besser gerecht zu werden und setzte all meinen Ehrgeiz, meine Kraft und mein Wissen für den Wiederaufbau ein. Meine Überzeugung, daß dieser Weg richtig war, festigte sich. Weil ich aktiv war, nannten mich viele in dieser Zeit einen „parteilosen Kommunisten".

Etwa Mitte des Jahres 1948 bat ich um Aufnahme in die SED, die meines Erachtens am konsequentesten den Antifaschismus und den Aufbau einer neuen Gesellschaftsordnung ohne Krisen und Kriege vertrat. Das geforderte hohe Maß an Treue und Parteidisziplin scheute ich nicht, denn Disziplin gehörte von Kindheit an zu meinen Tugenden. Zucht, Ordnung und Disziplin vom Vater, militärische Disziplin der Wehrmacht und Eigendisziplin in meinem Lebensstil, im Essen, Kleiden und bei der Erziehung, waren stets meine Maxime. Ja sagen und handeln, oder nein sagen und verhindern; so war ich groß geworden. Das Festgelegte ist durchzuführen. Sonst nichts! Sollte das nicht ausreichend sein fürs Leben? Nein, das war es leider nicht!

Ich war überrascht, daß mich die Partei zunächst gar nicht wollte. Sie ließen sich viel Zeit, forderten weitere Bürgen, und warteten darauf, daß die Zahl der Arbeiter in der Statistik wieder den prozentualen Anteil erreichte, der die Aufnahme eines Angestellten erlaubte, der ich ja nun war, und dann wurde ich Kandidat der SED.

Das ist nicht ein Tag wie jeder andere. Dem „Kampfbund von Gleichgesinnten", dem „bewußten und organisierten Vortrupp der Arbeiterklasse" anzugehören, einer Partei, die ihre Hauptaufgabe darin sah, „alles zu tun für das Wohl des Volkes, für die Interessen der Arbeiterklasse und aller anderen Werktätigen", das war schon etwas, das berührte schon einen jungen Menschen mit solch wechselvollen Erfahrungen im Leben, wie mich, sehr stark. Warum sollte ich meinen Idealismus von damals heute verleugnen und meine Gefühle anders beschreiben?

Ankurbeln der Wirtschaft mit Produktionsbefehlen

Noch bevor ich in die Partei aufgenommen wurde, begann meine Tätigkeit in der Hauptabteilung Wirtschaftsplanung der Landesregierung. *Walter Kirsten* war als Sonderbeauftragter der Regierung für den Talsperrenbau Sosa und Cranzahl eingesetzt worden und *Kurt Gregor* übernahm mich sofort in seinem Bereich. Den frechen Reim von Mittweida nahm er mir nicht übel. Ich wurde bei ihm auch bald Ministerialrat und bezeichne ihn als meinen ersten Lehrmeister auf dem Gebiet der Planung, einem Gebiet, auf dem ich dann mein ganzes Leben lang arbeiten sollte, bis zu dem einsamen Rekord, 24 Jahre als Planungschef auf dem Schleudersitz eines sozialistischen Staates gesessen zu haben.

Im Auftrag der Regierung arbeiteten wir zunächst Pläne für ein halbes Jahr bzw. für ein Jahr aus, die wir der Sowjetischen Militäradministration Sachsen zur Genehmigung vorzulegen hatten. Ich erinnere mich noch sehr gut an Frau Oberst *Dolgopolowa*, die mich oft stundenlang, allerdings bei guter Verpflegung, warten ließ, bis sie mit ihren Mitarbeitern alles geprüft hatte. Als ich sie viel später einmal beim Rat für Gegenseitige Wirtschaftshilfe (RGW) als Preisspezialistin wiedertraf, erinnerte sie sich sofort an mich und sagte, daß sie mich damals so lang warten ließ, weil ich so dürr war und sie mich aufpäppeln wollte. Nach der Prüfung drückte Frau Oberst auf jedes Dokument einen roten Stempel und wir erteilten den Betrieben ihre „Produktionsbefehle", die immerhin nicht nur Pflichten, sondern auch das Recht zum Bezug von Material und Energie enthielten. Aber eine Planwirtschaft war das bei weitem noch nicht. Es gab nur erste Anfänge der Bilanzierung und obwohl alles streng kontingentiert war, bekam man auf seinen Materialschein oft nur geringe Anteile der behördlich genehmigten Mengen. Immerhin lief die Produktion vielerorts an und auch die Versorgung der Bevölkerung verbesserte sich. Dem Ministerpräsidenten von Sachsen, *Max Seydewitz*, den ich als väterlichen Dienstherrn sehr verehrte, mußten wir oft berichten, wie es vorwärts geht und wie wir die privaten Betriebe und das Handwerk besser in die Entwicklung einbeziehen können, die in Sachsen ein großes Potential darstellten. Immer öfter mußten wir nun zur Deutschen Wirtschaftskommission nach Berlin, denn die Zentrale begann zu regieren.

Nachdem sich am 7. Oktober 1949 die Volkskammer konstituiert und die Verfassung in Kraft gesetzt hatte, *Wilhelm Pieck* erster Präsident und *Otto Grotewohl* Ministerpräsident der DDR geworden waren, entstand ein mächtiger Sog, erfahrene Kräfte aus den Ländern nach Berlin zu ziehen. „Die Sachsen marschieren als 5. Besatzungsmacht in Berlin ein", sagten damals viele. Noch wehrte ich mich, denn ich liebte Dresden, meine Familie war dort zu Hause, inzwischen war unsere Tochter *Gabi* geboren, wir hatten in Radebeul eine hübsche Wohnung bekommen und mich zog nichts nach Berlin. Im Dezember 1950 schrieb deshalb der damalige Vorsitzende der neugegründeten Staatlichen Plankommission, *Heinrich Rau*, einen drohenden Brief an mich: „Wenn Sie, Herr Schürer, nicht am 1. Januar 1951 Ihre Arbeitsstelle in der Staatlichen Plankommission antreten, werden sie alle Folgen zu tragen haben." Wieder mußte ich erfahren, daß Disziplin allein nicht ausreicht, sondern daß man selbst denken muß, *Rau* hatte den 2. Januar gemeint und am Neujahrstag war natürlich keine Seele in der Plankommission. Ich aber stand auf der Leipziger Straße vor verschlossenen Toren. Dabei lernte ich auch gleich einen Berliner und seine Einstellung zu uns Sachsen kennen, denn als ich ihn fragte, ob er weiß, wo die Friedrichstraße ist, sagte er freundlich „ja" und ging weiter! Abends setzte ich mich in eine Kneipe, um meinen Ärger herunterzuspülen. Erst hatte ich mich wegen der Übernachtungspreise in Berlin aufgeregt und dann nutzte ich nur wenige Stunden das teure Bett. Aber seit diesem Tag konnte ich wenigstens sagen: „Ich bin ein Berliner."

Mein Auftrag bestand darin, die Abteilung für „Regionalplanung und Standortverteilung der Produktivkräfte" aufzubauen, was eine wirklich interessante und dringend notwendige Arbeit war. Ich konnte mich dabei auf zahlreiche Institute stützen, denn in Deutschland wurde seit langem der vorausschauenden Planung auf diesem Gebiet große Aufmerksamkeit gewidmet. Innerhalb eines Jahres hatte sich unsere Abteilung etabliert. Man forderte unsere Analysen und Karten für wichtige Strukturentscheidungen an, wir bekamen ein Mitspracherecht bei Standortentscheidungen, und große Investoren waren zur Abstimmung mit uns verpflichtet. Gegenüber der Landesregierung hatte sich mein Gehalt mit 2 800 Mark mehr als verdoppelt und mir kam in Erinnerung, daß *Wilhelm Pieck* als Präsident zur Gründung der DDR ein Monatsgehalt von 600 Mark und *Otto*

Grotewohl als Ministerpräsident von 500 Mark zugesprochen bekommen hatten. Das war aber wohl nicht lange durchzuhalten, wenn ich als kleiner Mann nun so viel bekam. Für mich war das Leben in Berlin, getrennt von der Familie, zunächst trist und teuer. Meine Zimmerwirtin in Köpenick war sehr liebenswürdig, aß ungeniert von meiner Lebensmittelration, öffnete meine Post und schwärmte von den schönen Briefen, die meine Frau mir schrieb.

Parteiinstrukteur für Planung

Die Parteiorganisation der Plankommission durfte für das Jahr 1952 einen Genossen auf die Landesparteischule in Schwerin schicken und wählte mich dafür aus. Sachsen wäre mir lieber gewesen, aber nein, es mußte Mecklenburg sein. Die Frage, ob ich damit einverstanden sei, wurde gar nicht erst gestellt, weil das ja zur Parteidisziplin gehörte. Da der Schulneubau in Schwerin nicht planmäßig fertig wurde, begann der Lehrgang am 2. Januar in einem leerstehenden Kinderheim in Wiek auf der Insel Rügen. Auf den winzigen Holzstühlen und Bänken taten uns schon nach wenigen Stunden alle Knochen weh. Vier Monate mußten wir bis zum Umzug nach Schwerin damit vorliebnehmen.

Die Schwerpunkte des Unterrichtes waren Parteigeschichte und Parteiaufbau, politische Ökonomie des Sozialismus und Geschichte der KPdSU. Lektionen hielten die politischen Größen von Mecklenburg, wie der Erste Sekretär der Bezirksleitung der SED *Karl Mewis,* sein junger und intelligenter Zweiter Sekretär *Heinz Bendig*, ferner Erste Kreissekretäre des Landes und Dozenten der Schule. Für meine politische Bildung war der Lehrgang wichtig, aber es wurde zuviel von *Fred Oelßner über Marx* und die Klassiker und zuwenig *die* Klassiker selbst studiert. In ökonomischen Fragen galt ich bald als Experte und als das Jahr zu Ende ging, kam im Auftrag von *Gerhart Ziller*, Sekretär für Wirtschaft des ZK, dessen wissenschaftlicher Mitarbeiter *Gerhard Weise* an die Schule und warb mich als Instrukteur für Planung im Apparat des ZK. Das Gespräch verlief etwa wie folgt: „Genosse Schürer, du hast die Schule mit Auszeichnung abgeschlossen. Die Partei muß ihre führende Rolle in der Gesellschaft wahrnehmen und braucht außer Politikern Fachleute in ihrem Apparat. Du bist ein anerkannter Planungsfachmann. Im Zentralkomitee wirst du weniger Geld bekommen. Dein Anfangsgehalt wird etwa ein Drittel deines bisherigen Gehalts im Staatsapparat betragen. Dafür bekommst du bei uns viel Kritik. Das wird deine Persönlichkeit fördern und deine Chancen zukünftig erweitern. Ich gehe davon aus, daß du keine Fragen hast und am 2. Januar 1953 deine Arbeit dort antrittst."

Ich hatte an ihn keine weiteren Fragen, nur mich selbst befragte ich. Der Umzug nach Berlin war das Wichtigste, denn für 900 Mark monatlich konnte ich die zwei Haushalte nicht finanzieren. Welche Ausgaben kann ich einschränken? Wird man die Umzugskosten übernehmen? Ich begann meine Arbeit und fand gemeinsam mit meiner Frau für alles eine Lösung. Es gab auch bald eine Aufwandsentschädigung, die etwas half. Wenn ich ein Diplom hätte, erhielt ich zur Auskunft, würde das auch beim Gehalt berücksichtigt, aber ich hatte nur „Lehrgänge". Also meldete ich mich zum Fernstudium an der Hochschule für Ökonomie an. Alle Lehrhefte über die politische Ökonomie und Wirtschaftswissenschaften bereiteten mir aufgrund meiner Vorbildung und praktischen Erfahrungen keine besonderen Probleme, aber Mathematik und Buchhaltung haben mich an den Rand der Verzweiflung gebracht. Hätte mir nicht mein Mitarbeiter im Sektor Planung des ZK, Dr. *Alfred Lange*, geholfen, der übrigens später selbst Professor und Rektor der Hochschule in Berlin-Karlshorst wurde, hätte ich das nicht durchgestanden. Das alles war eine unbeschreibbar anstrengende „Affentour" des Aufstiegs. Aufbauschichten mußten in Berlin auch noch geleistet werden. Jeder hatte eine Kontrollkarte über diese Stunden freiwilliger Arbeit und die Partei forderte von ihren Mitgliedern, vorbildlich zu sein. So sahen meine „Privilegien" in jener Zeit aus.

Der 17. Juni 1953

Der Beginn meiner Tätigkeit am 2. Januar 1953 im Apparat des ZK in Berlin stand unter keinem guten Stern. Die Stalinsche These vom forcierten Aufbau der Schwerindustrie, daß jedes sozialistische Land seine eigene Basis dafür haben muß, war außerordentlich investitionsintensiv und hatte schwerwiegende Folgen für unser Land. Wir brauchten dringend Stahl, Kohle und Energie für den Aufbau und mußten deshalb den überwiegenden Anteil unseres noch geringen Investitionsvolumens auf die Zweige der Montanindustrie konzentrieren. Obwohl man Hüttenwerke in der Welt fast ausschließlich dort baut, wo geologisch entweder Steinkohle, oder Eisenerz, oder am besten beides erschlossen werden kann, mußten wir auf der grünen Wiese in Eisenhüttenstadt bauen, um den Standort wenigsten etwas näher an den Koks aus Polen und das Erz von Kriwoi-Rog zu rücken. Zugleich waren wir gezwungen, die heimische Braunkohle durch die Erzeugung von Braunkohlen-Hochtemperaturkoks für die Stahlerzeugung einsatzfähig zu machen, wobei gleichzeitig Stadtgas gewonnen wurde, weil weder die Lieferungen aus Polen noch die geringe Steinkohleförderung im Zwickau-Ölsnitzer-Revier ausreichten. Die Professoren *Rammler* und *Bilkenroth* hatten wissenschaftlich die Voraussetzung zu dieser hohen Veredlungsstufe der ballastreichen, energiearmen Braunkohle geschaffen. Auch die Entwicklung und der Bau von Niederschachtöfen zur Verarbeitung saurer Erze in Calbe diente der Nutzung eigener verfügbarer Rohstoffe. Deshalb wurden solche Industriegiganten geschaffen wie die Großkokerei Lauchhammer, das Energiekombinat „Schwarze Pumpe" und viele andere Kapazitäten der Metallurgie, der Energie und des Schwermaschinenbaus. Trotz steigender Rate der produktiven Akkumulation zu Lasten der Konsumtion hatte das zur Konsequenz, daß die auf dem Gebiet der DDR früher stark vertretenen Zweige des mittleren- und Verarbeitungsmaschinenbaues, der Elektrotechnik, der Leichtindustrie und zunächst auch der Chemie, kaum ausreichende Mittel zu ihrer Wiederherstellung, geschweige zur Rekonstruktion oder Erweiterung erhalten konnten. Wir hatten aber dazu keine Alternative, denn die Ressourcen der UdSSR waren begrenzt und von den westlichen Märkten waren wir im wesentlichen abgeschnitten. Zu Einkäufen auf dem freien Markt fehlten uns die Devisen. Logische Folge dieser Strukturpolitik waren der akute Mangel an Konsumgütern auf dem Binnenmarkt - ein Teil mußte auch noch zur Bezahlung der Reparation aus der Produktion entnommen werden - und die lang anhaltende Rationierung des Verbrauches. Der Widerspruch zwischen den hohen Leistungsanforderungen an die Werktätigen und dem zurückbleibenden, niedrigen Löhnen sowie des Lebensstandards insgesamt führte zum Konflikt. Der Unmut wuchs.

Im Juli 1952 hatte die II. Parteikonferenz der SED beschlossen, mit dem planmäßigen Aufbau des Sozialismus in der DDR zu beginnen. Die Polarisierung von Befürwortern und Gegnern des Sozialismus verstärkte sich. Die antifaschistisch-demokratische Ordnung hatte vorher auf jeden Fall eine breitere Basis für gesellschaftlich wirksame Kräfte geboten. Der politische Druck auf höhere Leistungen verstärkte sich nach diesen Beschlüssen bedeutend. „Unverzüglich sind die Arbeitsnormen mit dem Ziel ihrer Erhöhung zu prüfen", und „die für die Produktion entscheidenden Arbeitsnormen sind bis zum 1. Juli 1953 um durchschnittlich mindestens 10 Prozent zu erhöhen", beschloß das ZK. Der Mittelstand und besonders die Bauern fürchteten um ihre Existenz. Die Anzahl der landwirtschaftlichen Produktionsgenossenschaften erhöhte sich von insgesamt sieben im Juni 1952 auf ca. 2 000 im Dezember des gleichen Jahres. 400 000 Menschen, darunter viele Bauern, die Haus und Hof verließen, wanderten in Richtung Westen ab. Die Produktion von Nahrungsgütern in der DDR sank und die ohnehin angespannte Versorgung mit Lebensmitteln verschlechterte sich weiter. Die Regierung erhöhte die Zuckerpreise, was sofort auf alle Zuckerwaren durchschlug und eine Welle des Protestes auslöste. Zwei erfahrene Mitarbeiter der Abteilung Planung und Finanzen im ZK, *Walter Kammler* und *Helmut Sandig*, hatten der Parteiführung vorgeschlagen, anstelle der Erhöhung der Zuckerpreise einen Wettspielbetrieb für Lotto und Toto einzurichten, weil man damit das Mehrfache an Kaufkraft abschöpfen könnte. Sie wurden aber wegen „kapitalistischen spekulativen Denkens" zurückgepfiffen. Es gärte im Land. Es lag etwas in der Luft. Das kam jenen Kräften natürlich gerade recht, denen die DDR wie ein Pflasterstein im Magen lag und die auf einen Tag X hinarbeiteten.

Am 5. März 1953 starb *Stalin*. Bisher glaubten die Menschen, daß an der offiziellen Politik der UdSSR ohnehin niemand etwas ändern kann. Nun kamen aber neue Töne aus Moskau. Anfang Juni wurden *Walter Ulbricht*, *Otto Grotewohl* und *Fred Oelßner* in die sowjetische Metropole gerufen. In einer Beratung mit den Mitgliedern des Politbüros des ZK der KPdSU *Georgij Malenkow*, *Lawrenti Berija*, *Nikita Chruschtschow*, *Wjatscheslaw Molotow*, *Anastas Mikojan* und weiteren hohen Funktionären wurden die Beschlüsse der II. Parteikonferenz zum beschleunigten Aufbau des Sozialismus in der DDR scharf kritisiert, die zu Lebzeiten *Stalins* übereilt, und ohne Beschlußfassung durch das ZK der SED und seines Politbüros sowie ohne Absegnung eines solchen Kurswechsels durch einen ordentlichen Parteitag gefaßt worden waren. Ausgehend von dieser Beratung in Moskau wurde gefordert, einen „Neuen Kurs" einzuschlagen. Man rügte den von den Massen losgelösten Führungsstil der SED und den Personenkult um *Walter Ulbricht*. Die Sowjetische Kontrollkommission in Deutschland wurde aufgelöst und *Wladimir Semjonow* wurde zum Hohen Kommissar berufen.

Obwohl darüber kaum etwas veröffentlicht wurde, sickerte manches durch und infolge der einseitigen Schuldzuweisung an die Adresse der DDR wurde die durch eigene Fehler schon beschädigte Autorität der Führung weiter beträchtlich geschwächt. Dennoch hatten das Politbüro des ZK der SED und die Regierung der DDR den Beschluß über die globale Normerhöhung auch Mitte Juni 1953 noch nicht zurückgenommen. Das war ein kapitaler Fehler. Das Faß begann überzulaufen. Am 15. Juni waren es zunächst die Bauarbeiter vom Block 40 der „Stalinallee" in Berlin, die zu streiken begannen. Ihnen schlossen sich beim Marsch in Richtung Haus der Ministerien auf der Leipziger Straße weitere an. *Fritz Selbmann* wurde niedergeschrien, als er den Standpunkt der Regierung erläutern wollte. Erst am 16. Juni wurde unter dem Druck des Streiks die administrative Erhöhung der Arbeitsnormen endlich offiziell korrigiert. Die Parteiführung versuchte auf einer Parteiaktivtagung im alten Friedrichstadtpalast, ihre Mitglieder zu mobilisieren und der Bevölkerung den „Neuen Kurs" zu erläutern. Aber nichts half mehr. Am Morgen des 17. Juni demonstrierten Hunderttausende in der DDR, zunächst immer noch mit ökonomischen, später aber auch mit politischen Forderungen.

Ich kann nur sagen, daß die Ursachen für das Stimmungstief in der Bevölkerung der DDR, für ihre Empörung über die ungenügende Versorgung, über die Normerhöhungen sowie die Streiks in der Politik der politischen Führung der DDR sowie dem Einfluß von Moskau zu suchen waren. Es ist nicht richtig, einseitig von einem von außen organisierten Putsch zu sprechen. Zur Eskalation der Juniereignisse 1953 vom ökonomischen Protest bis zur Aufforderung zum Sturz der Regierung Grotewohl und vom lokalen Streik bis zu einem viele Städte und Gebiete erfassenden Aufstand haben allerdings der RIAS, dessen aufrührerische Sendungen ich verfolgt hatte, um informiert zu sein, sowie Dienste der westlichen Mächte nicht wenig beigetragen, auch wenn man das heute nicht gern hört. Der Tag X war gewollt und herbeigewünscht worden, aber Fehler in der Politik der SED und auch in Moskau haben ihn erst möglich gemacht.

Ich selbst wurde am 17. Juni früh vom diensthabenden ZK-Sekretär *Karl Schirdewan*, vom Haus des Zentralkomitees, damals in der Wilhelm-Pieck-Straße, als Parteibeauftragter des ZK in die Elektroapparatewerke Berlin-Treptow geschickt, um die Werktätigen des Betriebes von der Teilnahme an den Protesten abzuhalten. Mit Ausnahme eines Teils der Mitglieder der Parteiorganisation des Betriebes unter Leitung ihres Parteisekretärs *Walter Florath*, die den Betrieb schützten, waren jedoch alle auf der Straße. Da ich einen Lagebericht geben sollte, kehrte ich nach kurzer Beratung zurück und beteiligte mich an der Sicherung des Hauses des ZK.

Abends erhielt ich dann den Auftrag, am folgenden Tag im Stahl- und Walzwerk Hennigsdorf, dessen Belegschaft fast geschlossen nach Westberlin marschiert war, bis auf Abruf politische Arbeit zu leisten und die Arbeitsbereitschaft wiederherzustellen. Gemeinsam mit meinem Abteilungsleiter Dr. *Wolfgang Berger* und der Frau *Wilhelm Florins*, nach dem das Werk in Hennigsdorf benannt worden war, konnten wir eine durchaus nützliche Arbeit leisten. Besonders auf das Wort von Genossin *Florin* hörten viele Mitarbeiter des Werkes und nahmen die Arbeit wieder auf. Die größte Leistung vollbrachte aber in diesen Tagen der parteilose Direktor des Stahlwerkes, der seine ganze Autorität und sein Fachwissen dafür einsetzte, daß die Arbeiter das Erkalten des flüssigen Stahls in den Öfen verhinderten.

Erfolge, Probleme, Rückschläge

Wie oft im Leben hatten auch die dramatischen Ereignisse des 17. Juni eine gute Seite. Der Aufbau der Schwerindustrie wurde verlangsamt, eine Reihe von „Großbauten des Sozialismus" wurden gestoppt bzw. zeitlich gestreckt und der Leichtindustrie wurde grünes Licht für ihre Entwicklung gegeben. Auch der Verarbeitungsmaschinenbau, die Elektrotechnik und besonders die Mittel- und Kleinindustrie, die Privatindustrie und das Handwerk erhielten größere Unterstützung. Die Wachstumsraten der Produktion verbesserten sich wesentlich. Der Einfluß der Gewerkschaften wurde zentral und in den Betrieben bedeutend erhöht sowie ihre Mitgestaltung am Plan garantiert. Auf dem Lande wurde die genossenschaftliche Produktion nicht weiter forciert und auch die höchste Form, der Typ III, also einschließlich der Viehwirtschaft, wurde nicht mehr einseitig als das Ideal in den Vordergrund gerückt.

Auch in der Sowjetunion war man von den Ereignissen geschockt. Die UdSSR lieferte mit Regierungsbeschluß vom 20. Juli 1953 an die DDR zusätzliche Rohstoffe und Lebensmittel im Werte von 231 Mio. Rubel, darunter Fleisch, Butter, Käse und Baumwolle. Im Ergebnis von Verhandlungen einer Delegation der DDR unter Leitung von *Otto Grotewohl* wurde ab 1. Januar 1954 die Entnahme von Reparationen aus der laufenden Produktion der DDR beendet, die noch bestehenden 33 SAG-Betriebe (Sowjetische Aktiengesellschaften) unentgeltlich und unverzüglich in das Eigentum der DDR zurückgeführt. Die ausstehenden Zahlungsverpflichtungen aus der früheren Rückgabe von SAG-Betrieben wurden erlassen. Die Stationierungskosten der Sowjetarmee wurden auf 5 Prozent des Staatshaushaltes der DDR begrenzt und erneut wurden ein Kredit in Höhe von 350 Mio. Rubel sowie ein weiterer im Umfang von 135 Mio. Rubel in freien Devisen gewährt. Das war eine für die schwierige Lage in der UdSSR nach dem Krieg sehr wichtige Hilfe, die aber im Vergleich zum Marshallplan klein war und vielleicht auch zu spät kam, aber dann nicht unwesentlich zur schrittweisen Stabilisierung der Lage in der DDR beitrug.

Als es der Wirtschaft besser ging, geriet mein persönliches Leben in eine Krise, ohne daß beides etwas miteinander zu tun hatte. Die lange Trennung von meiner Familie mit ihren Anfechtungen des

Alleinseins, die großen Anforderungen meines Berufes, die vielen Aufbauschichten und das aufreibende Fernstudium hatten das gemeinsame Leben mit meiner Frau *Maria* zermürbt. Zunächst wollten wir es nicht wahrhaben, doch Versuche, unsere Ehe zu kitten, mißlangen. Um einen Ausweg zu finden, nutzte ich die Chance eines dreijährigen Studiums von 1955 bis 1958 an der Parteihochschule in Moskau. Während der ersten Studienferien im Frühjahr 1956 wurde unsere Ehe im gegenseitigen Einvernehmen geschieden. *Maria*, die später meinen ehemaligen Chef *Walter Kirsten* heiratete, lebte bis zu seinem Tod im Jahre 1993 mit ihm zusammen, und wir trafen uns oft in freundschaftlicher Atmosphäre bei Geburtstagen unserer Tochter *Gabi* mit ihrer Familie.

Studium in Moskau

Diese drei Jahre meines Lebens in der Sowjetunion haben mich in meiner Überzeugung von den Ideen des Sozialismus weiter bestärkt und zu einem Freund des Landes und seiner Menschen gemacht, obwohl ich durch die Geheimrede über die Verbrechen *Stalins*, die *Nikita Chruschtschow* 1956 hielt, zugleich tief erschüttert war. Unsere wichtigste Schlußfolgerung daraus konnte nur heißen, alles besser machen zu wollen um zu verhindern, daß sich so etwas wiederholt. Ich teilte mit zwei Russen, *Sascha* aus Irkutsk und *Wolodja* aus Archangels, beide liebenswerte Kumpel und wunderbare Menschen, ein kleines Zimmer und wir studierten täglich bis in die Nacht hinein. Dort wurden alle drei Bände des Kapitals von *Marx* sowie die Werke von *Engels* und *Lenin* studiert. Über das Kapital fertigte ich in emsiger Arbeit ein handgeschriebenes Konspekt an, um mir wie in einem Rasternetz die Verflechtung der Aussagen der Bände eins, zwei und drei, sowie des „Nachtrages“ von *Friedrich Engels* deutlich zu machen. Wir merkten schon bald, welch ungeheure Vereinfachung die „Geschichte der KPdSU. Kurzer Lehrgang“ von *Stalin* darstellte. In der Philosophie wurden außer *Marx* auch die bedeutenden Philosophen studiert, beginnend mit der pythagoreischen Schule und der von Milet in Kleinasien, über *Plato*, *Heraklit*, *Aristoteles*, *Epikur*, *Thomas von Aquino*, *Bacon*, *Hobbes*, *Locke*, *Spinoza*, *Leibniz*, *Berkeley*, *Hume*, *Voltaire*, *Rousseau*, *Lomonossow*, bis hin zu *Kant*, *Hegel* und *Feuerbach*.

Die Philosophie ist doch eigentlich die Mutter aller Wissenschaften und erforscht die Welt als Ganzes, sucht Antwort auf die Frage: „Was ist alles?". Mit ihren vielen Fremdwörtern ist sie ein schwieriges, aber äußerst interessantes Gebiet. Scherzhaft sagten wir auf die Frage, was Philosophie eigentlich sei: „Die Philosophie ist eine Lehre über Dinge, die jeder kennt, mit Worten, die keiner versteht." Auch in den Natur- und technischen Wissenschaften gab es hervorragende Lektionen. Wir studierten Prozesse der Stahlproduktion genau so intensiv wie die der Landwirtschaft und der Viehzucht. In politischer Ökonomie und Geschichte lehrten zum Teil bekannte Professoren der Universitäten Moskaus. Am schwächsten waren merkwürdigerweise die Vorlesungen im Fach Geschichte der KPdSU. Wenn Professor *Petrow* seine langweiligen Lektionen las, die nicht weit über den „Kurzen Lehrgang" von Stalin hinausgingen, lasen die sowjetischen Genossen während des Unterrichtes ungeniert ihre Tageszeitungen, während wir Deutschen auch dann noch diszipliniert zuhörten.

Immer wieder gab es beim Studium interessante Erlebnisse. In unserem Kursus studierte z. B. der legendäre Held von Stalingrad, Sergeant *Jakow Fedotowitsch Pawlow*, dessen Schicksal über die Verteidigung eines Hauses der Stadt (das Haus in Wolgograd ist heute als Denkmal gestaltet) z. B. im Film „Die Schlacht von Stalingrad" im Mittelpunkt steht. Einer unserer deutschen Kommilitonen, *Hans Bentzien*, späterer Kulturminister der DDR, wohnte mit *Pawlow* in einem Zimmer und schrieb ein Buch über seine Erlebnisse mit diesem Kriegshelden der UdSSR, das 1986 unter dem Titel „Festung vor dem Sturm" erschien. *Jakow Pawlow* war inzwischen Erster Rajon-Sekretär in seiner Heimat im Waldaigebiet geworden. Er hatte jedoch seine Schwierigkeiten mit den vielen Fremdwörtern in den philosophischen Werken und ging trotz unbändigen Lerneifers - nach der Schilderung meines Stubenkumpels Wolodia - sehr nervös zum Staatsexamen. Als die Prüfungskommission schon fast verzweifelte, weil er kaum eine der auf dem Gebiet der Philosophie gestellten Fragen exakt beantworten konnte, sagte der Vorsitzende der Kommission, der den berühmten Pawlow doch nicht durchfallen lassen wollte: „Wissen Sie denn wirklich gar keine präzise Antwort auf Grundfragen der marxistischen Philosophie, Genosse *Pawlow*?" Und *Pawlow* antwortete: „Doch, Genosse Professor, in einer Frage hatte

Karl Marx unrecht, denn es ist viel leichter, die Welt zu verändern, als sie philosophisch zu interpretieren." Die Kommissionsmitglieder atmeten erleichtert auf und bewerteten das Staatsexamen mit bestanden.

In der tschechoslowakischen Gruppe unseres Kurses studierten sowohl *Alexander Dubcek* als auch *Milos Jakes*, die später nacheinander, beide mit völlig unterschiedlichen politischen Positionen, Generalsekretäre der KPC waren. Ich war mit beiden gut bekannt und spürte während der Moskauer Jahre keinerlei prinzipielle Unterschiede in ihren Standpunkten. Während der Ungarnereignisse 1956 schien mir sogar *Alexander Dubcek* schärfer als *Milos Jakes* gegen die „Konterrevolution" aufzutreten. Als *Dubcek* dann 1968 als Nachfolger *Novotnys* Generalsekretär der KPC wurde, fragte mich *Erich Honekker*, was ich denn von ihm halte, denn er wußte, daß wir uns gut kannten. Ich hatte von *Dubcek* eine hohe Wertschätzung und wurde später für mein „Fehlurteil" kritisiert. Als dann *Milos Jakes* Generalsekretär wurde, fragte mich *Honecker* gar nicht erst nach meiner Meinung.

Das Zusammenleben deutscher mit sowjetischen Studenten war oft nicht einfach, denn die Lebensgewohnheiten waren sehr unterschiedlich. Sie spuckten z. B. ständig in das Waschbecken und als ich mich deswegen beschwerte, sagten sie: Du spuckst in dein Taschentuch und steckst es in die Hose. Wir dagegen spucken ins Waschbecken und schwub ist es weg! *Sascha* hängte das Fleisch vom Kolchosmarkt vor dem Braten immer erst ans Fensterkreuz in die Sonne, bis es stank. Dann ist es schön mürbe, sagte er, wenn ich meckerte. Umgekehrt beschimpften sie mich als „Menschenfresser", wenn ich rohes Fleisch als Tartar aß. Sie zogen abends den Schlafanzug aus, denn er war bei ihnen der Hausanzug, und schlüpften in eine Turnhose. Ich dagegen zog ihn an und sie nannten mich einen „Bourgeois". Wenn einer Besuch bekam, mußten wir alle unsere Betten verlassen und auf dem Fußboden schlafen, denn der Gast genießt nach russischer Sitte alle Vorrechte. Aber wenn der Besuch mehrere Wochen blieb, weil die Reise von Irkutsk oder Archangelsk so weit ist, wünschte man sich doch sehnlichst sein schmales Metallbett zurück.

Viel Spaß hatten wir durch unsere Sprachschwierigkeiten. Als *Wolodja* und *Sascha* mich einmal geärgert hatten, sagte ich ihnen in russisch:

„Ihr habt nicht alle Tassen im Schrank". Da sprangen beide auf, zählten nach „ras, dwa", es sind alle da, was willst du von uns". Ich hätte sagen müssen: „Bei Euch sind nicht alle zu Hause", das hätte einen Sinn gegeben. Unsere Geographielehrerin sprach einmal davon, daß es in Minsk ein großes Werk gibt, in dem „Wurmtraktoren" produziert werden und wir überlegten lange, was sie denn damit gemeint haben konnte, bis *Erich Selbmann* darauf kam, daß sie „Raupenschlepper" damit meinte. Bei einem Treffen der Moskauschüler unseres Lehrgang im April 1995 im Restaurant „San Marino" in Berlin am Savigny-Platz erinnerten wir uns an solche Erlebnisse. Von den einst 22 Studenten unseres Lehrgangs waren noch *Heinz Bendig*, *Hans Bentzien*, *Johannes Chemnitzer*, *Gerhard Oeknik*, *Otto Hoppe*, *Charlotte Klose*, *Werner Lindner*, *Erich Selbmann*, *Thea Schlesinger*, *Gerhard Schürer*, und *Robert Waßmann* zusammengekommen. Andere waren inzwischen gestorben, oder waren wie *Franz Becker*, *Fritz Hecht* und *Anneliese Werner* verhindert bzw. konnten wir wie bei *Theo Naumann* in Dresden und *Heinz Semrau* in Schwerin die Adressen nicht ausmachen. Wir haben viel über unsere Studentenzeit gelacht, aber auch sehr nachdenklich diskutiert, was denn nun aus unseren Idealen geworden und wie unsere Verantwortung einzuschätzen ist. Vieles ließe sich noch über diese Zeit in der UdSSR berichten, aber das Wichtigste war, daß ich mein Studium in allen Fächern mit Auszeichnung abschloß, die russische Seele kennengelernt und meinen vorher national sehr begrenzten Gesichtskreis erweitert hatte.

1958 kam ich aus Moskau zurück und wurde wenig später zum Leiter der Abteilung Planung und Finanzen des ZK ernannt. Privat war ich nach meiner Scheidung immer noch allein. In Moskau hatte ich ein hübsches russisches Mädchen kennengelernt, die „*Olitschka*" (*Olga*) hieß und als Ingenieurin an der berühmten „Baumann-Hochschule" in der Hauptstadt arbeitete. Sie war vernarrt in die russische Nationaloper, und ich bin in meinem ganzen Leben nicht so oft ins Theater gegangen wie mit *Olga* in Moskau. „Iwan Grosny", „Iwan Sussanin", „Boris Godunow", „Ruslan und Ljudmila" hätte ich mitsingen können, wenn ich nur ein wenig Talent mitgebracht hätte. Olga dachte zunächst, daß ich Franzose sei und sprach meinen Vornamen Gerhard halb russisch und halb französisch aus, was wie „Cherard Pawlowitsch" klang. Als ich ihr sagte, daß ich Deutscher bin, wollte sie sich sofort von mir trennen, denn sie haßte die Deutschen gnadenlos, seit dem ihre Eltern und ihr Bruder im Zweiten Weltkrieg in Leningrad umgekommen waren. Schließlich siegte aber auch bei meiner *Olga* die Zuneigung. „Es gibt auch gute Deutsche, wie meinen 'Cherard'", sagte sie, nur nach dem Ende des Studiums mit mir nach Berlin ins „Feindesland" zu gehen, das wollte sie nicht. So trennten sich leider unsere Wege.

In Berlin gelang es mir lange Zeit nicht, eine Frau zu finden. Ich ging immer wieder ins Café „Warschau", aber selbst wenn ich eine sah, die mir gefiel, traute ich mich nicht, sie anzusprechen. Und jene, die mich wollten, mochte ich nicht. Wie so oft im Leben half wieder der Zufall. Im Haus auf der Gubener Straße, in dem ich nach meiner Rückkehr aus Moskau die Junggesellenwohnung von *Walter Kirsten* bezogen hatte, traf ich beim Hausmeister *Manfred Brüssau* eine sympathische, liebe Frau, die acht Jahre jünger als ich und Parteimitglied war, eine 4jährige Tochter hatte und in Scheidung lebte. Wir freundeten uns an und heirateten wenig später. Wir führten eine gute und glückliche Ehe, in der zwei Kinder, *Martina*, 1960 und *Andrè*, 1966, geboren wurden. Meine Parteiorganisation war heilfroh, daß nach einer Reihe von „Frauengeschichten" endlich Ruhe in mein Privateben einzog. Nun konnte ich mich wieder konzentriert in die Arbeit stürzen.

Das Schicksalsjahr 1961

1958 war es der DDR endlich gelungen, die Rationierung bei Lebensmitteln aufzuheben, was von allen freudig begrüßt wurde. In der Bevölkerung wuchs die Bereitschaft, im Arbeitsprozeß mehr zu leisten. Immer wieder hatte ich in meiner Arbeit feststellen können, daß es die Menschen schätzten, wenn ihnen mit realen Plänen lösbare Aufgaben gestellt und die Arbeits- und Lebensbedingungen Schritt für Schritt verbessert wurden. Dann waren sie auch bereit, Schwächen und Mängel in unseren, die ganze Wirtschaft umfassenden Plänen zu tolerieren und, wenn es ging, mit ihrer Initiative auszubügeln. Aber bei unrealen Aufgaben und groben Fehlern spürte man sofort energischen Widerstand, zumindest aber Resignation. Aus der Übererfüllung der Pläne und der insgesamt relativ guten

Entwicklung der Wirtschaft 1957/58 zog leider die Parteiführung, angeregt von großen politischen Visionen anderer sozialistischer Länder in dieser Zeit, (z. B. wollte die Sowjetunion die Vereinigten Staaten von Amerika einholen und überholen) eine völlig unrealistische Schlußfolgerung. Der Erste Sekretär der SED, *Walter Ulbricht*, formulierte auf dem V. Parteitag 1958 als Hauptaufgabe: „Die Volkswirtschaft der DDR ist innerhalb weniger Jahre so zu entwickeln, daß die Überlegenheit der sozialistischen Gesellschaftsordnung der Deutschen Demokratischen Republik gegenüber der Herrschaft der imperialistischen Kräfte im Bonner Staat eindeutig bewiesen wird und infolge dessen der Pro-Kopf-Verbrauch unserer werktätigen Bevölkerung mit allen wichtigen Lebensmitteln und Konsumgütern den Pro-Kopf-Verbrauch der Gesamtbewohner in Westdeutschland erreicht und übertrifft." Um keine Zweifel aufkommen zu lassen, formulierte er an anderer Stelle, daß die Ökonomische Hauptaufgabe in den nächsten drei Jahren, bis 1961 zu lösen sei.

Das war ein Hammer. Viele wußten, daß das nicht geht, aber durch die euphorischen Zielstellungen in den anderen sozialistischen Ländern in dieser Zeit beeindruckt, wurde der Beschluß vom Parteitag mit großem Beifall angenommen.

Nun ist der Realitätsverlust von Politikern in Zeiten von Erfolgen (und nicht nur dann) kein Patent der DDR oder der SED, denn mit Versprechungen gegenüber dem Volk haben sich zu allen Zeiten bis zum heutigen Tag führende Persönlichkeiten blamiert, ganz unabhängig von der jeweiligen Gesellschaftsordnung und dem Standort ihrer Partei. Aber die Wirkung einer groben Fehleinschätzung und mangelnden Analyse war in diesem Fall genau „umgekehrt proportional" zur Absicht. Gedacht war diese hoffnungsvolle Voraussage als zündender Impuls zur Steigerung der Leistungen für die sozialistische Gesellschaft, aber das Ergebnis war umgekehrt, niederschmetternd. Betrug die Wachstumsrate der Produktion der DDR 1958/59 noch fast 12 Prozent, so sank sie 1960 auf 8 Prozent und 1961 auf 6 Prozent ab! Und das bedeutete, daß der vom V. Parteitag der SED beschlossene Siebenjahrplan nur noch Makulatur war. Die weit gesteckten Ziele des Kohle- und Energieprogramms und leider auch des dringend notwendigen, soeben angelaufenen Chemieprogramms, mußten kräftig nach unten korrigiert werden. Auch dann reichten die Investitionsmittel nicht aus, um die Konsumgüterzweige entsprechend der Nachfrage zu gestalten. Es entstand eine Disproportion von 2 Milliarden Mark zwischen den Geldeinnahmen der Bevölkerung und dem Warenfonds, die in solchen Größenordnungen zu Hektik und Käuferschlangen führte und die Stimmung der Menschen rapid verschlechterte.

In der Landwirtschaft, die durchaus leistungsfähig geworden war, lief in dieser Zeit die als „Sozialistischer Frühling" bezeichnete Schlußphase der Kollektivierung. Durch eine große politische Offensive mit Einsatz vieler Kräfte sollten die verbliebenen einzelbäuerlichen Betriebe für die landwirtschaftlichen Produktionsgenossenschaften geworben werden. „De Appel is riep an der Woterkant" war die Losung der Partei im Bezirk Rostock, die das Beispiel für alle geben sollte. Im Ergebnis dieser Kampagne gab es 1961 etwa 20 000 LPGs, die 85 Prozent der landwirtschaftlichen Nutzfläche bewirtschafteten und etwa 670 Volkseigene Güter. Nicht wenige Bauern wollten dem politischen Druck, manche sagten auch „freiwilligen Zwang", entgehen und flüchteten in die Bundesrepublik.

Auch die geistige Atmosphäre war in dieser Zeit niederdrückend. Gleichmacherei in den Betrieben verprellte die Intelligenz, die gleichzeitig vom Westen umworben und aufgefordert wurde, die DDR zu verlassen um günstige Jobs zu übernehmen.

Im Sommer 1961 verließen täglich mehr als 1 000 Menschen die DDR. Ein Teil von ihnen, Spezialisten, wurde von der BRD direkt abgeworben. Mit Medizinstudenten schlossen z. B. Westberliner Stellen schon Verträge während der Studienzeit ab. Die DDR bezahlte ihre Ausbildung, und der BRD verkauften sie ihr Wissen. Die Zahl der geflüchteten Ärzte stieg teilweise so rasch, daß in einigen Gebieten die gesundheitliche Betreuung der Bevölkerung nicht voll gewährleistet war. Der Kalte Krieg erreichte seinen Höhepunkt und drohte zu einem heißen Krieg zu eskalieren. Die Regierung der Bundesrepublik hatte die sich entwickelnde kritische Situation noch dadurch verschärft, daß sie am 30. September 1960 das mit der DDR seit 1951 gültige Handelsabkommen kündigte. Damit waren nicht nur 10 Prozent unserer gesamten Ex- und Importe in Frage gestellt, sondern es gab für die DDR, wie die eiligst organisierte „Störfreimachung von Westimporten" zeigte, für zahlreiche Produkte, wie

Sonderstähle, Normteile, spezifische Chemikalien, Präzisionsmaschinen usw. keinen Ersatz. Das war der BRD bekannt, die Kündigung des Abkommens sollte aber offensichtlich zur Destabilisierung der DDR beitragen. Vor lauter Freude, der ungeliebten DDR eins auswischen zu können, hatte man jedoch, scheint es, die Interessen der Bundesrepublik in Westberlin vergessen, die ohne oder gar gegen die DDR nur schwer zu sichern waren. Als die Kündigung des Abkommens Ende des Jahres 1960 zurückgenommen wurde, war erstens leider ein Teil des Schadens schon eingetreten und zweitens wurde nun eine „Widerrufsklausel“ eingeführt, die auf Jahre hinaus den Handel zwischen den beiden deutschen Staaten verunsicherte.

Die im November 1960 in Moskau tagende Konferenz der Kommunistischen- und Arbeiterparteien orientierte alle Teilnehmer auf die aktive Unterstützung der DDR. Das war eine große Hilfe, aber wir mußten dennoch erneut im Innern umstellen. Auf der 11. Tagung des Zentralkomitees der SED im Dezember 1960 erläuterte der Vorsitzende der Staatlichen Plankommission, *Bruno Leuschner*, der für mich Vorbild, Lehrmeister und einer der klügsten Ökonomen des Landes war, daß ein Einholen oder gar Überholen der BRD durch die DDR schon allein wegen der vorhandenen Außenhandels- und Rohstoffimportabhängigkeit gar nicht möglich sei. Mit dieser Argumentation hatte *Leuschner* indirekt die Ökonomische Hauptaufgabe des V. Parteitages als von Anfang an falsch charakterisiert. Letztlich gab natürlich der Rückstand in der Arbeitsproduktivität gegenüber der Bundesrepublik den Ausschlag, daß diese Zielstellung unreal war, der 1960 ca. 25 Prozent betrug und sich ständig vergrößerte.

Die Sowjetunion half uns in dieser angespannten Situation bis hart an die Grenze ihrer Möglichkeiten. Am 30. Mai 1961 wurde ein Protokoll mit wichtigen Maßnahmen über die wirtschaftliche Hilfe der UdSSR unterzeichnet. Der DDR wurde bei den Lieferungen wichtiger Rohstoffe, Energie und defizitärer Materialien, einschließlich bestimmter Valutawaren, Vorrang gegenüber dem sowjetischen Eigenbedarf eingeräumt. Um die Lage in der DDR zu stabilisieren, gewährte sie einen Kredit von 2 Milliarden Rubel (ca. 8,7 Milliarden Mark), z. T. in freien Devisen.

Das alles war eine bedeutende Unterstützung, aber allein mit ökonomischen Maßnahmen konnte die politisch explosive Lage auf dem Höhepunkt des Kalten Krieges in Europa nicht entspannt werden. In Scharen verließen die Menschen die DDR und darunter nahm besonders die Zahl der Angehörigen der Intelligenz bedrohliche Ausmaße an. Es bestand die reale Gefahr, daß die DDR auf einigen Gebieten schrittweise geistig und ingenieurtechnisch austrocknet werden und schweren Schaden nehmen konnte. Die Sowjetunion bangte ernsthaft um ihren treuesten und militärstrategisch wichtigsten Verbündeten. Ich erinnere mich, daß ich wenige Tage vor dem 13. August 1961 mit *Karl Hengst*, einem guten Freund und engen Mitarbeiter der von mir geleiteten Abteilung Planung und Finanzen des ZK, durch die Straßen Berlins gelaufen bin, um zu diskutieren, welche Chancen es überhaupt noch für die DDR gäbe und mit welchen Maßnahmen der für den Weltfrieden wichtige Status quo in Europa erhalten werden könne. Als mein kluger und weitsichtiger Gesprächspartner aussprach, daß es zur Schließung der Grenzen wahrscheinlich keine Alternative gibt, hielt ich das politisch und auch technisch für undurchführbar. Es gab auch keinerlei Anzeichen von Vorbereitungen auf einen solchen Schritt bei der Führung der DDR und des Warschauer Vertrages, die wir durch Anforderungen technischer Mittel wie Zäune, Stacheldraht, Betonhöcker usw. hätten bemerken müssen. Tatsächlich wurde die Entscheidung im engsten Kreis führender Politiker kurzfristig und streng geheim vorbereitet. Es kam zu dem dramatischen Beschluß der Staaten des Warschauer Vertrages, daß an der Grenze der DDR zur Bundesrepublik Deutschland eine solche Ordnung einzuführen ist, die eine verläßliche Bewachung und wirksame Kontrolle gewährleistet. Erst nach der Abriegelung der Grenzen durch die Kampfgruppen in der vordersten Linie und durch die Nationale Volksarmee in der zweiten Reihe wurden im Verlaufe von mehreren Jahren systematisch die technischen Voraussetzungen zur Sicherung der Grenzen geschaffen, wobei anfangs ein Teil des Bedarfes für die Grenzsicherung sogar in westlichen Ländern gekauft und problemlos geliefert worden war.

Gewählt zum Mitglied des Zentralkommitees der SED

Die Schließung der Staatsgrenze der DDR zur BRD und nach Westberlin, die Tragik und Leid für Menschen in beiden Teilen des Landes brachte, aber zugleich Schlimmeres für die Völker Europas in dieser Zeit verhinderte, soll hier nur aus ökonomischer Sicht eingeschätzt werden. Es bleibt eine Tatsache, daß wir für die wirtschaftliche Entwicklung von diesem Tage an wieder bessere Voraussetzungen hatten. Die Pläne für die folgenden Jahre gehörten mit zu den realsten Plänen der DDR. Das Wirtschaftswachstum wurde beschleunigt. Es war eine Zeit des Aufschwungs, es waren Jahre des kritischen, schöpferischen Nachdenkens über das System der Planung und Leitung sowie über notwendige Konsequenzen aus der wissenschaftlich-technischen Revolution. Meines Erachtens war es auch die konstruktivste Periode *Walter Ulbrichts* als Partei- und Staatschef. Er erkannte damals die Zeichen der Zeit und schaute nicht mehr nur nach Moskau. Die in der UdSSR und in den anderen sozialistischen Länder in den Jahren 1961 bis 1963 lautstark verkündete These vom Übergang zur kommunistischen Gesellschaft hatte *Walter Ulbricht* nicht übernommen und sprach von der „langen, relativ selbständigen Periode des Sozialismus, in der das Wertgesetz voll wirkt".

Walter Ulbricht strebte danach, möglichst große Teile der wissenschaftlich-technischen Intelligenz in die Arbeit einzubeziehen. An den Tagungen des ZK nahmen nun viele bekannte Wissenschaftler und erfahrene Praktiker teil und diskutierten zu wichtigen Fragen. Bei Kontra-Meinungen kanzelte sie *Ulbricht* nicht mehr wie früher ab, sondern ließ sie ausreden. Er hatte gelernt zuzuhören, eine für Politiker unverzichtbare, aber leider recht selten anzutreffende Eigenschaft. Als ich 1961 auf der 12. Tagung des ZK als Gast die Forderung erhob, bei der Anwendung neuer Technik auch neue Normen zu schaffen, ließ er mich ausreden, obwohl das Thema „Normen" seit den Juniereignissen von 1953 als heißes Eisen galt, das man lieber nicht anfassen sollte. *Walter Ulbricht* förderte auch die 1962/63 auftretenden Reformer unter Leitung *Erich Apels*, den er zum Kandidaten des Politbüros wählen ließ und dann als Nachfolger des glücklos operierenden *Karl Mewis* zum Vorsitzenden der Staatlichen Plankommission machte. Mich selbst hatte er schon ein Jahr vorher in die Staatliche Plankommission als Stellvertreter des Vorsitzenden entsandt. *Erich Apel* machte mich zu seinem Ersten Stellvertreter und holte sich Wissenschaftler, wie die Professoren Dr. *Herbert Wolf* und Dr. *Helmut Koziolek*, den Baufachmann Professor Dr. *Werner Heynisch*, den Generaldirektor Dr. *Karl Grünheid* und viele andere in dieses wichtige Staatsorgan. Unter seiner Leitung wurden die „Lokomotiven des wissenschaftlich-technischen Fortschrittes“ bestimmt. Aber *Erich Apel* war kein Ökonom und legte sich sogar oft mit den Nationalökonomen von Format wie *Grete Wittkowski* und *Bruno Leuschner* an. Um seinen Einfluß auf den Gang der Dinge zu stärken, ließ mich *Erich Apel* als seinen engen Vertrauten 1963 als Minister in die Regierung *Otto Grotewohls* berufen und schaffte es, daß ich noch im gleichen Jahr in das Zentralkomitee der SED als Vollmitglied gewählt wurde. Für mich war die Arbeit unter seiner Leitung sehr wertvoll. Er kam mir mit Achtung entgegen, obwohl er seine engsten Mitarbeiter manchmal flapsig „Klippschüler“ nannte und sie oft grob und auch beleidigend behandelte.*Karl Grünheid* mußte einmal eine ganze Nacht lang seine Unterschrift üben, weil sie unleserlich war und *Professor Heynisch*, später Präsident der Bauakademie, wurde von *Apel* mitunter in Grund und Boden kritisiert. Mit meiner Wahl in das Zentralkomitee der Partei begann ein neuer Abschnitt in meinem politischen Leben, ich hatte eine Verantwortung, die ich mir in meinen kühnsten Träumen niemals hatte vorstellen können und die auch nicht Gegenstand meines persönlichen Strebens waren.

Planung, Planwirtschaft, Staatliche Plankommission

Das „Neue Ökonomische System der Planung und Leitung"(NÖS) und der Tod Erich Apels

Der Raketenspezialist und Mitarbeiter des Raketenforschers *Wernher von Braun* in Peenemünde, Dr. *Erich Apel*, war nach dem Krieg von 1946 bis 1952 in der Sowjetunion auf der Insel Gorodomlja bei Kalinin am Raketenforschungsprogramm der UdSSR beteiligt. Die Erfahrungen, die *Apel* in Deutschland während des Krieges bei der Konstruktion der V 1, einem Flugkörper mit pulsierendem Staustrahlantrieb und 850 kg Sprengkraft mit der Typenbezeichnung „Fi 103", sowie der V 2, der ballistischen Flüssigkeitsrakete, auch „A 4" genannt, die mit 995 kg Sprengstoff bestückt eine Geschwindigkeit von 5 000 km/h erreichte, waren für die sowjetische Militärtechnik von großem Wert. Deshalb wurde *Apel*, der nach Kriegsende in seiner Thüringer Heimat (Judenbach bei Sonneberg) als Lehrer arbeitete, auf Veranlassung der sowjetischen Militäradministration zunächst nach Moskau und von dort mit weiteren deutschen Raketen- und Flugzeugkonstrukteuren auf diese kleine Insel geschickt.

Zurückgekehrt in die DDR, begann *Apels* steile Karriere, denn 1957 war er bereits Minister für Schwermaschinenbau. Auf persönlichen Wunsch *Walter Ulbrichts* wurde er dann sofort Mitglied des ZK der SED, und wenig später Kandidat des Politbüros. 1958 berief *Ulbricht* den intelligenten und durchsetzungsfähigen Ingenieur als Sekretär für Wirtschaft ins ZK und übertrug ihm die Leitung der neugegründeten Wirtschaftskommission der Partei. Auf Vorschlag *Apels* setzte das Politbüro den Leiter der Abteilung Verkehrswesen des ZK, Dr. *Günter Mittag*, als Sekretär dieser Kommission ein, und die beiden wurden das Spitzenteam der Wirtschaftsleitung der DDR und erwarben sich das absolute Vertrauen *Walter Ulbrichts*. Auch persönlich wurden sie Freunde und suchten gemeinsam reformwillige Kräfte aus Theorie und Praxis, begannen mit der Ausarbeitung eines neuen ökonomischen Systems in der Wirtschaft. Dabei konnten sie sich auf Fachleute wie *Walter Halbritter*, Dr. *Wolfgang Berger*, *Hermann Pöschel*, Dr. *Herbert Weiz*, die Professoren *Herbert Wolf*, *Helmut Koziolek*, *Otto Reinhold*, *Werner Kalweit*, sowie auf Dr. *Karl Grünheid*, Dr. *Karl-Heinz Martini*, *Ernst Lungershausen*, Dr. *Heinz Wedler*, Professor *Alfred Dudszus* stützen.

Auf dem VI. Parteitag der SED im Januar 1963 verkündete *Walter Ulbricht* das „Neue Ökonomische System der Planung und Leitung" und setzte sich damit, zur Überraschung einer Reihe seiner engsten Mitkämpfer, an die Spitze der Reformer. Hauptziel des „NÖS" war, das bisher herrschende administrative Wirtschaftssystem in ein ökonomisches umzuwandeln und eine „markt- und rentabilitätsorientierte, entbürokratisierte Wirtschaft mit leistungsbegründeter materieller Interessiertheit" (*Herbert Wolf*) umzuwandeln. In seinen Aufgaben und Zielen ging das „NÖS" weit über die Reformvorschläge des sowjetischen Ökonomen Libermann hinaus, der in seiner Veröffentlichung „Plan, Gewinn, Prämie" im Dezember 1962 Reformen für die Industrie der UdSSR vorgeschlagen hatte, die zuerst in „ausgewählten Betrieben", später dann in einigen Industriebereichen erprobt wurden. In der DDR wurde das „NÖS" umfassend eingeführt.

War das zentralisierte sowjetische Planungssystem beim forcierten Aufbau der Schwerindustrie bei gebremstem Lebensstandard noch denkbar, so brauchte man in Zeiten der wissenschaftlich-technischen Revolution und des gestiegenen Konsums der Bevölkerung ein flexibleres System, in dem die Fragen dort entschieden wurden, wo die größten Fachkenntnisse konzentriert waren, d. h. die grundlegenden Fragen zentral und alle anderen Fragen dezentral, bei klarer Verantwortung auf jeder Ebene mit den nur notwendigsten Zwischenstufen. Die Zahl der Planvorgaben wurde radikal eingeschränkt. In der Anfangsphase gab es Erfolge und Lob für die Initiatoren. In den politischen Bereichen schaute man wie gebannt auf das große Experiment der Ökonomen und die ermöglichten Freiräume. Moskau beobachtete das neue System abwartend kritisch, und die orthodoxen Kräfte in der DDR spitzten nicht nur ihre Bleistifte.

Das Zünglein an der Waage des „NÖS" war der Gewinn, der nun eine erstrangige Bedeutung für das Wirtschaftswachstum erhielt. Die

Reformer hatten vorgesehen, daß grundsätzliche Änderungen im administrativen Preissystem erforderlich waren, wenn das neue System funktionieren sollte, denn ohne flexible Preise, die sich am Weltmarkt orientieren sollten, konnte der Gewinn nicht zum entscheidenden Maßstab werden. Die Theorie von den beiden Weltmärkten, dem sozialistischen und dem kapitalistischen, hatte sich mit dem Anwachsen des internationalen Warenaustausches ohnehin als haltlos erwiesen. Sie waren aber sehr bald mit ihren Vorschlägen zur Schaffung eines „Preisregelsystems", mit dem durch „gleitende Preise" ein Druck auf die Senkung der Selbstkosten mit dem Ziel erzeugt werden sollte, sich den Weltmarktkosten anzunähern, bei der Parteiführung auf Ablehnung gestoßen. Dadurch entstanden neue Widersprüche und Konflikte, die von den Gegnern des „NÖS" ausgenutzt wurden.

Alfred Neumann, der in dieser Zeit den Volkswirtschaftsrat leitete, versuchte auf einer Wirtschaftskonferenz der Partei mit ca. 1 000 Teilnehmern, das „NÖS" lächerlich zu machen. Da die Staatliche Plankommission in diesem System nach einer Art Bilanzpyramide nur noch etwa 120 Positionen, vor allem Rohstoffe, zentral planen und bilanzieren sollte, worunter sich z. B. auch „Dieselmotoren" als eine zusammengefaßte Position befanden, die dann in den VVB und Betrieben immer weiter nach Typen und Stärken detailliert und aufgeschlüsselt werden sollten, hatte *Neumann* durch Mitarbeiter die Einzelteile eines Dieselmotors bis zu den Bolzen und Unterlegscheiben zählen lassen. Er nannte die Zahl von über 12 000 Teilen und polemisierte nun, wie das alles ohne Verflechtungsbilanzen durchgeführt werden solle. Er argumentierte damit, daß das amerikanische Heeresamt für die Streitkräfte fünf Millionen Positionen plane (was sicher nur ein materielles und finanzielles Bestellsystem für den militärischen Bedarf und nicht eine Planung und Bilanzierung der Leistungen der Volkswirtschaft darstellte. G. S.) und beschimpfte die sog. Planbürokraten, daß sie nun alles *Neumann* überlassen und sich selbst aus der Verantwortung ziehen wollten. Später ergänzte er, daß die Plankommission es z. B. auch unterlassen habe, die Vorstufen der Bekleidungsindustrie zu planen. Dabei müßte doch so vieles bedacht werden, wie z. B. „die Musterung, die Farben, die Griffigkeit, das Gewicht der Stoffe." *Neumann* rügte weiterhin, daß die Staatliche Plankommission das alles nicht berücksichtigt habe und behauptete: „*Neumann* hat das gemacht!" Welch eine Fehleinschätzung und Naivität, als ob irgend jemand in der Lage wäre, Dieselmotoren bis zur Unterlegscheibe oder die Griffigkeit und Musterung der Stoffe planen zu können. So dachte eben der in der Partei als untadeliger Klassenkämpfer und bewährter Antifaschist höchste Achtung genießende *Alfred Neumann.*

Mit diesen primitiven Auffassungen eines Politbüromitglieds über ein neues Wirtschaftssystems wurden die Schöpfer des NÖS konfrontiert, deren Gedanken *Neumann* als Quatsch bezeichnete, den sich Leute wie *Apel, Mittag, Berger* und *Wolf* ausgedacht hätten.

Das Gefährliche dieser Angriffe lag auch darin, das *Neumann* in seiner witzig-berlinerischen Art das Vorhaben für wirtschaftliche Reformen in der DDR ins Lächerliche zog und untergrub. Wer konnte sich schon das Schmunzeln verkneifen, als er auf dem ZK Plenum zu *Apel* sagte: „Dein Plan is wie'n scheenet Mä'chen. Tolle Fijur, hübschet Jesicht, lange Beene, aber det Luder hat'n Ast!" Es war aber leider nicht nur ein Witz. Das es bitterer Ernst war zeigte sich auch darin, daß *Neumann Erich Apel* und *Günter Mittag* intern als „Banditen" bezeichnete und nie einen Hehl aus seiner Abneigung machte.

Auch *Paul Fröhlich*, Mitglied des Politbüros und einflußreicher Erster Sekretär der Bezirksleitung Leipzig, griff 1965 *Erich Apel* und die Staatliche Plankommission im Politbüro scharf an und wie so oft wurde nun alles dort abgeladen, wo man einen Schuldigen für die Schwierigkeiten in der Wirtschaft ausgemacht hatte. Und Schwierigkeiten gab es genug. Auch die unbefriedigenden Ergebnisse in den Verhandlungen über sowjetische Rohstofflieferungen für den Fünfjahrplan-Zeitraum 1966 bis 1970 lastete man *Apel* und der Staatlichen Plankommission an, der angeblich die sowjetischen Verhandlungspartner beleidigt haben sollte. Nicht zu Unrecht sagt man, daß *Erich Honecker* von Anfang an zu den Gegnern des „NÖS" zählte, er sich aber nur mit Rücksicht auf *Walter Ulbricht* mit seiner Kritik zurückhielt, dessen Nachfolger er werden wollte. Genau das wollte auch *Alfred Neumann* werden, der das Wettrennen um die Nachfolge später jedoch verlor.

Am 8. und 9. Juli 1965 kam es auf der Insel Vilm zu jener dramatischen Beratung unter Leitung von *Walter Ulbricht*, die für *Erich Apel* der Anfang vom Ende werden sollte, weil dieser an Erfolge gewöhnte, selbst sehr rauhe, oft ungerechte und dennoch sensible Mensch von der Kritik in tiefster Seele getroffen wurde. An dieser Beratung nahmen *Erich Honecker*, *Willi Stoph*, *Gerhard Grüneberg*, *Günter Mittag*, *Erich Apel* sowie *Siegfried Böhm*, Leiter der Abteilung Planung und Finanzen des ZK, *Hans Wittik*, Stellvertreter des Vorsitzenden des Volkswirt-schaftsrates, und ich teil. Es stimmt also nicht, daß *Erich Apel* von *Ulbricht* gar nicht erst eingeladen worden war. Es hagelte von allen Seiten Kritik. Besonders erschüttert war *Erich Apel* darüber, daß sich auch *Günter Mittag* eindeutig auf die Seite der Kritiker geschlagen hatte.

In der Sitzung des Politbüros zur Auswertung der Beratungen auf der Insel Vilm am 13. Juli 1965 bezeichnete *Walter Ulbricht* es als „Hauptfehler", daß die „Staatliche Plankommission die erforderlichen „Bilanzierungsmethoden unter den Bedingungen des NÖS nicht beherrscht" und „zu vieles an sich gezogen hat, was sie gar nicht lösen kann." Das war nun wieder eine Schwenkung um 180°. *Walter Ulbricht* ging in seiner Kritik so weit, daß die „Staatsführung gelitten habe" und daß alles im „ZK wieder zurechtgebogen werden muß." Im Politbüro unterstützten *Herrmann Axen*, *Paul Fröhlich*, *Kurt Hager*, *Erich Mückenberger*, *Horst Sindermann* und *Willi Stoph* - mehr oder weniger hart - die Kritik *Walter Ulbrichts* an *Apel* und an der Staatlichen Plankommission.

Die Stimmung *Apels* an seinem kurz darauffolgenden Geburtstag war so schlecht, daß sogar sein schwarzer Pudel traurig auf dem Fensterbrett seiner Wohnung in Wandlitz lag. Unsere Blumen behielt er gern, aber die, die ihm von offiziellen Stellen überreicht wurden, gab er den Gästen mit nach Hause. Der Parteisekretär der Staatlichen Plankommission, *Hans Otto*, war so berührt von Apels Traurigkeit, daß er mich fragte, ob ich nicht in meinem Garten in Wandlitz einen Schnaps hätte. Und tatsächlich trank die traurig-durstige Gesellschaft an diesem Tag alle meine alkoholischen Vorräte, einschließlich meiner mühsam gesammelten Zierflaschen, leer. *Hans Otto* kam so spät nach Hause, daß ihn seine Frau mit dem Teppichklopfer empfing, aber leider nur *Walter Halbritter* damit traf, der *Hans Otto* nach Hause brachte.

Mit der Person des Reformers *Erich Apel* war unvermeidlich auch das „NÖS“ angeschlagen, doch *Walter Ulbricht* hielt noch daran fest. Es wurde aber dahingehend geändert, daß neben dem Gewinn weiteren Kennziffern, wie dem Wachstum der industriellen Warenproduktion und dem Export eine entscheidende Rolle zugebilligt wurde. Leider wurde jedoch das bestehende Preissystem in der DDR niemals verändert. Der wenig später zum Leiter des Staatlichen Preisamtes avancierte *Walter Halbritter*, ein erfahrener Finanzökonom, der von *Walter Ulbricht* auch als Kandidat ins Politbüro geholt wurde und immer wieder Vorschläge für tiefgehende Preisreformen vorlegte, kam einfach nicht über die Hürde der Beschlußfassung hinweg. Nur mit allergrößter Mühe gelang es ihm, eine Reform der Industriepreise durchzusetzen. Die Kosten wurden jetzt dort fixiert, wo sie entstanden. Das war wichtig, weil bis dahin zahlreiche Subventionen in den Vorstufen Verwirrung schufen. Da jedoch die Preisfestsetzung und vor allem die der Einzelhandelsverkaufspreise weiterhin in der Hand des Staates blieben und weiter mit Subventionen und Akzisen (Verbrauchsteuern) gearbeitet werden mußte, wurde die Wirkung des neuen Systems der Industriepreise stark eingeschränkt. So blieb eine klare Berechnung der Kosten und des Gewinns in der Verflechtung der Volkswirtschaft der DDR auf Dauer ungelöst und hemmte damit die Entwicklung des ökonomischen Denkens bedeutend.

Trotz dieser beträchtlichen Fortschritte reichte es letztlich nicht aus, den Gewinn zur Hauptkennziffer des Planes zu machen, sondern der Staat hätte das System durch eine Steuerreform ergänzen müssen, um den Betrieben nach Zahlung der Steuern die Verfügungsgewalt über die Gewinne und auch über die Amortisationen zu geben, anstatt sie nur materiell zu interessieren und alle anderen finanziellen Mittel über den Staatshaushalt umzuverteilen. Dafür gab es jedoch wegen der gewollten Schwerpunktbildung und planmäßigen Konzentration von Investitionsmitteln auf ausgewählte Industriezweige auch in der Zeit des „NÖS“ keine Voraussetzungen.

Am 2. Dezember 1965, wenige Tage vor der 11. Tagung des Zentralkomitees der SED, die als Forum der kritischen Abrechnung mit der Arbeit der Regierung und besonders der Staatlichen Plankommission bei der Planung und Leitung der Wirtschaft (und auch für

Auseinandersetzungen auf dem Gebiet der Kultur) einberufen worden war, behandelte das Politbüro den Entwurf des Volkswirtschaftsplanes für das Jahr 1966 und die Staatliche Plankommission wurde erneut kritisiert. *Erich Apel* erhielt zwar vorsichtige Unterstützung durch einige ZK- und Regierungsmitglieder, wie *Werner Jarowinsky*, *Willi Rumpf*, *Günther Sieber* und *Grete Wittkowski*, auch atmosphärisch war in diesen Monaten nicht zu erwarten, daß *Apels* Abberufung auf der bevorstehenden Tagung des ZK zu erwarten war. Den Gedanken, vor dem Plenum als Versager dazustehen, verkraftete Apel offensichtlich nicht.

Die Gründe, die einige Westzeitungen damals anführten, daß *Apel* die Nerven verloren haben soll (er wollte das Abkommen mit der UdSSR nicht unterschreiben bzw. es sei bekannt geworden, daß er zeitweilig im berüchtigten Lager Dora gearbeitet hätte) sind schlicht falsch. Im Lager Dora war er nur sehr kurze Zeit tätig, und nach der Evakuierung aus Peenemünde hatte *Erich Apel* seine Arbeit am deutschen Raketenprogramm in der Waggonfabrik „Linke und Hoffmann" in Breslau fortgesetzt. Außerdem war seine Tätigkeit während des Zweiten Weltkrieges der Parteiführung bekannt, so daß er keine Enthüllungen zu befürchten brauchte. Was das schon erwähnte Abkommen mit der Sowjetunion betraf, so hatte er mehr Ärger im Inneren mit seinen Kritikern, denen er im Kampf um höhere Rohstofflieferungen zu burschikos mit seinen sowjetischen Partnern umgegangen war, als damit, daß die sowjetische Seite zuwenig lieferte. Mit Recht hat er nach der Beendigung der Wirtschaftsverhandlungen mit der Sowjetunion das Erreichte als sein Verdienst und einen Erfolg der Staatlichen Plankommission angesehen und war - wie er mir wenige Minuten vor seinem tragischen Selbstmord am Telefon erklärte - sehr stolz auf dieses Abkommen.

Am 3. Dezember 1965, kurz nach Arbeitsbeginn, erschoß sich *Erich Apel* in seinem Arbeitszimmer im Haus der Ministerien mit seiner Dienstpistole. „*Erich Apel* hat sich *v o r Mittag* erschossen", sagten einige zynisch, die das Gespann *Apel/Mittag* gefürchtet hatten. *Mittag* „erbte" nun *Apels* Prestige und wurde durch seinen Einfluß auf *Walter Ulbricht* zu einem mächtigen Mann. Kurz vor seinem Tod hatte mich *Apel*, wie schon erwähnt, angerufen und gebeten, am Nachmittag mit ihm zur Unterzeichnung des Abkommens mit der UdSSR für den Zeitraum 1966-1970 zu kommen, und nun standen wir erschüttert vor einem Toten. Der Minister der Finanzen *Willi Rumpf* traf die ersten notwendigen Maßnahmen.

Sein tragischer Tod rief große Trauer hervor. Unter diesen Umständen wollte nun niemand mehr auf dem Plenum des ZK eine Auseinandersetzung über die Mängel in der Arbeit der Staatlichen Plankommission und der Regierung führen, und so konzentrierte sich die Beratung auf die vorbereiteten Fragen zur Kulturpolitik. Die heute oft als „Kulturplenum" bezeichnete 11. Tagung war jedoch kein Ersatz für die ausgefallene Schelte an den Wirtschaftlern, sondern eine geplante, die Vielfalt der Kultur stark einschränkende Tagung, mit dem Ziel einer scharfen ideologischen Indoktrination.

Die Parteiführung beschloß, den Einfluß der Staatlichen Plankommission zu vermindern und die Regierung sowie den Ministerpräsidenten als Hauptverantwortlichen für die Wirtschaft zu betrachten, was solange gut ging, bis es neue Spannungen gab. Ich wurde zum Nachfolger *Erich Apels* bestimmt, blieb aber zunächst Minister (und wurde auch nicht zum Stellvertreter des Ministerpräsidenten berufen) und rückte auch nicht als Kandidat ins Politbüro der SED auf.

Als Staatliche Plankommission konnten wir in dieser Zeit relativ selbständig die Pläne ausarbeiten, wobei uns die Parteiorgane in den Bezirken und besonders die Gewerkschaften unterstützten. *Apels* Tod hatte eine schmerzliche Lücke bei uns hinterlassen, doch die Arbeit mußte weitergehen. Ich selbst hatte nie solch ein dramatisches Verhältnis zur Kritik, daß ich mein Leben aufs Spiel gesetzt hätte. Mein Grundprinzip war, daß es gut für eine Sache ist, wenn der Kritiker recht hat und ich meine Auffassung entsprechend ändere. Wenn der Kritiker aber Unrecht hat, kann er reden was er will, und ich kann sowieso nichts daran ändern. Mein Geld kann ich auch als Pilot verdienen und wenn auch das nicht geht, bin ich immer noch ein gut ausgebildeter Schlosser. So etwa war mein Denken, und das sagte ich immer zu mir. Den Einschuß in der Holzwand oder besser die dort eingesetzte Intarsie im Arbeitszimmer von *Erich Apel*, das nun mein Arbeitszimmer wurde, habe ich immer dann betrachtet, wenn ich in die Mühlen der Kritik geriet. Niemals, so schwor ich mir, gehst du diesen Weg. Niemals, egal welche Schwierigkeiten auch auf dich zukommen werden, kapitulierst du.

Bevor ich jedoch auf meine Zeit als Vorsitzender der Staatlichen Plankommission zu sprechen komme, möchte ich beschreiben, was „Planung“ eigentlich ist, was sie wollte, was sie konnte und auch was sie nicht vermochte. Wie sie entstanden ist, was sie bewegen konnte und wie sie zum Hemmnis in der DDR wurde.

Die wissenschaftlichen und historischen Grundlagen der Planung

Daß die Menschen ihr Leben, ihre Zukunft planen möchten, ist, glaube ich, so alt wie der Traum des Menschen vom Fliegen. Aber zwischen Traum und Realität liegen oft Welten.

Der Begründer der klassischen deutschen Philosophie, *Immanuel Kant* (1724-1804) schrieb in seinem „Prolegomena zu einer jeden künftigen Metaphysik“ noch sarkastisch zur Planung: „Pläne machen ist in mehrmalen eine üppige, prahlerische Geistesbeschäftigung, dadurch man sich ein Ansehen von schöpferischem Genie gibt, indem man fordert, was man selbst nicht leisten, tadelt, was man doch nicht besser machen kann, und vorschlägt, wovon man selbst nicht weiß, wo es zu finden ist, wiewohl auch nur zum tüchtigem Plane einer allgemeinen Kritik der Vernunft schon etwas mehr gehört hätte, als man wohl vermuten mag, wenn er nicht bloß, wie gewöhnlich, eine Deklamation frommer Wünsche hätte werden sollen.“

In den Jahren, da wir unter politischen Druck den Betrieben zu hohe, nicht erfüllbare Pläne oder Planteile zuwiesen, kamen wir auch im realen Sozialismus dieser Begriffsbestimmung der Plänemacher des Philosophen *Immanuel Kant* sehr nahe. Bereits aber schon wenige Jahre später, und zwar im Jahre 1810, verfaßte jedoch der erste gewählte Rektor der Berliner Universität, *Johann Gottlieb Fichte*, (1762-1814), der in seinen Werken eine progressive Sozialutopie vertrat und die Französische Revolution von 1789 verteidigte, den Entwurf eines „geschlossenen Handelsstaates“, der „Planwirtschaft“ undvor allen „Preisfestsetzungen“ vorsah. Er war es, der damit die Hoffnung in die Welt brachte, daß die Menschen aus schlichtem Pflichtgefühl ihr Soll erfüllen werden.

Über die Möglichkeit der Planung einer ganzen Gesellschaft dachten erstmalig *Karl Marx* in der „Kritik des Gothaer Programms" und *Friedrich Engels* ausführlicher im „Antidühring" nach: „Nur eine Gesellschaft, die ihre Produktivkräfte nach einem einzigen großen Plan harmonisch ineinandergreifen läßt, kann der Industrie erlauben, sich in derjenigen Zerstreuung über das ganze Land anzusiedeln, die ihrer eigenen Entwicklung, der Erhaltung respektive Entwicklung der übrigen Elemente der Produktion am angemessensten ist", und: „Erst eine bewußte Organisation der gesellschaftlichen Produktion, in der planmäßig produziert und verteilt wird, kann die Menschen ebenso in gesellschaftliche Beziehungen aus der übrigen Tierwelt herausheben, wie dies die Produktion überhaupt für die Menschen in spezifischer Beziehung getan hat. Die geschichtliche Entwicklung macht eine solche Organisation täglich unumgänglicher, aber auch täglich möglicher."

Als wir in der Sowjetischen Besatzungszone mit der Planung begannen, standen *Lenins* Werke, besonders seine Arbeit „Über den einheitlichen Wirtschaftsplan" im Vordergrund. Man lehrte uns von Anfang an, daß zwischen dem Parteiprogramm und dem Plan der wirtschaftlichen Entwicklung des Landes ein enger Zusammenhang bestehe und prägten uns Lenins Worte ein: „Unser Parteiprogramm ... muß durch ein weiteres Parteiprogramm, durch einen Plan des Wiederaufbaus der gesamten Volkswirtschaft und ihrer Hebung auf das Niveau der modernen Technik ergänzt werden."

Wir studierten die einschlägige Literatur der UdSSR, z. B. von *Lokschin* über die „Wirkung des Gesetzes der planmäßig proportionalen Entwicklung der Volkswirtschaft der UdSSR", von *Ostrovitjanow* „Über die sowjetische Finanzwirtschaft", von *Djatschenko* „Über den Nutzeffekt der Investitionen", von *Mstislawski* „Über die Preise und die Preisbildung in der UdSSR" sowie Bücher von *Bjelow*, *Chronow*, *Goroditzki*, *Gordin*, *Maisenberg* u. a.

Die für die Wirtschaft verantwortlichen Offiziere der Sowjetischen Militäradministration und später der Vertreter der Sowjetischen Kontrollkommission in Berlin-Karlshorst waren gut ausgebildete, erfahrene Ökonomen. Ich erinnere mich an *K. I. Kowal*, *B. A. Chomjakow*, *P. A. Maljetin*, *W. K. Sitnin*, *B. P. Miroschnischtschenko*, *L. I. Sorin*, *T. R. Bobyrew*, *B. D. Odinokow* und *N. W. Zapkin*.

Von deutscher Seite entwickelten die Lehrmeister der sozialistischen Planwirtschaft und Aktivisten der ersten Stunde wie *Heinrich Rau*, *Bruno Leuschner*, *Willi Stoph*, *Fritz Selbmann*, *Eva Altmann*, *Bruno Baum*, *Grete Wittkowski*, *Paul Strassenberger*, *Kurt Gregor*, *Herrmann Große*, *Walter Hieke*, *Alfred Binz* u. a., das System der Planwirtschaft für unsere Bedingungen weiter.

Nur zwei von ihnen, *Fritz Selbmann* und *Bruno Leuschner*, möchte ich näher charakterisieren: Der Bergarbeiter *Fritz Selbmann*, (1889-1975) war seit 1925 in der KPD und ein Mitkämpfer von *Ernst Thälmann*. 1932/33 war er Reichstagsabgeordneter. Nach *Hitlers* Machtübernahme wurde er von den Faschisten von 1933-1945 zunächst ins Zuchthaus Waldheim, dann bis zur Befreiung ins KZ Sachsenhausen gesperrt. Unter schwierigsten Haftbedingungen befaßte er sich nach schwerster Tagarbeit mit Philosophie, Ökonomie, Geschichte. Im Zuchthaus Waldheim verfaßte er sein philosophisches Werk „Wahrheit und Wirklichkeit", das ich erst durch meine spätere Bekanntschaft mit *Fritz Selbmann* studieren konnte, denn es lag, von ihm selbst finanziert, nur in 200 Exemplaren gedruckt vor, weil der Parteiverlag den Druck mit der klassischen Begründung abgelehnt hatte, daß im „Kurzen Lehrgang der Geschichte der KPdSU alles Wissenswerte dazu enthalten ist".

1946 als erster Wirtschaftsminister der Landesregierung Sachsen und ab 1948 viele Jahre an der Spitze beim Aufbau der Schwerindustrie in der DDR war *Selbmann* ein „Durchreißer", der schier Unmögliches schaffte. Aufgrund seiner fundierten Sachkenntnis und seiner Leidenschaft wurde er von vielen Wirtschaftlern verehrt, wegen seiner Unberechenbarkeit und Ruppigkeit aber auch gefürchtet. Rhetorisch begabt, nahm er nie ein Blatt vor den Mund, war ein treffsicherer Redner mit scharfem Intellekt und reichem Wortschatz. In der Parteispitze war er umstritten, wurde geehrt und bestraft, später wegen angeblicher Unterstützung der Fraktion *Schirdewan-Wollweber* aller seiner Funktionen enthoben. In seinen letzten Lebensjahren war er formal bei mir als wissenschaftlicher Mitarbeiter angestellt, aber er akzeptierte mich nicht als Chef. Er arbeitete also nicht „bei mir mit", sondern schrieb seine lesenswerten Büchern: „Die lange Nacht", „Die Söhne der Wölfe" und „Die Heimkehr des Joachim Ott", die ich begeistert gelesen habe. Wenn wir ihn zu seinen Erfahrungen ausfragen wollten, sagte er immer nur abfällig: „Ihr Bubis habt noch nicht einmal dorthin geschissen, wo ich den Grundstein gelegt habe." Dennoch verehrten wir den knochenharten Grobian.

Bruno Leuschner, (1912-1965) Mitglied der KPD seit 1931 und politischer Häftling in Brandenburg-Görden bis 1945, war nach seiner Befreiung sofort in der Wirtschaftsverwaltung der SBZ in leitender Funktion tätig. 1949/50 Staatssekretär im Ministerium für Planung, 1950-1952 Stellvertretender Vorsitzender der Staatlichen Plankommission und bis 1961 ihr Vorsitzender. Er war durch seine kaufmännische Vorbildung und ein intensives Selbststudium im Gefängnis hoch gebildet und ein kluger Planungschef, den alle Mitarbeiter verehrten, obwohl er charakterlich kompliziert war und durch beißende Ironie Leute verprellen konnte. Sein Zynismus hat manchen zur Verzweiflung gebracht, der mit plattem politischem Jargon Furore machen wollte. Als man die „Offenställe" in der Landwirtschaft und den „Doppelsprung" bei den Schweinen propagierte, die im Jahr zweimal Ferkel bekommen sollten, (weil die Tragezeit bei Schweinen nur 3 Monate, drei Wochen und drei Tage dauert), empfahl er den Initiatoren, doch selbst im Winter unter ein Dach ohne Wände zu ziehen, dann würde ihnen der Doppelsprung schon vergehen.

Als Instrukteur für Planung des ZK hatte ich immer Zugang zu *Bruno Leuschner* und er vertraute mir. Einmal beschimpfte er meinen Abteilungsleiter, Dr. *Wolfgang Berger*, als einen „überheblichen, ungebildeten Pinsel". Da ich meinen Chef verteidigen wollte, erwiderte ich: „Vielleicht wirkt er überheblich, aber dumm ist *Wolfgang Berger* keinesfalls." Dem widersprach *Bruno Leuschner* vehement und erwiderte, daß ein intelligenter Mensch niemals überheblich sein kann, denn der weiß, was er alles nicht weiß, er kennt die Begrenztheit seines Wissens. Überheblich und klug, das gibt es nicht, denn Überheblichkeit sei das Vorrecht der Dummen. Sicher ist da was dran. Ich habe jedoch in meinem Leben noch oft stinküberhebliche Laffen kennengelernt, die ich dennoch nicht als dumm einordnen konnte.

Über *Bruno Leuschner* gibt es übrigens zwei von seinem 1957 in die BRD geflüchteten wissenschaftlichen Mitarbeiter *Fritz Schenk* verfaßte Bücher: „Im Vorzimmer der Diktatur" und „Magie der Planwirtschaft", die sehr treffend die Persönlichkeit und seine Arbeitsweise als Vorsitzender der SPK charakterisieren, so daß ich sie auch heute noch als Lektüre empfehlen kann. In einer Neuauflage unter dem Titel: „Mein doppeltes Vaterland" hat *Fritz Schenk* diese Gedanken weiterentwickelt. Politisch habe ich die Flucht von *Schenk*, den ich seit 1951 kannte, damals scharf verurteilt, aber seine Bücher habe ich mit Interesse gelesen, weil darin vieles aus dem Leben *Leuschners* treffend wiedergegeben ist. Auf jeden Fall hat *Bruno Leuschner* in den neun Jahren seiner Tätigkeit in der SPK eine ganze Generation von Planern erzogen und anschließend im Rat für Gegcgenseitige Wirtschaftshilfe eine konstruktive Arbeit geleistet. Am 10. Februar 1965 starb er ganz plötzlich.

Für uns alle, die wir in den schweren Anfangsjahren der DDR von Antifaschisten geschult und erzogen wurden, war der Plan nie nur ein Dokument mit vielen Zahlen für Produktionsziele oder ein Mittel, Aufwand und Ertrag in eine Bilanz zu bringen, sondern immer auch ein Instrument zur gesellschaftlichen Umgestaltung des Landes, zur planmäßig proportionalen Entwicklung des Wiederaufbaus und der Mobilisierung der Menschen für ein besseres Leben.

Kein geringerer als der Physiker *Albert Einstein*, dieser Genius der Wissenschaft und des weitsichtigen Vorausdenkens, hat sich 1949 nach Beendigung des schrecklichen Krieges ebenfalls für eine sozialistische Planwirtschaft ausgesprochen. *Manfred von Ardenne* zitiert in seinem Buch „Ein glückliches Leben für Technik und Forschung" die wichtigen Sätze von Albert Einstein, die in seinen hinterlassenen Manuskripten gefunden wurden: „Ich bin überzeugt, um diesen schweren Mißständen (den Folgen des Krieges. G. S.) abzuhelfen, gibt es nur ein Mittel, nämlich die Errichtung einer sozialistischen Wirtschaft mit einem Erziehungssystem, das auf soziale Ziele abgestellt ist. In einer solchen Wirtschaft gehören dann die Produktionsmittel der Gemeinschaft, die sie nach einem bestimmten Plan benutzt. Man würde in einer solchen Planwirtschaft die Produktion den Bedürfnissen der Gesellschaft anpassen, die zu leistende Arbeit unter die Arbeitsfähigen verteilen und jedem Mann, Frau und Kind den Lebensunterhalt garantieren. In der Erziehung würde man Sorge tragen, in jedem Einzelnen, neben seinen eigenen Gaben, auch das Verantwortungsgefühl gegenüber seinen Mitmenschen zu pflegen und nicht, wie in der heutigen (kapitalistischen) Gesellschaft, Macht und Erfolg verherrlichen."

Die Frage, ob die DDR auf der Grundlage der Planwirtschaft oder der Marktwirtschaft aufgebaut wird, stellte sich unter den vorgefundenen Bedingungen für uns also gar nicht, vielmehr aber das Problem, wie wir das sowjetische Instrumentarium der Planung für uns gestalten und anwenden sollten.

Die Planmethodik

Die Planung für eine gesamte Volkswirtschaft kann durchaus Nützliches vollbringen, wenn sie auf einer lebensnahen Politik aufbaut, die von den Menschen getragen wird, wenn sie realistische Ziele stellt, die mit Anstrengungen erfüllbar sind, wenn sie sich zentral auf die Planung von nicht mehr als 200-300 Positionen der wichtigsten Rohstoffe und Haupterzeugnissen und eine nicht zu große, klug ausgewählte Zahl wissenschaftlich-technischer Aufgaben und Objekten mit Priorität beschränkt und den Betrieben breiten Raum für selbständiges, kreatives Handeln läßt, wenn sie durch ein funktionierendes Vertragssystem ergänzt wird, wenn sie auf einer ehrlichen Statistik sowie auf einem flexiblen Preissystem beruht, bei dem wirtschaftliche Subventionen ausgeschlossen sowie soziale Subventionen auf ein beherrschbares, überschaubares Minimum begrenzt sind und wenn schließlich alle großen Prozesse der Planung sowohl territorial als auch in ihrer Wechselwirkung mit der Natur durchdacht sind. Die Chance dazu war gegeben, sie war mit dem „NÖS“ sogar in wichtigen Zügen vorgezeichnet.

Was überhaupt nicht geht, ist eine überzentralisierte oder gar totale Planung für die ungeheure Vielfalt der Bedürfnisse einer Volkswirtschaft und ihre Bevölkerung, in ihrer riesigen internationalen Verflechtung. Das ist weder sinnvoll noch planerisch und verwaltungstechnisch beherrschbar, auch nicht mit der besten Computertechnik. Die Marktwirtschaft hat sich damit geschichtlich in ihrer Innovationskraft der Planwirtschaft als überlegen erwiesen.

Durch das Gewinnstreben ist ihr a priori gegeben, was die Planwirtschaft durch Wettbewerb, Aktivisten, Bestarbeiter, Neuererbewegung usw. trotz großer gesellschaftlicher Aktivität nicht ausgleichen konnte. Der Mensch ist, wie er ist. Auch in volkseigenen

Betrieben und in sozialistischen Brigaden denkt er zuerst an sich und seine Familie und dann an die Gesellschaft. Aber genau so wahr ist, daß die Marktwirtschaft, auch wenn sie sozial genannt wird, alle Dinge der Welt immer nur ausschließlich unter dem Blickwinkel des Profits sehen wird, und es ist zu befürchten, daß auf diesem Wege die globalen Probleme der Welt kaum gelöst werden können, daß sie auf die Dauer sogar größer werden. Ich glaube deshalb, daß einige Lehren aus dem, was wir getan oder unterlassen bzw. richtig oder falsch gemacht haben, auch für die Zukunft von Interesse sein könnten.

In der „Ordnung der Planung" waren alle methodischen Fragen für die Ausarbeitung und Abrechnung der Jahres- und Fünfjahrpläne der DDR enthalten, einschließlich der erforderlichen Nomenklaturen und Vordrucke. Die Grundsätze und Aufgaben galten für die Industrie, die Landwirtschaft, das Bauwesen, den Außen- und Binnenhandel, das Wohnungswesen, die Wasserwirtschaft, den Umweltschutz sowie für die gesellschaftlichen Bereiche Bildung, Kultur, Gesundheit, Sport und andere. Die Vorgaben umfaßten Ziele für:

> die Arbeitsproduktivität, die Zahl der Arbeitskräfte, den Lohn und die Berufsausbildung;
>
> Wissenschaft und Technik, Rationalisierung, Grundfonds und Investitionen;
>
> Material, Materialökonomie, Ausrüstungen und Konsumgüter;
>
> Finanzen, Kosten, Preise und Rentabilität.

Alle diese Aufgaben und Ziele wurden entweder geplant als staatliche Kennziffern mit Direktivcharakter oder als ökonomische Planinformation mit Orientierungscharakter. Einige wichtige Aufgaben für Wissenschaft und Technik und soziale Ziele wurden als Staatsaufgaben deklariert.

Die sozialistische Planmethodik verwendete die Begriffe der Reproduktionstheorie von *Karl Marx*, wie z. B. „Nationaleinkommen" und nicht „Bruttoinlandsprodukt" wie die BRD.

Die Ordnung der Planung war die Technologie, um die riesenhafte Verflechtung der Volkswirtschaft vertikal von der Zentrale bis zum Betrieb und horizontal vom Staatsgebiet bis in die Bezirke und Kreise im großen volkswirtschaftlichen Maßstab zu regeln. Für die Planausarbeitung wurden den Betrieben, Institutionen und Territorien staatliche Planaufgaben zur Diskussion und für die Plandurchführung staatliche Planauflagen übergeben. Für jedes der Kombinate waren das etwa 200 Kennziffern (ohne die Berechnungskennziffern, die jedoch nicht verbindlich waren), von denen vier entscheidend waren für den materiellen Anreiz an der Planerfüllung und -übererfüllung:

die Produktion (später nur die Nettoproduktion);
der Gewinn;
der Export;
die Leistungen für die Bevölkerung.

Seit 1976 hatten wir verstärkt den gesamten Prozeß der Planung auf die elektronische Rechentechnik (EDV) umgestellt und ab Mitte der 80er Jahre alle Planteile mit EDV berechnet. Die Staatliche Plankommission verfügte über ein leistungsfähiges Rechenzentrum, geleitet von dem international anerkannten Fachmann Professor Dr. *Kunitz* und ausgestattet mit modernster Technik aus der ganzen Welt. So rechneten wir z. B. eine Material-Wert-Verflechtungsbilanz in der Matrix von 600 x 600, was international beachtet wurde. Aber letztlich war auch dieses komplizierte Modell durch fehlende Koeffizienten für den ständigen technischen Fortschritt zu statisch. Eine vollständige Erfassung aller Daten und ihre Übermittlung mit Disketten oder durch Fernübertragung mit Hilfe eines kompletten Computersystems gelang uns nur in einzelnen Zweigen, wie z. B. in der Metallurgie. Der Mangel an leistungsfähigen Computern, die übertriebenen Geheimhaltungspflichten und das veraltete Telefonnetz der DDR behinderten unsere Arbeit auf diesem Gebiet außerordentlich.

Ich selbst habe die Anwendung der elektronischen Technik im Planungsprozeß mit allen Mitteln unterstützt und die notwendigen Gelder und Valuta bereitgestellt. Ich hatte jedoch nicht mehr den Ehrgeiz, diese Technik selbst beherrschen zu wollen.

Heute muß ich jedoch einsehen, daß ich damals falsch gehandelt habe. Um dieses Buch zu schreiben, mußte ich mir 1993 einen Computer kaufen und ab Januar 1995 habe ich mit fast 74 Jahren noch eine Halbtagsbeschäftigung in einer erfolgreichen Weltfirma als

Controlling-Sachbearbeiter aufgenommen und muß nun tief in die moderne Technik einsteigen, damit ich meine Aufgaben erfüllen kann. Glücklicherweise fand ich mit *Doris Gerhard* und *Mathias Ristow* sympathische Chefs, die Geduld mit mir bewiesen, sowie mit *Zoltan Kiss, Kerstin Silzer, Ursula Liebig* und *Franziska Großmann* erfahrene Menschen, die mir ebenso selbstlos helfen, wie der Geselle der Opel-Werkstatt in Dresden vor fast 50 Jahren. Man lernt eben nie aus!

Die wachsenden Möglichkeiten der Computertechnik haben zweifellos dazu beigetragen, die Planung, Abrechnung und Statistik zu qualifizieren, aber zugleich nährten sie zentral die Illusion, daß man noch detaillierter planen könne. Die Methodik der Planung war einerseits die unverzichtbare Technologie, um den Planungsprozeß beherrschen zu können, andererseits aber auch die Technologie für ein überzentralisiertes bürokratisches System der Planwirtschaft. Wir mußten dabei feststellen, daß der politische Druck auf die detailliertere Planung in dem Maße zunahm, wie durch fehlerhafte Wirtschaftspolitik die materiellen Ressourcen nicht ausreichten. In den letzten Jahren der DDR hatte es *Günter Mittag*, sogar durchgesetzt, daß die bisher übliche Planung nach Quartalen durch eine Monats- und Dekadenplanung ergänzt wurde und schließlich 1988 führte er Tagespläne ein, was dem Wahnsinn nahe kam.

Ein Erlebnis mit der „Planbürokratie" möchte ich noch schildern: In den 60er Jahren kam die Direktorin des Fischverarbeitungswerkes von Lauterbach auf Rügen auf die Insel Vilm um *Walter* und *Lotte Ulbricht*, die dort Urlaub machten, ihre Erzeugnisse zur Verkostung vorzustellen. Als sie mich sah, beschwerte sie sich bei *Ulbricht* bitter über die Planbürokratie, die ihr kaum Zeit lasse, den Betrieb zu leiten. *Walter Ulbricht* schickte mich am nächsten Tag in den Betrieb, um zu helfen. Dort traf ich die Leiterin der Planungsabteilung vor einem großen Vordruck für Angaben über den Planteil „Wissenschaft und Technik" sitzend, der die Überschrift „Neuaufnahme von Erzeugnissen in die Produktion" trug. Tagelang hatte sie gegrübelt, was sie in die vielen Spalten eintragen soll und hatte sich dann bei ihrer Chefin über die Planbürokratie beschwert. Aber als ich kam, war sie stolz, gerade selbst eine Lösung gefunden zu haben. In dem Formular stand nun ein Wort, und zwar: „Räuchermops". Sie erklärte mir, daß die Bratheringe, der Rollmops, die Filets in Tomate usw. sehr gut, aber nicht neu sind. Den Räuchermops aber habe man in diesem Jahr erstmalig in die Produktion aufgenommen und deshalb gehöre er in das Formblatt.

Seit dieser Zeit gab es in der DDR dann eine vereinfachte Planung für Klein- und Mittelbetriebe. Anzumerken ist aber noch, daß jede Maßnahme zur Einschränkung der Kennziffern auf den erbitterten Widerstand irgendeines zentralen Organs stieß, welches sich dadurch in seiner Weisungs- und Richtlinienkompetenz beschnitten sah. Insofern war die Kritik der beherzten Fischfrau sehr gut, denn *Walter Ulbricht* verteidigte die nun eingeführte vereinfachte Planung gegen alle Angriffe.

Planung und materieller Anreiz

Was die Wirkung des Planes auf die Mobilisierung der Menschen zu hohen Leistungen betrifft, so gibt es Zehntausende guter Beispiele, wie Menschen selbstlos und aufopferungsvoll Großes geleistet haben. Und dennoch ist jeder materielle Anreiz wichtiger gewesen als die Vorgabe hoher Planziele. Der Wille eines Kollektivs, seinen Plan zu erfüllen, wirkte schon anspornend, zumindest dann, wenn sich die Werktätigen mit dem Plan identifizieren konnten, d. h. wenn er mit ihnen gründlich beraten und nicht nachträglich unerfüllbar erhöht wurde. War der Plan zu hoch, reichte die Skala von Lethargie und Interessenlosigkeit bis zum offenen Protest.

In den ersten Jahren des Aufbaues war die Frage, ob man erst besser leben muß, ehe man mehr leisten kann, oder erst mehr leisten muß, ehe man besser leben kann, zu einem fehlerhaften Kreis geworden. Nach dem Beispiel des sowjetischen Arbeiters *Stachanow* wurde deshalb, inspiriert von der Partei, die hohe Übererfüllung der Arbeitsnorm des Hauers *Adolf Hennecke* aus dem Zwickau-Ölsnitzer Steinkohlenrevier zur Heldentat hochstilisiert. Er hatte am 13. Oktober 1948 mit 24,4 t Steinkohle die Tagesnorm mit 387 Prozent erfüllt. Daraus entwickelte sich die „Hennecke-Bewegung“ zur Steigerung der Arbeitsproduktivität. Das danach Tausendfach verliehene Aktivistenabzeichen zeigte symbolisch den Kreis, der mit der Picke eines Bergarbeiters durchbrochen wird. *Adolf Hennecke*, den ich später durch meinen Moskauer Studienfreund *Heinz Oelsner* kennenlernte, der in jener Zeit Chef des Steinkohlebergbaus der DDR war und danach Botschafter in Finnland wurde, zeigte sich zunächst gar nicht glücklich über seine Vorbildrolle, oder wie er sagte, über den „Rummel", der um ihn gemacht wurde. Der bescheidene Mensch mit lauterem Charakter fühlte sich herausgerissen aus dem vertrauten Kreis seiner Kumpel, mußte sich aber daran gewöhnen. Später waren es *Franz Franik*, der die Initiative auf die ganze Brigade ausdehnte, oder die Textilarbeiterin *Frieda Hockauf* mit ihrer Losung: „Wie wir heute arbeiten, werden wir morgen leben". Die Bewegungen waren unterschiedlich, aber im Kern ging es immer darum, durch gesellschaftliche Initiativen eine höhere Arbeitsproduktivität und Leistung zu erreichen, als sie unter kapitalistischen Bedingungen erzielt wurden. Die Zahlen aber zeigen, daß der Rückstand gegenüber der Bundesrepublik trotz des Fleißes der Menschen und trotz vieler Formen des materiellen Anreizes in der DDR nicht kleiner, sondern größer wurde. Für die Steigerung der Arbeitsproduktivität ist eben nicht nur die Leistung der Menschen in der Produktion, sondern der ganze Komplex von Forschung und Technik, Technologie, Investitionen, Rationalisierung, Automatisierung und Arbeitsorganisation, bis hin zur einem modernen System der Wirtschaftsführung entscheidend.

Die Planer standen dabei oft zwischen Baum und Borke. Wurde der Plan zu niedrig angesetzt, daß ihn viele übererfüllten, kritisierte uns die Parteiführung als Bürokraten, die nicht imstande waren, die Initiative der Menschen unter den sozialistischen Produktionsverhältnissen richtig einzuschätzen. Entsprachen wir aber den Forderungen der Partei nach einem hohen, angespannten Plan, kritisierten uns die Mitarbeiter der Betriebe, denn nicht jeder wollte ein Hennecke werden. Professor *Kosel* vom Ministerium für Bauwesen brachte mir gegenüber die Wirkung eines zu hohen Planes einmal auf die einfache Formel. „Ihr in der SPK schätzt uns blöder ein als mein Dackel. Wenn ich dem die Wurst zu hoch halte, springt der erst gar nicht."

Dieser Widerspruch charakterisierte auch die *Gewerkschaftsarbeit.* Als Eigentümer der volkseigenen Betriebe sollten sich die Werktätigen und ihre Gewerkschaften hohe Ziel zur Steigerung der Arbeitsproduktivität stellen und sichern, daß der Lohn nur im ausgewogenen Verhältnis dazu wächst. Aber zugleich waren sie Arbeiter mit ihrem

Drängen nach höherem Lohn, besseren sozialen Bedingungen, Arbeitsschutz, -sicherheit und -erleichterungen. Ich sehe auch in der Marktwirtschaft eine ähnliche schwierige Stellung der Gewerkschaften, denn sie ringen um höhere Löhne und bessere soziale Bedingungen, aber wenn sie die Relationen überziehen, steigen die Kosten über die Grenzen der scharfen internationalen Konkurrenz und es droht Arbeitslosigkeit. Im Gegensatz dazu waren die Gewerkschaften der DDR als Miteigentümer volkseigener Betriebe auch für die „Unternehmerinteressen" mit verantwortlich, in der Marktwirtschaft sind es sich streitende, unterschiedliche Organisationen sind mit entsprechenden Rechten. Oft habe ich erlebt, wie sich *Harry Tisch* in diesem Dilemma befand und im Politbüro als Gewerkschaftschef für die Interessen der Werktätigen kämpfte, um einen Kompromiß in beiden Seiten der Gewerkschaftsarbeit zu erreichen.

In der DDR spielten die Gewerkschaften im Prozeß der Planung eine große Rolle. Im Vergleich zu den anderen sozialistischen Ländern waren sie sehr einflußreich, begünstigt sicherlich auch durch ihre traditionell in Deutschland gewachsene historische Position. Sie waren der Organisator der Plandiskussion, und es gab vom Betrieb bis zum Ministerrat der DDR keine Planberatung, an der nicht die Vertreter der Gewerkschaft teilgenommen haben. Ich selbst mußte den Plan im Bundesvorstand des FDGB begründen. Sie haben mir oft ganz schön eingeheizt und sich mit Einsprüchen durchgesetzt.

Man tut sicher den vielen engagierten Gewerkschaftlern unrecht, wenn man sie heute über den Leisten des „verlängerten Arm der Partei" und als „staatlich gelenkte Einheitsgewerkschafter" charakterisiert. Allerdings waren sie auch zu keinem Zeitpunkt eine unabhängige, demokratische, nur an den Willen ihrer Mitglieder gebundene Organisation. *Harry Tisch* als Vorsitzender des FDGB war immer zuerst Mitglied des Politbüros der SED und hatte die Interessen der Partei zu vertreten, und wenn diese Politik fehlerhaft war, mußte auch sein Ansehen darunter leiden, um so mehr, als er oft sehr emotional reagierte. Es gehörte deshalb auch zu einer der ersten Forderung, der Demonstranten auf den Straßen und in den Betrieben 1989, daß seine Ablösung gefordert wurde. Aber das eigentliche Thema war die gescheiterte Politik der Partei, und die hatten wir als Führungskollektiv zu verantworten. Als „Schule des Sozialismus" und mit 9,6 Millionen Mitgliedern die größte Massenorganisation in der DDR wurde die Tätigkeit der Gewerkschaft ebenfalls von der in der Verfassung festgeschriebenen führenden Rolle der SED determiniert wie auch die der Blockparteien und der anderen gesellschaftlichen Organisationen, nur daß die früheren Blockparteien heute besser dran sind, weil sie von der herrschenden Politik begünstigt werden. Ich gönne ihnen die Nachsicht, würde nur ein gleiches Entgegenkommen auch für andere sehen.

Planung und Statistik

Unverzichtbare Grundlage jeder ernst zunehmenden Planung ist eine klare, saubere und unverfälschte Statistik. *Lenin* hatte das wohl vorausgeahnt und immer darauf geachtet, daß Planung und Statistik streng voneinander getrennt werden. Die Regierung der DDR befolgte diesen Rat, aber nicht die SED-Führung. Die Statistik muß objektiv sein, und niemandem darf es erlaubt sein, sie zu verbiegen, zu verfälschen oder in seinem Sinne zu frisieren. Die mir bekannten Leiter der Zentralverwaltung für Statistik, Professor *Gleitze*, Dr. *Gerhard Bondi*, *Max Scholz*, Professor *Fritz Behrens*, *Heinz Rauch* und Professor *Arno Donda*, ließen sich von niemandem leicht umbiegen, aber letztlich hatte die Partei das Sagen und im Zweifelsfalle mußten sie weichen, denn die Kaderentscheidungen wurden im Politbüro bzw. im Sekretariat des ZK getroffen. Das Amt erließ Weisungen für eine klare Definitionen der Begriffe, als Voraussetzung für die richtige Abrechnung und überprüfte die gemeldeten Daten. Verstieß ein Betrieb, ein Bezirk oder ein Kombinat gegen die Bestimmungen, wurde der Ministerrat ohne Rücksichtnahme auf die betreffenden Personen informiert. Die Verantwortlichen wurden zur Rechenschaft gezogen und das Beispiel ausgewertet. Das war die Praxis für viele Jahre. Der Druck der Partei, überall gute Ergebnisse zu erzielen, hat zwar hier und da immer wieder Leute veranlaßt, geschönte Berichte abzugeben, die dann die Zusammenfassung beeinflußten, aber das ist eine menschliche Schwäche, die es überall in der Welt gibt. Die Schönfärberei begann in der DDR vor allem dort und dann, wenn politisch entschieden wurde, welche von der Statistik richtig berechneten Zahlen veröffentlicht werden sollten. Und alles eskalierte unter *Erich Honecker*.

Man kann schon sehr angenehme Nachrichten über das Land verbreiten, wenn einseitig nur über Erfolge berichtet wird, und wenn dabei die unangenehmen Ergebnisse einfach weggelassen werden. Das wurde in den 80er Jahren mit den langweiligen Statistiken über die monatliche Planerfüllung bis zur Perfektion entwickelt, d. h., es wurde mit richtig berechneten Zahlen nach den Wünschen des Generalsekretärs berichtet. Im Parteiapparat war die Unterstellung von Planung und Statistik unter einem Sekretär eine jahrelange Praxis, so daß der Druck auf die Statistiker von dort aus sehr groß war, und wenn sich *Arno Donda* querlegte, formulierte man den Bericht eben selbst, allerdings unter Verwendung der Zahlen der Zentralverwaltung für Statistik, denn eigene hatte der Parteiapparat nicht.

Besonders mit Prozent- und Durchschnittszahlen konnten „schöne“ Bilder vermittelt werden, ohne die Zahlen zu verfälschen. Das hat der auf internationale Reputation bedachte *Erich Honecker* bis weit über die Grenze des Erträglichen genutzt. Ich selbst konnte bei den Nachrichten über die Planerfüllung, wie viele andere auch, schon nicht mehr zuhören, habe jedoch nichts dagegen unternommen, weil meine Sorgen, die DDR zahlungsfähig zu halten, bei einer Darstellung der wirklichen Leistungskraft noch größer geworden wären. Es war für uns oft verwunderlich, daß die westliche Seite nicht prinzipieller auf die einseitigen Zahlen und auf die für die Devisenverschuldung der DDR fehlenden Zahlenangaben reagierte, die man doch exakt kannte, denn jeder Schuldner hat Gläubiger mit dem gleichen Zahlenwerk, nur mit umgekehrtem Vorzeichen. Nur bei Prozentrechnungen ohne Angabe der Basiszahlen kann man andere verwirren. Die Methode, mit schön klingenden Prozentzahlen zu rechnen, gab es jedoch nicht nur in der DDR, sondern ist eine international und auch heute noch gängige Praxis auch in Deutschland. Am Tag, als ich diese Sätze schrieb, informierten die Medien über eine Pressekonferenz des Bundeskanzlers im Hinblick auf die Bundestagswahl 1994, in dem er feststellte, daß die neuen Bundesländer mit 9 Prozent die „wachstumsstärkste Region in Europa sind“. Diese Aussage ist wahr, denn der Kanzler hat die Zahl von seiner unabhängigen Statistik. Daß diese 9 Prozent sich auf die absolute Zahl der seit der Wiedervereinigung auf 1/3 abgesunkenen Produktion bezieht, hat er nicht gesagt. Vereinfacht: Es waren 100, dann wurden es 33, und nun sind es 9 Prozent mehr, also knapp 36 Prozent. Ein großer Erfolg?

Gewiß, besser als ein weiteres Absinken. Die Talsohle ist durchschritten. Es geht aufwärts. Das ist gut. Sollte man aber nicht besser dazu sagen, daß die neuen Bundesländer bei Beibehaltung dieses Tempos noch mindestens 12 Jahre benötigen, bis das Produktionsvolumen von vor der Vereinigung wieder erreicht ist? Dann allerdings mit einer konkurrenzfähigen und nicht mit „maroden" Produktion, würde der Kanzler sicher hinzufügen. Bitte, aber immerhin 12 Jahre, d. h. bis zum Jahr 2006.

In den letzten Jahren der DDR wurden nicht nur Daten einseitig verwendet und schöngefärbt, sondern gegen den Einspruch der Statistiker auch Definitionen geändert und Zahlen uminterpretiert. Der Begriff eines Industrieroboters wurde im Auftrag *Mittags* so weitgehend gefaßt, daß auch eine Melkmaschine dazu gezählt wurde. Der Leiter der Abteilung Forschung und Technische Entwicklung im ZK der SED, *Hermann Pöschel*, hatte versucht, wie international üblich, den Industrieroboter auch in der DDR als „in mehreren Achsen beweglichen, programmierbaren Automaten zum Ersatz menschlicher Arbeit" zu definieren und wurde zurückgepfiffen. Die DDR schien nach der wachsenden Zahl von eingesetzten Robotern jeden Vergleich mit den westlichen Industrienationen bestehen zu können. Was nicht stimmte.

Anfang 1989 wurde im Fernsehfunk der DDR über die Planerfüllung 1988 gemeldet, daß die DDR einen Exportüberschuß von 3 Milliarden Valutamark erzielt habe. Die Zahl war formal richtig, sie war jedoch eine unzulässige Synthese eines kleinen Exportüberschusses im Nichtsozialistischen Wirtschaftsgebiet und eines großen Überschusses gegenüber der UdSSR, den man schon wegen der unterschiedlichen Währungen nicht hätte saldieren dürfen. Solche Milchmädchenrechnungen die aufgestellt wurden, gegen die ich in diesem Falle Einspruch erhoben habe, führten in die Nähe des Betruges.

Problematisch für eine ehrliche Berichterstattung vor der Öffentlichkeit waren auch die Geheimhaltungsbestimmungen in der DDR. Das waren nicht wenige, wie z. B. alle Zahlen über die Zahlungsbilanz und Angaben über die Verschmutzung der Umwelt. Auch hier hat sich die DDR mehr durch eine übertriebene Quantität gegenüber den anderen Staaten unterschieden. Die Hauptprobleme des Umweltschutzes in der DDR resultierten aus der Wirtschaftsstruktur (Braunkohle, Kohle-Karbid-Chemie, Teerdestillation, Uranbergbau, Schädlingsbekämpfungsmittel) und nicht aus der Verschlußsachenpraxis.

Die Zentralverwaltung für Statistik hat es übrigens geschafft, mit Redaktionsschluß vom Juni 1990 das Statistische Jahrbuch 1990 herauszugeben, in dem alle Zahlen, auch die langfristigen von 1945 bis 1990, bereinigt wurden von den politisch motivierten Eingriffen. Für jeden, der sich mit Aufarbeitung der Geschichte der DDR befaßt, kann das eine wichtige Unterlage sein.

Planung und Preispolitik

Schon lange bevor die DDR entstand, hatte sich der Sozialismus schwer getan, zur Planwirtschaft eine vernünftige Preispolitik auszuarbeiten. In der Sowjetunion dominierte, ausgenommen die Zeit der „Neuen Ökonomischen Politik" (NÖP) *Lenins*, die auf die Zulassung des freien Handels und die Ersetzung der Ablieferungspflicht der Bauern durch Naturalsteuern orientierte und damit den Kriegskommunismus zeitweilig ablöste, stets die Mengenplanung und weniger die Wert- und Preisplanung. Noch in der von *Stalin* kurz vor seinem Tod veröffentlichten Schrift: „Ökonomische Probleme des Sozialismus in der UdSSR" von 1952 kann man nachlesen, daß den Problemen von Wissenschaft und Technik, Technologie, Kosten, Preis und Gewinn wenig Bedeutung beigemessen wurde. Wenn wir 10 Mio. t Stahl im Jahr produzieren, sagte *Stalin* einmal sinngemäß, werden wir alle Probleme lösen, die uns jetzt hemmen. Mein langjähriger sowjetischer Partner *Nikolai Baibakow*, sagte mir in den 70er Jahren, daß die UdSSR jetzt 100 Mio. t Stahl produziere, sie aber die Probleme nicht gelöst habe, sondern das diese größer geworden seien. Zu *Stalins* Zeiten hätten uns 1 Mio. t Stahl zum Plan gefehlt, und nun fehlten uns 10 Mio. t, um die Aufgaben zu lösen. Mit einer Förderung von 35 Mio. t Erdöl pro Jahr hatte die UdSSR 1945 den Großen Vaterländischen Krieg siegreich beendet, und mit einer Fördermenge von mehr als 600 Mio. t pro Jahr ist sie 1991 untergegangen.

Lange Zeit wurde im Sozialismus die Theorie vertreten, daß man die Rohstoffe und die Vorstufen der Produktion preislich stützen muß, damit nicht so große Wertanteile bei den Fertigerzeugnissen entstehen. In der Sowjetunion hatte sich bereits eine Generation an die niedrigen Preise für Kohle, Stahl, Erdöl, Erdgas, Baumwolle, Holz usw. gewöhnt. Ein Liter Benzin kostete jahrzehntelang weniger als eine Flasche Mineralwasser, und die Konstrukteure interessierten sich kaum für den Treibstoffverbrauch der Lkw und Flugzeuge, der um 30-50 Prozent über dem Weltstandard lag. Für wenige Rubel reisten einmal wöchentlich die Händler mit dem Flugzeug aus dem Kaukasus, aus Omsk, Perm oder aus einer anderen Stadt mit einem Korb lebender Hühner, mit Südfrüchten usw. nach Moskau, um ihre Waren auf dem Kolchosmarkt zu verkaufen. Niemand fragte nach den Kosten. 100 Kilometer ist keine Entfernung, 100 Gramm ist kein Wodka und 100 Jahre ist kein Alter, so lautete das Prinzip, nachdem man nicht nur in Sibirien lebte. Zur Planerfüllung, die in Bruttoproduktion gemessen wurde, brauchte man die Tonnen dringender als eine wohlfeile Konstruktion. Sowjetische Ausrüstungen waren deswegen immer robust, schwer und zuverlässig, nicht nur wegen der harten Natur- und Klimabedingungen, sondern auch wegen ihres Gewichtes für die Planerfüllung. Sie waren außerdem preiswert, denn die wirklichen Materialkosten wurden durch die vorgenommenen staatlichen Subventionen nicht sichtbar.

Das alles schwappte 1945 in die SBZ/DDR über. Die „Tonnenideologie“ beherrschte viele Jahre auch das Denken in der DDR. Wir waren 1952 das erste sozialistische Land, in dem ein ZK-Plenum über die „Wirtschaftliche Rechnungsführung“ stattfand, und es wurde noch zu Stalins Lebzeiten begonnen, über die Wertprozesse nachzudenken. Aber durch die von der SMAD befohlenen Stopppreise für Lebensmittel und andere wichtige Erzeugnisse, die auch mit einer möglichst niedrigen Bewertung der Produkte für die Reparationsleistungen zusammenhingen, entstand von Anfang an auch bei uns eine verzerrte Preisbasis. Hinzu kam die Theorie vom „selbständigen sozialistischen Weltmarkt“, die in dieser Zeit so abwegig nicht war, denn der Handel mit den kapitalistischen Staaten war gegen Null gesunken. Die Notwendigkeit, große Mengen von Rohstoffen und Materialien aus der UdSSR zu importieren, förderte für lange Zeit auch bei uns die Beibehaltung niedriger Preise auf diesem Gebiet. Später drängten uns aber die sowjetischen Außenhandelsexperten selbst auf die Annäherung an die Weltmarktpreise.

Auf dem Binnenmarkt der DDR vertieften sich die Diskrepanzen im Preisgefüge zwischen den mit Stopppreisen belegten Waren, besonders für Grundnahrungsmittel, und den durch technische Entwicklungen möglichen Preisen für Fernsehapparate, Waschmaschinen, Kühlschränke, Autos, bzw. den modischen Veränderungen unterliegenden Erzeugnissen immer mehr. Ein Farbfernsehempfänger mit einem Preis von 7 000 Mark hatte scheinbar einen höheren Wert als 7-8 schlachtreife Schweine. Brot und andere Backwaren waren extrem billig und wurden dadurch jedoch zugleich ein billiges Futtermittel für die Tiermast. Lieferte ein Züchter ein Kaninchen an den Staat, erhielt er dafür 60 Mark. Kaufte er es danach geschlachtet und ausgenommen bei der Staatlichen Handelsorganisation (HO) zurück, kostete es trotz der aufgewendeten Arbeit nur 15 Mark! All das empfanden nicht nur die Ökonomen in der DDR als unerträglich. Aber seit der Zuckerpreiserhöhung vor dem 17. Juni 1953 saß die Angst vor Preiserhöhungen für den Grundbedarf den politisch Verantwortlichen so tief in den Knochen, daß niemand eine Änderung erreichte. Ausgerechnet auf der 14. ZK-Tagung im Dezember 1970, als die Position *Walter Ulbrichts* schon sehr geschwächt war, hatte dieser einen Vorschlag zu Preiskorrekturen vorbereiten lassen. Diese wurden jedoch von *Werner Krolikowski* (Erster Sekretär der Bezirksleitung der SED in Dresden) und von *Hanna Wolf* (Rektorin der Parteihochschule der SED in Berlin) im ZK zu Fall gebracht. Vielleicht war es sogar eine erklärte Absicht, *Walter Ulbricht* damit ins Leere laufen zu lassen, denn seine politische Entmachtung war schon eine beschlossene Sache.

Für die Ökonomie des Landes hatte die sture Preispolitik jedoch große Nachteile. Waren die Subventionen für Nahrungsgüter und Mieten bis zu einer bestimmten Grenze aus sozialpolitischen Gründen noch verständlich, war es überhaupt nicht einzusehen, daß für Bungalows, Fertigteilhäuser, Baumaterialien wie Zement, Dachbeläge, Fliesen, Fenster, Türen, Bauholz und für Kleineisenwaren, weiterhin für Segel-, Ruder- und Faltboote, Klaviere und Flügel, Blumen und Zierpflanzen, Wildfleisch und Pilze Subventionen vom Staat bereitgestellt wurden. Proteste gegen diesen Unsinn haben jedoch nichts weiter als heftige Kritik der Parteiführung eingebracht. Durch diese falsche Haltung der Führung wurde nicht nur die Entfaltung der Kapazitäten gebremst, sondern es wurde auch vor allem der wissenschaftlich-technische Fortschritt behindert. So hatten z. B. führende Lebensmittelchemiker in der DDR, genau wie in der Bundesrepublik, die Verwendung von Enzymen zur Erhöhung des Frischhaltegrades für Backwaren vorgeschlagen. Da die Betriebe jedoch den Aufwand nicht kalkulieren durften, blieb alles beim alten. Der Exquisit- und Delikathandel, die Intershops und die Forumschecks boten Leuten mit Geld oder Devisen die Möglichkeit, hochwertige Waren zu kaufen, wurden aber von denen, die es sich nicht leisten konnten, zu Recht kritisiert. Auch diese Einrichtungen konnten die Fehler in der Preispolitik nicht ausgleichen.

Bei Finanz-, Kosten- und Preisfragen war es im Politbüro am schwierigsten, sich verständlich zu machen. Als mir einmal vorgehalten wurde, daß die Subventionen, die ich abschaffen wollte, doch der Staat bezahlt und ich darauf aufmerksam machte, daß der Staat doch selbst gar kein Geld hat, sondern zunächst Geld kostet und nur über das verfügen kann, was er über Abgaben, Steuern, Gewinnabschöpfung usw. einnimmt, schaute mich mancher der Anwesenden verständnislos, ja fast mitleidig an. Auch wenn stets gesagt wurde, daß die medizinische Betreuung und andere Leistungen für die Bürger der DDR kostenlos sind und ich dagegen argumentierte, daß das sehr viel kostet, aber vom Verbraucher nur nicht bezahlt und deshalb auch oft verschwenderisch damit umgegangen wird, hatte ich Schwierigkeiten. Als ich dann später zur Produktion von Mikrochips in der DDR zu *Erich Honecker* sagte: „Nicht was, sondern wie wir produzieren, mit welchen Kosten, mit welchem Gewinn und welchen Absatzchancen für eine rentable Massenproduktion ist entscheidend", galt ich fürhin als der Bremser der Mikroelektronik und wurde diesen Ruf auch später nie wieder los.

Um so größer war mein Zorn darüber, daß ich im Januar 1990 vor allem mit dem Argument, als verantwortlicher Ökonom die Entwicklung und Produktion der unrentablen Mikroelektronik in der DDR zugelassen zu haben, aus der Partei ausgeschlossen worden bin, der ich 40 Jahre treu gedient hatte.

Man kommt beim Rückblick auf das eigene Leben sehr oft in Gefahr, daß eigene Erlebnisse überhöht dargestellt werden. Deshalb möchte ich den Abschnitt über die Preispolitik in der DDR mit einer Würdigung der Arbeiten abschließen, die *Walter Halbritter* und seine Mitarbeiter im Amt für Preise über viele Jahre geleistet haben, um diesen sensiblen Bereich grundlegend zu reformieren und, nachdem das nicht gelang, wenigstens einigermaßen zu beherrschen. Schon 1979 hat das Amt für Preise den von allen Reformideen am weitestgehenden Vorschlag für eine vollständige Abschaffung der wirtschaftlichen und auch bestimmter sozialer Subventionen bei einer sozial verträglichen Lohnausgleichzahlung erarbeitet und *Erich Honecker* übergeben. Nachdem *Halbritter* lange Zeit keine Antwort erhielt, wurde auf der Dezembertagung des 11. ZK-Plenums der SED von *Honecker*, ohne nochmalige Rücksprache mit den Verfassern, folgendes verkündet: „Das Politbüro hat nach einer Analyse der Probleme festgelegt, daß die bisherige Politik der stabilen Preise für Waren des Grundbedarfes, der niedrigen Mieten und Tarife für Dienstleistungen weiter fortgeführt wird ... Natürlich gab es auch bei uns die an sich berechtigte Frage, ob wir das durchhalten. Das ist um so verständlicher, als wir infolge der Preiserhöhungen auf den internationalen Märkten unsere Betriebe durch die planmäßigen Industriepreiserhöhungen mit rund 68 Milliarden Mark zusätzlichen Kosten belasten mußten. Es ist naheliegend, daß ein solcher Kostendruck auf die Betriebe auch die Frage aufwarf, die Industriepreiserhöhungen nicht allein durch höhere Effektivität und niedrige Kosten der Produktion, sondern teilweise auch durch Weitergabe an die Einzelhandelspreise abzufangen. Vorschläge für eine allgemeine Preiserhöhung haben wir jedoch abgelehnt."

Auch alle weiteren Vorschläge wanderten in den Panzerschrank von *Erich Honecker*. Er durchbrach hierbei sogar sein eigenes System, alle Briefe und Zuschriften mit seinem Signum und einer Antwort zurücksenden. Sein Standpunkt war immer der, daß alle politischen Schwierigkeiten in anderen sozialistischen Ländern mit der Erhöhung von Einzelhandelspreisen begonnen hatten und die DDR ihren guten Weg nicht durch solche „Dummheiten" aufs Spiel setzen darf. In Wahrheit war das sture Festhalten an der überholten Preispolitik eine wesentliche Ursache für die ökonomischen Schwierigkeiten und die Mangelwirtschaft im Sozialismus.

Die Staatliche Plankommission

Wenige Tage nach dem Tod *Erich Apels* wurde ich zum Vorsitzenden der Staatlichen Plankommission berufen. *Walter Ulbricht* hatte eigentlich vor, einen Naturwissenschaftler zu berufen, denn der sowjetische Professor *Aganbegian* von der sibirischen Akademie der Wissenschaften hatte ihm einmal gesagt, das mindestens 50 Professoren in der Plankommission arbeiten müßten, will man gewährleisten, daß dort wissenschaftlich gearbeitet wird. Unter der Leitung von *Erich Apel* arbeiteten 26 Professoren in der Plankommission und deshalb wurde oft im Scherz gesagt: „Es macht nichts, wenn du Professor bist, Hauptsache du kannst arbeiten." Das Politbüro entschied sich anders, und so wurde ich Vorsitzender und der Naturwissenschaftler Professor Dr. *Helmut Lilie* wurde mein Erster Stellvertreter. Wir wurden ein gutes Gespann. Der tragische Tod *Erich Apels* hatte eine selten günstige Atmosphäre für unsere Arbeit geschaffen. Wir konnten einige ehrgeizige aber auch unrationelle Investitionen stoppen, arbeiteten in Ruhe realere Pläne aus und fügten uns gern in die neue Rolle, nicht das „Oberkommando" der Wirtschaft, sondern ihr ökonomischer „Generalstab" zu sein ein, was eigentlich auch dem Statut der Plankommission entsprach.

Die mit der Gründung der DDR geschaffene Staatliche Plankommission, die in ihrer 40jährigen Geschichte mit *Heinrich Rau* (1949-1952), *Bruno Leuschner* (1952-1961), *Karl Mewis* (von dem man sagte: „Er plante nur einen Sommer", 1962/63), *Erich Apel*, (1963-1965) und mir (1965-1990) nur insgesamt fünf Vorsitzende hatte, war nur einige Jahre unter *Bruno Leuschner* zugleich auch das die Industrie direkt leitende Organ. Damals wurden die Industrieministerien abgeschafft und die Minister als Leiter der Fachabteilungen in die Staatliche Plankommission eingegliedert. Diese Maßnahme griff nicht, insbesondere nicht im Rat für Gegenseitige Wirtschaftshilfe, denn die Autorität der ehemaligen Minister im Inneren war geschwächt und im RGW wollten die Partnerminister der anderen Länder nicht mit einem Abteilungsleiter verhandeln. Später wurde dann der „Volkswirtschaftsrat" gebildet, dessen Mitglieder aber international vor dem gleichen Problem standen und im Wirtschaftsleben der DDR die zugedachte Rolle nie richtig ausfüllen konnten, obwohl der Volkswirtschaftsrat von den einflußreichen Mitgliedern des Politbüros, *Alfred Neumann* und *Günter Mittag* (Erster Stellvertreter) geleitet wurde und in dem solide Wirtschaftsfachleute wie *Erich Markowitsch, Hans Wittik, Kurt Fichtner, Helmut Wunderlich* und viele andere arbeiteten. Eigentlich hätte er „Industrierat" heißen müssen, denn zur Leitung der Volkswirtschaft gehörte viel mehr als ihm unterstand. Schließlich wurden die Industrieministerien wieder eingeführt.

Die Staatliche Plankommission war das zentrale Organ des Ministerrates zur Ausarbeitung und Durchführung der Fünfjahres- und Jahrespläne der Volkswirtschaft, einschließlich der Planung und Sicherstellung des materiell-technischen Bedarfes der Nationalen Volksarmee, der Staatssicherheit, der Volkspolizei, der Gruppe der sowjetischen Streitkräfte in Deutschland sowie der Parteien und gesellschaftlichen Organisationen. Neben dem Vorsitzenden gab es zwei Erste Stellvertreter, die als Staatssekretäre der Regierung angehörten und 12 Stellvertreter. Die Staatliche Plankommission unterteilte sich in die folgenden Bereiche:

- Volkswirtschaftliche Gesamtrechnung
- Grundfonds, Investitionen, Wissenschaft und Bildung
- Außenwirtschaft
- RGW
- Plandurchführung und Materialökonomie
- Grundstoffindustrie (Bergbau, Energie, Chemie)
- Metallurgie, Maschinenbau und Elektrotechnik/Elektronik
- Leichtindustrie, Lebensstandard u. soziale Bereiche
- Land-, Forst- und Nahrungsgüterwirtschaft
- Transport, Nachrichtenwesen und Regionale Planung
- Planungssystem, Planmethodik, Rechenzentrum
- Militärbereich.

Insgesamt wurden 2 000 Mitarbeiter beschäftigt, davon arbeiteten 1 200 in der SPK direkt, weitere 800 Mitarbeiter im Ökonomischen Forschungsinstitut, in der Staatlichen Inspektion für Investitionen, im Rechenzentrum und in den Wirtschaftspolitischen Abteilungen der Auslandsvertretungen der DDR. Die Mitarbeiter der Bezirks-

und Kreisplankommissionen waren zwar Angestellte der territorialen Einrichtungen, aber zugleich dem Vorsitzenden der SPK rechenschaftspflichtig, also doppelt unterstellt. Die Mitarbeiter waren hochqualifiziert und wurden besser als die der anderen Ministerien bezahlt. Mehr als 200 Akademiker waren ständige Mitarbeiter und viele von ihnen hatten zwei Diplome, z. B. eines als Chemiker, als Ingenieur oder Agronom und zusätzlich ein abgeschlossenes Ökonomiestudium.

Mitte der 50er Jahre wurde der Fachschulabschluß die Bedingung für die Aufnahme einer Tätigkeit in der Plankommission, vorher waren fast alle Mitarbeiter Arbeiter oder Bauern, in der planerischen Arbeit z. T. unerfahren.

Aus der Staatlichen Plankommission gingen eine Vielzahl der Minister der DDR hervor, wie *Günter Wyschowsky*, (Chemie), Professor Dr. *Karl Grünheid*, (Glas und Keramik), *Bruno Lietz*, (Land- und Forstwirtschaft), *Udo Wange*, (Bezirksgeleitete und Lebensmittelindustrie) *Walter Halbritter* (Amt für Preise), sie alle waren Stellvertretende Vorsitzende und der Parteisekretär der Kreisleitung „Staatliche Plankommission", *Ernst Höfner*, wurde Finanzminister.

Die entscheidende Frage für unsere Arbeit war bei aller Bedeutung nie allein das Fachwissen, sondern noch wichtiger war komplexes Denken in volkswirtschaftlichen Zusammenhängen. Die Fachabteilungen arbeiteten deshalb permanent mit den koordinierenden Abteilungen Volkswirtschaftliche Gesamtrechnung, Investitionen, Finanzen, Preise, Außenhandel, Lebensstandard in einem Prozeß der wiederholten, ständigen Ergebnisverfeinerung zusammen, um ein optimales Resultat sowohl für die Rahmenbedingungen als auch für die Entfaltung der Fachgebiete zu erzielen. Es muß nicht betont werden, daß dieses Miteinander mit ständigen, z. T. sehr heftig geführten Streitgesprächen verbunden war, die oft erst in der Leitung entschieden werden konnten. „Wir sind Spezialisten der volkswirtschaftlichen Verflechtung", sagte ich meinen Mitarbeitern immer wieder, das hieß aber auch, daß für uns das Gesetz der Optik galt: „Je breiter die Blende, um so geringer ist die Tiefenschärfe." Deshalb forderte ich sie stets auf, sich in allen auftretenden Fragen der Planung mit Fachleuten aus der Wissenschaft und der Praxis zu beraten.

Die Abteilungsleiter waren gut ausgebildete, praxiserfahrene Fachleute, die in den Ministerien eine hohe Autorität genossen. Hervorheben möchte ich hier *Werner Pietsch* (Maschinenbau), *Werner Ruß* (Elektrotechnik), *Wolfgang Schöfer* (Metallurgie), *Heinz Lesinski* (Kohle und Energie), *Hildegard Bellmann* (Leichtindustrie), *Siegfried Zscherpe* (Außenhandel), *Kurt Reinhardt* (Gesamtrechnung), *Harry Kriedemann* (Investitionen), *Rainer Klein* (Bauwesen), *Günter Boyni* (Lebensstandard), *Ellen Richter* (Bildungswesen), *Anneliese Bertholt* (Finanzen und Preise).

Untergebracht war die Plankommission im „Haus der Ministerien“ in der Leipziger Straße 5-7 in Berlin, in dem insgesamt 6 000 Mitarbeiter beschäftigt waren. Das Haus hatte eine bewegte Vergangenheit. Das Hauptgebäude war das ehemalige Reichsluftfahrtministerium, Amtssitz *Hermann Görings*, der dort einen Vierjahresplan erarbeiten ließ, von dem er selbst sagte, daß man Deutschland danach nicht wiedererkennen würde. Leider wurde das grausame Wirklichkeit. Es war aber auch ein Zentrum des Widerstandes gegen *Hitler*, denn dort arbeitete die Gruppe *Schulze-Boysen-Harnack*. Als wiederholt Gäste und Besucher mich fragten, ob in meinem Arbeitszimmer früher einmal der Generalfeldmarschall *Milch* oder der Generaloberst *Galland* gesessen hätten, richteten wir kurzerhand im Treppenhaus eine Gedenkstätte für die antifaschistische Widerstandsgruppe ein, die von vielen Menschen besucht wurde.

Wilhelm Pieck ist im Festsaal des Hauses feierlich in das Amt des ersten Präsidenten der DDR eingeführt worden. 1990 wurde es der Hauptsitz der Treuhandanstalt und soll nach dem Umzug der Regierung von Bonn nach Berlin der Sitz des Bundesministeriums für Finanzen werden.

Da dieses Haus als eines der ersten Gebäude vor dem Zweiten Weltkrieg mit klaren Rastermaßen, mit genormten Ein- bis Dreiachser-Zimmern, mit sich tausendfach wiederholenden gleichen Bauelementen errichtet worden war, steht dieser äußerlich wenig attraktive Bau heute unter Denkmalschutz.

Zum Haus der Ministerien gehörte auch das Gebäude des ehemaligen Preußischen Landtages. Welche Politik von dort ausging, dürfte allgemein bekannt sein, daß jedoch in einem der Sitzungszimmer im Jahre 1919 die Kommunistische Partei Deutschlands gegründet wurde, ist weitestgehend unbekannt geblieben. Im Krieg völlig zerstört, wurde zunächst ein Teil wieder aufgebaut und zum Amtssitz des ersten Ministerpräsidenten der DDR, *Otto Grotewohl*, sowie seines Stellvertreters *Walter Ulbricht*. Aus Anlaß einer Tagung des RGW in Berlin wurde dann ein weiterer Teil restauriert und die große Eingangshalle erneuert. Der Kuppelsaal wurde jedoch nie fertiggestellt, denn die Plankommission konnte für sich selbst nicht riskieren, die finanziellen Mittel dafür aufzubringen, wenn sie die Gelder bei anderen Dienststellen stets kürzen mußte. Den Wiederaufbau schloß nach der deutschen Wiedervereinigung in kürzester Zeit der Senat von Berlin ab, der nicht nur den großen Saal rekonstruieren, sondern auch das architektonisch wertvolle Gebäude innen und außen renovieren ließ. Heute strahlt das Gebäude in neuem Glanz und ist der Tagungsort der Berliner Stadtverordneten.

Ich wohne nur wenige hundert Meter entfernt vom ehemaligen „Haus der Ministerien" und denke oft an die 27 Jahre meiner Tätigkeit dort zurück. Wir schonten unsere Kräfte nicht, waren „Arbeitspferde" an einer sensiblen Stelle der Wirtschaft und ernteten dennoch mehr Kritik als Anerkennung. Der Chemiker Professor *Werner Winkler* hatte seinen Diskussionsbeitrag auf einer Parteiaktivtagung in der Plankommission einmal so begonnen: „Einst war ich ein Wissenschaftler, erhielt den Nationalpreis der DDR und viele staatliche Auszeichnungen. Man hörte auf das, was ich zu sagen hatte. Dann kam ich in die Staatliche Plankommission." Ein Lob war für uns, so empfanden wir es jedenfalls immer, wenn die Plankommission auf ZK Tagungen nicht negativ erwähnt wurde. Ich möchte all jenen Achtung und Respekt zollen, die so lange Zeit mit mir das schwere Los des Planers geteilt haben, d. h. allen Mitarbeiterinnen und Mitarbeitern, den Staatssekretären *Heinz Klopfer*, *Wolfgang Greß* und *Peter Grabley* sowie den Leitungsmitgliedern *Siegfried Wenzel*, *Richard Müller*, *Rudolf Heinze*, *Friedrich Schiefer*, *Hermann Leihkauf*, *Günter Jury*, *Friedrich Götz*, *Dieter Albrecht*, *Harald Rost*, *Horst Tschander*, *Manfred Vogt* u. a. Gewiß arbeiteten wir innerhalb eines Systems, in dem die Politik ihren Vorrang gegenüber der Ökonomie ausübte. Subjektive Entscheidungen anderer, aber auch eigene Fehler beinflußten unsere Arbeit. Niemals dürfen wir so tun, als habe der Rückstand des Landes in der Arbeitsproduktivität nichts mit den Mängeln des Planungssystems und unserer Arbeit zu tun. Aber ein Team mit dem festen Willen, für die

DDR das Beste zu erreichen waren wir immer, und zu unserer Verantwortung bekennen wir uns jeder Zeit.

Planung und Subjektivismus

Vor allem konnten wir rechnen. Wir hatten fast immer ein Konzept für die wirtschaftliche Entwicklung, einhergehend mit exakten Berechnungen über die realisierbaren Wachstumsraten in der Produktion und aufgeschlüsselten Leistungen der einzelnen Zweige, Bereiche und Territorien, die zweckmäßigsten Proportionen von Akkumulation und Konsumtion, von Arbeitsproduktivität und Lohn, von Warenfonds und Geldeinnahmen, von Import und Export. Auch gab es Vorschläge, welche Schwerpunkte in Forschung und Technik, bei Investitionen und im sozialen Bereich gebildet und gefördert werden sollten.

Die Ministerien für Wissenschaft und Technik, Außenhandel, Finanzen und Materialwirtschaft waren unsere unmittelbaren Partner, aber auch mit den anderen Fachministerien arbeiteten wir intensiv und ständig zusammen. Zahlreiche Investitionen der Energiewirtschaft, der Chemieindustrie, des Maschinenbaus, der Metallurgie und der Leichtindustrie waren fundiert berechnet, hatten ein gesundes Verhältnis von Aufwand, Nutzen und Gewinn. Anhand einiger ausgewählter Bereiche möchte ich nun die Vermischung objektiver Fakten und subjektiver Einflüsse und ihre Folgen aufzeigen, die in einer zentralisierten staatlichen Planwirtschaft schon deshalb größer sind, weil sie einer verkleinerten subjektiven Entscheidungsbasis über die eingesetzten finanziellen Mittel unterliegen, die aus der Gewinnabführung in den Staatshaushalt fließen und umverteilt werden.

Automobilbau

Geerbt hatte die DDR im wesentlichen die Trümmer, aber auch das große Fachwissen sowie die Einsatzbereitschaft der Menschen von DKW und Horch in Zwickau und von BMW in Eisenach. Nach dem Krieg produzierten beide Betriebe alles Mögliche, vom Kochtopf bis zu wenigen Pkws der alten Typenreihe. Den ersten Beschluß zur Produktion von Pkws faßte der Ministerrat der DDR am 14. April 1954 mit der Zielsetzung, einen Kleinwagen unter Verwendung von Kunststoff für maximal 4 000 Mark (das wurde nie erreicht) in Serie herzustellen. Da Duroplaste, wie sie beim P 50 erprobt wurde, noch nicht produktionsreif für eine größere Serie war, wandelte man diesen Typ in den P 70 um, der eine Preßstoffkarosserie mit Holzgerippe auf der Basis des F 8 aus der Kriegszeit hatte. Der Volksmund nannte ihn „Papp 70". Die Eisenacher Motorenwerke (EMW), die ihre Lizenzen verloren hatten und sich seither nicht mehr BMW nennen durften, produzierten mit dem „Wartburg" einen durchaus ansprechenden Typ, der sich mit dem Zweitaktmotor und einigen Veränderungen der Karosserie sehr lange behauptet hat. 1956 lief in Zwickau der inzwischen Serienreife P 50 mit Duroplastkarosserie vom Band, der zu Ehren des ersten sowjetischen Sputniks „Trabant" genannt wurde. Von allen Autos der DDR am bekanntesten wurde aber sein Nachfolger, der „Trabant 601", der zu seiner Zeit viele Vorzüge des Kleinautos in sich vereinigte. Bereits am 22. November 1973 rollte das einmillionste Fahrzeug vom Band. Die Verwendung von Duroplast entlastete den Import von Tiefziehblechen und war rohstoffseitig durch den Einsatz von nicht verspinnbarer kurzfasriger Baumwolle aus Usbekistan und Kunstharzen aus der DDR und der CSSR gedeckt und witterungsbeständig. Als nachteilig erwiesen sich aber die langen Abkühlzeiten und das Abbinden beim Pressen der Teile.

Zur Weiterentwicklung des Trabant 601 testeten die Zwickauer Konstrukteure einen Wankelmotor, der durch das Kreiskolbenprinzip eine hohe Leistung bei geringem Kraftstoffverbrauch brachte, aber durch den „Turbineneffekt" nur sehr langsam auf Touren kam. Die Autoindustrie brauchte jedoch einen Motor mit schneller Kraftentfaltung und flexiblem Tempowechsel. Anläßlich eines Besuchs bei Sachsenring in Zwickau habe ich selbst eine Probefahrt in einem Pkw mit Wankelmotor unternommen und vergesse die erschrockenen Gesichter der Insassen der „dicken Westwagen" auf der Autobahn Zwickau-Gera nicht, als der „Trabi" sie mit mehr als „150 Sachen" überholte.

Es war also keine politische Willkür, daß dieses Projekt nicht die Zustimmung fand. 1966 stellten die Zwickauer Autobauer dann das

Modell des „Trabant 603“ vor, der äußerlich dem später produzierten VW Polo ähnlich war, der von den Mitgliedern des Politbüro „sachkundig“ betrachtet wurde (beim Auto sind alle Experten), aber wegen der hohen Investitionen und Schwierigkeiten bei der Materialbeschaffung keine Zustimmung fand.

Anders verhielt es sich mit dem Vertrag über das sog. „Gemeinschaftsauto“ mit der CSSR. Der Vertrag sah vor, daß jede Seite ab 1978 240 000 PKW mit einem Schrägheck-Modell mit Metallkarosse, ausgestattet mit einem 52 PS starken Skoda Motor und unifizierten Bauteilen produziert. Das war m. E. die größte und einzige reale Chance der DDR, eine moderne Autoindustrie aufzubauen. Aber aus reiner politischen Willkür und durch eine falsche Entscheidung des Politbüros der SED wurde das Projekt 1973 gestoppt. Gewiß war auch der Anstieg der berechneten Investitionen ein Problem, aber jede spätere Entscheidung, im Alleingang eine Autoindustrie aufzubauen, mußte noch teurer werden. Die Pkw-Produktion hatte dem Staat über viele Jahre hinweg große Gewinne eingebracht, die anderen Schwerpunktvorhaben zugute kamen. Deshalb wäre es legitim gewesen, nun das auch auf die Autoindustrie anzuwenden, aber zum Entsetzen der Planer und besonders der tschechischen und slowakischen Partner stiegen wir aus diesem zukunftsträchtigen Geschäft aus. Es kam, wie wir es vorausgesehen hatten: Als *Günter Mittag* 1984 in der Bundesrepublik eine gebrauchte Fertigungsstraße des VW Alpha-Motors für 360 Millionen DM geordert hatte und ohne einen Beschluß über ein Gesamtkonzept der Pkw-Produktion mit der ausdrücklichen Zustimmung *Erich Honeckers* den Vertrag schnell abschloß, war die größte Fehlentscheidung in der Geschichte der DDR auf wirtschaftlichem Gebiet getroffen worden, denn es handelte sich hierbei um eine Transferstraße nur für den Rumpfmotor, d. h. für alle weiteren Teile, in der zu Recht von VW geforderten Qualität, einschließlich des Motorengusses, mußten wir die Kapazitäten schaffen und darüber hinaus große Veränderungen an der Konstruktion des Trabants und des Wartburgs vornehmen, damit der VW-Motor eingebaut werden konnte. Insgesamt waren mehr als 7 Milliarden Mark Investitionen erforderlich und man hatte dennoch keine weltmarktfähigen Fahrzeuge, wobei der Trabant mit dem leistungsstarken neuen Motor übermotorisiert war. Auf jeden Fall wäre zu diesem Motor eine neue Karosse erforderlich geworden, die weitere Milliarden Mark an Investitionen erfordert hätte. Das Problem haben heute die Investoren Volkswagen in Zwickau und Opel in Eisenach durch den Bau neuer Typen auf modernster Fertigungsgrundlage gelöst. Den Traum von einem modernen Auto, auch des Ostdeutschen liebstes Kind, konnten sich deshalb erst viele nach der Wende erfüllen, weil ein ökonomisch tragbares Konzept aus dem Jahre 1973 durch eine subjektivistische politische Fehlentscheidung verhindert wurde.

Fabrik für synthetisches Eiweiß in Schwedt

Wissenschaftlern der DDR unter der Leitung von Professor *Manfred Ringpfeil* hatte ein neues Verfahren zur mikrobiologischen Herstellung von synthetischem Eiweiß auf der Basis von Dieselöl entwickelt. Natürliche Eiweißfuttermittel (z. B. Sojaschrot) waren defizitär und teuer im Import. Deshalb beklagten sich Mitglieder der Akademie der Wissenschaften bei der Parteiführung sinngemäß etwa so, daß die Plankommission solche kühnen Projekte nicht genug fördere. In Japan gäbe es ebenfalls eine Fabrik, die auf der Basis von Erdgas, synthetisches Eiweiß herstellt. Da die Fleischversorgung sehr angespannt sei, könne damit das Problem der Futterbereitstellung durch den Bau einer Großanlage in Schwedt gelöst werden. Die Plankommission und das Ministerium für Wissenschaft und Technik wollten aber, so die Mitglieder der Akademie der Wissenschaften weiter, nur der Errichtung einer Pilotanlage zustimmen, obwohl die Rest-Kohle-Wasserstoffe im neuen Produkt für den Menschen ungefährlich seien und nicht mehr als die im grünen Salat betragen. Es wurde nach vielem Hin und Her den Vorschlägen der Wissenschaft entsprochen. Das Werk wurde in Schwedt gebaut, um den Rohstoff Dieselöl aus erster Hand zu haben. Die Tonne Erdöl kostete damals 14 Rubel. Die Kosten für das Gesamtprojekt konnten zunächst nur geschätzt werden. Das Unglück nahm seinen Lauf. Der Aufwand stieg und stieg. Immer neue Reinigungsstufen mußten eingebaut werden. Am Schluß beliefen sich die Kosten auf 1,7 Milliarden Mark, der Erdölpreis stieg inzwischen auf über 100 Rubel, 1980 auf 182 Rubel pro Tonne, und die Selbstkosten für die Tonne synthetischer Futtermittel lagen um das 5-6fache höher als der Importaufwand für das natürliche Eiweiß betragen hätte. Die Rückstände der Produktion waren nicht, wie vorausgesagt, effektiv verwertbar, sondern ihre Entsorgung bereitete große Probleme. Eine Ausnahme bildete der reinere Dieselkraftstoff, der tiefstockend war und damit in Sibirien bei Temperaturen bis Minus 60 Grad verwendet werden konnte. Die Bauern weigerten sich, das synthetische Futtermittel zu kaufen, und zwar auch dann noch, als wir den Absatz bis unter den Preis des natürlichen Eiweißes subventionierten, weil die Exportkunden das Fleisch ohne ein Zertifikat, das belegte, daß nur natürliche Eiweiße verfüttert wurden, nicht abnahmen. So kamen in der Planwirtschaft Verluste auch dadurch zustande, daß sich verantwortliche Stellen hinter Beschlüssen der Parteiführung versteckten und Risiken nicht durch die Erprobung in Pilotanlagen vermindert wurden.

Das „in sich geschlossene System stoffumwandelnder Prozesse" von Professor Peter Adolf Thießen.

Der durch seine wissenschaftlichen Arbeiten auf dem Gebiet der Grenzflächen- und Festkörperchemie sowie der Kernenergie-Verfahrenstechnik weltbekannte Chemiker Professor *Peter Adolf Thießen* hatte Mitte der 60er Jahre einen Brief an das Zentralkomitee der SED geschrieben, in dem er über die Ausarbeitung eines „in sich geschlossenen Systems stoffumwandelnder Prozesse, d. h. eines vollautomatisierten Fließbetrieb chemischer Verfahrenstechnik, in dem höchstwertige Produkte genau definierter Qualität aus Massenrohstoffen unterschiedlichster Zusammensetzung hergestellt werden können" informierte. *Walter Ulbricht* griff die Anregung auf und das Verfahren wurde als große Erfindung propagiert. Als *Walter Ulbricht* anläßlich der Maidemonstration in Berlin den Stellvertreter des Ministerpräsidenten der UdSSR, *Nikolai Tichonow* (damals mein Partner als Co-Präsident der Paritätischen Regierungskommission DDR/UdSSR und späterer Ministerpräsident der Sowjetunion) auf der Tribüne traf, schlug er ihm vor, daß Wissenschaftler der DDR und der UdSSR in Leuna oder Merseburg zusammenkommen sollten, um sich mit dieser Erfindung bekannt zu machen. In meiner

Gegenwart sagte er „feinfühlig“, daß *Schürer* davon zwar nichts verstehe, aber das Treffen gemeinsam mit dem Chemieminister *Günter Wyschofsky* organisieren kann. Wenig Wochen später reisten *Tichonow*, der Chemieminister, *Leonid Kostandow* sowie weitere Chemiker, Physiker, Mathematiker und Apparatebauer aus der UdSSR an. Auch die DDR-Seite war, einschließlich Professor *Thießen*, vollständig vertreten. Wir tagten den ganzen Tag. Ich verstand nur „Bahnhof“. Von den kritischen Fragen der sowjetischen Experten in die Enge getrieben, verwiesen die DDR-Wissenschaftler auf die Konstruktion der Großanlage zur Produktion von Polyäthylen („Polimir 50“) durch ein Team unter Leitung von Professor *Manfred Rätzsch*, die eine große Leistung der DDR war und sowohl in Leuna als auch in der Sowjetunion gebaut wurde, die aber kein System nach der oben genannten Definition war. Nach einer Beratung bis in die späten Abendstunden bat *Tichonow* um eine Pause und eröffnete mir unter vier Augen, daß seine Experten das Ganze für „Scharlatanerie“ hielten, er wisse aber nicht, wie man, ohne den Auftraggeber zu enttäuschen, die Beratung beenden könne. Ich gab den Rat, den international geschätzten Chemiker *Kostandow* reden zu lassen, damit er offen die Wahrheit sagt. Auch aus unserer Delegation hatten mir einige mutige Wissenschaftler ihr Erstaunen über *Thießens* Vorstellungen kundgetan. Nachdem sich *Tichonow* mit seinen Leuten beraten hatte, formulierte er in der abschließenden Sitzung höflich, daß sich die sowjetische Seite sehr herzlich für den interessanten Tag und die Gastfreundschaft bedanke. Was die Erfindung selbst betrifft, fügte er ironisch hinzu, gratuliere er den deutschen Genossen und wünsche ihnen viel Erfolg. Für die Sowjetunion sei sie aber offensichtlich zu teuer.

Nach meinem Bericht über die Tagung verschwanden die Schlagzeilen über dieses System schnell aus den Medien, nur der Begriff „Fließverfahrenszüge“ blieb satirisch genutzt noch lange erhalten. Später sprach man auch von „Fließfanfahrenzügen“. Die von Professor *Rätzsch* konstruierte Anlage aber produzierte in Leuna und Nowopolozk jährlich 70-80 000 t Polyäthylen.

Was den integeren, hochgeachteten Professor *Thießen* damals veranlaßt hatte, dem ZK der SED einen solchen Brief zuschreiben, ist mir bis heute ein Rätsel geblieben, aber ich habe dieses Beispiel gewählt, um zu zeigen, daß auch Wissenschaftler in der DDR Plus und Minus bei der Aufarbeitung der Geschichte richtig bewerten und nicht für alles allein die Politik verantwortlich machen sollten.

Das Institut von Professor Manfred von Ardenne

Das auf dem Weißen Hirsch in Dresden gelegene Privatinstitut des großen Erfinders Professor *Manfred von Ardenne* hatte zweifellos Sonderrechte. Daß aber der Baron und Wissenschaftler, wie so oft behauptet, frei über finanzielle Mittel verfügen konnte, mit denen er seine Forschungsvorhaben bestreiten konnte, gehört in das Reich der Legenden. Richtig ist, daß das Institut zur Förderung seiner Tätigkeit für einige Jahre von der Steuer befreit war. Wie jede andere wissenschaftliche Einrichtung hat das Institut zweckgebundene Zuschüsse aus dem Staatshaushalt erhalten. Aber seit den 70er Jahren wurde es auch steuerlich ohne Sonderregelung veranlagt. Das Institut leistete sehr viel und hatte deshalb auch gute Einnahmen. Ich nenne solche Entwicklungen wie den Elektronenstrahl-Mehrkammerofen mit hohen Leistungen, die Dünnfilm-Hochvakuum-Bedampfungsanlagen, den Plasmaschmelzofen, die Zwei-Kreis-Herz-Lungenmaschine und die Sauerstoff-Mehrschritt-Therapie, die in der DDR und in vielen Ländern der Welt angewandt wurden. Und ich erwähne auch die Arbeiten *von Ardennes* zur Krebs-Mehrschritt-Therapie, obwohl diese wissenschaftlich umstritten sind. Professor *von Ardenne*, mit dem mich lange Zeit ein intensiver Arbeitskontakt verband, sagte einmal zu mir, daß er den Erfolg dieser Therapie möglicherweise nicht mehr selbst erleben wird, aber wie er im Jahre 1925 aus dem ersten Breitbandverstärker und der ersten Mehrfachröhre die Möglichkeit des Fernsehens vorhersah, was 1930 zur ersten Fernsehbild- und Filmübertragung auf elektronischer Grundlage führte, würde auch die von ihm entwickelte Krebs-Mehrschritt-Chemotherapie Erfolg haben. Zu wünschen wäre es!

Ich führe deshalb die komplizierte Zusammenarbeit des Planers mit Wissenschaftlern hier an, weil man nie mit absoluter Gewißheit sagen kann, ob diese oder jene wissenschaftliche Richtung den großen Durchbruch bringen wird, denn eine Ungewißheit ist stets dabei. Es besteht immer die Gefahr darin, staatliche Fördermittel zu verschwenden, wenn sie für den falschen Zweck eingesetzt werden. Zugleich konnten wir aber auch viel kaputtmachen, wenn wir die richtigen Ideen nicht im Entstehen förderten. Aber ohne Risiko geht das nicht. Deshalb haben wir uns auf das fachliche Urteil der Experten im Ministerium für Wissenschaft und Technik gestützt, die sich in engem Kontakt mit den Spitzenkräften der Forschung der DDR befanden und die auch zum Institut und den Projekten *Manfred von Ardennes* in Dresden, wenn es nötig war, Vorbehalte geltend machten. Ich glaube, daß bei einem Ausbleiben der Fördermittel durch den Staat die kommerzielle Tätigkeit dieser wissenschaftlichen Einrichtung nicht ohne Probleme in die marktwirtschaftliche Konkurrenz hätte überführt werden können. Insgesamt gesehen bereicherte das Institut durch die Arbeit seiner Mitarbeiter unsere Entwicklung und Baron *von Ardenne* hat meine Sympathien als ein Superhirn unseres Jahrhunderts, der als Autodidakt Bleibendes erfunden hat. *Manfred von Ardenne* sagte mir als einem entschiedenen Befürworter der Planwirtschaft vor vielen Jahren einmal, daß er Leute wie mich zwar hoch achte, aber die Planwirtschaft dennoch gesetzmäßig untergehen wird, weil sie vor allem eins nicht lösen kann, und zwar den Menschen vollständig und dauerhaft in seiner Schöpferkraft und seinem Leistungsvermögen zu fordern. Ich wollte das damals nicht wahrhaben, aber auch hier sollte er recht behalten.

Das Eisenhüttenkombinat Ost (EKO)

Die Schwierigkeiten beim Beginn des Aufbaus des Kombinats in der Stalin-Zeit habe ich bereits erwähnt. Schon bald produzierte nach großen Anstrengungen das Hüttenwerk den ersten Stahl. 1953 wurden mit dem „Neuen Kurs“ jedoch die Investitionsmittel wesentlich gekürzt und dadurch nur noch schrittweise weiter gebaut. Die Warmbandstraße als Grundvoraussetzung für den zyklischen Produktionsprozeß, d. h. aus dem Roheisen im Hochofen Stahl zu schmelzen und den Stahl dann heiß über eine Stranggußanlage und die Warmbandstraße zu Coils als Ausgangsmaterial für die kalte Verarbeitung zu walzen, wurde aufgrund der fehlenden Investmittel nicht gebaut, und somit konnte der energiesparende Zyklus nie geschlossen werden. Es wurde also jahrelang das heiße Roheisen in Massel gegossen und die Energie durch Wasserabkühlung vernichtet. Auch nachdem Österreich das modernste Konverterstahlwerk Europas in Eisenhüttenstadt gebaut hatte, mußte der produzierte Stahl in Form von Brammen (ca. 20 t schwere Stahlblöcke) erkalten um anschließend in einer Größenordnung von jährlich 700 000 bis 800 000 t in die Bundesrepublik zum Umwalzen gebracht und anschließend ins EKO bzw. in andere Walzwerke zur Weiterverarbeitung zurückgeholt werden. Die Arbeiter im EKO nannten dieses Praxis den „Stahltourismus". Es war eine Verschwendung großer Energiemengen und ein Massentransport und beides verursachte bedeutende Mehrkosten. Eine Arbeitsgruppe, bestehend aus Fachleuten der Metallurgie, des Schwermaschinenbaus, der Elektrotechnik/Elektronik und des Außenhandels, arbeitete deshalb 1983/84 unter meiner Leitung ein Konzept mit der Zielsetzung aus, durch Import der Hauptausrüstungen für die Warmbandstraße aus der UdSSR, der Steuerungs- und Automatisierungstechnik und anderer wichtiger Teile, wie der Coilbox aus der Bundesrepublik Deutschland, der Glühöfen aus Belgien, Frankreich oder Italien das Problem volkswirtschaftlich sinnvoll zu lösen. Die Bauleistungen sollten durch die DDR erbracht werden. Wir fanden dafür die Zustimmung des Politbüros, schlossen mit der Sowjetunion einen Projektierungs- und Liefervertrag ab und begannen mit dem Bau der Hallen. Die Unterzeichnung aller Verträge stand kurz vor dem Abschluß. Nachdem bereits ein Teil der Bauten fertiggestellt war und die UdSSR mit der Produktion der Warmbandstraße begonnen hatte, kam wie aus heiterem Himmel der Stopp aus „dem großen Haus" (dem Sitz des ZK und des Politbüros). Begründet wurde diese Entscheidung damit, daß die Anlage nicht „Weltspitze" sei, daß sie nicht von einem 32-Bit-Rechner gesteuert wird und daß die Energieökonomie sowie die garantierten Toleranzen des Warmbandes durch eine vorhandene Referenzanlage in Japan überboten werden.

Später stellte sich heraus, das *Erich Honecker* mit der Ablehnung unseres Konzeptes politische Interessen vertrat. Man wollte durch die Vergabe eines Großprojektes an die japanische Wirtschaft eine günstige Atmosphäre für politische Verhandlungen schaffen. Die Mitglieder der Arbeitsgruppe wurden von *Günter Mittag*, der mit großem Pomp damals die Kaltbandanlage im EKO in Betrieb gesetzt hatte, unter Druck gesetzt und einer nach dem anderen fiel um und vertrat ebenfalls den Standpunkt, daß die japanische Anlage um vieles besser sei. Am Schluß stand ich allein, hoffnungslos geschlagen mit den von mir als Ökonomen unwiderlegbaren „technischen Argumenten" a la *Mittag*. Unser Konzept ging sozusagen „technisch knockout"! Nur die Metallurgen *Wolfgang Schöfer* und *Kurt Rudolf* hielten weiter zu mir, wurden aber als Nachbeter der Meinung ihres Chefs ignoriert. *Willi Stoph* und ich wurden vom Politbüro beauftragt, den Vertrag mit der UdSSR zu kündigen. Das war eine der schwerwiegendsten Fehlentscheidungen, die ich in der Zeit als Planungschef der DDR mittragen mußte, und sie zeugt auch von dem hohen Grad des Subjektivismus, der unter sozialistischen Bedingungen möglich war, denn allein *Erich Honecker* und *Günter Mittag* hatten diese Intrige inszeniert. Ich vergesse nicht die Worte der tiefen Enttäuschung des sowjetischen Ministerpräsidenten *Nikolai Ryschkow*, als *Stoph* das Regierungsabkommen für dieses Projekt kündigte und *Ryschkow* zu mir sagte: „Genosse *Schürer*, du weißt, daß die Argumente nicht stimmen, warum handelt die DDR so?" Unsere Antwort, daß nach gründlicher Prüfung das Politbüro so entschieden hat, quittierte *Ryschkow*, der als langjähriger Generaldirektor von „Uralmasch" die Materie genau kannte, mit schweigender Verachtung. Als mir *Mittag* später noch eröffnete, daß die Firma Schloemann-Siemag AG, mit der wir den Vertrag abschließen wollten, „CDU-gebunden" sei, wußte ich, daß kein einziges seiner Argumente stimmte. Die in Japan besichtigte Anlage war übrigens für das Walzen von Autoblechen bestimmt, während unsere vorgesehene Anlage 40 unterschiedliche Stahlsorten walzen sollte und der 32-Bit-Rechner hätte auch nicht geliefert werden können, weil das Embargo auch für Japan galt. Die bereits errichteten Werkhallen wurden, um den Schaden zu begrenzen, anderweitig genutzt, die Regreßforderungen der UdSSR konnte Dr. *Hans-Joachim Lauck*, durch geschicktes Verhandeln auf wenige Millionen begrenzen.

Die dringend notwendige Warmbandstraße im EKO (bzw. eine weiterentwickelte Straße des Breitbandgießens) ist bis heute nicht vorhanden und verschlechtert damit die Wettbewerbsbedingungen des so wichtigen Industriestandorts in den Zeiten der Marktwirtschaft beträchtlich, weil an seiner Existenz eine ganze Stadt und eine ganze Region hängt.

Privilegierte Objekte waren meist die schlimmsten

Ich weiß nicht warum, aber am wenigsten konnte man den Berechnungen trauen, wenn Investitionsvorhaben „privilegiert“ und damit vorrangig waren und eine hohe politische Priorität besaßen. Das traf nicht nur für den Palast der Republik und den Pionierpalast in der Berliner Wuhlheide zu, sondern auch auf die Mehrzahl aller Kulturhäuser, Theater usw., die in den Bezirken mit einer viel zu niedrig angesetzten Summe zur Beschlußfassung vorgelegt wurden, damit sie genehmigt wurden. Das war fast eine Gesetzmäßigkeit, so daß wir mit einer Formel arbeiten konnten: „Man nehme den bei der Beschlußfassung vom Investitionsträger geforderten Höchstbetrag des Gesamtaufwandes mal zwei plus 40 Prozent“, dann erhält man die realen Kosten. In etwa konnten wir intern so kalkulieren, denn hätten wir schon vorher gesagt, daß die Kalkulation nicht stimmt, hätten sich alle gewundert, daß ausgerechnet die Plankommission mehr Mittel als beantragt genehmigen will. Der Wiederaufbau der Dresdner Semper-Oper war zunächst mit 80 Millionen Mark veranschlagt, nach unserer internen Kalkulation hätte die Summe etwa 224 Millionen Mark betragen müssen, und das kostete sie am Ende auch in etwa. Natürlich bekamen die Antragsteller Ärger, wenn die „Verteuerung“ genehmigt werden mußte, aber das nahmen sie lieber in Kauf, als daß die Vorhaben wegen zu hoher Kosten gar nicht erst genehmigt worden wären. Aus solchen und ähnlichen Erfahrungen in den anderen sozialistischen Ländern hatte die im RGW geläufige Anekdote der fünf Etappen der Investitionen im Sozialismus ihren Ursprung: „Die erste ist die der Begeisterung. Ihr folgt die der Enttäuschung. Als dritte die der Suche nach den Schuldigen, als vierte die Bestrafung der Nichtschuldigen und die fünfte ist die der Auszeichnung der Unbeteiligten.“ Zwar nur eine Anekdote, aber auch ein Stück des realen Sozialismus.

Losungen statt Lösungen

Es ist eine kommunistische Tradition, mit Losungen auf die Massen einzuwirken, und es steht mir nicht an, die politische Wirksamkeit anzuzweifeln. „Alle Macht den Sowjets“, „Hände weg von der Sowjetunion“, „Wer *Hitler* wählt, wählt den Krieg“, sind Beispiele aus der Geschichte. „Junkerland in Bauernhand", „Deine Hand für Dein Produkt", „Chemie gibt Brot, Wohlstand und Schönheit" waren Losungen der DDR-Zeit. Auf eine dieser Losungen möchte ich etwas näher eingehen. Anfang der 60er Jahre entstand in der DDR die Losung: „Überholen ohne einzuholen". In der Sowjetunion hatte Chruschtschow die Losung ausgegeben, Amerika einzuholen und zu überholen. Aber die Führung der DDR wollte noch schlauer sein als die in Moskau.

Die DDR hatte aufgrund der ungünstigeren Ausgangsbedingungen sowie ihrer eigenen Systemschwächen einen Rückstand in der Arbeitsproduktivität gegenüber der Bundesrepublik und es gefiel der Parteiführung nicht, daß oft geschrieben wurde, daß wir die BRD einholen müssen, obwohl wir ihnen doch, nach unserer Version, politisch eine ganze Epoche voraus waren. In dieser Situation fiel die Information, daß der sowjetische Konstrukteur für Werkzeugmaschinen, Professor *Schaumijan*, ein neues Wirkprinzip erfunden hatte, bei dem das Werkstück feststeht und die Werkzeuge rotieren und das mit einer 40prozentigen Leistungssteigerung die Produktivität vergleichbarer Maschinen des Westens nicht nur erreicht, sondern überboten hatte, auf einen günstigen Nährboden. Daraus entwickelte man in der Umgebung *Walter Ulbrichts* die Losung „Überholen ohne einzuholen", was heißen sollte, dem politischen Gegner in der Arbeitsproduktivität nicht stets nur hinterherzulaufen, sondern daß man selbst Weltneuheiten und Spitzenleistungen vollbringen muß, was als Aufgabe sicher nicht falsch, aber als Losung für eine ganze Volkswirtschaft illusorisch ist. Beide Losungen wurden nie realisiert.

Anzumerken sind in diesem Zusammenhang auch die großen Unterschiede in der Begriffsbestimmung des Wortes „Losung". Das Handlexikon der DDR definierte den Begriff als „täglich neu ausgegebenes militärisches Erkennungswort". Das Bertelsmann-Lexikon führt dazu noch eine weitere Bedeutung „Losungen der Brüdergemeinde, von Zinzendorf für jeden Tag eines Jahres durch Auslosen ... ermittelte Bibelsprüche" an. Beide Lexika sind sich aber einig, daß Losung auch Kot von Hunden, Haar- und Federwild ist. Die obengenannten Losungen entlarvten sich mehr und mehr in Richtung der letztgenannten Definition.

Die 60er Jahre waren aber auch, daran muß man erinnern, die Zeit des energischen und berechtigten Drängens der Parteiführung, den objektiven Anforderungen der wissenschaftlich-technischen Revolution auch in der DDR gerecht zu werden. Für alle wichtigen Zweige der Wirtschaft wurden damals Arbeitsgruppen zur Ausarbeitung von Prognosen der Entwicklung des Weltstandes der Technik bis 1990 und für die Energie bis zum Jahr 2000 gebildet. Als Vorsitzender der Plankommission mußte ich diese Arbeiten leiten. Aus den Prognosen heraus mußten wir die „Lokomotiven der wissenschaftlich-technischen Revolution" bestimmen, auf die der Hauptteil der Investitionen zu konzentrieren war. Der Elektronik und später der Mikroelektronik wurde dabei die höchste Priorität eingeräumt. Das Chemieprogramm konnte mit Volldampf durchgeführt werden. Zukunftsträchtige Zweige zu fördern, gehört sicher zu den notwendigsten Maßnahmen entwickelter Staaten, aber auch das muß richtig dosiert werden, damit nicht die Verflechtung mit allen anderen darunter leidet. Wir kamen aber besonders mit der These in Konflikt, daß wir uns bei der Ausarbeitung der Pläne in die Zukunft, in die Zielsetzung der Prognosen hineinzudenken hätten und von dort zurückrechnend das Tempo für die Jahrespläne so festlegen sollten, daß diese Ziele erreicht werden. Die immer häufiger von *Ulbricht* vertretenen Forderungen nach Plänen mit einer Steigerung der Arbeitsproduktivität von 10-12 Prozent, der wir aufgrund der realen materiellen Möglichkeiten nie entsprechen konnten, waren stets Anlaß für permanente Kritik. So konnte es geschehen, daß ich das erste und einzigste Mal in 27 Jahren meiner Zeit als Minister vom Vorsitzenden des Ministerrates *Willi Stoph* 1968 eine schriftliche Anerkennung für die bedeutende Arbeit als Leiter der Prognosegruppen der Regierung erhielt, und wenige Tage später von *Walter Ulbricht* von der gleichen Aufgabe entbunden wurde, weil ich ihm nicht kühn genug in die Zukunft geschaut hatte.

Professor Dr. *Max Steenbeck*, ein durch seine Forschung auf dem Gebiet der Gasentladung und kosmischer Magnetfelder bekannter Physiker und damals Vorsitzender des Forschungsrates der DDR, nannte die Politik der SED damals „nicht mehr die Kunst des Möglichen, sondern die Wissenschaft des Notwendigen." Und was notwendig und vorrangig in die Pläne einzuordnen war, bestimmte die Partei. Trotz eines real bilanzierenden Organs wie der Staatlichen

Plankommission, entwickelten sich die Prognosen nun zu einem Eldorado sogenannter Futurologen und Spinner, und fast alle wanderten später in den Reißwolf, leider nicht bevor sie Schaden angerichtet hatten. *Walter Ulbricht* hatte seine selbstkritischen Worte von 1962 in Leipzig wieder vergessen, daß die „These vom Vorrang der Politik auch bei uns zeitweilig dazu geführt hat, daß die Zielstellungen und bestimmte Wünsche bei der Festlegung der ökonomischen Aufgaben vorherrschten" und daß „die Pläne nicht immer ausreichend technisch und ökonomisch begründet waren, daß sie nicht immer den materiellen Möglichkeiten entsprachen."

Die Jahre 1968 bis 1970 waren eine schlimme Zeit hochtrabender Formulierungen und des Protzens mit Schlagworten über die Wissenschaft, die schon peinlich waren. Alle mußten sich mit Kybernetik, Heuristik, Systemautomatisierung und Großforschung befassen, und dadurch wurden sie und das tägliche Streben Tausender für den technischen Fortschritt mehr beschädigt als gefördert. Als *Willi Stoph* vom Politbüro zum Referenten der 14. ZK-Tagung Ende 1970 bestimmt wurde, schrieb ich ihm im November einen persönlichen Brief, um damit auf die unerträgliche Situation aufmerksam zu machen. Unter anderem stellte ich fest: „Das Tempo der Steigerung der Arbeitsproduktivität rückrechnend aus einem gewünschten Weltniveau zu bestimmen und alles danach zu messen, wie das erreicht wird, geht nicht." Ich machte ihn aufmerksam, daß die erzielte Temposteigerung der bevorzugten Gebiete „fiktiv ist, da sie nur zu Lasten des Abbaues von Beständen und Reserven erfolgte bzw. nur auf Kosten anderer Zweige gehen, wodurch die Disproportionen wachsen." Ferner wies ich darauf hin, daß sich die „Formulierungen über die Automatisierung in den Himmel gesteigert haben" und die Realisierbarkeit der „Systemautomatisierung in dieser Breite nicht bewiesen ist", daß ferner die „Rationalisierung unterschätzt wird" und dadurch die „Arbeitskräfte nicht gewonnen werden für die Erweiterung der Kapazitäten." Zur ständig geforderten „Großforschung" schrieb ich, daß „die tägliche Arbeit der Forscher und Ingenieure unterschätzt wird" und daß „zuviel gelobt wird für schöne Formulierungen und zuwenig gemessen wird an den Ergebnissen ... Es gibt bei uns zu viel Lärm über Wissenschaft und zu wenig konkrete Arbeit" sowie ein „Überbetonen wissenschaftlicher Aufgaben bei ungenügender Sicherung der materiellen Proportionen."

Ich schlug weiterhin vor, die Kompetenzen des Ministerrates zur Leitung der Volkswirtschaft zu erhöhen und ein „festes Kollektiv zu schaffen mit einem ständig wachsenden Gefühl der Verantwortung bei jedem Einzelnen für das Ganze." Mich bewegte daß auch bei den Ministern stark das taktische Verhalten: „Wie komme ich an" sowie die Tabus und Rückversicherungen die Arbeit bestimmten. Der Brief endete damit, daß es „unmöglich so weitergehen kann, daß wir immer nach einer gewissen Periode, erst wenn wir tief drinnen stecken, Korrekturen unserer übersteigerten Wünsche vornehmen müssen, die mit hohen Verlusten verbunden sind." „Jetzt für einen realen Plan zu sein, wo wir keinerlei Reserven mehr haben," schrieb ich, „ist gar nicht allzu schwer. Wenn wir uns aber 1972 und 1973 durch angestrengte Arbeit wieder eine bessere Basis geschaffen haben, darf meines Erachtens nicht der gleiche Prozeß von vorn losgehen, wie 1968, 1969 und 1970."

Tatsächlich wurde auf dem 14. Plenum mit den Übertreibungen und den unrealen Forderungen abgerechnet. *Walter Ulbricht* stand unter scharfer Kritik. Die Tragik der Periode von 1962-1970 bestand aber darin, daß die Parteiführung unter *Ulbricht* nach vielen Fehlern endlich zu einer Politik gefunden hatte, die Arbeitsproduktivität durch wissenschaftliche, ingenieurtechnische und arbeitsorganisatorische Leistungen zu erhöhen und Reformen im System der Planung und Leitung anzugehen, aber auch durch Halbwissen, Übertreibungen bis zur Schaumschlägerei hausgemachte Probleme schuf, die zum Hemmnis wurden. Wort und Tat gingen immer weiter auseinander, und die Stimmung in der Bevölkerung verschlechterte sich rapide. Viele, so auch ich, hielten die Ablösung *Walter Ulbrichts* für gekommen, da aber im Sozialismus das Instrumentarium für einen demokratischen Machtwechsel fehlte, wurde weiter taktiert. Wie von vielen befürchtet, begannen dann leider die Zeiten unrealer Forderungen 1972/1973 unter *Erich Honecker* von vorn, nur dieses Mal noch schlimmer, nämlich nicht bei den Leistungen, sondern bei der Verteilung.

Die Einheit von Wirtschafts- und Sozialpolitik

Nachdem *Erich Honecker* 1971 Erster Sekretär der Partei geworden war, wehte zunächst ein frischer Wind, der neuen Mut machte. Der Ton wurde sachlicher. Die Vorlagen für das Politbüro sollten sieben Seiten nicht überschreiten, die Sitzungen dauerten nicht länger als 2-3 Stunden. Die vorgelegten Pläne wurden nicht ständig als zu niedrig kritisiert. Wachstumsraten der Produktion von 4 Prozent jährlich galten als eine hohe Zielstellung, und wenn auch für den Warenfonds und die Nettogeldeinnahmen für die Bevölkerung 4 Prozent Zuwachs vorgeschlagen wurden, galten die Pläne als solide. *Honekker* sah im gleichen Prozentsatz der Wachstumsraten ein Zeichen der Einheit von Wirtschafts- und Sozialpolitik, obwohl das natürlich unterschiedliche ökonomische Kategorien sind. Die Überkonzentration der Investitionen auf „führenden Zweige" der Volkswirtschaft wurde beseitigt, und für die Konsumgüterproduktion gab es grünes Licht. Für mich war die Wahl *Erich Honeckers*, der immer ruhig blieb, auf den Rat der Fachleute hörte und sachlich argumentierte, zum Ersten Sekretär der Partei eine gute Entscheidung. Gewundert habe ich mich damals nur darüber, daß *Günter Mittag*, der als engster Vertrauter *Walter Ulbrichts* eine Reihe von Fehlentscheidungen zu verantworten hatte und der sowohl in der Partei als auch in der Wirtschaft jeden Kredit verspielt hatte, den Absprung in der letzten Minute noch schaffte und auf den Zug *Erich Honeckers* aufsprang, dann auch noch sein Favorit wurde und eine beispiellose Hatz gegen *Ulbricht* organisierte. Sein Vertrauter ließ mir z. B. einmal, längere Zeit nach *Honeckers* Aufstieg zur Nummer eins, den Unwillen *Mittags* übermitteln, daß in meinem Arbeitszimmer noch immer das Bild von *Walter Ulbricht* hing und nicht das von *Erich Honecker*. Als ich später im *Schalck-Golodkowski*-Untersuchungsausschuß des Bundestages gefragt wurde, was ich danach gemacht habe, und antwortete, daß ich das Bild von *Karl Marx* aufgehängt habe, wurde im Protokoll „Heiterkeit" vermerkt. Die spätere Umbenennung von Betrieben, Sportstätten usw., die den Namen *Walter Ulbrichts* trugen, empfand ich schon damals als peinlich. Unfair gingen einige

Mitglieder des Politbüros auch mit *Lotte Ulbricht* um, der sie vorher am liebsten die Füße geküßt hätten. Für mich war es bestürzend, daß es auch unter Kommunisten solch ein unwürdiges Verhalten gab, und ich habe mich von da an besonders vorsichtig gegenüber einigen und besonders aufmerksam gegenüber *Lotte Ulbricht* verhalten.

Mit zahlreichen Arbeitsgruppen wurde der VIII. Parteitag der SED vorbereitet, der eine grundlegende Wende in der Politik avisierte. „Im Mittelpunkt hat der Mensch mit seinen Bedürfnissen zu stehen", war die wichtigste Forderung an alle Arbeitsgruppen. Das klang gut. Der vom 15. bis 19. Juni 1971 stattfindende Parteitag beschloß die „Einheit von Wirtschafts- und Sozialpolitik" und die Direktive für den Fünfjahrplan 1971-1975. Der Start in die neue Ära war vollzogen. War er auch gelungen? Wir schöpften neue Hoffnung. Zu groß waren unsere Enttäuschungen und die Verluste an volkswirtschaftlicher Effektivität in den letzten Jahren der Ära *Walter Ulbrichts* gewesen, der zwar immer noch mitregieren wollte, aber nun als Vorsitzender des Staatsrates ohne Einfluß war. Mich bestellte er einmal in seine Wohnung nach Wandlitz und erklärte mir, mit einer starken Erkältung im Bett liegend, daß ich noch in diesem Fünfjahrplan für eine völlige Neuausrüstung der Nationalen Volksarmee sorgen müsse, da die Militärtechnik durch die Elektronik ein neues Niveau erreicht habe. *Erich Honecker* sagte mir am Telefon zu meiner Aktennotiz: „Vorgang ablegen", und ich war froh darüber.

Unter Federführung der Sekretäre des ZK und gestützt auf die Materialien der Arbeitsgruppen zur Vorbereitung des Parteitages, wurde 1972 das „Große Sozialpolitische Programm" ausgearbeitet und dem Politbüro vorgelegt. Als Staatliche Plankommission hatten wir daran mitgearbeitet, waren jedoch bei den Chefs der Arbeitsgruppen mit unseren auf 4 Prozent jährlichem Wirtschaftswachstum beruhenden Vorschlägen für die materiell möglichen Termine und Maßstäbe des Programms nicht durchgekommen. Schon wieder galten wir als Bremser. So geriet ich erneut in die Rolle des Überbringers schlechter Nachrichten, der im Mittelalter oft enthauptet wurde. Ich bat das Politbüro, das Programm in dieser Form nicht zu beschließen, da es aus eigenen Leistungen der DDR nicht finanzierbar war und somit unvermeidlich zur Verschuldung führen mußte.

Das rief den Protest *Erich Honeckers* hervor, der wörtlich formulierte: „Wenn die Staatliche Plankommission und die Regierung diese Meinung vertreten, dann sabotieren sie den Kurs der Einheit von Wirtschafts- und Sozialpolitik. Niemand hat beschlossen, daß wir uns in kurzer Zeit entschulden wollen." Noch wollte ich nicht glauben, daß *Erich Honecker* ökonomisch so ungebildet war, um nicht zu verstehen, daß man mit 4 Prozent Wachstum der Leistungen auf die Dauer nicht 5-7 Prozent Zuwachs im Lebensstandard bilanzieren kann. Das war auch gegen die Losung von der Einheit von Wirtschafts- und Sozialpolitik gerichtet, denn nun hätte man sagen können: „So wie wir heute leben, wollen wir morgen arbeiten." Ich sah die Gefahr, daß dieses Programm nur durch wachsende Kreditaufnahmen im westlichen Ausland, oder, was noch schlimmer war, durch die Vernachlässigung der Investitionen zur Modernisierung der Wirtschaft, oder durch beides, zu finanzieren war. In der sich anschließenden Diskussion im Politbüro wurde ich jedoch so scharf und einmütig zurückgewiesen, daß mich selbst Zweifel plagten, ob mein Auftreten richtig war.

Hatte die Partei - so fragte ich mich - nicht schon oft mit ihrem Enthusiasmus scheinbar unlösbare Aufgaben gemeistert? Hatten nicht mein Vorbild *Walter Kirsten* und sein Kollektiv beim Bau der Talsperren von Sosa und Cranzahl unter schwierigsten Bedingungen Termine für die Inbetriebnahme geschafft, die alle Fachleute vorher für unmöglich gehalten hatten? War es nicht auch so, als die Maxhütte Wasser brauchte und Tausende kamen, um zu helfen oder als zum Bau der Hafenmole in Warnemünde jeder Lkw einen Stein mitnehmen mußte, der nach dem Norden fuhr? Hatte *Erich Honecker* nicht doch recht, daß das „Große Sozialpolitische Programm" neue Kräfte bei den Werktätigen mobilisieren würde, die Pläne überzuerfüllen und damit weitere Quellen des Wachstums zu erschließen? Sind wir Planer nicht vordergründig nur kühle Rechner, die man besser gar nicht fragt, so wie *Walter Ulbricht* einmal sagte, daß die Pyramiden auch nicht gebaut worden wären, wenn die Pharaonen vorher ihre Hofbaumeister befragt hätten? Nie bin ich mit dem Dichterwort von *Louis Fürnberg* zurechtgekommen: „Das geht nicht, sagen kluge Leute, eins plus eins macht niemals drei. Das wird und muß, das wird und muß, so sagte die Partei." Ist 1 plus 1 vielleicht doch 3, wenn die Partei es will? Bin ich eventuell noch kein richtiger

Genosse, daß ich das nicht verstehe? Alleingelassen saß ich in meinem Arbeitszimmer und starrte auf die im Holz geflickte Stelle vom Einschlag des Projektils nach dem Kopfschuß meines Vorgängers. Doch das Leben mußte weitergehen. Also führte ich den Beschluß mit größter Disziplin durch und wäre dem Schicksal unendlich dankbar gewesen, wenn ich unrecht behalten hätte.

Die weitere Entwicklung der DDR schien den Beschluß zu rechtfertigen. Zunächst wurde für alle nur die angenehme Seite wachsender Schulden sichtbar. Man konnte sich etwas leisten. Das Warenangebot wurde vielseitiger, die niedrigen Löhne und die Mindestrenten wurden angehoben, Kinder und Familien mit mehreren Kindern wurden gefördert, Mütter erhielten mehr bezahlte Freizeit zur Betreuung ihrer Babys. Die Geburtenrate stieg deutlich an, die Löhne wuchsen, der Urlaub wurde verlängert und der freie Sonnabend eingeführt. Junge Eheleute erhielten zinsgünstige Kredite, die ihnen bei der Geburt von Kindern schrittweise erlassen wurden. Sie sagten scherzhaft, daß sie den gewährten Kredit „abkindern" können. Der Wohnungsbau wurde forciert und später zu einem Programm mit dem Ziel zusammengefaßt, im Zeitraum 1971-1990 2,8-3,0 Millionen Wohnungen zu bauen bzw. zu modernisieren und „das Wohnungsproblem als soziales Problem in der DDR bis zum Jahr 1990 zu lösen." Bei allen Problemen der Plattenbauten, die es ja nicht nur in der DDR gab, war es ein großes Programm, durch das viele Menschen Wohnungen zu günstigen Bedingungen bekamen.

Und all das wurde bei weitem nicht nur dadurch erreicht, daß wir Kredite aufnahmen, sondern vor allem durch einen Leistungsschub der Wirtschaft. Die Sache wäre auch dann noch gut gegangen, wenn wir alle Kredite produktiv, über den Export refinanzierbar eingesetzt und über die Leistungssteigerung die Konsumbedürfnisse befriedigt hätten. Aber mehr als 60 Prozent aller Devisen wurden über den Import von Getreide, Material und Konsumgüter schnell verbrauchswirksam gemacht, und somit fehlte die Basis zur Rückzahlung der Schulden.

In der Industrie erreichten wir in dieser Zeit stabile Wachstumsraten in der Produktion von jährlich 4 Prozent. Es entstanden eine Reihe neuer, modern ausgerüsteter, effektiv arbeitender Betriebe, z. T. auf der Basis von importierter Technik aus der Bundesrepublik und aus anderen westlichen Industrieländern. Der Materialfluß verbesserte sich, denn was wir aus der UdSSR nicht bekamen, kauften wir im Westen. Die Ersatzteilbeschaffung lief bei dem umfangreichen Importvolumen reibungsloser als vorher.

Mit der *Bildung von Kombinaten* war eine recht gute Organisationsform der volkseigenen Wirtschaft gefunden worden, obwohl das „NÖS" mit seinen Reformen den Kombinaten noch bessere Möglichkeiten geboten hätte, wäre es nicht Anfang der 70er Jahre sang- und klanglos, ohne eine Analyse seiner Vorzüge und auch seiner Probleme, zu Grabe getragen worden. *Erich Honecker* hatte das "NÖS" nie unterstützt, und als Parteichef hatte er nun die Macht, es still beerdigen zu lassen. In den Fällen, wo mit dem Kombinat eine überschaubare Wirtschaftseinheit entstand, in der dem Generaldirektor von der Forschung und Konstruktion bis zum Absatz alles unterstand, war das auf der Grundlage des Planes eigenverantwortliche, nach der wirtschaftlichen Rechnungsführung arbeitende Kombinat der vorherigen Verwaltung für die Volkseigenen Betriebe (VVB) weit überlegen.

Einige Kombinate, besonders im Bereich des Maschinenbaus und der örtlichen Wirtschaft, wurden jedoch rein administrativ zusammengewürfelt und waren kaum zu überschauen.

Als mustergültig wurde oft das Kombinat Carl Zeiss Jena unter Leitung von Dr. *Wolfgang Biermann* dargestellt. Von den wissenschaftlich-technischen Leistungen her war das auch begründet. Das Kombinat war durch die Entwicklung und Produktion wissenschaftlicher Geräte führend beteiligt am Weltraumprogramm der UdSSR, es lieferte komplizierteste Infrarottechnik für die Rüstung und stellte leistungsfähige Planetarien für die Astroforschung her, aber mir gefiel nicht, daß dieser Riese der sozialistischen Wirtschaft auf den westlichen Märkten ein Exportzwerg war und noch nicht einmal halb so viel exportierte wie das Kombinat Dekorationsstoffe und Gardinen. Die Hauptursache dafür sah ich in der nicht bis zu Ende durchdachten Veränderung des Produktionsprofils des Kombinats weg vom wissenschaftlichen Gerätebau, wo es die führende Stelle in der Welt fast freiwillig aufgab, hin zur Elektronik, wo es viel leistete, aber der internationalen Konkurrenz westlicher Länder nicht gewachsen war, wobei natürlich die Umstellung z. T. notwendig war, da wissenschaftliche Geräte auch „elektronisiert“ werden mußten.

Generaldirektor eines Kombinates zu sein, das war in dieser Zeit schon etwas, da konnte kaum einer hineinreden. Wenn ich an solche Industriekapitäne denke, wie an die Generaldirektoren Dr. *Karl Döring* vom Eisenhüttenkombinat Ost, Dr. *Rudi Winter* vom Werkzeugmaschinenbau, *Eberhard Beschnitt* von Polygraph, *Dietrich Walk* vom Schiffbau, Dr. *Friedrich Wokurka* von Robotron, Dr. *Heinz Wedler* von Ruhla, Prof. Dr. *Karl-Heinz Jentsch* vom Kupferbergbau, Dr. *Bernhardt Thieme* vom Landmaschinenbau, Dr. *Rudi Rosenkranz* von Textima, *Eberhard Kranich* von Haushaltgeräte, dann kann ich nicht verstehen, daß mit Ausnahme von Dr. *Karl Döring* diese hervorragend ausgebildeten Leute nach der Wende „abgewickelt“ worden sind, nur weil sie Mitglied der SED waren, wobei Professor *Jentsch* vom Kupferkombinat Mansfeld kein Mitglied der Partei war. Wenn sich die Kombinate auf dem Weltmarkt nicht eindeutiger durchsetzen konnten, dann nicht, weil sie schlecht geleitet wurden, sondern weil sie in ein System eingebunden waren, das durch Überzentralisierung, Subjektivismus und einen permanenten Mangel an Investitionskraft gehemmt war.

In der Landwirtschaft der DDR boomte in dieser Zeit die Produktion. Die Genossenschaften festigten sich. Hatte auch mancher Groß- oder Mittelbauer mit dem Eintritt in die Genossenschaft seinen Kummer, austreten wollte nun aber kaum einer. Die Bauern waren gesellschaftlich anerkannt, hatten soziale Errungenschaften, wurden gut ausgebildet, erhielten moderne Technik, arbeiteten z. T. mit industriemäßigen Methoden, hatten eine einigermaßen geregelte Arbeitszeit und, was vorher keiner kannte, sie hatten Urlaub. Einem nicht geringen Teil der ehemaligen Großbauern (Bauern mit mehr als 20 Hektar Land) hatte man aufgrund ihrer Fachkenntnisse den Vorsitz oder andere leitende Funktionen in den LPG übertragen. Das war eben in der DDR anders als bei der Kollektivierung in der Sowjetunion, wo jeder Bauer über 10 Hektar Landbesitz als „Kulak“ wie ein Feind der sozialistischen Revolution behandelt oder sogar deportiert wurde.

1949 produzierten 2,2 Mio. Einzelbauern: 600 000 t Schlachtvieh und 2 500 000 t Milch. Die Bevölkerung verbrauchte pro Kopf im

Jahr 21 kg Fleisch und 5,3 kg Butter, und wir mußten Fleisch und Butter aus der Sowjetunion importieren, um den jährlichen Verbrauch zu sichern. 1988 produzierten 600 000 Bauern, also etwa 1/4 gegenüber 1949 in den LPG und VEG: 2 800 000 t Schlachtvieh und 8 050 000 t Milch. Die Bevölkerung verbrauchte 1988 pro Kopf 100,2 kg Fleisch und 14,9 kg Butter und konnten dabei mehr als 200 000 t Fleisch exportieren und Butter als Hilfslieferung für notleidende Länder einsetzen. Bei weiteren Nahrungsgütern erreichte die Bevölkerung der DDR 1988 folgenden pro Kopfverbrauch, der sich auch international sehen lassen konnte: Fisch und Fischerzeugnisse 7,8 kg; Eier und Eiererzeugnisse 305 St.; Schlachtfette 5,7 kg; Margarine 7,4 kg; Pflanzliche Öle und Fette 3,9 kg; Trinkmilch 111,1 l; Käse 10,0 kg; Gemüse 37,3 kg; Zucker und Zuckererzeugnisse 41,4 kg; Obst 35,0 kg.

Sprechen diese wenigen Zahlen nicht für sich? Störungen in der Versorgung kann ich nicht leugnen. Oft gab es nicht die Sorte Fleisch zu kaufen, die man sich wünschte. Die Versorgung mit Frischgemüse und Frischobst war nicht kontinuierlich und nie im vollen Sortiment gesichert. Obst und Gemüsemärkte mit dem heutigen Angebot waren den DDR-Bürgern fremd. Bananen und Südfrüchte konnten in der Regel nur an Feiertagen bereitgestellt werden. Nach manchem Produkt mußte man anstehen oder es kaufen, wenn man es nicht brauchte, um es vorrätig zu haben, wenn man es benötigte. Aber hungern mußte in der DDR keiner und wenn Waren knapp waren, gab es sie zuerst in den Betrieben, Krankenhäusern, Sanatorien und Kindereinrichtungen. Die Pakete aus dem Westen waren sicher für viele Familien willkommen. Daß die Menschen in der DDR jedoch ohne diese Sendungen wie im Armenhaus gelebt oder gar gedarbt hätten, ist eine Feststellung, die nur Unwissende selig machen kann.

Nach der Wende war ich zu Gast bei der Familie Walter *Wick*, einem Bauern im Hessischen „Atzenhain“, der gerade sein letztes Schwein geschlachtet hatte weil er dem starken Konkurrenzdruck nicht mehr standhalten konnte. Mein Gastgeber, der nicht viel mit der DDR im Sinn hatte, fragte mich, warum wir nach der Wiedervereinigung die LPG nicht erhalten hätten, die doch auch in der Marktwirtschaft eine gute Form landwirtschaftlicher Großproduktion hätte sein können? Ja warum eigentlich nicht? Allein eine vernünftige Regelung für die Altschulden und die rechtliche Absicherung der Ergebnisse der Bodenreform in den Grundbüchern als bäuerliches Eigentum hätte vielen Genossenschaften geholfen, wettbewerbsfähig zu werden und sich in die Marktwirtschaft zu integrieren. Zumindest hätte es den Weg der LPG in die Marktwirtschaft erleichtert, denn der Wegfall umfassender staatlicher Subventionen war natürlich das Hauptproblem, was die LPG nach der Wende verdauen mußten. Mit realen Preisen bezahlten die Bauern in der DDR im wesentlichen nur die Düngemittel, Pflanzenschutz- und Schädlingsbekämpfungsmittel, wie Herbizide und Insektizide. Keine Subventionen zahlte der Staat für den Eigenbedarf der selbst erzeugten Futtermittel. Aber die Preise für importierte Futtermittel (Getreide, Sojaschrot, Fischmehl u. a.), für Energie und Kraftstoffe, für Meliorationen und auch für eine Reihe von Ausrüstungen und Material aus der DDR-Produktion sowie dem Import waren kräftig gestützt und die den LPG gezahlten Aufkaufpreise für ihre Produkte waren wesentlich höher als die Verkaufspreise im Binnen- und Außenhandel. Das kostete Milliarden, die jedoch zum großen Teil der Staat selbst, wegen des von ihm verordneten Preisstopp für Grundnahrungsmittel, zu verantworten hatte. Es gab deshalb von Grund auf ein ungesundes ökonomisches Interesse der Landwirtschaft an einem hohen Futtermittelimport und einer hohen Produktion, auch für den Export, bei dem aber die Volkswirtschaft tief in die Staatskasse greifen mußte.

Da alle Vorschläge für vernünftige Preise und Einschränkung der Subventionen abgelehnt worden waren, bestand die Strategie der Plankommission für die Landwirtschaft darin, den Nahrungsgüterbedarf aus der eigenen Produktion zu decken und nur einen Teil der Überproduktion für den Export gegen freie Devisen bereitzustellen, dessen Vorzug darin bestand, daß sofort Bargeld eingenommen wurde. Keinesfalls wollten wir zu einem großen Exportland für landwirtschaftliche Erzeugnisse im EG-Raum werden, aber noch weniger zum Importeur von Fleisch, Eiern und Butter, da Bargeld zur Bezahlung immer knapp war. Bei einem Gesamtaufkommen von Schlachtvieh in Höhe von 2,6-2,8 Mio. t und Eiern von etwa 5 Milliarden St. pro Jahr wurden ca. 200 000-250 000 t Fleisch und 500-800 Mio. St. Eier in das NSW exportiert, zwar mit bedeutenden

Verlusten an Mark der DDR, aber mit einer erträglichen Umwandlung in Valuta, die aufgrund der Cash-Zahlung mit einem Bargeldbonus abgerechnet werden konnten. Nur bei Butter hätte sich der Export, bedingt durch den durch die Butterberge in der EG aufgetretenen Preisverfall, nicht gelohnt. Wir lieferten Butter deshalb nur als Hilfsleistungen, meist als Geschenk an Entwicklungsländer.

Auch nach einer 1988 durchgeführten Reform der Agrarpreise mit dem Ziel, den echten Aufwand den Bauern sichtbar zu machen, bei der alle Subventionen für den Produktionsbedarf eingestellt und erst bei den Endprodukten in der Nahrungsgüterindustrie berechnet und bezahlt wurden, mußte der Staat Stützungen von jährlich 33 Milliarden Mark aufbringen, die von anderen Bereichen zu erwirtschaften waren. Diese Größenordnung zu bewältigen, war das hauptsächliche Problem der Integration der LPGs in die Marktwirtschaft, wobei man nicht vergessen sollte, daß es nun keine Stopppreise des Jahres 1944 für den Verkauf ihrer Produkte mehr gibt und auch die Produktionsmittel für die Bauern meist billiger sind. Außerdem entfallen für die LPG, wie in den Industriebetrieben auch, alle die Kosten, die nicht unmittelbar mit der landwirtschaftlichen Produktion verbunden sind, wie Ausgaben für Bildung, Betriebsessen, Kinderbetreuung, Sportanlagen usw. Das mag vielen leid tun, verbessert aber die Konkurrenzfähigkeit der Unternehmen auf dem Markt. Die meisten Länder der Welt subventionieren auch heute noch in dieser oder jener Form die landwirtschaftliche Produktion, also könnte man den LPG auch bestimmte Starthilfen zukommen lassen, anstatt massenhaft zur weniger produktiven Einzelbauernwirtschaft bzw. zum Familienbetrieb zurückzukehren.

Insgesamt wurden also in Durchführung der Beschlüsse des VIII. Parteitages ökonomisch beachtliche Erfolge erreicht, die man bei einer ehrlichen Abrechnung auch heute, bei allen gegensätzlichen Standpunkten, nicht wegreden darf. Auch politisch entkrampfte sich in der Zeit nach dem VIII. Parteitag in der DDR vieles. Die Fernsehantennen wurden gedreht, das Westfernsehen nicht mehr bekämpft, junge Männer nicht mehr wegen schulterlangen Haaren abqualifiziert und Rockmusik nicht mehr „von oben“ verdammt. Was hatte die Partei außer gegen zu lange Haare und Rock and Roll nicht alles für Kampagnen durchgeführt und Jugendliche damit nicht positiv erzogen, sondern nur gegen sie aufgebracht: gegen Hula Hoop, gegen zu lange Bärte und zu kurze Röcke, gegen die Beatles und gegen die Niethosen und was sonst noch für einen Unsinn betrieben. Das wurde nun geändert, und es war unbestreitbar *Erich Honeckers* Verdienst, daß sich politische Verkrampfungen mehr und mehr lösten. Im Handel gab es verstärkt westliche Importwaren und später auch Erzeugnisse aus der sog. „Gestattungsproduktion", wie Salamander-Schuhe, Trinkfix, Zigaretten u.a., und wir produzierten sogar Jeans, die aber nie das Original erreichten.

Erleichtert reagierten viele Bürger auf die fortschreitende und schließlich weltweite internationale diplomatische Anerkennung der DDR. Das Land war nun gleichberechtigt und wurde Mitglied der UNO sowie anderer internationaler Organisationen. *Erich Honecker* als höchster Repräsentant des Staates wurde mit allen Ehren von Monarchen, Präsidenten, Kanzlern, Regierungschefs und vom Papst empfangen. Er war weltweit ein gefragter Gesprächspartner, als Antifaschist hoch geachtet, sah man ihn in Helsinki zwischen den Präsidenten der USA und dem Bundeskanzler der Bundesrepublik Deutschland sitzen und sich angeregt unterhalten. Die DDR war nun wer in der Welt. Einflußreiche Wirtschaftsbosse, weltbekannte Wissenschaftler, berühmte Künstler besuchten das Land und mancher, der es heute nicht mehr wissen möchte, lobte die DDR als „ostdeutsches Wirtschaftswunder" und bemühte sich, von *Erich Honecker* empfangen zu werden.

Die Selbsteinordnung der DDR entsprechend ihren ökonomischen Leistungen auf den 10. Platz in der Welt stieß, mit Ausnahme kritischer Stimmen aus Polen, im Ausland nicht auf Widerspruch, obwohl die Berater aus den Chefetagen hier etwas nachgeholfen hatten. Die Staatliche Zentralverwaltung für Statistik der DDR hatte außer den neun unbestritten vor der DDR liegenden Ländern USA, UdSSR, Japan, BRD, China, Frankreich, Großbritannien, Canada und Brasilien, noch Indien, Polen, Spanien und Mexiko vor der DDR plaziert. Gemessen an der Höhe des Nationaleinkommen oder des vergleichbaren Bruttoinlandprodukts der jeweiligen Länder war das in Ordnung. Auch wenn man es nicht absolut, sondern pro Kopf der Bevölkerung berechnet hätte, wäre die Plazierung der DDR auf Position 10. in der Welt unrealistisch gewesen. Zwar fielen die bevölkerungsreichen Länder wie China, Indien, Brasilien, Mexiko,

Polen sowie Spanien hinter die DDR zurück, aber die kleineren Länder mit hoher Produktion wie die arabischen Emirate mit ihrer Erdölförderung, die Benelux- und die skandinavischen Länder besetzten Stellen vor der DDR. Wahrscheinlich hatten hier einige ganz kluge Leute bei annähernd gleichem Nationaleinkommen unser Land wegen seiner wissenschaftlichen Leistungen, insbesondere in der Mikroelektronik, vorrangig eingeordnet. Das ist nun alles Geschichte. Ein 14. oder 15. Platz in der Rangordnung wäre auch nicht schlecht gewesen. Ähnlich verhielt es sich bei den Wahlen in der DDR. 90 Prozent ehrliche Stimmen hätten sich besser ausgenommen als manipulierte 99 Prozent der Ja-Stimmen. Für die Lösung der ökonomischen Aufgaben waren diese globalen Rechnungen über die ökonomische Rangfolge in der Welt ohnehin wenig hilfreich.

Der Fehler mit den halbstaatlichen Betrieben

Im Jahre 1970 betrug der Anteil der Produktion der halbstaatlichen Betriebe und der industriell produzierenden Produktionsgenossenschaften des Handwerkes (PGH) insgesamt „nur" noch 16,8 Prozent, und dennoch waren sie von unschätzbarer Bedeutung für die Versorgung der Bevölkerung sowie als Zulieferer für die volkseigene Industrie. Als mit dem Beschluß des Politbüros vom 8. Februar und den gesetzlichen Regelungen des Ministerrates vom 9. Februar 1972 die Betriebe „durch Aufkauf" in das Staatseigentum überführt wurden, ahnte kaum einer, was das für Folgen haben sollte. *Walter Ulbricht* hatte stets wie ein Luchs darauf geachtet, daß eine Verstaatlichung nicht vorgenommen wird. Jeden Versuch, den Status der Betriebe zu verändern, hatte er als „sektiererische Auffassung" zurückgewiesen.

Gedacht waren die Beschlüsse zur Verstaatlichung der Betriebe als Sieg der sozialistischen Produktionsverhältnisse in der DDR, faktisch waren sie aber eine der tragischsten Fehlentscheidungen nach dem VIII. Parteitag, die auch nicht durch den „Aufkauf" statt „Enteignung" und die Weiterbeschäftigung der früheren Inhaber als Leiter der nunmehr volkseigenen Betriebe gemildert wurden. In eigener Verantwortung hatten diese Kleinunternehmer viele Jahre mit marktwirtschaftlicher Initiative, bei lockerer Planung von Leistung, Material und Arbeitskräften, einen bedeutenden Teil des Bedarfes der Bevölkerung an den „1 000 kleinen Dingen“ des täglichen Lebens produziert, die für das Angebot im Handel unverzichtbar waren. Die Betriebe hatten sich zu Branchengruppen zusammengeschlossen, sich spezialisiert, den Markt analysiert, um den sich wandelnden Bedürfnissen der Verbraucher schneller entsprechen zu können. Ihre Produkte waren modebewußt, sie reagierten flexibel auf neue Trends und realisierten Gewinne. Die neue Situation stellte uns vor das Problem, Investitionen für neue Kapitalanlagen genehmigen und materiell sichern zu müssen, die aber durch ein progressives Steuersystem nicht in den Himmel wachsen konnten. Auch politisch waren die Besitzer meist in den Blockparteien zu Hause und stellten keine Gefahr für den sozialistischen Staat dar.

Ich erinnere michim Rückblick unter anderem an solche Betriebe wie die „*Schüngel* AG“ im Erzgebirge, die Polyurethan verschäumte und verarbeitete, an die *Hans Weber* KG, die in Sebnitz alles für den Anglerbedarf herstellte, an die Thüringer Baufirma von *Otto Wittich*, die mit ihren „Epowit“ (Epoxidharze von *Wittich*) ihr Haupterzeugnis in bester Qualität produzierte und an den Töpferhof in Römhild mit seiner großen Palette künstlerischer Keramik.

Den Chef des Töpferhofes, *Siegfried Grahmann*, lernte ich während einer Messe in Leipzig kennen. Er suchte mich auf, um sich darüber zu beschweren, daß die künstlerische Keramik, die der Betrieb herstellte, vom zuständigen Außenhandelsunternehmen als Massenware nach Tonnen an Kunden in Westdeutschland unter Wert verkauft wird, während er das mehrfache an Devisen erzielen könnte, wenn er die Keramik über das Vertriebsnetz seiner Verwandten und Freunde anbieten könnte. Dem stehe aber das Außenhandelsmonopol der DDR entgegen. In Absprache mit dem Ministerium für Außenhandel regelten wir das in *Grahmanns* Sinne und beide Seiten verdienten gut daran. Dieses Erlebnis verband mich mit dem Unternehmer über viele Jahre und jährlich zur Messe trafen wir uns. *Siegfried Grahmann*, der leider inzwischen verstorben ist, war Künstler und Keramik-Technologe in einer Person, und seine sympathische Frau war für die Buchhaltung sowie für die Bestellung und den Vertrieb des Betriebes verantwortlich. Im Ort waren die *Grahmanns* angesehene Leute, wenn auch mancher der Einwohner etwas neidisch auf die Villa und das eigene Reitpferd blickte. Der Betrieb florierte, warf Gewinne ab und seine Erzeugnisse fanden überall einen guten Absatz. Nach dem Beschluß über die Verstaatlichung besuchte ich sie in Römhild.

Er war zwar der Leiter des neuen VEB-Betriebes geworden, aber sein Optimismus war gedämpft, sein ausgeprägter Unternehmergeist war wie verflogen und seine Frau hielt sich aus Scham versteckt, weil sie am Fließband arbeiten mußte. Ich verließ die Firma mit dem Gefühl als Minister und ZK-Mitglied Mitverantwortlicher einer sehr kurzsichtigen und törichten Entscheidung gewesen zu sein.

Auf diese Art und Weise verschwanden zahlreiche, bisher rentabel arbeitende Betriebe im großen Topf des Volkseigentums, ohne daß sich ein politischer bzw. ökonomischer Nutzen für die sozialistische Volkswirtschaft einstellte, schlimmer noch, es entstand ein bedeutender Schaden für die DDR. Doch es war von der Parteiführung der SED so beschlossen und die befreundeten Blockparteien CDU und LDPD haben diesen falschen Beschluß durch zustimmende Erklärungen kräftig unterstützt, obwohl sie nie müde wurden zu erklären, sie seien allein die wirklichen Interessenvertreter der mittleren und Kleinbetriebe sowie von Handwerk- und Gewerbetreibenden in der DDR.

Für mich als Planungschef folgte die Strafe auf dem Fuß, denn nun wurde von der Plankommission gefordert, die Produktion der „1 000 kleinen Dinge“, die in Wirklichkeit Millionen Erzeugnisse bei sich ständig veränderndem Bedarf waren, zentral zu planen. Die Staatliche Zentralverwaltung für Statistik hatte am 14. Juni 1979 einen Artikelkatalog mit 100 Millionen verschiedener Erzeugnisse der Wirtschaft herausgegeben, und auch der hätte ständig weiter detailliert und ergänzt werden müssen, weil täglich Neues hinzukam und Anderes nicht mehr produziert wurde. Hätten diese Artikel nach dem Vorschlag *Alfred Neumanns* gar nach all ihren enthaltenen Einzelteilen aufgegliedert und zentral bilanziert werden müssen, hätte dieser Artikelkatalog Milliarden von Positionen enthalten. Ein hoffnungsloses Unterfangen, so etwas planen zu wollen.

Schließlich wurde beim Ministerrat der DDR eine Arbeitsgruppe zur Versorgung der Bevölkerung gebildet, die mein Staatssekretär *Heinz Klopfer* leiten mußte. Obwohl *Klopfer* ein außergewöhnlich fähiger Leiter war, verzweifelte er fast an dieser Aufgabe, denn lösen konnten wir das Problem zu keinem Zeitpunkt, auch dann nicht, als ich die Gruppe selbst leiten mußte, wenn *Heinz Klopfer* verhindert war. Ich wurde damit also zum Stellvertreter meines Stellvertreters. Wir stopften oft nur die Löcher, anstatt vorausschauend wirksam werden zu können. Wenn man sich die Tagesordnung dieses jeden Montag in der Woche tagenden Gremiums ansah, in dem die Vertreter aller konsumgüterproduzierenden Ministerien vertreten waren, kamen einem die Worte *Wilhelm Buschs* in den Sinn: „Stet's findet Überraschung statt, da wo man's nicht erwartet hat!" Das mußte die Planung diskreditieren. Und diejenigen, die am meisten auf den Beschluß zur Umwandlung der halbstaatlichen in volkseigene Betriebe gedrungen hatten, *Erich Honecker*, weil er der These von *Lenin* zuviel Bedeutung beimaß, daß „aus der kleinen Warenproduktion immer wieder neu Kapitalismus entsteht", und *Günter Mittag*, weil dieser die kleinen Betriebe dringend für die großen Kombinate als Zulieferer brauchte, kritisierten nun die Staatliche Plankommission und die Minister, wenn die Versorgung nicht klappte.

Auf die Frage, was ist „gemein", hatte mein Großvater immer geantwortet: „Gemein ist, wenn einer seine Schwiegermutter die Treppe runterwirft und dann ruft: Warum 'rennst' n so'?". Ich fühlte mich stets so wie die Schwiegermutter, von der ständigen Kritik der beiden gemein auf die Schippe genommen.

Als ich gemeinsam mit dem Minister für Bezirksgeleitete- und Lebensmittelindustrie, *Udo Wange*, auf Betreiben des Ersten Stellvertreters des Ministerpräsidenten, *Werner Krolikowski,* bestraft werden sollte, weil die Versorgung der Bevölkerung mit Senf gestört war, sagte ich: „Einverstanden, ich bitte nur im Beschluß exakt zu formulieren, daß der Vorsitzende der Staatlichen Plankommission und der Minister für Bezirksgeleitete- und Lebensmittelindustrie der Deutschen Demokratischen Republik bestraft werden, weil sie Störungen in der Senfversorgung zugelassen haben." *Willi Stoph* durchschaute natürlich meine Taktik und lehnte die Bestrafung ab. Schade eigentlich, sonst könnte ich heute darauf verweisen können, daß ich als Planungschef der DDR wegen Senf, bzw. präziser ausgedrückt, wegen „keinen Senf", gemaßregelt worden bin.

Mancher wird nun fragen, warum schreibt der *Schürer* das heute auf? Aus dem einzigen Grunde, weil auch das ein Stück Geschichte der

DDR war. Man darf nicht vergessen, daß die großen strategischen Entscheidungen, nämlich die Formulierung von der „allmählichen Schaffung der Grundlagen des Kommunismus“ nach dem VIII. Parteitag in das Parteiprogramm der SED aufzunehmen, zum eigentlichen theoretischen Hintergrund in den Köpfen führender Politiker wurde, die Entscheidungen, wie die Verstaatlichung im Februar 1972 auf die Tagesordnung zu setzen, also zu einer Zeit, in der weder von der eigenen Parteibasis noch aus Moskau ein Druck ausging. Im Gegenteil, die DDR-Führung wurde stets für ihre Weitsicht, die Kleinindustrie, das Handwerk und das Gewerbe erhalten zu haben, von anderen sozialistischen Ländern gelobt und wegen ihrer guten Versorgung der Bevölkerung oft mit Neid betrachtet.

Muß Planwirtschaft gesetzmäßig Mangelwirtschaft sein?

Harry Nick, ein schon zu DDR-Zeiten nachdenklicher und kritischer Wirtschaftswissenschaftler, schrieb am 13. November 1993 im „Neuen Deutschland“, daß „im chronischen Mangel alle Schwächen der sozialistischen Planwirtschaft wurzeln.“ Hat er recht? Was passiert, wenn man die Staatliche Plankommission in die Wüste schickt?, so fragte man früher, und die Antwort darauf lautete: „Ein Jahr lang passiert gar nichts, aber dann muß man Sand dorthin exportieren.“ Nicht nur die DDR, sondern mehr oder weniger alle sozialistischen Länder haben 40 Jahre, die Sowjetunion sogar 70 Jahre die Mangelwirtschaft praktisch erlebt. In Ungarn war das Angebot auf dem Markt durch die liberale Politik etwas besser und in Jugoslawien gab es, mehr durch die im westlichen Ausland lebenden und arbeitenden Landsleute als durch die sozialistische „Selbstverwaltung“, ein relativ gutes Warenangebot. Am katastrophalsten war es im Mutterland der Planwirtschaft selbst, in der UdSSR, wobei man den Mangel nicht nur auf die Konsumgüter, sondern auch auf Rohstoffe, Material, Ausrüstungen und Ersatzteile beziehen kann. Und doch glaube ich nicht, daß die Planwirtschaft aus sich selbst heraus, sozusagen a priori, den Mangel hervorbringt, sondern er tritt erst in Verbindung mit den Folgen der Politik jedes einzelnen sozialistischen Staates, mit dem Primat der Politik über die Ökonomie, mit seinem sozialen Wunschdenken, seinen subjektivistischen Entscheidungen sowie seiner bizarren Preis- und Subventionspolitik auf. Dadurch entsteht aus der sozialistischen Plan- eine Defizitwirtschaft. Das Wort „Suffizit", das die Jugoslawen als den Gegensatz zum „Defizit" und damit als Synonym für den Überschuß verwandten, war bei uns kaum bekannt. Mangel ist jedoch nicht gleich Armut und ein volles Marktangebot ist noch kein Zeichen von Reichtum. Es gab ärmere Staaten als die sozialistischen Länder es waren, die dennoch zu jeder Zeit ein volleres Angebot in den Geschäften hatten. Deshalb hat *Erich Honecker* auch in dem Buch „Der Sturz" auf die Frage, warum die Menschen überall so schnell in Richtung des Kapitalismus umgekippt sind, die wohl „klassische" Antwort darauf gegeben: „Solche Kaufhäuser (mit dem Warenangebot wie im Westen. G.S.) konnten wir auch haben, wir brauchten dazu nur die Preise zu erhöhen." Aber zum einen hat er die skurrile Preispolitik in der Volkswirtschaft über Jahre hinweg im eigenen Land als Generalsekretär der SED zugelassen und persönlich zu verantworten, da er gegen alle Vernunft die Vorschläge der Experten stets abgelehnt hatte, und zum anderen sind es nicht nur die Preise, sondern ein ganzes System marktwirtschaftlicher Instrumente, die ein komplettes, den wechselnden Bedürfnissen entsprechendes Warenangebot garantieren. In der DDR stimmten jedoch sehr oft noch nicht einmal die Grundproportionen in der Ware-/Geldbeziehung.

Die Nationalökonomin *Grete Wittkowski*, die sowohl als Stellvertretender Ministerpräsident, wie auch als Minister für Binnenhandel und Stellvertretende Vorsitzende der Plankommission, als Präsident der Staatsbank und als Vorsitzende des Konsumverbandes Großes geleistet hat, sagte oft, daß die Führung der DDR dumm handelt, wenn sie den wachsenden Geldeinnahmen ihrer Bürger nicht ein äquivalentes Warenangebot garantiert, denn derjenige, der ehrlich seinen Lohn verdient hat und sich dafür nicht die gewünschte Ware kaufen kann, schimpft auf den Staat, ist direkt mit ihm konfrontiert und verliert die Lust zu arbeiten. Sieht er aber dagegen in den Geschäften Waren, die er sich gerne kaufen möchte und sein Geld reicht nicht, ist er zuerst mit sich konfrontiert, mit seinen Leistungen oder mit der seiner Familie und sucht nach Wegen, wie er durch bessere Arbeit mehr verdienen kann. Zumindest die gesicherte Proportion von Warenfonds und Geldeinahmen der Bevölkerung, verbunden mit einer vernünftigen Sozialpolitik, kann und muß eine Planwirtschaft im Sozialismus leisten und hätte vieles lösen können, was uns über viele Jahre hinweg eine schlechte Stimmung der Bevölkerung und lange Käuferschlangen beschert hat. Ohne die vielfältige Konkurrenz der Produzenten, die internationale Öffnung der Märkte, die freie Preisbildung nach Angebot und Nachfrage, ohne Innovationen und Gewinn, wird jedoch das Kaufhaus, der Supermarkt, der Baumarkt und der Tante-Emma-Laden nicht die Reichhaltigkeit im Angebot bieten können, die heute vorhanden ist. Das kann die Marktwirtschaft unbestritten besser als die Planwirtschaft. Eines aber geht auch heute in der Marktwirtschaft nicht, nämlich das vorhandene Warenangebot zu den früheren vorherrschenden subventionierten Preisen.

Die Planung, der Bereich Kommerzielle Koordinierung (KoKo) und die Tätigkeit Alexander Schalck-Golodkowskis

Hat der Bereich „Kommerzielle Koordinierung" die DDR jahrelang über Wasser gehalten oder störte seine Tätigkeit die planmäßige Entwicklung des Landes? War *Alexander Schalck-Golodkowski* der Retter oder der Sündenbock der Nation? War er Alexander der Große oder ein Rädchen im Getriebe der Macht? War er nach *Honecker* und *Mittag* die Nummer drei in der DDR, wie manche sagen, dann hätte er doch mehr Einfluß auf den Lauf der Dinge haben müssen als das gesamte übrige Politbüro. War er aber als Staatssekretär nur ein Rädchen im Getriebe, wieso waren dann politische Größen der Bundesrepublik wie *Franz Josef Strauß*, *Phillipp Jenninger*, *Wolfgang Schäuble*, *Rudolf Seiters*, *Lothar Späth*, *Theo Waigel*, *Max Streibl*, *Karl-Otto Pöhl*, *Karl König* seine Gesprächspartner und *Günter Gaus*, *Klaus Bölling* und *Hans-Otto Bräutigam* seine ständigen Kontaktpartner in Berlin?

Selten gingen die Meinungen über eine Persönlichkeit und sein Amt so diametral auseinander wie in diesem Fall. Zweifellos war der Einfluß *Schalck-Golodkowskis* größer als der manches Mitglieds des Politbüros der SED. Rechtfertigte dies aber all das, was dann vor sich ging? Mehr als drei Jahre untersuchte ein spezieller Ausschuß des Deutschen Bundestages in 183 öffentlichen und nichtöffentlichen Sitzungen, unter Anhörung von 188 Zeugen mit einer Vernehmungszeit von insgesamt 465 Stunden die Tätigkeit dieses Bereiches und seines Leiters als „Werkzeuge des SED-Regimes", wie es im Beschluß des 12. Deutschen Bundestages heißt. Die Protokollniederschrift umfaßt insgesamt 19 181 Druckseiten! Zum Abschluß der Legislaturperiode des Bundestages legte der Ausschuß einen Bericht im Umfang von 672 Seiten mit den Anlagebänden I-III vor, die nochmals 805 Seiten umfassen. Die vorliegenden Materialien gehen weit über das eigentliche Thema hinaus und werden für die Aufarbeitung der Geschichte der DDR ganz sicher viele Interessenten finden, um so mehr, da die Vernehmungen der geladenen Zeugen relativ sachlich erfolgten. Einen gesonderten Ausschuß bildete auch der Freistaat Bayern, in dem *Schalck-Golodkowski* heute seinen Wohnsitz hat.

Und jetzt soll es ja erst richtig losgehen! Die Justizorgane leiteten gegen Dr. *Alexander Schalck-Golodkowski* mehr als 30 Ermittlungsverfahren ein. Unzählige Beamte spürten seiner Tätigkeit nach, suchten die angeblich veruntreuten Millionen und sogar Milliarden, die nie verschwunden waren. In einigen Fällen hat es bisher zur Anklageerhebung gereicht und man wird sehen, wie diese Prozesse ausgehen. „Der Bundesnachrichtendienst deckt seinen eigenen Mitarbeiter *Schalck-Golodkowski*", wurde in den Medien lauthals behauptet, aber Beweise dafür bleiben bisher alle schuldig und *Alexander Schalck-Golodkowski* dementierte es stets kategorisch. Bekannt geworden ist sein Treffen nach der Flucht aus der DDR mit einigen Herren aus Pullach in einer Berghütte in Bayern. Einige behaupten, daß der *Schürer* auch manches davon nicht weiß. Es kann immer sein, daß man im Leben Einschätzungen ergänzen oder gar ändern muß, wenn neue Tatsachen bekannt werden. Ich werde mich an die These halten, daß man nie „nie" sagen soll, aber im Unterschied zu denen, die bisher stets nur Böses über ihn schreiben, ohne ihn jemals gekannt und ohne Beweise zu haben, kenne ich ihn Jahrzehnte aus gemeinsamer Arbeit und privat und mit diesem Wissen schreibe ich darüber, was ich mit ihm erlebt habe. Das ist in vielem anders, als es immer behauptet wird. Zahlreiche Medien haben in einer beispiellosen Hatz gegen *Schalck-Golodkowski* das Bild eines skrupellosen Verbrechers gezeichnet und ihn vorverurteilt. Im Verlauf der letzten 2 bis 3 Jahre war er die in den Schlagzeilen deutscher Blätter am meisten genannte Unperson, und es gab kaum ein Verbrechen, dessen er nicht bezichtigt wurde. Unterschlagung, Steuerhinterziehung, Finanzierung des internationalen Terrorismus, Verstoß gegen die Embargo- und Devisenbestimmungen, Kunstraub, Handel mit menschlichen Organen, medizinische Versuche an Menschen, Waffenhandel, bis hin zur Beschaffung von Prostituierten für die Interhotels in der DDR hatte man ihm als Delikte angehängt. Immer neue Stories wurden im Interesse wirksamer Titelseitennicht nur der "bunten Blätter" zur Erhöhung der Auflagen erfunden, und man beschuldigte sogar einflußreiche westdeutsche Stellen, Wirtschaftsleute und einzelne Politiker, daß sie in die Machenschaften *Schalck-Golodkowski* verstrickt seien. Davon wurde noch nicht einmal *Franz Josef Strauß* verschont, der alles andere als ein Freund der DDR war.

In unzähligen Befragungen, Talkshows und Interviews in denen er mit den härtesten Fragen konfrontiert wurde, verteidigte sich *Schalck-Golodkowski* gegen die Angriffe von allen Seiten, auch gegen die aus den eigenen Reihen, die ihn am meisten schmerzten, und er tat es gekonnt, mit Geist, Leidenschaft und mit „Berliner Schnauze". „Det is ja hirnrissig, was Sie hier sagen", schleuderte er einem Politiker entgegen, der nicht einmal kontern konnte, weil er Unrecht hatte, oder einem anderen sagte er zynisch, daß die DDR bestimmt noch leben würde, wenn sie über die Milliarden hätte verfügen können, die man heute bei ihm sucht.

Als der Bereich KoKo im Jahre 1967 gegründet wurde, wollte die DDR die kommerziellen Möglichkeiten besser nutzen, die sich aus der Existenz zweier deutscher Staaten und den beiden Blocksystemen ergaben. Darüber hatte *Schalck-Golodkowski* eine interessante Dissertation verfaßt. Das war legitim. *Schalck-Golodkowski* hatte durch seine Ausbildung und Erfahrungen tiefe Einblicke in die Marktwirtschaft des Westens wie in die Planwirtschaft der DDR gewonnen, die ihm nun zugute kamen. Die Originalität seiner Person machte schon allein einen großen Teil der Erfolge aus und, obwohl *Schalck-Golodkowski* wie jeder andere Mensch letztlich auch für diese Aufgabe ersetzbar war, wüßte ich bis heute keinen anderen, der diesen vielschichtigen Bereich KoKo hätte besser leiten können als er. Auf dem Weg des geplanten Außenhandels waren diese Chancen für ergänzende Ost-West-Geschäfte jedenfalls nicht so erfolgreich, oder sagen wir besser „valutaträchtig“, zu erschließen.

Die Tätigkeit des Koko-Bereichs tangierte meine Arbeit zunächst wenig, so daß wir uns auch persönlich kaum kannten. Das änderte sich, als mit den Beschlüssen des VIII. Parteitages der Valutabedarf der DDR steil anstieg und der KoKo-Bereich mit der umfassenden Erwirtschaftung freier Devisen beauftragt wurde. Mitte der 70er Jahre nahmen die Geschäfte eine solche Dimension an, daß sie mit den Planaufgaben kollidierten. Zu diesem Zeitpunkt häuften sich die Stimmen, die sagten, daß der KoKo-Bereich den planmäßigen Wirtschaftsablauf eher störe als unterstütze, obwohl ich bei allen auftretenden Problemen diese These so nicht bestätigen kann. *Günter Mittag*, der entgegen seiner Aussagen nach der Wende immer der Vorgesetzte von *Schalck-Golodkowski* war, (weder *Willi Stoph*, *Erich Mielke* noch *Gerhard Beil* waren seine Vorgesetzten), reagierte auf meine Beschwerden sofort und beauftragte ihn und mich, zwischen der Staatlichen Plankommission und dem Bereich Kommerzielle Koordinierung feste Arbeitsbeziehungen im Interesse der DDR herzustellen. Um das zu unterstreichen, wurde von *Honecker* zugleich entschieden, daß die Staatliche Plankommission von den durch die KoKo erwirtschafteten Devisen jährlich einen „Einschuß“ in die Zahlungsbilanz zur Finanzierung planmäßiger Aufgaben erhielt, die zunächst 700 Millionen Valutamark betrugen und später auf jährlich 2 Milliarden erhöht wurden. *Erich Honecker* bezeichnete das oft als „arbeitsloses Einkommen der SPK“, was es jedoch niemals war, denn wir mußten Kapazitäten, Arbeitskräfte, Bestände der Staatsreserve, Standorte für Investitionen, Energie usw. zur Verfügung stellen und die volkswirtschaftliche Verflechtung der Vorhaben gewährleisten. Die Einnahmen des Bereiches KoKo haben den Betrag der „Einschüsse in die Zahlungsbilanz“ in einer Größenordnung von ca. 500 Mio. bis zu 1 Milliarde Valutamark jährlich überstiegen, die der eigenen Kapitalakkumulation dienten oder auf spezielle Weisungen des Generalsekretärs für Sonderimporte, wie z.B. Getreide, Konsumgüter u.a. oder für Hilfsleistungen an andere Länder eingesetzt wurden. Aus diesen Mitteln wurden den Weisungen *Honeckers* entsprechend auch die 8-10 Millionen Valutamark jährlich bereitgestellt, die zur sog. „Letex“-Versorgung der Führungsspitze in Wandlitz und für die Sonderstaffel der INTERFLUG dienten. Gerade die

Sonderversorgung für die Mitglieder des Politbüros der SED in Wandlitz hat nach der Wende viel Staub aufgewirbelt. Für diese Entscheidung sollten jedoch wir als ehemaliges Politbüro die Verantwortung übernehmen und nicht jene belasten, die die Weisungen durchführten.

Insgesamt hat der Bereich KoKo der Volkswirtschaft 41 Milliarden Valutamark zur Verfügung gestellt, davon stammen 27 Milliarden aus der unmittelbaren Tätigkeit der Betriebe und 14 Milliarden aus Zahlungen der Bundesrepublik für Leistungen der DDR, die von *Schalck-Golodkowski* persönlich mit den zuständigen Stellen vereinbart und meist auch über den Bereich KoKo realisiert wurden. Weitere 9 Milliarden waren von *Schalck-Golodkowski* als Transitpauschale für den Zeitraum bis zum Jahr 2000 mit der Bundesrepublik ausgehandelt und fest vereinbart worden. Ich nenne diesen Betrag auch deshalb, da oft von 50 Milliarden Valutamark Gesamteinnahmen gesprochen wird. Als ich im *Schalck-Golodkowski*-Untersuchungsausschuß des Bundestages die Summe nicht mit 50 Milliarden sondern mit 50 000 Millionen angegeben habe, weil manchen es auch bei uns schwergefallen war, eine solche Milliardensumme in ihrem Wert richtig zu verstehen, sagte der Vorsitzende des Ausschusses, der Abgeordnete *Friedrich Vogel*: „Es soll Politiker in der Bundesrepublik Deutschland gegeben haben, denen das ähnlich ging", und Dr. *Andreas von Bülow* ergänzte: „Heute noch!" Letzteres wurde jedoch, so kann man es im Protokoll nachlesen, als „eine Diffamierung" mit dem Vermerk „Heiterkeit" registriert.

Ich glaube bei aller Hetze gegen *Schalck-Golodkowski*, daß viele Menschen verstehen werden, daß hinter diesen Zahlen eine riesige Arbeit solider Unternehmungen gestanden haben muß, um so mehr, als viele Menschen inzwischen genügend Erfahrungen gesammelt haben, daß in der Marktwirtschaft das Geld nicht so leicht zu verdienen ist. Die „Intrac-Handelsgesellschaft" kaufte z. B. gegen Kredit in Japan Großanlagen zur Verarbeitung von Erdöl, dadurch wurde es möglich, aus dem begrenzt verfügbaren Rohöl mehr helle Produkte wie Benzin, Diesel, Aromaten, Olefine u.a. chemische Grundstoffe zu gewinnen, die im Inland dringend benötigt wurden und im Export einen höheren Erlös einbrachten als Heizöl oder Bitumen. Andere Firmen kauften rechtzeitig Getreide zu günstigen Weltmarktpreisen oder nahmen zumindest eine Option darauf auf. Wenn wir uns wegen ungünstiger Ernteergebnisse für den Getreideimport entscheiden mußten, konnte der Bereich KoKo billiger liefern, als die wegen der Nachfrage inzwischen gekletterten aktuellen Weltmarktpreise es erfordert hätten, oder das Getreide wurde mit Gewinn an andere Länder verkauft. Wieder andere Firmen verkauften Zement, Fleisch oder Weihnachtsbäume aus der DDR an Westberliner Firmen. Ich könnte noch weitere solide Geschäfte mit Erzeugnissen der Metallurgie, der Leichtindustrie, der Möbel- und der Glasindustrie nennen, durch die Valutaeinnahmen für die DDR erzielt, oder zumindest der Aufwand in Mark der DDR in freie Devisen umgewandelt werden konnte, die dringend benötigt wurden. Ich selbst habe deshalb die Arbeit des Bereiches KoKo stets als eine gute Ergänzung des planmäßigen Außenhandels der DDR und niemals als eine Unterhöhlung oder Störung der staatlichen Planwirtschaft empfunden.

Anfang der 80er Jahre, als die DDR schon hoch verschuldet war, die Zinsen international steil anstiegen und einige sozialistische Länder schon zahlungsunfähig waren, wandte sich *Günter Mittag* mit der Feststellung, daß es für die DDR um „Sein oder Nichtsein" geht, an *Erich Honecker* und bat um Zustimmung zum Export von Waffen aus DDR-Beständen in das Nichtsozialistische Wirtschaftsgebiet. Ferner wurde besprochen, auch den Export von Kunst und Antiquitäten zu erhöhen, der durch Beschluß des Politbüros und des Ministerrats bereits 1973 geregelt und mit einer Verfügung des Ministerpräsidenten in Kraft gesetzt, aber bisher auf niedrigsten Niveau gehalten worden war. Es war also nicht *Schalck-Golodkowski* und sein Bereich, die von sich aus beide Bereiche für den Export erschlossen hatten, die zwar moralisch anrüchig sind, aber international ohne Skrupel in einem viel größerem Umfang betrieben wurden, als es die DDR in allen Jahren ihrer Existenz je konnte. Nicht nur die UdSSR und die USA, sondern auch die BRD, Großbritannien, Frankreich, die CSSR, Polen, Österreich und viele andere Staaten waren bedeutend größere Waffenexporteure als die DDR.

Mit den Waffenexporten konnte die DDR schon deshalb keine Milliarden verdienen, weil wir selbst weder Flugzeuge noch Panzer, weder Geschütze noch Raketen, weder Kreuzer noch U-Boote produzierten. Der Reexport importierter Waffen aus Staaten des Warschauer Vertrages war genehmigungspflichtig und wurde in der Regel abgelehnt. Unsere geringen Exporte an mittleren und leichten Maschinenwaffen aus eigener Produktion gingen zudem fast ausschließlich in Entwicklungsländer und zu Einheiten der Nationalen Befreiungsbewegungen, die in seltenen Fällen zahlungsfähig waren.

Für den Export von Kunst und Antiquitäten, wobei die Exponate meist aus schlecht gelagerten Beständen ausgewählt und dem dafür zuständigen Außenhandelsbetrieb des Bereiches KoKo zum Verkauf angeboten wurden, gab es strenge staatliche Bestimmungen zum Schutz wertvoller Kulturgüter, wobei ich nicht ausschließe, daß diese auch unterlaufen wurden. Bei allem Verständnis für die Kritik an dieser Praxis sollte man aber auch nicht außer acht lassen, daß manche Händler kapitalistischer Länder allein jährlich das Mehrfache auf diesem Gebiet umsetzen, als die DDR es je tat.

Insgesamt wurde der Waffenhandel in der DDR nicht von *Schalck-Golodkowski* und seinem Bereich durchgeführt, sondern er erfolgte in Abstimmung mit dem Militärbereich der Plankommission, durch den „Ingenieurtechnischen Außenhandel" (ITH) des Ministeriums für Außenwirtschaft. Der Import militärischer Güter war stets bedeutend höher als der Export von Waffen. Der Hauptteil des „Waffenexportes" in das westliche Ausland bestand dabei aus Lkw des Typs „W 50", die an militärische Besteller geliefert wurden und damit zum Waffenhandel zählten, aber mit Ausnahme von Nachrichten- und Werkstattwagen meist einfache Pritschenwagen ohne militärisches Gerät waren.

Es ist wahr, daß der Bereich KoKo seit Anfang der 80er Jahre im begrenzten Umfang im Nichtsozialistischen Wirtschaftsgebiet mit Waffen gehandelt hat und daß ihm das Lager in Kavelsdorf unterstand. Unwahr ist jedoch, daß *Alexander Schalck-Golodkowski* ohne Wissen der zentralen Stellen gehandelt und „illegal ein Lager mit Waffen in Kavelsdorf" unterhalten hat, wie es in der Aktuellen Kamera des DDR-Fernsehens am 1. Dezember 1989 behauptet wurde. Er wurde von der Parteiführung damit beauftragt und hat es in Abstimmung mit der NVA, dem MfS, dem MdI und der Staatlichen Plankommission durchgeführt. Es ist für meine Begriffe nicht in Ordnung, die Verantwortung dafür nun allein *Schalck-Golodkowski* zuzuschieben. Es ist geradezu ein Witz, daß man das von Kommandos des MfS bewachte Objekt im Norden der Republik, an dessen

Errichtung und Ausstattung von der NVA Generaloberst *Werner Fleißner* und *JoachimGoldbach* teilgenommen haben, in der Zeit der Wende in den Medien plötzlich als „illegal“ bezeichnete!

Ich verstehe recht gut, daß viele Menschen den Handel mit Waffen und Kunst und Antiquitäten prinzipiell ablehnen, aber dann sollte man sich weltweit dagegen empören. Der Gesamtumsatz des Waffenexportes der KoKo lag in den Jahren 1981-1989 insgesamt bei 700 Mio. Mark, und das gebietet, zumindest hier die Relationen zurechtzurücken, denn die Haie dieses Geschäftes saßen niemals in Ostberlin. Der Umsatz bei Kunst und Antiquitäten war noch viel geringer.

Zu verstehen ist die Kritik an den Einnahmen aus Freikäufen von politischen Gefangenen, die ihre Ursache aber nicht in der Tätigkeit des Bereiches KoKo, sondern in der Gesamtheit der Beziehungen DDR/BRD in der gegebenen Situation hatten.

Ich bin weit davon entfernt, *Alexander Schalck-Golodkowski* und den Bereich KoKo als eine ideale Lösung für die DDR zu bezeichnen, denn seine ungewöhnlich großen Vollmachten und die direkte Unterstellung unter *Honecker* und *Mittag* sowie die Verfügungsgewalt über Devisen gaben ihm und seinen Mitarbeitern einen breiten Handlungsspielraum, den sie, oft ohne nach links oder rechts zu schauen, bis zur Reizschwelle nutzten. Ich kann auch nicht behaupten, alles zu wissen, was im Bereich KoKo vor sich gegangen ist und was die leitenden Mitarbeiter nach der Wende getan haben. Aber andererseits sehe ich keinen Grund, *Schalck-Golodkowski* als Sündenbock für alles Negative in der Ecke stehen zu lassen.

In den Jahren engster Zusammenarbeit mit dem Bereich KoKo habe ich *Alexander Schalck-Golodkowski* als einen immer gut informierten, fairen und außerordentlich fleißigen Menschen erlebt, der für mich der ideale Typ eines Managers war, den man sowohl bei uns als auch unter marktwirtschaftlichen Bedingungen bedenkenlos für höchste Wirtschaftsämter einsetzen konnte. Das betrifft auch und besonders unsere gemeinsame Arbeit in der Arbeitsgruppe Zahlungsbilanz. Seine direkte Unterstellung unter *Günter Mittag*, der sich in allen wichtigen Fragen der KoKo auf kürzestem Weg mit *Erich Honekker* abstimmte, gab *Schalck-Golodkowski* eine große Selbstsicherheit und Autorität. Nicht selten hatte ich auch Ärger und Auseinandersetzungen mit ihm, wenn er prinzipiell und scharf die Meinung von *Honecker* und *Mittag* gegenüber der Plankommission vertrat, aber immer ging es dabei um die Sache. In den letzten Jahren der DDR ging Alexander *Schalck-Golodkowski* in wachsendem Maße auf Distanz zu den beiden und immer offener sprachen wir unter uns über notwendige politische Konsequenzen bis hin zur Notwendigkeit, mit der Bundesrepublik Deutschland eine Konföderation anzustreben. Freunde wurden wir erst in der Zeit der Krise und des Untergangs der DDR. Ich war stets empört, wie schnell eine nicht kleine Anzahl Gesinnungsgenossen, die ihn vorher über den grünen Klee gelobt und auch für ihre persönlichen Interessen in Anspruch genommen hatten, *Schalck-Golodkowski* nun als „Verräter“ verdammten, weil er Schutz für das Leben seiner Frau und für sich in der Bundesrepublik Deutschland suchen mußte, den ihm das eigene Land, für dessen Nutzen er gearbeitet hatte, nicht mehr gewährleisten konnte.

Für die Entwicklung der vom Schicksal durch Demontagen, Reparationen, Rohstoffarmut und Folgen des Kalten Krieges hart gebeutelten DDR an der sensiblen Grenze der beiden Weltsysteme war der nicht kleine Teil der durch *Schalck-Golodkowski* und den KoKo-Bereich beschafften Devisen, der etwa 10 bis 15 Prozent der jährlichen Gesamtumsätze des Außenhandels der DDR, und in den letzten Jahren sogar bis zu 25 Prozent ausmachte, auf jeden Fall von großer Bedeutung, und zwar in erster Linie dafür, daß der ohnehin bescheidene Lebensstandard der Menschen aufrechterhalten und hier und da verbessert werden konnte. Das Wort vom „Devisenbeschaffer“ der DDR, was zeitweilig als übles Schimpfwort gedeutet wurde, ist und bleibt für mich eine ehrenvolle Charakterisierung seiner Tätigkeit.

Die Arbeitsgruppe Zahlungsbilanz

Unsere Berechnungen zum Sozialpolitischen Programm der Partei hatten sich leider als richtig erwiesen. Es war schlimm, daß ich mit meinem Einspruch im Politbüro aus dem Jahr 1972 recht behielt und das eben manches nicht realisierbar war, auch wenn die Partei es wollte. Fakten sind hartnäckig. Trotz gutem Wirtschaftswachstum von jährlich stabil 4 Prozent reichten die Mittel aus eigener Leistung nicht zur Finanzierung aus. Der ungenügende Effektivitätsgrad der Wirtschaft verdaute nicht die Maßstäbe des Programms. In den Jahren 1971-1980 importierte die DDR (einschließlich des Bereiches KoKo) kumulativ 21 Milliarden mehr gegen freie Devisen, als sie in dieses Wirtschaftsgebiet exportierte, und die Zahlungsbilanz war äußerst angespannt, genauer gesagt gründlich versaut, denn nun bestimmten die Rückzahlungstermine für Kredite und Zinsen das Handeln. Meine Interventionen bei *Honecker* zur Zahlungsbilanz bei jeder Vorlage der Jahrespläne „beantwortete" er stets mit einer Sitzung „im kleinen Kreis", an der in unterschiedlicher Zusammensetzung (und die wurde von *Honecker* festgelegt) im wesentlichen die für Wirtschaftsfragen im Politbüros verantwortlichen Mitglieder und wenige Experten (der Finanzminister, der Leiter der Abteilung Planung und Finanzen des ZK) teilnahmen. Diese Beratungen gingen immer aus wie das „Hornberger Schießen", bei dem die Schützen ihr ganzes Pulver bereits beim Üben verbraucht hatten und beim Empfang des Herzoges nicht mehr schießen konnten, sondern „Bum Bum" schreien mußten, d. h. die Sitzungen führten zu keinen grundsätzlichen Beschlüssen, sondern nur zu kosmetischen Veränderungen, dort etwas mehr zu exportieren und dort etwas weniger Wichtiges zu streichen. Und doch hatte dieser „kleine Kreis" seinen Sinn, nämlich nur keine großen Auseinandersetzungen ins Politbüro bzw. in das ZK der SED zu tragen. Aber Anfang der 80er Jahre standen wir vor der Notwendigkeit prinzipieller Änderungen, wollten wir als DDR weiter zahlungsfähig bleiben. *Alfred Neumann* sagte einmal in seiner burschikosen Art im Politbüro sinngemäß: „Als *Walter Ulbricht* noch das Politbüro leitete, hatten wir kaum Schulden im Westen, lieber *Erich*, aber seitdem du es leitest, haben wir Schulden wie ein preußischer Major." *Erich Honecker* lenkte sofort von einer drohenden Diskussion ab und forderte mich auf, einen Bericht vorzulegen, wie der „Sockel" (so nannte er immer den Saldo von Forderungen und Verbindlichkeiten) in kurzer Zeit halbiert werden könne. Diesen Auftrag erhielten wir von *Honecker* in stoischer Wiederholung bis 1989 immer wieder, ähnlich wie die Forderung an die Römer während der Punischen Kriege (in den Jahren 264 bis 146 v. u. Z.) mit den Worten: „Karthago muß zerstört werden." Aber im Unterschied zu Karthago, das nach dem Dritten

Punischen Krieg völlig zerstört war, wußte bei uns niemand, wie eine Halbierung des „Sockels“ zu erreichen ist. Genaugenommen wollte das auch niemand wissen, denn man ahnte, daß die Konsequenzen verheerend wären.

Noch gefährlicher als die Verschuldung gegenüber dem Westen war für die Existenz der DDR das *Absinken der Rate der produktiven Akkumulation,* d. h. der Anteil der Summe aller Investitionen im produktiven Bereich - wozu nach den Begriffen der sozialistischen Ökonomie die Produktion, der Transport und der Handel gehören - am Nationaleinkommen des Jahres. Eine politische Führung, die im Interesse des kurzfristigen Erfolges den Aufwand für den Forschungsvorlauf und die Investitionen in die Zukunft vernachlässigt, gibt sich streng genommen selbst auf. Es fehlte auch nicht an Warnungen, diesen Weg weiter zu gehen, aber aufhalten konnte die rasende Fahrt des Zuges in die „lichte Zukunft des Sozialismus auf dem Weg der Einheit von Wirtschafts- und Sozialpolitik“ scheinbar keiner mehr. Ich verfluchte mein Schicksal, aus der nüchternen Analyse sehen zu müssen, wohin der Weg führt und persönlich nicht die Kraft für grundlegende Konsequenzen zu finden. Betrug die Rate der produktiven Akkumulation unter *Ulbricht* noch mehr als 16 Prozent des Nationaleinkommens, so sank sie unter *Honecker* auf 9 Prozent ab. Die Mittel für die Modernisierung und Rekonstruktion der Betriebe reichten vorn und hinten nicht aus. Um die ehrgeizigen Projekte wie die Programme für die Mikroelektronik, die Atomenergie, die moderne Chemie, die Veredlungsmetallurgie u.a. zu verwirklichen, wurden nicht nur die Gewinne, sondern auch ein Teil der Amortisationen der anderen Betriebe zentralisiert und umverteilt, wodurch sich der Verschleißgrad der Ausrüstungen dieser Betriebe erhöhte und ihre Technik zum Teil hoffnungslos veraltete. Eine Reihe Anlagen der Kohle-Karbid-Chemie, der Kupfer- und Aluminiumproduktion, der Zellstoffindustrie u.a. hatten nur noch Schrottwert und belasteten durch hohe Schadstoffemisionen die Umwelt, aber die Wirtschaft brauchte dringend ihre Produkte, so daß sie nicht stillgelegt werden konnten.

Über viele Jahre haben die Staatliche Plankommission, das Ministerium für Wissenschaft und Technik und auch die Ministerien für Industrie, Bauwesen, Landwirtschaft und Verkehrswesen darum gerungen, die Investitionen für diese Bereiche zu erhöhen, aber nach dem VIII. Parteitag wurden die Fonds immer weiter gekürzt. Dagegen wurden ständig neue Superprojekte in die laufenden Fünfjahrpläne hineingedrückt, wie der Palast der Republik, der Pionierpalast, Kulturhäuser in den Bezirken u.a., die Hunderte von Millionen kosteten und die Bilanzen sprengten. 300-400 Mio. M sollte der Palast der Republik anfangs kosten, mit 750 Mio. M wurde er abgerechnet, und fast 1,5 Milliarden M kostete sein Bau wirklich. Damit man 750 Millionen ausweisen konnte, wurden z. B. die gesamten Leistungen der Armee nicht als Kosten berechnet. Es gelang mir in dieser Zeit noch nicht einmal, den Bau der neuen Bezirksverwaltung für Staatssicherheit in Berlin zu verhindern, der nach dem protzigen Bau an der Normannenstraße in Alt-Friedrichsfelde entstand. *Erich Honekker* hatte mein Schreiben zum Baustopp zwar bestätigt und wir blokkierten die Mittel, aber *Mielke* setzte den Bau mit eigenen Baukapazitäten fort und finanzierte ihn aus anderen Quellen. Als *Honekker* auf der Fahrt nach Straußberg zum Nationalen Verteidigungsrat einmal darauf bestand, über Biesdorf zu fahren, entdeckte er den großzügigen und aufwendigen Bau und beschimpfte im Politbüro nicht *Mielke*, sondern mich und meinen Stellvertreter, Generalleutnant *Neidhardt*, und fragte uns warum wir bei unseren Sorgen den Bau dieses Objekts überhaupt zugelassen haben. Meinen Hinweis auf die wirkliche Lage der Dinge klärte zwar das Problem, verhinderte aber den Bau nicht. Jedes dieser Projekte kostete mit der Fertigstellung noch mehr Geld, und zwar in Form von Subventionen, die der produktiven Wirtschaft entzogen wurden, weil sie kaum über eigene Einnahmen verfügten.

Um den großen Ernst der Situation der Parteiführung klarzumachen, half uns die Zahlungsunfähigkeit der Volksrepublik Polen als erstem sozialistischem Staat im Jahre 1981 im Zusammenhang mit der Hochzinspolitik dieser Zeit, die international nicht nur bei den Banken einen Schock auslöste. Auch Rumänien war pleite, erklärte sich aber für zahlungsfähig und bezahlte einfach fällige Rechnungen nicht, was die internationale Finanzwelt noch mehr verunsicherte als ein bewußt vereinbartes Moratorium. Die DDR hatte unter dem Druck der Ereignisse endlich ihre Importe drastisch gekürzt und die Exporte erhöht, wobei leider auch jene Waren exportiert werden mußten, für die im Inland dringender Bedarf bestand und die wegen ungenügender Qualität auf den Exportmärkten oft nur als sog.

„Billigware" abzusetzen waren. Die „angenehme" Zeit des Schuldenmachens war vorbei. Bei Strafe unseres Unterganges mußten wir den Schuldendienst täglich gewährleisten und taten dies auch.

Beim Politbüro des ZK der SED bestand schon seit Mitte der 70er Jahre eine *Arbeitsgruppe „Zahlungsbilanz"* unter der Leitung *Günter Mittags*, in der u. a. vertreten waren: *Werner Krolikowski, Werner Jarowinsky, Werner Felfe, Gerhard Beil, Alexander Schalck-Golodkowski.* Auch ich gehörte dieser Arbeitsgruppe an, die formell bis zum Rücktritt des ZK 1989 existierte, aber immer weniger tagte, je höher die Schulden wurden.

Im Zusammenhang mit der Anfang der 80er Jahre entstandenen gefährlichen Zahlungssituation wurde nun vom Politbüro die Bildung einer Arbeitsgruppe „Zahlungsbilanz" beim Ministerrat unter meiner Leitung mit dem Auftrag beschlossen, ständig die Zahlungsfähigkeit der DDR zu garantieren. Mir war klar, daß damit eine Institution geschaffen wurde, auf die man im Notfall die Verantwortung vom Politbüro auf die Regierungsebene abschieben konnte, aber ich sah andererseits darin eine Chance, die für die Devisenwirtschaft des Landes kompetentesten Persönlichkeiten unter meiner Leitung zusammenzuführen. Der Arbeitsgruppe gehörten an: *Wolfgang Rauchfuß*, (Stellvertretender Ministerpräsident), *Gerhard Beil*, (Auszenwirtschaftsminister), *Alexander Schalck-Golodkowski*, (KoKo), *Werner Polze*, (Präsident der Außenhandelsbank) und *Herta König*, (Stellvertretende Finanzministerin und verantwortlich für die Valutawirtschaft). Die Arbeitsgruppe tagte wöchentlich, auch in Urlaubszeiten und an Feiertagen, und disponierte den Eingang und die Verwendung der Devisen des Landes für die jeweils kommende Woche. Ich bin weit davon entfernt, dieses gigantische „Dispatchersystem" als empfehlenswert darzustellen, aber in der Tat gelang es uns, die Zahlungsfähigkeit der DDR bis zum Rücktritt der Stoph-Regierung täglich zu gewährleisten. Bei aller Bedeutung des Bereiches KoKo für die Zahlungsbilanz war der Hauptgegenstand der Diskussion in unserer Arbeitsgruppe die Einhaltung der Verpflichtungen aller Ministerien für den planmäßigen Ex- und Import, denn die Devisenbewegungen dieser Bereiche umfaßten jährlich ein Volumen von 20-25 Milliarden Valutamark, also das Mehrfache der Einnahmen des Bereiches KoKo. Außerdem waren die Pläne unter dem politischen Druck zur Beherrschung der Zahlungssituation unreal geworden, was durch operative Entscheidungen korrigiert werden mußte, während *Schalck-Golodkowski* alle von ihm zugesagten Mittel zuverlässig und pünktlich einschoß. Durch die fast 10jährige Tätigkeit in dieser Arbeitsgruppe wurde das kleine Team, von denen jeder einen schweren Rucksack unterschiedlichster Verantwortung zu tragen hatte, zu einer echten Gemeinschaft und die gegenseitige Achtung hat die Existenz des Staates überdauert, für den wir arbeiteten.

Der Milliardenkredit an die DDR und die Rolle von F. J. Strauß

In Ost und West horchte die Welt auf, als Ende Juni 1983 bekannt wurde, daß die Regierung der Bundesrepublik Deutschland für einen Kredit von 1 Milliarde DM an die DDR bürgt, der von *Franz Josef Strauß* vermittelt wurde, d. h. ausgerechnet von dem Mann, der wie kein anderer die DDR stets politisch scharf attackiert hatte. Wie war damals die Lage, als das geschah?

Politisch war es die Zeit härtester Konfrontation. Es war die Zeit des NATO-Doppelbeschlusses, der umfangreichen Stationierung von Mittelstreckenraketen in Europa, sowohl in der BRD als auch in der DDR. In der UdSSR war es die Zeit der Führungskrisen und die Periode, in der der Militärisch-Industrielle Komplex (MIK) die Richtlinien der sowjetischen Politik bestimmte. Dem im Dezember 1982 verstorbenen Generalsekretär der KPdSU *Leonid Breshnew* folgte der kranke *Juri Andropow*, den man ein Jahr später zu Grabe trug. Er wurde vom schwachen *Konstantin Tschernenko* abgelöst, der ebenfalls ein Jahr später starb. Die Supermächte drückten politisch auf ihren jeweiligen politischen Partner in Deutschland in Richtung der Verschärfung der Situation mit Worten wie: „Auf einen groben Klotz gehört ein grober Keil“ und mit Maßnahmen zur Verschärfung der Lage. Der Verteidigungsminister der USA, *Kaspar Weinberger* forderte, Kredite an sozialistische Länder als „Waffe“ einzusetzen. Und dennoch signalisierten in dieser Zeit die Chefs der beiden deutschen Staaten Friedenswillen und Verständigungsbereitschaft. „Frieden schaffen mit immer weniger Waffen“ sagte der im Februar 1983 zum Bundeskanzler gewählte *Helmut Kohl* und „für eine Koalition der Vernunft“ setzte sich *Erich Honecker* gegen scharfmacherische Worte aus Moskau ein.

Ökonomisch war es die Zeit der Hochzinspolitik. Die Zinsen waren steil gestiegen. Die „Prime-Rate“ in den USA, d. h. die Zinsrate für den besten Kunden, kletterte auf mehr als 20 Prozent, und die sozialistischen Länder erhielten nur noch kurzfristig Kredite mit einer Laufzeit von maximal zwei Jahren und mit Warenbindung. Wir benötigten aber die neuen Kredite zur Rückzahlung fälliger alter Kredite und für die Zinsen, also weniger für den Wareneinkauf. Faktisch war das ein Kreditboykott gegen die sozialistischen Länder und nur unsere eigenen energischen Maßnahmen zur Exporterhöhung und zur Senkung des Importes, die uns ermöglichten, in den Jahren 1981-1984 wachsende Exportüberschüsse bis zu 4 Milliarden Valutamark pro Jahr zu erzielen, bewahrten uns vor schlimmeren Einbrüchen.

Daß uns in dieser Zeit der von *Franz Josef Strauß* nach intensiven Gesprächen mit *Alexander Schalck-Golodkowski*, die sich vordergründig nicht einmal mit ökonomischen Fragen, sondern mit notwendigen Schritten gegen die sowjetische Überrüstung bei verschiedenen Waffenarten beschäftigten, die von Strauß als friedensgefährdend eingeschätzt wurden, eingefädelte „Milliardenkredit“ gerade recht kam, wird man verstehen. Die Behauptung, daß *Strauß* damit die DDR vor der Pleite bewahrt habe, ist jedoch falsch. Zum Zeitpunkt des Milliardenkredits hatte die DDR nach den Unterlagen der Bank für Internationalen Zahlungsausgleich (BIZ) in Basel 1,8 Milliarden Dollar Guthaben, also weit mehr auf der Habenseite als der „Milliardenkredit“, der nach dem damaligen Dollarkurs etwa 350 Millionen Dollar ausmachte. An sich war es ein ganz normaler Kredit, der im Umfang von 500 Millionen DM von den Landesbanken der Bundesrepublik (also nicht nur Bayerns) und weiteren 500 Millionen von Privatbanken aufgebracht wurde und seitens der DDR durch die Transitpauschale garantiert war. Den sensationellen Anstrich erhielt er nur durch den exklusiven Vermittler und den Zeitpunkt der Gewährung. Immerhin war dieser Kredit der westdeutschen Banken mit Bundesbürgschaft, dem ein weiterer in Höhe von 950 Millionen folgte (damit dieser nicht so schlagzeilenträchtig war wie der „Milliardenkredit“), ein wichtiges Signal an die internationale Finanzwelt, das gleichzeitig die Kreditwürdigkeit und das internationale Image der DDR aufbesserte. Bald danach ging auch die Hochzinspolitik zu Ende und wir erhielten wieder Kredite mit 5jähriger Laufzeit, ohne Warenbindung und mit vertretbaren Zinsen.

Auch die Rechnung von *Franz Josef Strauß* ging auf. Er war immer ein intelligenter und weitsichtiger Politiker, der, wie kaum ein anderer westlicher Politiker, sehr deutlich die Gefahr militärischer Konflikte der Supermächte voraussah, bei denen sowohl die Bundesrepublik als auch die DDR ein riesiges Schlachtfeld hätten werden können. Er hatte Sorge vor der Destabilisierung der DDR an der Grenze der beiden Machtblöcke und wollte bei seinem bevorstehenden Besuch der DDR vor allem menschliche Erleichterungen für die Bürger erreichen, ohne ein für die Empfindlichkeiten der DDR unannehmbares Junktim zwischen diesen und den ökonomischen Fragen zu konstruieren. In der Tat führte die DDR ohne jede Bezugnahme auf den Kredit in der Folgezeit Maßnahmen menschlicher Erleichterungen in einem Umfang durch, wie sie vorher kein anderer Politiker der Bundesrepublik durch Verhandlungen mit der DDR erreicht hatte. Damit hatte *Strauß* zugleich die CDU/CSU und sich selbst innenpolitisch aufgewertet, denn bis zu diesem Zeitpunkt lag die Initiative bei Politikern der SPD, die mit den Treffen von *Willi Brandt* mit *Willi Stoph* in Erfurt und Kassel und Bundeskanzler *Helmut Schmidt* mit *Erich Honecker* in Güstrow und am Werbellinsee einen hoffnungsvollen Anfang gemacht hatten.

Im Politbüro des ZK der SED

„Politbüro" ist das Kurzwort für das politische Büro - das vom Zentralkomitee gewählte Organ marxistisch-leninistischer Parteien zur politischen Leitung der Arbeit des ZK zwischen den Plenartagungen. Die SED übernahm diesen Begriff von der Kommunistischen Partei Deutschlands (KPD) und der Kommunistischen Partei der Sowjetunion (KPdSU), während andere in den sozialistischen Ländern bzw. befreundete Parteien mit Begriffen und Organisationsformen arbeiteten wie „Parteipräsidium" oder „Exekutivkomitee". Durch den Anspruch auf die führende Rolle der Arbeiterpartei in der Gesellschaft, die in der DDR später auch in der Verfassung so verankert wurde, wurde das Politbüro der SED das einflußreichste Machtorgan im Lande. Nach der marxistisch-leninistischen Theorie wurde der Staat als „entscheidendes Machtinstrument der jeweils herrschenden Klasse einer ökonomischen Gesellschaftsform zur Durchsetzung und Sicherung ihrer Interessen", und die Partei als „bewußter und organisierter Vortrupp der Arbeiterklasse", definiert. Diese Auffassung war in unseren Köpfen fest verankert und bestimmte die bedingungslose Treue zur Führung der Partei. Die Gedanken dazu heute anders darzustellen, wäre unaufrichtig.

Erinnerungen an das erste Politbüro des ZK der SED

Historisch gesehen, waren die Mitglieder und Kandidaten des Politbüros lange Jahre eine Gruppe Berufsrevolutionäre mit Erfahrungen im Klassenkampf, den es immer gab, denn er ist keine Erfindung der SED, noch nicht einmal eine von *Karl Marx*, der nur die Gesetzmäßigkeiten der geschichtlich existierenden Klassenbeziehungen erforscht hatte. Zahlreiche Kommunisten sind für ihre Ideen ins Exil getrieben oder durch das Fegefeuer der Gefängnisse, Zuchthäuser, Verbannungsorte, Konzentrationslager gegangen. Viele von ihnen überstanden Folterungen, Schikanen und Racheakte bis in die

Familien hinein, oder sie mußten emigrieren und organisierten den Kampf vom Ausland aus. Zur Zeit *Stalins* kam noch die Gefahr der Denunziation aus den eigenen Reihen hinzu. Kommunisten lebten gefährlich, und die Liste ihrer Opfer wurde immer länger. Im Laufe meines Lebens bin ich mit einer Reihe von Mitgliedern der ersten Parteiführung der SED persönlich bekannt geworden, die das Führungsorgan nicht „Politbüro", sondern „Parteivorstand" bzw. „Zentralsekretariat" nannten. An *Wilhelm Pieck*, von Beruf Tischler, der seit 1895 Funktionär der SPD war, 1916 dem Spartakusbund beitrat, Abgeordneter des Preußischen Landtages und des Reichstages war und große Erfahrungen aus der Emigration und der Mitgliedschaft im Komintern mitbrachte, habe ich immer bewundert, wie er bei heftigen, z. T. auch sehr emotional geführten Auseinandersetzungen in den Sitzungen des Politbüros der SED, an denen ich zu bestimmten Punkten der Tagesordnung teilnehmen durfte, trotz schwerer Krankheit vermittelnd und schlichtend eingriff und präzise den Beschlußvorschlag formulierte. Er besaß unbestritten die höchste Autorität in diesem Gremium. *Wilhelm Pieck*, der jovial-väterlich wirkte, war zu seiner Zeit - durch seinen Rückhalt in der Sowjetunion und die langjährige Tätigkeit im Präsidium des Exekutivkomitees der Komintern - die Integrationsfigur der geeinten Arbeiterpartei und niemand zweifelte daran, daß er als erster Präsident der DDR der richtige Mann war. In der Zeit seiner politischen Verantwortung für die Kommunistische Partei wurde die SED als einheitliche Arbeiterpartei geschaffen und gemeinsam mit *Otto Grotewohl*, Co-Vorsitzender der Partei, entwickelten sie die SED - in Anlehnung an die Erfahrungen der KPdSU - zu einer „Partei neuen Typus" mit all den daraus entstandenen Problemen. In die Zeit ihrer gemeinsamen Verantwortung fiel die große Welle der Säuberungen und Parteiausschlüsse, besonders auf der Grundlage des Beschlusses des Parteivorstandes vom 29. Juli 1948 zur „Säuberung der Partei von feindlichen und entarteten Elementen". Dieser Beschluß richtete sich massiv gegen „Abweichler" aller Art, besonders aber gegen „Sozialdemokratismus", „Versöhnlertum" und „Westemigration" sowie gegen ehemalige Angehörige der KPO und SAP und führte zu einer bedeutenden Umschichtung der Mitgliedschaft der Partei. War die SED am 21./22. April 1946 durch Vereinigung von 679 000 Sozialdemokraten und 619 000 Kommunisten entstanden und dann durch einen rasanten Mitgliederzuwachs bis Dezember 1947 auf fast 1,8 Mio. angewachsen, hatte sie im Dezember 1951 nur noch 1 250 000 Mitglieder, davon etwa 500 000 neue Mitglieder. Das bedeutete, daß die Partei ca. 80 Prozent des Gründungsbestands ihrer Mitglieder verloren hatte.

Zwar kam es in der SED nicht zu den schlimmsten Entartungen stalinscher Despotie, was besonders ein Verdienst *Wilhelm Piecks und Otto Grotewohls* war, aber einen pro-sowjetischen Kurs mit Repressionen, Zentralismus und Mißachtung der Demokratie gab es seit ihrer Gründung und die Auffassung, daß man ohne einen scharf geführten Klassenkampf vor der Geschichte nicht bestehen kann, herrschte vor.

Otto Grotewohl, seit 1912 SPD-Mitglied und 1921 bis 1924 bereits einmal Minister für Inneres und Volksbildung bzw. für Justiz und Inneres in Braunschweig sowie Mitglied des Reichstages von 1925 bis 1933, wirkte als aus der Sozialdemokratie kommender Co-Vorsitzender der Partei durch seine kultivierte, höfliche Art sehr angenehm und überzeugend. Er war ein blendender Rhetoriker und sprach das geschliffene Deutsch des Braunschweig-Hannoveraners. Oft hatte er es nicht leicht, die reichen Traditionen und bewahrenswerten sozialdemokratischen Werte in der vereinten Partei zu vertreten, aber er rang entschieden darum. Kaum jemand kann heute noch richtig einschätzen, welch mächtigen Einfluß die kommunistisch orientierte Sowjetische Militäradministration damals auf den Lauf der Dinge in der DDR und auf die Partei hatte und wie schwierig die Position der Sozialdemokraten in der Führung der Partei deshalb war. Ich weiß nicht, wie sich jene unter den gegebenen Umständen verhalten hätten, die *Otto Grotewohl*, *Otto Buchwitz*, *Friedrich Ebert*, *Erich Mückenberger* u. a. heute wegen der Vereinigung der SPD und KPD zur Sozialistischen Einheitspartei Deutschlands verdammen, hätten sie nicht das Glück der späteren Geburt oder der Geburt im anderen Teil Deutschlands auf ihrer Seite gehabt. Ich verurteile deshalb auch heute noch entschieden die Umbenennung „meiner Straße“, der Otto-Grotewohl-Straße in Berlin, in die „Wilhelmstraße“, obwohl ich mich auch daran gewöhnen mußte, ich wollte ja weiter Post erhalten.

In der Schicksalsfrage der Einheit der Partei rieben sich in dieser Zeit auch *Walter Ulbricht* und *Friedrich Ebert* oft aneinander, der eine heimgekehrt aus sowjetischer Emigration und der andere, der Sohn des ersten deutschen Reichspräsidenten, befreit aus Kerkern der Gestapo, aber sie fanden immer einen Konsens, spätestens durch Vermittlung *Wilhelm Piecks* und *Otto Grotewohls*. Einer meiner Mitarbeiter im ZK, der mit *Friedrich Ebert* kurze Zeit im Gefängnis der Gestapo saß, schilderte mir damals eindringlich, wie ihnen der Gedanke der Einheit der Arbeiterbewegung, der Zusammenschluß von Kommunisten und Sozialdemokraten von den Faschisten geradezu eingeprügelt worden war. Sie teilten sich den letzten Kanten Brot und schworen sich, zukünftig nie mehr gegeneinander, sondern immer miteinander gegen Faschismus und Krieg zu kämpfen. *Walter Ulbricht*, der mit *Hermann Matern* und den beiden Parteivorsitzenden *Pieck* und *Grotewohl* zu den letzten vier der ehemals 14 Mitglieder des Zentralsekretariats des Gründungsparteitags gehörte, die von der großen Säuberung verschont geblieben waren, erlebte ich im April 1953 im Sekretariat der Partei fuchsteufelswild, als in einer Brigade zur Unterstützung der Parteiarbeit im Bezirk Magdeburg Tendenzen sichtbar geworden waren, Mitglieder der SED, die aus der SPD kamen, als „Schmutzialdemokraten" zu diffamieren. Die Brigade wurde aufgelöst und ihr Leiter, *Otto Heckert* (der jüngere Bruder des an der Kremlmauer beigesetzten Mitbegründers des Spartakusbundes Fritz Heckert), erhielt einen heftigen Rüffel von *Ulbricht*, weil er diese Diskussion in seiner Brigade nicht unterbunden hatte. Aus dem ursprünglichen Kreis des Zentralsekretariats der Partei waren inzwischen ausgeschlossen bzw. ausgeschieden: *Anton Ackermann*, *Franz Dahlem*, *Max Fechner*, *August Karsten*, *Paul Merker* und *Elli Schmidt*. Die ehemaligen Sozialdemokraten *Käthe Kern*, *Helmut Lehmann* und *Otto Meier* hatten ihre leitenden Positionen eingebüßt, und *Erich Gniffke* war in die Westzone übergesiedelt.

Mit *Anton Ackermann*, der 1935 schon mit Dreißig Kandidat des Politbüros der KPD im Exil war und der in seiner Heimat Thalheim eigentlich *Eugen Hanisch* hieß, ein geradliniger, bescheidener Kommunist, der wegen seiner Theorie vom besonderen deutschen Weg zum Sozialismus, die eigentlich gar nicht von ihm, sondern von dem politisch klugen sowjetischen Kulturoffizier *Tulpanow* stammte, aus dem Politbüro ausgeschlossen wurde, arbeitete ich später in der Staatlichen Plankommission zusammen und lernte ihn gut kennen. Der „besondere deutsche Weg" wäre wahrscheinlich sogar der bessere Weg für die DDR gewesen, denn daß diesem Land mit seiner eigenen Geschichte bei allen Unterschieden, die es gab (z. B. Zulassung mehrerer Parteien), das sowjetische System übergestülpt wurde, war aus heutiger Sicht bestimmt die schlechtere Variante. Nie klagte *Anton Ackermann* über seine ungerechte Behandlung, obwohl auch seine Rehabilitierung 1956 nur halbherzig erfolgte. Er starb im Mai 1973, völlig vereinsamt in Berlin.

Franz Dahlem, der schon 1928 bis 1939 Mitglied des ZK und des Politbüros der KPD war und bis 1945 viele Jahre in französischen und deutschen Konzentrationslagern eingesperrt war, wurde mein Nachbar in Berlin-Hohenschönhausen. Dieser aufrechte Kommunist und Kämpfer der internationalen Brigaden in Spanien wurde 1953 aller Ämter wegen „politischer Blindheit gegenüber imperialistischer Agenten" enthoben und war in Gefahr, wie *Slansky* in der CSSR und andere seiner Genossen und Mitkämpfer hingerichtet zu werden.

In der Parteiführung der SED gab es damals Bestrebungen, die schlimmsten Auswirkungen linkssektiererischer und menschenfeindlicher Auffassungen in der KPdSU und Entartungen im Macht- und Sicherheitsapparat der Sowjetunion von der DDR und der Partei möglichst fernzuhalten und wenigstens keine Todesurteile zuzulassen. Dennoch wurden zahlreiche führende Mitglieder durch falsche Anschuldigungen und immer wiederkehrende „Säuberungen" hart bestraft, wie *Paul Merker*, *Fritz Behrens*, *Wolfgang Harich*, *Walter Janka*, *Robert Havemann* und viele andere, die dem Sozialismus trotz aller Maßregelungen treu blieben, während einige hochrangige, bisher linientreue Funktionäre nach der Wende von ihren gepredigten Idealen so schnell abrückten, als sei alles nur ein Irrtum gewesen. Die Verfolgungen und die politischen Prozesse in der Sowjetunion bleiben als eines der Kainsmale der *Stalin*-Ära in Erinnerung.

Leider wurden diese Vergehen in der Parteigeschichte bis zum Untergang der Partei nie vollständig aufgearbeitet. *Franz Dahlem* wurde zwar 1956 rehabilitiert und arbeitete dann als Staatssekretär im Ministerium für Hochschulwesen, aber bei jedem Zusammentreffen beim Spaziergang in der Homeyer- oder Pfeilstraße in Berlin beklagte er sich über die Ungerechtigkeit der Partei, die er besonders *Walter Ulbricht* und *Hermann Matern* anlastete. Er wußte, daß ich daran nichts ändern konnte und wollte auch nicht, daß ich mich für ihn einsetze, aber dankbar war er, daß ich ihm aufmerksam zuhörte und Verständnis zeigte. Auch die zugewiesene Arbeit als Staatssekretär war bei *Franz Dahlem*, wie bei anderen Gemaßregelten, nur eine Scheinbeschäftigung mit Dienstauto und Sekretärin, ohne daß er dieses Amt verantwortlich ausfüllen durfte.

Hermann Matern, der als Vorsitzender der Zentralen Kontrollkommission der Partei (ZPKK) eine der wichtigsten Funktionen im Parteiapparat innehatte, war mit seinem markanten Charakterkopf und seiner klaren Art zu sprechen, für mich lange Zeit ein großes Vorbild, bis mir das Schicksal *Franz Dahlems* und das Verfahren gegen die Mitglieder des Politbüros *Wilhelm Zaisser* und *Rudolf Herrnstadt* bestimmte Zweifel an seiner Redlichkeit auferlegten. *Wilhelm Zaisser* war während des Kampfes in Spanien als „General Gomez" bekannt und dann Minister für Staatssicherheit und *Rudolf Herrnstadt*, ein intelligenter Mensch, hatte in der Emigration als Deutschlandreferent im Nachrichtendienst der Roten Armee gearbeitet und war Mitbegründer des Nationalkomitee Freies Deutschland. Beide wurden wegen „parteifeindlicher Fraktionsbildung" im Zusammenhang mit den Ereignissen am 17. Juni 1953 gemaßregelt. Sie waren damals viel mehr als ein „Bauernopfer", denn streng genommen büßten sie für die Sünden, die *Walter Ulbricht* zu verantworten hatte. Seit ich nach der Wende das Buch von *Helmut Müller-Enberger* „Der Fall Rudolf Herrnstadt" gelesen habe, bin ich auch davon überzeugt, daß die Partei damals die Chance, sich zu reformieren und zu demokratisieren, verpaßt hat.

Auch *Karl Schirdewan*, *Fred Oelßner* und *Ernst Wollweber*, die ich weniger gut kannte, wurden 1958 wegen „fraktioneller Tätigkeit" aus dem ZK ausgeschlossen, weil sie die starre Politik *Walter Ulbrichts* kritisierten und wirtschaftliche sowie politische Reformen forderten. Aus all diesen innerparteilichen Auseinandersetzungen ging *Walter Ulbricht* durch seine taktische Schlauheit und sein überdurchschnittliches Organisationstalent immer gestärkter als Sieger hervor.

Mit *Erich Honecker* und *Albert Norden* bin ich in dieser Zeit nur zu Parteiaktivtagungen oder anläßlich von Delegiertenkonferenzen in den Bezirken zusammengekommen, wobei *Norden* durch seine geistreichen Reden glänzte und *Honecker* mehr als der einfache, erfahrene Parteiarbeiter auftrat. *Heinrich Rau* und *Bruno Leuschner*, die sich unmittelbar mit Ökonomie und Planung beschäftigten, kannte ich am besten. Sie beeindruckten mich nicht nur durch ihr universales Wissen, sondern auch durch ihre unermüdliche Tatkraft, mit der sie die schier unlösbaren Probleme des Aufbaus anpackten. Die Leitung der Wirtschaft war immer das Schwierigste in der Politik, und besonders schwer waren die ersten Jahre, als das Land aus Ruinen auferstand.

Als ich nach der Wende in *Honeckers* Buch „Der Sturz" seine Antwort auf die Frage, „was die Leute unter einer maroden Wirtschaft verstehen", las: „Jedenfalls hatten wir seit 20 Jahren eine aufblühende Wirtschaft", war ich erschüttert, weil er die schweren Jahre des Aufbaus nach dem Krieg einfach ignorierte und den Fortschritt oder sogar das „Aufblühen" nur für seine Zeit als Generalsekretär in Anspruch nehmen wollte. Ich meine aber, daß genau umgekehrt in den ersten 20 Jahren der Existenz der DDR Riesiges vollbracht wurde, ohne die Mängel und Dummheiten dieser Zeit verniedlichen zu wollen. Nach einer gründlichen Analyse kann niemand die euphorische Einschätzung über die blühende Wirtschaft der DDR in der Ära *Honecker* bestätigen, denn sie war von Beginn an widersprüchlich und trug den Keim der Pleite in sich.

Über einige besonders einflußreiche Mitglieder des Politbüros möchte ich als einer, der viele Jahre in ihrem Auftrag und mit ihnen gearbeitet hat, im folgenden berichten, jedoch dies nur als einen kleinen Beitrag zur Aufarbeitung der Geschichte ansehen und nicht den Anspruch erheben, sie in ihrer historischen Dimension umfassend zu bewerten.

Walter Ulbricht, der dominierende Mann aus dem Moskauer Exil

Der gelernte Tischler wurde 1893 in Leipzig geboren, war seit 1912 Mitglied der SPD, trat 1918 in den Spartakusbund ein und ging 1919 in die KPD, in der er 1923 bis 1924 und dann wieder ab 1927 ZK-Mitglied war. Von 1924 bis 1927 arbeitete *Ulbricht* in der Komintern. Bereits 1929 wurde er Mitglied des Politbüros der KPD. In den Jahren 1928 bis 1933 war er Mitglied des Reichstages und von 1929 bis 1933 Leiter des Parteibezirkes der KPD Berlin-Brandenburg. Nach dem Machtantritt *Hitlers* 1933 emigrierte er nach Prag und Paris, 1938 ging er ins Moskauer Exil. Dort gehörte er zu dem kleinen Kreis führender internationaler Kommunisten wie *Palmiro Togliatti*, *Maurice Thorez*, *Wilhelm Pieck*, *Herbert Wehner*, *Georgi Dimitroff*, *Matyas Rakosi*, *Dolores Ibarruri*, *Klement Gottwald*, *Ho Chi Minh*, *Josip Broz Tito* u.a; die vom Hotel Lux aus auf der Gorkistraße den internationalen Kampf um die Befreiung von Faschismus und Imperialismus organisierten.

Der von grauen Säulen umgebene gläserne Eingang des noch in der Zarenzeit erbauten Hotels Lux läßt äußerlich nicht vermuten, daß in diesen wenig komfortablen Räumen lange Zeit bis zu 600 Menschen wohnten. Die endlos langen roten Läufer im Kremldekor und die schweren Polstermöbel im Eingangsbereich konnten nicht darüber hinwegtäuschen, daß der Lift uralt und klapprig war, die Gemeinschaftsküche ständig nach Kohl roch, Fliegen, Kakalaken und oft auch Wanzen die Bewohner piesakten und von den verwinkelten Korridoren in sieben Etagen die Türen in die bescheidenen „Quartiere“ abgingen, hinter denen führende Kommunisten arbeiteten, oft genug in der Angst lebend, vom sowjetischen Geheimdienst verhaftet zu werden.

1945 aus der UdSSR zurückgekehrt, organisierte *Walter Ulbricht* als wichtigster Mann nach *Wilhelm Pieck* den Aufbau der antifaschistisch-demokratischen Ordnung in der SBZ. 1950 wurde er Generalsekretär der Partei. Objektiv betrachtet war *Walter Ulbricht* schon damals der wichtigste Mann in der Parteiführung der SED, der für das straffe Regime einer Partei neuen Typus nach sowjetischem Vorbild, für die Macht und Positionskämpfe in der Partei, für Repressionen und Verfolgung Andersdenkender, für Avantgardismus und Willkür dieser Zeit die Hauptverantwortung trug. Er brachte die Ideen *Stalins* von der ständigen Verschärfung des Klassenkampfes und von der Notwendigkeit, den Hauptschlag gegen die Zwischenkräfte, gegen Abweichler und Versöhnler zu führen, da von ihnen die Hauptgefahr für die Revolution ausgehe, aus Moskau mit in die politische Praxis der SED. Andererseits förderte *Ulbricht* die offene Diskussion, liebte den Disput, und wer einen langen Atem hatte, konnte ihn sogar beeinflussen.

Schon lange vor dem Tod *Wilhelm Piecks* (1960) und *Otto Grotewohls* (1964) hatte *Walter Ulbricht* den Sprung zur Nummer eins in der Partei geschafft. Das auf dem Vereinigungsparteitag 1946 geschaffene System der Co-Vorsitzenden der Partei und der paritätischen Vorstände von KPD- und SPD-Genossen war 1953 abgeschafft und *Walter Ulbricht* zum Ersten Sekretär der Partei berufen worden. Auf diese Weise sollte die im April 1946 vollzogene Einheit der beiden großen deutschen Arbeiterparteien SPD und KPD auch nach außen für alle sichtbar als vollendet demonstriert werden und tatsächlich fragte kaum jemand mehr, über welche Partei man in die SED gekommen war. *Walter Ulbricht* war von 1949 bis 1955 zugleich Stellvertreter und 1955 bis 1960 Erster Stellvertreter des Vorsitzenden des Ministerrates.

Vom Januar 1953 bis zu seinem Tode im Jahre 1973 habe ich unmittelbar unter *Ulbricht* gearbeitet und wurde fast jede Woche zu bestimmten Punkten der Tagesordnung des Politbüros eingeladen. Über die inhaltlichen Probleme und die Haltung *Walter Ulbrichts* zu bestimmten Ereignissen, wie zum 17. Juni 1953, zum „NÖS", zur wissenschaftlich-technischen Revolution, zu den Prognosen u.a. habe ich schon geschrieben. Wie war er aber persönlich, wie war er als Erster Sekretär der Partei, im Politbüro und wie als Mensch?

Walter Ulbricht formulierte stets prinzipiell und scharf, schonte niemanden vor Kritik, er liebte den Streit und war selbst nicht selten direkt zänkisch. Die Sitzungen des Politbüros dauerten bei ihm meist von 10 Uhr morgens bis zum späten Nachmittag und gingen zum Teil auch bis in die Nacht hinein. Oft flogen die Fetzen so heftig, daß man als junges Parteimitglied Angst bekam. Leute wie *Heinrich Rau*, *Bruno Leuschner*, *Alfred Neumann*, *Hermann Matern* u.a. donnerten auch mal kräftig gegen *Ulbricht*, und ich vergesse nicht, wie mein erster Abteilungsleiter im ZK, *Franz Ulbrig*, zu *Walter Ulbricht* sagte:

„Ich habe dir schon oft gesagt, *Walter*, daß du nichts von der Wirtschaft verstehst, nun begreife es doch endlich." Und *Ulbricht* war sauer, aber blieb ruhig, denn sie kannten sich schon lange aus der illegalen Arbeit. *Ulbricht* förderte den Meinungsstreit, haßte die Schönrederei und konnte auch vertragen, wenn Kontrahenten nicht so schnell umzustimmen waren. Wenn der Beschluß jedoch gefaßt war, gab es kein Pardon, dann mußte er durchgeführt werden und wehe dem, der ausscherte. Hatte bei *Ulbricht* einmal einer „verschissen", dann für immer, denn er war nachtragend. In der Bevölkerung war er weniger angesehen als später *Erich Honecker* in den ersten Jahren seiner Amtszeit. Man foppte ihn wegen seiner hohen sächselnden Fistelstimme, die der Leipziger nie los wurde, lastete ihm natürlich auch alle Schwächen in der Politik als sein persönliches Versagen an und sprach stets nur abwertend vom „Spitzbart", ohne den manches besser ginge.

Walter Ulbricht kommt das Verdienst zu, als erster der Parteiführung damals rechtzeitig erkannt zu haben, daß im Politbüro nicht nur Berufsrevolutionäre sitzen dürfen, sondern daß es in seiner personellen Zusammensetzung durch parteitreue Spezialisten ergänzt werden muß. Er holte sich die damals relativ jungen, gebildeten Fachleute, wie den Minister für Schwermaschinenbau Dr. Ing.*Erich Apel*, den Verkehrsexperten Dr.*Günter Mittag*, den Elektronikingenieur *Günter Kleiber*, den Finanzökonomen*Walter Halbritter* und die Leiterin der Agrar-Industrie-Vereinigung Friedland, *Margarete Müller*, ins Politbüro und erweiterte fast alle Plenartagungen des ZK durch die Einladung der besten Wissenschaftler des Landes und erfahrensten Praktiker aus der gesamten Wirtschaft.

Seine beste Zeit hatte *Ulbricht* etwa zwischen 1962 und 1967, als er neue Ideen in die Politik einbrachte, wie die von der Menschengemeinschaft in der DDR, den deutsch-deutschen Dialog, die schöpferische Rolle der Intelligenz, die - allerdings sehr begrenzte - Liberalisierung der Kultur und besonders die Reformen in Richtung eines Neuen Ökonomischen Systems der Planung und Leitung der Volkswirtschaft. Er unterstützte die Vorschläge zur Entwicklung der Arbeitsproduktivität des Landes und trieb den Gedanken einer Leistungsgesellschaft voran wie kein anderer zuvor oder nach ihm. Die Führung in Moskau begann sich nun schrittweise von *Ulbricht* zu distanzieren.

Entscheidend für seinen persönlich erfolgreichen Weg in dieser Zeit war, daß er gelernt hatte, anderen und besonders Wissenschaftlern im Land geduldig zuzuhören. Schon wenige Jahre später wurde er, bedingt durch seinen Altersstarrsinn, immer eigensinniger und ließ sich zu sehr vom eigenen Sendungsbewußtsein leiten, das er immer überschätzte. Anstelle eines erhofften Platzes in einem Mausoleum blieb ihm nach seinem Tode glücklicherweise noch die ehrenvolle Beisetzung im Rondell an der Gedenkstätte der Sozialisten in Berlin-Friedrichsfelde neben *Karl Liebknecht*, *Rosa Luxemburg*, *Ernst Thälmann*, *Wilhelm Pieck*, *Rudolf Breitscheid*, *Otto Grotewohl*, *Franz Mehring*, *John Schehr* und *Franz Küster*.

Walter Ulbricht hatte wahrscheinlich so gut wie kein Privatleben. Immer war er im Dienst. Einmal rief er mich in sein Haus nach Wandlitz (in das ich nach seinem Tod mit meiner Familie gezogen bin) und kritisierte mich wegen eines zu niedrigen Planes, den ich dem Politbüro eingereicht hatte. Alle Argumente die er kannte, und zwar die der politisch labilen Weltlage und der historischen Mission der DDR mußten dazu herhalten, mir klar zu machen, daß die Ziele des Planentwurfes aus politischen Gründen noch höher angesetzt werden müßten, wozu ich keine Voraussetzungen sah und deshalb stur blieb. Nach zwei Stunden war es sogar seiner bestimmt nicht zartbesaiteten Frau *Lotte* zuviel, und sie sagte: „Jetzt bekommt der *Gerhard* erst einmal von mir eine Tasse Kaffee." Erstaunlicherweise beruhigte sich *Walter Ulbricht* dann ziemlich schnell, und es wurde noch eine fast familiäre Kaffeerunde, bei der ich ihn das einzige Mal so entspannt erlebte, daß er sogar einen Witz erzählte, der noch dazu die Plankommission betraf. Obwohl dieser schon einen Bart hatte, möchte ich ihn nicht verschweigen: Ein Vater geht mit seinem Sohn spazieren und der Sohn fragt: „Papi, was ist eigentlich der Unterschied zwischen einem Unglück und einer Katastrophe?" Der Vater antwortete: „Wenn zwei Autos zusammenstoßen, ist es ein Unglück, wenn aber zwei Eisenbahnzüge zusammenstoßen, ist es eine Katastrophe." Nach einer Weile sagt der Sohn: „Papi, wenn aber nun bei dem Zugzusammenstoß alle überleben und bei dem Autozusammenstoß alle tot sind, warum ist das dann beim Zug eine Katastrophe und bei den Autos ein Unglück?" Der Vater denkt im Weitergehen nach, wie er das seinem Sohn noch einmal anders erklären kann, da kommen sie auf der Leipziger Straße am Haus der Ministerien vorbei, der Vater bleibt stehen und sagt: „Jetzt kann ich es dir erklären, mein Sohn. In diesem Haus arbeiten 2 000 Menschen von der Staatlichen Plankommission. Wenn das ganze Haus jetzt zusammenbricht, ist das eine Katastrophe, aber ein Unglück ist es dann noch lange nicht."

Ein weiteres Erlebnis mit Familie *Ulbricht* in privater Atmosphäre ist mir in Erinnerung geblieben: Während eines Urlaubs in Dierhagen, den meine Familie und ich gemeinsam mit den beiden im Gästeheim der Regierung verbrachten, gingen die beiden *Ulbrichts* nach dem Mittagessen meist spazieren und *Walter* lud mich manchmal ein, sie zu begleiten. Es war für mich sehr interessant, in der entspannten Urlaubsstimmung mit den beiden zu reden, und manches Problem der Plankommission konnte ich so *Walter Ulbricht* nahebringen, was mir später bei wichtigen Entscheidungen im Politbüro half.

Erholsam war es auch, in Badehosen bei Sonnenschein am Strand spazieren zu gehen. *Walter Ulbricht* sah mit seinen knielangen Bermudashorts, die damals noch nicht in der Mode waren, etwas trottelig aus. Dennoch erkannten ihn fast alle und viele winkten ihm zu.

Erich Honeckers steiler Aufstieg und tiefer Fall

Ein geradliniger Weg führte den jungen Trommler aus kommunistischem Elternhaus in Wiebelskirchen im Saarland zu den Höhen der Macht. Illegale Arbeit für die Partei prägten seine Jugend. In Magnitogorsk hatte er am Stahlwerk zu einer Zeit mitgebaut, als man in der Sowjetunion noch Bastschuhe trug und hungerte. Auch die faschistische Kerkerhaft von 1935 bis 1945 brachte ihn nicht von seinem Weg ab. Als Jugendsekretär des ZK begann für ihn nach der Befreiung ein neuer Lebensabschnitt. Von 1946 bis 1955 war er Vorsitzender der von ihm mitbegründeten Freien Deutschen Jugend, und von 1950 bis 1958 bereits Kandidat und ab 1958 Mitglied des Politbüros, wurde er, an der Stirnseite der großen Tafel im Sitzungszimmers des Politbüros neben *Walter Ulbricht* sitzend, für jeden sichtbar zu dessen Kronprinzen gekürt. Ich bewunderte den vitalen, sportlichen Mann, dem man den Geräteturner ansah, und hatte größtes Verständnis dafür, daß er sich von der burschikosen, sehr mannhaft und viel älter wirkenden *Edith Baumann* trennte und die attraktive *Margot Feist* heiratete.

Meine ersten persönlichen Begegnungen mit *Erich Honecker* stammen aus dem Jahr 1955, als wir beide an die Parteihochschule in Moskau (er zu einem Einjahres-, ich zum Dreijahreskurs) delegiert worden waren und Ende August gemeinsam 36 Stunden im Zug nach Moskau reisten. Das Sekretariat des ZK hatte mich zum Reiseleiter der ca. 30 Mitstudenten bestimmt und seinen Beschluß auch nicht abgeändert, als *Honecker* nachträglich in den Kreis der Studenten aufgenommen wurde. Man hatte ihm mitgeteilt, daß er mein Stellvertreter sei, was für mich als Sektorleiter im ZK der SED gegenüber einem Kandidaten des Politbüros als unannehmbar erschien. Auf der Bahnfahrt kam *Honecker* oft in mein Abteil und fragte mich, ob ich noch Aufträge für ihn hätte. So war er sein Leben lang, Parteibeschlüsse führte stets aus. Damals wußte ich natürlich nicht, daß er mein weiteres Leben wie kein anderer beeinflussen sollte. So war es *Honecker*, der beim Streit mit *Walter Ulbricht* über die Nachfolge von *Erich Apel* als Vorsitzender der Staatlichen Plankommission mich gegenüber einem Naturwissenschaftler favorisierte und der mir später half, die überhöhten Forderungen *Ulbrichts* nach der Ausarbeitung kaum realisierbarer Pläne mit einer 10-12prozentigen Steigerung der Arbeitsproduktivität zu verhindern. „Mach es doch einfach nicht, wenn es nicht geht", war sein Ratschlag, der nicht geholfen hätte, wenn er im Politbüro nicht die entsprechende Unterstützung dafür organisiert und gegeben hätte.

Voller Überzeugung unterstützte ich seine Kandidatur zum Ersten Sekretär der Partei und war unglücklich über unseren Zusammenstoß nach dem VIII. Parteitag bei der Beschlußfassung über das sozialpolitische Programm. Als *Honecker* mich Mitte 1973 zu einer persönlichen Aussprache bat, ahnte ich nichts Gutes. Es kam jedoch ganz anders. Ich war völlig überrascht, als er zu mir sagte: „*Gerhard*, ich möchte, daß du in unseren 'Verein' als Kandidat des Politbüros kommst, denn ich verstehe nicht viel von Ökonomie und du könntest mir helfen." Nach meiner Wahl zum Kandidaten des Politbüros durch das ZK der SED habe ich noch energischer als vorher, aufrichtig, ehrlich und mit aller Kraft für *Honecker* gearbeitet und ihn stets unterstützt, und ich glaube bis heute, daß manches anders und besser abgelaufen wäre, hätte er nicht 1976 *Günter Mittag* wieder als Sekretär für Wirtschaftspolitik in das ZK zurückgeholt, weil er mit *Werner Krolikowski* nicht zurecht kam. Für die Entscheidung gegen *Werner Krolikowski* hatte ich Verständnis, denn mir waren dessen allgemeine Reden sowie Arbeits- und Lebensstil in seiner Zeit als Erster Sekretär der Bezirksleitung Dresden schon immer ein Dorn im Auge. Auch während seiner Tätigkeit als Sekretär für Wirtschaftspolitik im ZK gab es zwischen uns großen Ärger. Und doch war es eine unglückliche Lösung.

So konnte sich systematisch diese verhängnisvolle und tragische „Altmännerfreundschaft" zu *Günter Mittag* entwickeln, die aus dem bis dahin bescheidenen *Honecker*, den die hohe Funktion überforderte, einen uneinsichtigen, überheblichen, für Rummel und Schmus zugänglichen Politiker machte, der die Ratschläge der Mitglieder des Politbüros im wachsenden Maße geringschätzte. Es dauerte nicht lange und er sagte ständig: „In Ökonomie macht mir keiner etwas vor." Seine Eitelkeit nahm Ausmaße an, wie es oft bei zu klein geratenen Menschen zu beobachten ist. Die starke Bindung und die gegenseitige Achtung zwischen uns nutzte sich ab, der Stern der guten Hoffnung, der *Honecker* für mich war, verblaßte nach und nach, und auch er suchte immer weniger meinen Rat. Alles, was ich an den Generalsekretär sandte und was von *Honecker* an mich ging, wurde von nun an nur noch über *Mittag* geleitet, oder es ging gar nichts mehr.

Erich Honecker liebte den Erfolg und vermied den Streit. *Mittag* holte er sich, wie er mir sagte, als Wirtschaftssekretär zurück, weil er durch seine prinzipielle Härte und Strenge sowie durch sein Organisationstalent die Minister so trefflich im Zaum halten konnte. Der übliche Ärger, der Krach und die Auseinandersetzungen wurden nun auf die Phase der Vorbereitung von Vorlagen für das Politbüro verlegt. Die Sitzungen des Politbüros dauerten unter *Honeckers* Leitung nur noch zwei bis drei Stunden, die ZK-Tagungen fanden ohne Experten statt, schöne Berichte wurden mehr geliebt als Vorlagen über Probleme. Man gewöhnte sich daran, daß vorher alles gefiltert werden mußte. Aus den Redeentwürfen zur Begründung der Pläne wurden die Aussagen über Schwierigkeiten in der Produktion, in der Volkswirtschaft und wo sie auch sonst noch auftraten stets gestrichen und *Joachim Herrmann*, als Sekretär des ZK für die Medien zuständig, war darauf spezialisiert, daß *Honecker* überall im „Bilde" war. Es herrschte Friede, Freude, Eierkuchen.

Solange es bis 1978/79 durch eigene wirtschaftliche Leistungen, durch Importüberschuß und dank der Westkredite noch scheinbar aufwärts ging, war das alles zu ertragen, aber dann kam die bittere Zeit der unausweichlichen Verpflichtungen zur Rückzahlung der Kredite, die Zeit der Hochzinspolitik, der Kürzung der sowjetischen Erdöllieferungen und des politischen Umbruchs in Moskau mit Perestroika und Glasnost. Die DDR geriet in schweren Wassern außer Kurs.

Jahrelang habe ich in *Erich Honecker* den geradlinigen, standhaften Kommunisten gesehen, der er war und bis zu seinem Tode blieb. Dennoch kann ich vieles, was er in den „Moabiter Notizen" veröffentlicht hat, nicht als Meinung eines Partei- und Staatschefs akzeptieren, der für den Niedergang seines Landes Verantwortung zu tragen hat. „Trotz aller Schwierigkeiten und Gefahren, trotz der augenblicklich düsteren Lage, bin und bleibe ich zuversichtlich. Dem Sozialismus wird die Zukunft gehören", so lautete *Honeckers* Kredo. Wer etwas anderes von ihm erwartet hatte, mußte irren, denn ein Mensch mit seinen Erfahrungen und Selbstüberschätzungen, seinen Erlebnissen in der Zeit des Faschismus und des Krieges, seinen Zusammenkünften mit den Herrschenden dieser Welt, seinen Ansichten von Treue und Verrat, seinen Gefühlen nach rasantem Aufstieg und tiefem Sturz, konnte er mit über 80 Jahren nicht mehr ändern und wollte es auch nicht.

Ein anderes Problem ist, daß er alle, die den von ihm in den Dreck gefahrenen Karren wieder flott machen wollten, als Verräter an den Idealen des Sozialismus beschimpfte. Er persönlich suchte zuerst Schutz bei der Roten Armee, bei der Kirche, beim chilenischen Botschafter in Moskau und in Chile, anstatt die Verantwortung für die verfehlte Politik auf sich zu nehmen, sich mit dem Politbüro geschlossen vor die Partei zu stellen und zu verlangen, daß niemand außer der Führung selbst für alles geradezustehen hat und niemand Prozessen und Verfolgungen ausgesetzt werden darf, es sei denn er hätte Verbrechen begangen, die nach der Verfassung und dem Strafrecht der DDR zu ahnden sind. Für mich wäre das der bessere, der ehrenhaftere Weg gewesen.

Erich Honecker wird sicher später in der deutschen und europäischen Geschichte seinen gerechten Platz finden, vor allem für seine Verdienste in der Durchsetzung der Politik der Vernunft und der Entspannung, die sich heute noch andere unverdient allein zuschreiben, aber auch für negative Entwicklungen in seiner Zeit als Generalsekretär der SED. Daß man es den Angehörigen und seinen Freunden bis zur Stunde verwehrt, die Urne mit den sterblichen Überresten in deutscher Erde beizusetzen, empfinde ich inhuman.

Wem nützt es aber nun, daß *Erich Honecker* zu Lebzeiten die „Drahtzieher eines großangelegten Manövers suchte, die sich noch im Hintergrund halten" und die in den „Moabiter Notizen" mit *Michael Gorbatschow*, *Eduard Schewardnadse*, *Egon Krenz*, *Hans Modrow*, *Harry Tisch* und *Markus Wolf* konkrete Namen erhielten? Niemandem nützt das und vielen schadet es. Nein, niemand kann mich dazu bringen, aus Hochachtung vor dem Leben des Antifaschisten *Honecker* die Wahrheit zu verschweigen. Richtig ist, daß nicht die 10. ZK-Tagung im November 1989, die erste Tagung ohne *Honecker*, der „Beginn der Talfahrt der SED in die Katastrophe" war, wie er schrieb, sondern das Politbüro unter seiner Führung, dem ich 16 Jahre als Kandidat angehörte, hat die Krise des Sozialismus zu verantworten, weil es Veränderungen in der Weltlage nicht analysierte und nicht rechtzeitig Schlußfolgerungen daraus zog. Nicht *Krenz* hat „das Volk in den Abgrund geführt", wie *Honecker* schrieb, sondern er selbst war verantwortlich, daß das „Geschrei auf dem Marktplatz von Leipzig", wie er es nannte, zur umfassensten Massenbewegung von Bürgern in der Geschichte der DDR gegen unsere Politik wurde. Die Massenflucht über Ungarn die Flucht in die Botschaften der Bundesrepublik in Budapest, Prag und Warschau waren das Ergebnis einer verfehlten Politik der DDR und nicht eine Kurzschlußhandlung von politisch blinden Menschen, denen man „keine Träne nachweinen soll", wie *Erich Honecker* in dem von ihm handschriftlich redigierten Leitartikel des „Neuen Deutschland" schrieb. Als um *Ingrid Stoph*, der Tochter meines besten Freundes *Kurt Stoph*, ein riesiger Presserummel einsetzte mit den Schlagzeilen, daß nun auch die Nichte des Ministerpräsidenten der DDR mit ihrer Familie in die

Deutsche Botschaft in Prag geflüchtet war und die Ausreise aus der DDR erreichen wollte, war ich mit *Honeckers* Worten, „Flüchtlingen keine Träne nachzuweinen“, persönlich konfrontiert. Als kleines Mädchen hatte ich sie an der Hand gehalten, mit ihr gelacht und ihre Tränen getrocknet, wenn sie weinte. Unsere Kinder waren zusammen aufgewachsen und *Ingrid* sowie ihr Bruder *Werner* sahen in mir einen Menschen, an den man sich wenden konnte, wenn ihnen der väterliche Rat fehlte. Aber den politisch brisanten Entschluß, die DDR zu verlassen, hatte sie mit ihrem Mann allein gefaßt. Gebilligt habe ich ihren Schritt nicht, aber sollte mir nun, nachdem ihr Vater an Krebs gestorben war, ihr Schicksal gleichgültig sein? Mit*Willi Stoph* hatte die Flucht seiner Nichte übrigens nichts zu tun, denn er kannte sie kaum, weil die beiden *Stoph*-Brüder ihr Leben lang nicht miteinander harmonierten. Eigentlich konnte keiner der beiden richtig erklären, warum das so war. *Kurt* sagte mir einmal, daß *Willi* ihm nie verziehen hat, „daß er ihn als Kind mit Honig ans Schaukelpferd festgeklebt hatte“, damit er ruhig sitzen bleibt. Aber das ist sicher nur eine Kindheitserinnerung. *Willi Stoph* hat mit seinem Bruder bestimmt noch andere Probleme ausgefochten, denn *Kurt* unterstand ihm als Leiter des Staatssekretariats für Staatsreserve direkt, und einen schwierigen Charakter hatten beide Brüder. Auf jeden Fall war *Kurt* sehr froh darüber, daß er und *Willi* sich zuletzt doch noch ausgesöhnt hatten.

Bei einem Gespräch kurz vor ihrer Flucht nach Prag spürte ich, daß *Ingrid Stoph* und ihr Mann, der als Klempner am Rande Berlins arbeitete, über die Sorgen und Nöte sowie die Perspektivlosigkeit ihres Gewerbes in der DDR enttäuscht waren und ich glaube, sie wollten deshalb die DDR verlassen. Sie gingen zunächst nach Fürstenfeld-Bruck und sind inzwischen nach Canada ausgewandert. Sie leben heute in Vancouver und haben dort eine kleine Firma zum Verkauf und zur Montage von Heizanlagen. So gab es in dieser Zeit sicher Tausende von Menschen, die infolge der Politik der Abgrenzung und der Ausgrenzung in eine solche Lage kamen und niemand hat das Recht, sie zu beschimpfen oder zu verachten. Man sollte auch aufhören, Ungarn Verrat für die Öffnung der Grenze vorzuwerfen, auch wenn für das Land kommerzielle Interessen vielleicht ebenso wichtig waren wie humanistische Gedanken. Die Menschen sind wegen unserer Politik nach Ungarn gegangen, mit dem Willen, den

Westen lebend zu erreichen, und sie sind nicht etwa von Ungarn zum Grenzdurchbruch angeworben oder gar eingesammelt worden, um sie abschieben zu können.

Das alles ist Vergangenheit. Wenn *Honecker* in seinen Notizen *Egon Krenz* und uns anderen Mitgliedern des Politbüros noch etwas vorwerfen konnte, dann war es vor allem die Unentschlossenheit und Gefühlsduselei, die dazu führten, daß wir ihn nicht rechtzeitig von allen seinen Funktionen abberufen und ein neues, tragfähiges, der veränderten Weltlage angepaßtes politisches Konzept verwirklicht haben, das hätte zwar nach dem Untergang der UdSSR die DDR nicht gerettet, sie aber für einen organisierteren Übergang in die deutsche Einheit auf dem Weg einer Konföderation möglich gemacht.

„Ich war im Politbüro immer gleicher unter gleichen", schrieb *Honecker* in seinem Buch „Der Sturz" und fügte weiter hinzu: „Es gab für mich keinen, den ich als meinen besonderen Vertrauten angesehen hätte." Das ist aber eine bewußte Lüge. Denn hätte er sein ganzes Vertrauen nicht *Günter Mittag* allein, sondern dem Manne geschenkt, der eigentlich sein besonderer Vertrauter im Interesse des Staates hätte sein müssen, dem Ministerpräsidenten *Willi Stoph*, dann wäre manches anders abgelaufen.

War Günter Mittag der „Totengräber“ der DDR?

Ich habe schon des öfteren den Namen *Günter Mittag* erwähnt. Das hat seinen guten Grund, denn wir hatten in den letzten dreißig Jahren oft miteinander zu tun, und er hat mein Schicksal wie kaum ein anderer beeinflußt. Auch er beschreibt in dem Buch „Um jeden Preis“ unsere Zusammenarbeit und charakterisiert die Arbeit der Staatlichen Plankommission unter meiner Leitung. Einiges wird dabei sachlich richtig dargestellt, vieles jedoch entstellt und negativ wiedergegeben. Dennoch will ich das Folgende nicht als eine Attacke auf sein Buch verstanden wissen, schon aus dem Grund, weil *Günter Mittag* sich nicht mehr wehren kann. Ich möchte jedoch an dieser Stelle auf eine ausführliche Charakteristik der Persönlichkeit *Günter Mittags* und seiner Handlungsweise nicht verzichten da er viele Kapitel der DDR-Geschichte gravierend mitgeschrieben hat.

Mindestens zwei Drittel seines Buches halte ich für wertvoll, weil die Aussagen auf gründlichen Analysen beruhen und Materialien und Einschätzungen berücksichtigen, die von Wissenschaftlern und Praktikern sowie aus Berichten der Regierungsorgane und der Abteilungen des ZK der SED stammen, die offensichtlich von seinem langjährigen wissenschaftlichen Mitarbeiter, Professor *Claus Krömke*, mit verläßlicher Sachlichkeit zusammengestellt worden sind. Das betrifft z. B. die Darstellungen zur ungenügenden produktiven Akkumulation der Wirtschaft, zum Anspruchsdenken statt Leistungsforderungen, zu den Unwägsamkeiten der sog. zweiten Lohntüte, in der für jeden Bürger fast ein zweites Einkommen steckte, das kaum jemand als solches betrachte, und zu den ausufernden Subventionen, die sich unter *Honecker* fast auf das Achtfache erhöhten. All das kann ich bestätigen. Wenn er jedoch von sich und seiner Arbeit auf der einen Seite und von der Betonfraktion *Stoph und Co* im Politbüro auf der anderen Seite spricht, wenn er Egon Krenz als besonders machthungrig beschreibt, wie er nur selber war; wenn er, der Ulbricht und Honecker wie Götzen verehrte, nun ein "widersprüchliches Verhältnis" zu ihnen gehabt haben will, wenn er dabei den „sich weiter verschärfenden Mangel an Verständnis und Realitätssinn in bezug auf die ökonomischen Tatsachen" bei seinem Idol *Honecker* bemängelt und wenn er abschließend beklagt, daß die Wirtschaftskommission nichts zu sagen gehabt und den inkompetenten Ministern nur mit „Ratschlägen" hatte helfen konnte, steht die Wahrheit auf dem Kopf und wird zur infamen Lüge.

Die Unterteilung des Politbüros und der Regierung in eine Fraktion von Betonköpfen: *Stoph*, *Mielke*, *Krolikowski* und *Neumann*; in eine ideologische: *Krenz*, *Schabowski*, *Tisch* und *Naumann* und in die der Inkompetenten und Bürokraten: *Schürer*, *Junker* und andere Minister, mag *Mittag*, als er das alles 1990 in verbitterter Stimmung aufschrieb, so empfunden haben. Als die DDR noch bestand, hat er darüber ganz anders gedacht, sonst hätte er sich schon damals anders verhalten. Seit Jahren hat *Günter Mittag* angeblich den Zusammenbruch der DDR vorhergesehen und schon frühzeitig über eine Konföderation der beiden deutschen Staaten nachgedacht. Warum hat er dann darüber nicht gesprochen, sondern im Gegenteil jeden „zusammengedonnert", der sich auch nur vorsichtig mit diesem Gedanken befaßte?

Über die komplizierte und einflußreiche Persönlichkeit *Mittags*, der 1926 in Stettin (Sczeczin) geboren wurde und der seit 1951 im Apparat des ZK tätig war, 1963 Kandidat und 1966 Mitglied des Politbüros wurde und 1962 bis 1973 sowie 1976 bis 1989 Wirtschaftssekretär des ZK war, habe ich schon berichtet. Dennoch fällt es mir schwer, diesen groß gewachsenen Mann mit seiner stattlichen Erscheinung, seinem schon mit 40 Jahren schlohweißen Haar und seiner Ausstrahlungskraft gerecht einzuschätzen. Er hatte mehrere Gesichter, taktierte ständig, verfaßte in seiner Laufbahn nicht ein einziges Dokument selbst, deprimierte Menschen durch schärfste Kritik und kannte persönlich mit einer Ausnahme keine Freundschaften. Geistig erreichte er nicht das Niveau *Apels*, war aber noch um ein Vielfaches ehrgeiziger als er und setzte Parteibeschlüsse rücksichtslos gegen jedermann durch. Er war geradezu besessen von dem Willen, als zweitmächtigster Mann in der DDR zu gelten und möglichst einmal im Leben auch die Nummer eins zu werden.

Bei der sowjetischen Führung, die ihn zu *Breshnews* Zeiten für einen Agenten des Westens hielten, buhlte er um Anerkennung, und auch im Rat für Gegenseitige Wirtschaftshilfe wollte er eine „führende"

Rolle spielen. Auf seinen vielen Auslandsreisen nahm er Container, gefüllt mit wertvollen Gastgeschenken, mit, um sich in eine gute Position zu bringen. Verhandlungen mit westlichen Politikern, Wirtschaftsmanagern und Industrieverbänden führte er stets im Auftrag *Erich Honeckers*, deshalb hielt man ihn nicht nur in der Bundesrepublik Deutschland für den kompetenten Wirtschaftsfachmann der DDR, dem auch der Ex-Bundeskanzler *Helmut Schmidt*, so seine Aussage, ein Ministeramt anvertraut hätte.

Mittag arbeitete von früh bis spät, wollte in jeder Frage konsultiert sein und wenn eine Sache nicht vorher mit ihm abgestimmt war, wurde sie ohne Rücksicht auf Verluste kritisiert und abgelehnt. Jeden Abend und am Wochenende schleppte er Berge von Papier mit nach Hause, die er angeblich gründlich studierte, aber aufmerksame Beobachter registrierten auch, daß ein Teil der Akten am nächsten Morgen bzw. am folgenden Montag das unzerstörte Siegel trugen. Ich selbst brauchte sehr lange, bis ich merkte, daß er oft nur auf den ersten bzw. den weiter hinten folgende Seiten einer längeren Ausarbeitung Notizen gemacht hatte, und sich dazu detailliert äußerte, um zu dokumentieren, daß er das gesamte Material bis zum Schluß durchgearbeitet hatte. Sogar schwererkrankt an Diabetis, mehrfach an den Beinen operiert, hielt er die Krankheit streng geheim. Er ließ sich auch bei seinen Aufenthalten im Regierungskrankenhaus Materialien zur Abstimmung bringen und selbst kurz nach den durchgeführten chirurgischen Eingriffen gab er Hinweise und Aufträge per Telefon oder durch den Kurier an seine Mitarbeiter weiter. Jede Andeutung auf seine schwere Erkrankung bestritt er energisch.

Bei Staatsbesuchen, *Honecker* reiste fast nie ohne *Mittag*, nahm er trotz der körperlichen Behinderung an allen, selbst für gesunden Menschen anstrengenden Veranstaltungen teil, als ginge nichts ohne ihn. Auch schleppte er sich stundenlang auf seinen in Japan hergestellten Prothesen, auf jede Gehilfe verzichtend, über die Messen in Leipzig, Hannover, Brünn oder Poznan und verzog dabei keine Miene, auch wenn ihn der Schmerz fast überwältigte. Man konnte nicht umhin, beeindruckt zu sein über den Kampf, den er mit sich selbst führte.

Er konnte aber auch Leute schikanieren, beleidigen, heruntermachen. Den bestehenden und übertriebenen Zentralismus trieb er auf die Spitze, weil er buchstäblich alles wissen wollte und jeden verurteilte, der die Zahlen und Fakten nicht gleich parat hatte, nach denen er fragte. Oft schrie er Menschen unflätig an und beschimpfte sie. Nach einer Kritik *Erich Honeckers* änderte sich sein Verhalten anderen gegenüber schlagartig. Statt die Leute zu beschimpfen, stellte er sich auf die ironische, tief verletzende, hintergründige Kritik um, die schlimmer sein konnte als ein herzhafter Krach.

Auf seine Schultern lud er Verantwortung, die den einzelnen erdrückt hätte, aber selbst das reichte ihm nicht. Er mischte sich darüber hinaus noch in andere Bereiche ein, wie in die Außenpolitik, die Kunst und Kultur, die Arbeit der Bezirksleitungen, die Landwirtschaft. Mit *Honecker* hatte er gemeinsam ein System der Verständigung und Abstimmung entwickelt, damit beide nach Möglichkeit in den Politbürositzungen immer im Einklang blieben: So nickte *Mittag* wenn *Honecker* sprach in Abständen zustimmend bzw. blickte stur aus dem Fenster, wenn er mit ihm nicht einer Meinung war, und *Honecker* korrigierte nur in ganz seltenen Fällen seine Äußerungen. Wenn in den Sitzungen größere Probleme auftraten, wurden stets Arbeitsgruppen des Politbüros unter der Leitung oder zumindest unter Mitwirkung *Mittags* gebildet, wie z. B. die Arbeitsgruppe zur Unterstützung der Parteiarbeit im Bezirk Dresden, mit dem Ziel, *Hans Modrow* wieder auf die sog. Parteilinie zu bringen, wobei sich *Mittag* für die Abberufung *Modrows* aus der Funktion einsetzte, sich aber gegen *Honecker* nicht durchsetzen konnte.

In den letzten Jahren konzentrierte *Mittag* eine bedeutende Machtfülle auf sich. Er war Mitglied des Politbüros, Sekretär des Zentralkomitees für Wirtschaft, Stellvertreter des Vorsitzenden des Staatsrates, Mitglied der Volkskammer, Mitglied des Nationalen Verteidigungsrats der DDR, Vorsitzender des Ausschusses für Industrie, Bauwesen und Verkehr der Volkskammer und leitete eine Vielzahl ständiger Arbeitsgruppen des Politbüros, wie die zur materiellen Sicherung der Landesverteidigung, zur Koordinierung aller die Zusammenarbeit mit der Bundesrepublik betreffenden Fragen, zur Koordinierung der Hilfeleistungen an Entwicklungsländer und schließlich die schon genannte Arbeitsgruppe des Politbüros für die Zahlungsbilanz.

Seinem Wesen nach war *Mittag* ein intrigierendes Organisationsgenie, und ich mußte oft an *Goethes* Mephisto oder noch besser an das boshafte Treiben des Jago in *Shakespeares* Othello denken, wenn er im politischen und wirtschaftlichen Alltag der DDR seine Fäden zog. Oft waren *Mittags* Ideen richtig, aber sein extremes Denken ließen diese sehr oft zum Unsinn verkommen. Drei Mio. t Heizöl im Verbrauch in der DDR einzusparen, war nach der Kürzung der sowjetischen Erdöllieferungen und bedingt durch die steigenden Rohölpreise auf dem Weltmarkt lebensnotwendig. Aber dann weitere drei Mio. t zu streichen, war blanker Unsinn und teurer als die eingesparte Erdölmenge, weil die ballastreiche Braunkohle, die nun als Energieträger eingesetzt wurde, bis nach Rügen und in das letzte Dorf des Thüringer Waldes geliefert werden mußte. Kombinate zu bilden war richtig, aber die gesamte zentrale und örtliche Wirtschaft einheitlich in Kombinaten zusammenzuschließen, konnte nicht gut gehen. Die Hochtechnologien und besonders die Mikroelektronik in der DDR zu entwickeln, waren aufgrund der Lieferschwäche der UdSSR und wegen des westlichen Embargos notwendig, aber 40 bis 60 Prozent des gesamten Weltsortiments produzieren zu wollen und Chips mit höchstem Integrationsgrad in geringer Stückzahl zu fertigen, war für die DDR-Wirtschaft kommerzieller Wahnsinn.

Günter Mittag hat bis zu seinem frühem Tod, den ich bedauert habe, denn bei allen Differenzen die wir hatten, haben wir mehr als 30 Jahre sehr eng zusammengearbeitet, klar denken können und hätte mit dazu beitragen können, gegen die pauschalisierenden Einschätzungen, daß die DDR ein verbrecherischer Staat mit einer maroden Wirtschaft gewesen sei, aufzutreten und damit das Land mit all seinen Widersprüchen so zu zeigen, wie es wirklich war. Denn kaum ein anderer aus der ehemaligen Partei- und Staatsführung hat so im Zentrum der Macht gestanden wie er, der sowohl unter *Ulbricht* wie auch unter *Honecker* an bi- und multilateralen Verhandlungen zwischen der DDR und anderen Staaten teilgenommen hatte.

Sich selbst sah er immer in „tiefer Bescheidenheit“ als den berufenen und entscheidenden Menschen der DDR, der die wissenschaftlich-technische Revolution meistern wollte, der das Leitungssystem gegen den Widerstand der Bürokraten modernisieren wollte und der allen scheelen Blicken seiner Politbürokollegen zum Trotz die Kooperation und die Wirtschaftsbeziehungen mit den westlichen Industrieländern ankurbeln wollte. Selbst die mangelnden Spezialisierungs- und Kooperationsbeziehungen im RGW, die in ihrer Gesamtheit nicht funktionierten, konnten nach seiner Meinung wenigstens zwischen der DDR und der CSSR nur funktionieren, weil er selbst diesem Wirtschaftsausschuß vorstand. Leider wurde er nach seinen eigenen Worten jedoch daran gehindert, seine kühnen Ideen in die Tat umzusetzen, weil die Wirtschaftskommission „keinerlei Entscheidungsbefugnisse" hatte. Formal stimmt das sogar, denn sie war eine „Kommission des Politbüros" und kein Beschlußorgan. In Wirklichkeit aber hat sie den Ministerrat durch das Primat der Politik aus seiner durch Sachwissen begründeten Verantwortung gedrängt. Wehe einer der anwesenden Minister hätte etwas anderes als von *Mittag* vorgegeben getan, es wäre ihm nicht gut bekommen.

Als Hauptschuldige für die Katastrophe benannte *Mittag* letztlich in seinem Buch *Willi Stoph*, *Alfred Neumann*, *Gerhard Schürer* und *Wolfgang Junker* und fügte dann noch *Egon Krenz* hinzu, der die Krise der DDR geschürt hätte, um „ihr Beendiger" sein zu können. Damit verpaßte leider *Günter Mittag* die Chance, Bleibendes zur Aufarbeitung der DDR-Geschichte beizutragen. Nur den Titel des Buches hat er treffend ausgewählt, denn „Um jeden Preis" hat er die Verantwortung, die er selbst hatte, auf andere abgewälzt.

Der langjährige Abteilungsleiter für sozialistische Wirtschaftsführung beim ZK der SED, *Carl Heinz Janson*, bezeichnete *Mittag* in seinem Buch als den „Totengräber der DDR". Diese Formulierung halte ich schlicht für Unsinn, denn *Janson* weiß natürlich selbst am besten, daß kein Mensch, auch nicht *Mittag*, die DDR allein hätte begraben können, wenn nicht das ganze System so viele Mängel gehabt und das politische Umfeld sich nicht so verändert hätte. Schuld am Untergang der DDR hatten weder *Erich Honecker* noch *Günter Mittag* allein und auch nicht die sog. „Viererbande", (*Honecker*, *Mittag*, *Mielke* und *Herrmann*) wie *Manfred Uschner* es vor der Enquetekommission des Deutschen Bundestages formulierte, sondern der Sozialismus Moskauer Prägung hatte sich historisch überlebt und Mängel, Fehler und Schwächen der Führung, die Geringschätzung der innerparteilichen Demokratie, die Selbstzufriedenheit und die Überalterung der Mitglieder des Politbüros waren zusammen stärker als „der Ochs und der Esel“, die den Sozialismus in seinem Lauf angeblich nicht aufhalten konnten.

Willi Stoph, der „Parteisoldat“

Es gibt kaum einen zweiten, wie den gelernten Maurer *Willi Stoph*, der fast ein Vierteljahrhundert lang der Regierung eines Landes vorstand. Mitglied der KPD seit 1931 leistete er in der Zeit des Faschismus und des Krieges illegalen Widerstand, war 1945 Aktivist der ersten Stunde und von 1948 bis 1950 leitete er die Wirtschaftspolitische Abteilung des ZK der SED. Seit 1950 ZK-Mitglied wurde *Willi Stoph* 1953 Mitglied des Politbüros und war in den letzten Jahren der DDR das dienstälteste Politbüromitglied der SED.

Entscheidend für seine Entwicklung war sicher der Parteiauftrag, von 1952 bis 1955 als Minister des Innern die „Kasernierte Volkspolizei“ aufzubauen um danach von 1956 bis 1960 die Nationale Volksarmee als Minister zu befehligen. Dies alles hat *Willi Stoph* in eine hohe Stufe der politischen Disziplin gedrängt, die ihn, wie kaum einen anderen, zum „Parteisoldaten“ werden ließ. Bis zur Aufgabe eigener Ansichten und Prinzipien war er bereit, Parteibeschlüsse durchzuführen, auch dann noch, wenn Änderungen erforderlich gewesen wären. „Nur derjenige, der die Beschlüsse gefaßt hat, darf sie ändern“, so lautete seine Maxime, und das war auch das Grundprinzip in der Partei, was leider die Durchsetzung besserer Ideen verhinderte.

Zuverlässig und bis zur Selbstverleugnung loyal gegenüber den Generalsekretären der SED *Walter Ulbricht* und später *Erich Honecker*, garantierte *Willi Stoph*, daß aus dem von der politischen Führung ständig kritisierten Ministerrat keine Störungen der Parteipolitik ausgingen. Im Politbüro nahm *Stoph* sehr oft Einfluß auf die Ausgestaltung der Beschlüsse, wenn jedoch seine Vorschläge nicht angenommen wurden, dann führte er die verabschiedeten Festlegungen ohne Rücksicht gegen sich selbst und gegen andere durch. Im Ausland wurde *Stoph* oft als der „ewige zweite Mann“ der DDR bezeichnet, aber auch das akzeptierte *Honecker* nicht und zog *Günter*

Mittag bis zur Demütigung *Stophs* und aller anderen Mitglieder des Politbüros vor.

Höhepunkt der politischen Laufbahn *Stophs* waren ohne Zweifel die Treffen in Erfurt und Kassel 1970 mit Bundeskanzler *Willi Brandt*, mit denen der Prozeß der Entspannung und Annäherung der beiden deutschen Staaten eingeleitet wurde, der mit seinen Widersprüchen und Rückschlägen viele Jahre fortwirkte. Der stets etwas hölzern wirkende *Stoph* bewies in außenpolitischen Verhandlungen durchaus Geschick und Flexibilität. Leider wurde er in der Folgezeit systematisch von *Honecker* aus der Außenpolitik herausgedrängt, weil dieser sie als seine eigene Domäne betrachtete.

Lange Zeit war der politischen Karriere *Stophs* ein Zeitungsartikel, den er in der Nazizeit geschrieben hatte, hinderlich, in dem der damalige Stabsgefreite die Teilnahme an einer Parade zu *Hitlers* Geburtstag als sein „größtes Erlebnis" bezeichnete. Diese Äußerungen waren, obwohl niemand daran zweifelte, daß *Willi Stoph* aktiv am illegalen Widerstand gegen den deutschen Faschismus teilgenommen hatte, der Grund für seine Abberufung als Minister für Nationale Verteidigung. Als Erster Stellvertreter des Ministerpräsidenten ersetzte *Stoph* jedoch schon wenig später (1962 bis 1964) den schwerkranken *Otto Grotewohl* und wurde 1964 Vorsitzender des Ministerrates, eine Aufgabe, die er - mit einer Unterbrechung von drei Jahren, (1973 bis 1976), in der er Vorsitzender des Staatsrates war - bis zum Rücktritt seiner Regierung im November 1989 beibehielt.

Wie nur wenige der politischen Führung der DDR besaß *Stoph* über alle Jahre hinweg eine enorme Autorität bei der Führungsspitze in der Sowjetunion, besonders aber zu Zeiten *Leonid Breshnews*. Obwohl er niemals eine Parteischule in der Sowjetunion besucht hatte und auch kaum russisch sprach, sahen die sowjetischen Politiker in ihm einen Garanten dafür, daß die DDR nicht aus ihrem Einflußbereich ausbrach und keine unkontrollierten Entwicklungen eintraten. Die ihm verliehenen Auszeichnungen (Lenin-Orden und Orden der Oktoberrevolution) galten sowohl dem großen Freund der UdSSR als auch dem Staatsmann.

Ich selbst war 27 Jahre Mitglied der Regierung, die meiste Zeit davon unter *Willi Stoph* und habe ihn schätzengelernt. Nicht ein einziges Mal habe ich ihn jemals zornig oder gar lachend gesehen. Immer war er der Staatsmann im Dienst. Er war ein Mensch von unnahbarer Strenge und soldatischer Disziplin, und man mußte lange mit ihm bekannt sein, ehe er unter vier Augen sein Herz auch nur einen Spalt öffnete. Er vermied, es Freunde zu haben, aus der Sorge heraus, daß ihm fraktionelle Tätigkeit angelastet werden könnte. Das machte ihn einsam. Noch nicht einmal die Skatrunden auf den gemeinsamen Reisen mit *Honecker* und *Mittag* konnten ihn fröhlich stimmen, denn ganz offen befragten sich die beiden, ob der eine den Buben und der andere die Lusche hat, um *Stoph* dann reinzulegen, der stets verlor.

Aber der oft wie ein trockener Buchhalter wirkende Premierminister verstand, hinter den Zahlen das Leben zu sehen. Er erkannte den wachsenden Widerspruch zwischen den schönen Berichten an die Parteiführung und der realen Lage. Zum Beispiel warnte er als einer der ersten vor der wachsenden Verschuldung der DDR in der Zeit, als nicht er, sondern *Horst Sindermann* der Ministerpräsident der DDR war. Aber als ich 1977 die dramatische Entwicklung der Zahlungsbilanz stoppen wollte, schrieb *Stoph* aus Parteidisziplin wider besseren Wissens mit seiner steilen Sütterlinschrift auf mein Papier an *Honecker*, das „nicht die Zahlungsbilanz, sondern die Beschlüsse zur Einheit von Wirtschafts- und Sozialpolitik Grundlage unseres Handelns sein müssen". So war er zu oft Taktiker und manche seiner politischen und persönlichen Handlungen blieben widersprüchlich, vielleicht gerade wegen seines sturen Festhaltens an den Parteibeschlüssen.

Widersprüchliches findet sich auch in seiner eigenen Lebensführung. Er war bescheiden, rauchte billige Zigaretten, trug seine Anzüge lange, trank kaum mehr als ein Bier und sparte auch bei langen Sitzungen zum Leidwesen der Teilnehmer oft das Essen und den Kaffee ein. Für viele gab er sich unnahbar, behandelte Menschen mit kühler Distanz, ließ sie lange warten und war insgesamt kontaktarm. Obwohl er eine Scheu vor Intellektuellen hatte, hielt er ihnen stundenlange Vorträge bis in unwichtigste Details hinein, wenn die Diskussion auf das Bauwesen, oder auf die Obst- und Gemüseproduktion kam.

Im Verlaufe der Jahre resignierte *Willi Stoph* immer mehr und suchte für die Stärkung seines Selbstwertgefühls in einem aufwendigen Lebensstil in dem komfortablen Wochenendhaus an der Müritz einen

Ausgleich. Das wurde in der Zeit der Wende öffentlich angeprangert und spielte auch bei den gerichtlichen Ermittlungen eine gewisse Rolle, obwohl viele beim Vergleichen mit dem Besitzstand und den Lebensgewohnheiten heutiger Politiker schon nüchterner darüber nachdenken, es aber den ehemals führenden Politikern der DDR kaum nachsehen.

Am 17. Oktober 1989 übernahm *Willi Stoph* die Verantwortung für die gescheiterte Politik der Parteiführung und forderte im Politbüro energisch, die Abberufung *Erich Honeckers* auf die Tagesordnung der Sitzung zu setzen. Lange, zu lange Zeit, hatte er alles mitgemacht und mitgetragen, auch dann, wenn ihm bestimmte Dinge nicht gefielen. Insgeheim strebte er schon viel früher den Machtwechsel in der Parteiführung an, aber der erfolgte zu spät. Kein geringerer als *Iwan Kusmin*, von 1984 bis 1991 Leiter der Informationsabteilung des KGB in Berlin, bestätigte die seit Mitte der 80er Jahre unternommenen Bemühungen *Willi Stophs* und einer kleinen Gruppe von Politbüromitgliedern, die Absetzung *Honeckers* zu betreiben, ohne je auch nur den Hauch einer Unterstützung aus Moskau dafür zu spüren.

In der Wendezeit besaß *Willi Stoph* die Courage, vor der Volkskammer der DDR öffentlich einzugestehen, daß der gesamte Ministerrat seine politische Verantwortung im Rahmen der Verfassung des Landes nicht wahrgenommen hat. Seine ergänzenden Bemerkungen, daß die Befugnisse der Regierung stark eingeschränkt waren, entsprachen im vollen Umfang der Wahrheit und waren darum nicht der Versuch, Verantwortung abzuschieben. Leider verhindert eine schwere Krankheit, daß *Willi Stoph* seine Sicht auf die DDR-Geschichte darstellen kann, die sicher den Historikern bei der Aufarbeitung hilfreich sein könnten.

Erich Mielke: „Ich liebe doch alle Menschen“

Als der Minister für Staatssicherheit *Erich Mielke* (1957 bis 1989) diesen bei den Abgeordneten hämisches Gelächter auslösenden Satz auf der 11. Tagung der Volkskammer am 13. November 1989 ausgesprochen hatte, war es mit einem Schlag mit der übermächtigen Autorität dieses einflußreichen, nach innen und nach außen arbeitenden Machtorgans vorbei. Hatten die Volksvertreter die Formulierung: „Wir sind Söhne und Töchter der Arbeiterklasse, der Werktätigen und kommen aus allen Schichten - einfache und gebildete Mitarbeiter. Wir vertreten die Interessen der Werktätigen. Das ist unser oberster Auftrag der Volkskammer, und dem sind wir - und haben uns auch immer bemüht - gerecht geworden" noch ohne jede sichtbare Reaktion hingenommen, so löste der Satz *Mielkes*, alle Menschen zu lieben, ausgesprochen von einem Mann, der oft über sich sagte, daß er und seine Tschekisten „Schild und Schwert der Partei" seien, wozu ihn die Partei niemals bevollmächtigt hatte, Verwunderung, Verwirrung und Enttäuschung aus, sogar in den eigenen Reihen, in denen er 32 Jahre unumstrittener Herrscher war.

Erich Mielke, der seit 1925 als Mitglied der KPD von Anfang seiner politischen Laufbahn an damit lebte, eskalierender Gewalt der Nazis in den Berliner Arbeitervierteln mit linksextremer Gewalt entgegenzutreten, bis hin zu Straßenkämpfen gegen die SA und Polizei, die, und auch das ist bewiesen, zahllose Kommunisten mißhandelte und auch umbrachte, wurde 1931 des Mordes an zwei Berliner Polizeibeamten beschuldigt. Die Partei lehnte immer den individuellen Terror als Mittel des politischen Kampfes ab, schickte ihn ins Moskauer Exil, wo er unter dem Decknamen *Paul Bach* lebte. Und 60 Jahre später wird er für diese Tat in einem Prozeß mit bedenklicher Aktenlage zu einer sechsjährigen Freiheitsstrafe verurteilt. Mit Anrechnung der Untersuchungshaft saß er über fünf Jahre dafür im Gefängnis. Es ist für mich unverständlich, daß die Morde des Kriegsverbrechers *Lehnigk-Emden* an 15 italienischen Frauen und Kindern während des Zweiten Weltkrieges nach deutschem Recht verjährt sind, während man die Tat eines jungen Kommunisten, die - wenn er sie überhaupt begangen hat - aus den damals bürgerkriegsähnlichen Verhältnissen erklärt werden müssen, noch 64 Jahre danach ahndet und die Strafe unerbittlich vollzog.

Erich Mielke, der 1932 eine militärische Spezialschule sowie von 1932 bis 1934 die Leninschule in Moskau besuchte und danach bis 1936 als Lektor für militärpolitische Fragen tätig war, hatte bereits in dieser Zeit die allgewaltigen sowjetischen Staatssicherheitsbehörden „Tscheka" und später den „KGB" (Komitee für Staatliche Sicherheit) kennengelernt und war so in seinem ganzen Wesen „Tschekist" geworden. Ab 1936 nahm er am Kampf der Interbrigaden in Spanien bis zum Ende teil und stieg vom Soldaten im Stab über den Kapitän, Ausbildungsoffizier, Adjudant (bei *Wilhelm Zaisser*) bis zum Chef der Instruktionsabteilung in Albacete (Zentrum der Internationalen Brigaden) und schließlich zum Adjudanten des Kommandeurs der 35. Division auf.

Die hier und da anzutreffende Meinung, daß *Mielke* nach dem Spanienkrieg in geheimer Mission in Moskau gewesen und später Mitglied des Nationalkomitees Freies Deutschland gewesen sein soll und von dort 1945 in die SBZ zurückgekehrt sei, ist von der Berliner Historikerin *Wilfriede Otto* widerlegt worden („Heft zur DDR Geschichte“ Nr. 23). Tatsächlich lebte *Mielke* unter dem Namen *Gaston* in Belgien und war später im Internierungslager von Saint Cyprien in Südfrankreich. Nach der Besetzung Südfrankreichs durch deutsche Truppen lebte er dort als *Richard Hebel*, war zeitweilig in Haft, und wurde 1944 der Naziorganisation *Todt* zur Arbeit zugeteilt. All das hat seinen Charakter geprägt und ihn hart werden lassen.

Zugleich haben viele *Erich Mielke* auch anders kennengelernt, als einen lustigen Gastgeber bei Veranstaltungen der Sportvereinigung Dynamo, als Moderator neben *Wolfgang Lippert* oder als Dirigenten der Musikkapelle und andererseits auch als einen „primitiven“ Menschen, der vor sich hinbrubbelte und keinen Satz exakt zu Ende sprechen konnte. Der Sportclub Dynamo und besonders dessen Fußballmannschaft waren seine große Leidenschaft. Meine Frau und ich gingen gern zu den Sportlerbällen. Bei den Empfängen für den vielfachen DDR-Fußballmeister BFC Dynamo wurden wir meist vom sympathischen Stürmer *Thomas Doll* herzlich begrüßt, über dessen sportliche Karriere nach der Wende wir uns gefreut haben. Auf dem Fußballplatz war *Mielke* oft unbeherrscht, beschimpfte seine Umgebung und die Spieler des Clubs, dessen Präsident er war, diktierte dem Trainer ständig irgendwelche Anweisungen zu den Spielzügen, wobei dieser nur so tat, als ob er alles aufschreiben würde, und widersprach sich dabei ständig. Als er mir gegenüber den Spieler vom 1 FC Union Berlin, *Reinhard Lauck*, der zum BFC Dynamo wechselte, als einen Mann der 5. Kolonne bezeichnete, antwortete ich ihm ironisch: „*Erich*, der hat jetzt schon sein zweites Tor für den BFC Dynamo geschossen und eins vorbereitet, willst du ihn nicht langsam als Mitkämpfer akzeptieren?“

Nein, ein Genie war *Erich Mielke* nicht und aus seinem eigenem Wissen heraus konnte die Fülle seiner Macht nicht kommen. War *Mielke* also ein Wolf im Schafspelz, wie die einen, oder ein Schaf im Wolfspelz, wie die anderen es von ihm behaupten? War der Minister für Staatssicherheit, der mit über 80 000 Mitarbeitern eine halbe Armee befehligte und Kilometer von Akten hinterließ, die heute Teile des Volkes mehr trennen als ihre Aufarbeitung es vereinen kann, ein schlauer Fuchs oder ein in sich widersprüchlicher Mensch, wie ihn nur dieses Jahrhundert mit seinen gesellschaftlichen Windungen und Wendungen hervorbringen kann? Noch nicht einmal *Honecker*, der einzige Mann im Lande, dem er rechenschaftspflichtig war, denn nur mit ihm sprach er unter vier Augen nach Abschluß der wöchentlichen Politbürositzungen über die Arbeit des MfS, will die Personalstärke dieses Mammutapparates gekannt haben. So viel Blauäugigkeit sollte man jedoch niemandem abnehmen, denn mindestens einmal im Jahr erhielt *Honecker* als Vorsitzender des Nationalen Verteidigungsrats, dem *Mielke* als Armeegeneral auch militärisch unterstand, einen Auskunftsbericht über die Sicherheitslage. Selbst wenn dieser keine Angaben über die Personalstärke enthalten hätte, was nicht anzunehmen ist, konnte er den jährlichen Auskunftsberichten der Staatlichen Plankommission über die Absicherung des materiell-technischen sowie des Finanzministers über die Deckung des finanziellen Bedarfes, darunter auch des Lohnes, indirekt die Angaben über die Personalstärke der Armee, der Staatssicherheit und der Polizei entnehmen. Einfachste Berechnungen über bestimmte Fonds (Löhne, Verpflegung, Uniformen usw.) boten immer die Möglichkeit, annähernd die echten Personalzahlen zu bekommen. Ganz sicher aber haben die verantwortlichen Minister ihrem Oberkommandierenden auch direkt ihre Kampf- und Personalstärke melden müssen.

Heute wissen wir, daß alles, auch die früher geheimsten Dokumente schriftlich vorliegen, denn kein anderes staatliches Organ hat so penibel alles archiviert, protokolliert, notiert und gespeichert wie das MfS, und deshalb ist es unsinnig, um die Fakten wie um den oft zitierten heißen Brei herumzugehen. Man sollte aber dabei nicht vergessen, daß es stets nur Akten sind und mancher, der sie angelegt, geführt oder niedergeschrieben hat, wollte vielleicht sein eigenes Süppchen kochen, seine sog. revolutionäre Position, seine Treue und Schlauheit gegenüber seinen Chefs beweisen. Deshalb spiegeln auch die heute vorliegenden Akten sicher nicht immer und in jedem Falle exakt und in allen Punkten die Wahrheit wider.

Das Leben und die Amtsführung *Erich Mielkes* ist einer eigenen gründlichen Analyse wert und ich selbst weiß darüber auch nicht mehr als andere. Ich möchte aber der Frage nicht ausweichen, was ich persönlich über ihn, über das MfS und was ich den Opfern sagen soll, bei denen sich jeder, der politisch die Verantwortung in der DDR getragen hat zu mindest entschuldigen sollte. Jahrelang habe ich es für ganz normal gehalten und sehe es auch heute nicht anders, daß ein Staat für seine Sicherheit sorgen, daß er wie jedes andere Land auch, Kundschafter im Ausland und Abwehrbeauftragte im Inland haben, daß es einen Schutz gegen Spionage und Sabotage geben muß, noch dazu in der Zeit des Kalten Krieges, und daß sich dafür Menschen einsetzen müssen.

Kinder von mir und engste Verwandte waren Angehörige der Staatssicherheit und haben, sei es als Ökonom, Funker, Kraftfahrer, Autoschlosser oder Masseuse nichts Unrechtes getan, werden aber nun dadurch belastet, daß sie bei der „Stasi" gewesen sind, wie man das heute völlig undifferenziert und mit dem Unterton der unehrenhaften Beschäftigung kennzeichnet. Die Mitglieder des Personenschutzes der Staatssicherheit, die Offiziere *Bernd Weidenbach*, *Klaus Schilling*, *Wolfgang Hammermüller*, *Udo Netsch*, die Kraftfahrer *Rolf Stammnitz* und *Günter Sonnenberg*, die für mich tätig waren, sind gut ausgebildete, z. T. mehrere Fremdsprachen beherrschende, anständige, Menschen, die exakt ihren Dienst versahen, und nach einer gewissen Zeit einfach zur Familie gehörten und oft für meine Kinder besser sorgten als ich es aus Zeitmangel konnte. Auch nach der Wende pflegen wir mit ihnen weiterhin freundschaftliche Kontakte.

In der Staatlichen Plankommission gab es von Anfang an die Abteilung „Inspektion", in der Vertreter des MfS mit dem Auftrag arbeiteten, Spionage in unserem Bereich zu verhindern, und es gab konkrete Fälle, daß es sich nicht um Hirngespinste handelte, daß Agenten gegen uns eingesetzt wurden. Auch mein Arbeitszimmer wurde ständig während meines Jahresurlaubs von Spezialisten des MfS überprüft, und ich überlegte, ob man nicht während meiner Abwesenheit Abhörgeräte eingebaut hatte. Aber das war nicht der Fall und es hätte mich auch nicht gestört, denn es war die Sicherheit meines Staates, um die man sich sorgte, und die Arbeit eines Planungschefs ist sicher für jeden Geheimdienst, auch für den eigenen, von besonderem Interesse. Ich bin auch heute noch davon überzeugt, daß es viele aufrechte, in ehrlicher Überzeugung arbeitende Mitarbeiter in diesem Ministerium gegeben hat, so wie es auch kleinliche Denunzianten, sogar Schurken und Mitarbeiter gegeben hat, die Gefangene mißhandelt haben, die man dafür zur Verantwortung ziehen sollte, denn das war nach DDR-Gesetzen eine Straftat.

Der erste Leiter der Abteilung „Inspektion" in der Plankommission, der ein unausgeglichener Mensch war und bei dem ich immer Zweifel hatte, ob er die Recherche immer tiefgründig und solide genug durchgeführt hatte, um mögliche Spionagefälle nachzuweisen, mußte seinen Dienst wegen Alkoholproblemen quittieren. In seinem Nachfolger, einem gebildeten und ehrlichen Menschen, fand ich in all den Jahren unserer Zusammenarbeit eine wertvolle Stütze. Auch im MfS fand ich in Generalmajor *Kleine* und Oberst *Roik* für die Wirtschaft zuständige Partner, mit denen ich gut zusammenarbeiten konnte. Aber andererseits gab es einen Major, dessen Namen ich nicht nennen möchte, weil er bereits verstorben ist, der mich auf eine primitive Weise reinlegen wollte, indem er, ein Abhörgerät in der Tasche tragend, mit dem Finger auf ein Bild *Erich Honeckers* zeigte und mich fragte, „was ich denn von dem Idioten da halte, der in der Wirtschaft alles durcheinander bringt." Ich antwortete ihm laut und deutlich: „Falls du mit dem 'Idioten' den Generalsekretär der Partei, den Genossen *Erich Honecker* meinst, müßtest du mir eine nähere Begründung für deine Frage geben, was er denn durcheinander gebracht haben soll." Damit war das Gespräch für mich beendet, und er war nicht mehr interessiert. Die Aufzeichnung über dieses Gespräch wird er sicherlich nicht zu den Akten gegeben haben.

Nur ein einziges Mal während meiner gesamten Amtszeit in der Plankommission hatte ich ein Vier-Augengespräch mit *Erich Mielke* in dessen Arbeitszimmer in der Normannenstraße. Im Juni 1989 erläuterte ich ihm im Verlaufe dieses Gespräches die Situation der Wirtschaft und besonders die der Zahlungsbilanz, und verdeutlichte *Mielke* drastisch, daß die DDR, für deren Sicherheit er als Minister die Verantwortung trägt, in kürzester Zeit bankrott gehen wird, wenn nichts Grundsätzliches in der politischen Führung des Landes verändert wird. Nach dem Gespräch war ich einerseits darüber erleichtert, daß er mir so überaus geduldig zugehört hatte, aber andererseits zugleich auch bedrückt, weil aus seinen Worten: „Mach dir keine Sorgen *Gerhard*, man wird uns schon nicht im Stich lassen", die illusionäre Hoffnung auf eine umfassende sowjetische Wirtschaftshilfe herausschaute, an die ich nach allem, was sich inzwischen in der DDR und auch in der Sowjetunion ereignet hatte, keine Minute mehr länger glauben konnte.

Diese Erlebnisse und Erfahrungen festigten bei mir nach der Wende die Auffassung, daß man auf keinem Fall wieder solch ein monströses Gebilde, wie es das MfS in der Vergangenheit gewesen ist, ohne jegliche politische und parlamentarische Kontrolle zulassen darf, durch dessen Tätigkeit ein ganzes Land überwacht und das neben Agenten anderer Geheimdienste Tausende für Nichtigkeiten oder sogar schuldlos verfolgte oder in Gefängnisse einsperrte. Da man im Leben jedoch niemals etwas ungeschehen machen kann, halte ich es für wichtig, auch die Geschichte der Staatssicherheit der DDR differenziert aufzuarbeiten. Eine globale "Verachtung, Verdammung oder Vorverurteilung aller Stasileute", ihre Ausgrenzung in der Gesellschaft, aus dem Berufsleben und durch ein Rentenstrafrecht halte ich für ein neues Unrecht gegenüber jenen, die keinerlei persönliche Schuld auf sich geladen haben. Eine Generalamnestie aber würde das Unrecht nur sanktionieren und aktenkundig machen, denn wer keine Straftat begangen hat, kann auch nicht amnestiert werden. Möglichst bald sollten deshalb alle diese Verfahren eingestellt werden, um den Zehntausenden Menschen in den neuen Bundesländern wieder Lebensmut und eine Perspektive zu geben, die heute noch z. T. unberechtigt mit einer Globalschuld belastet sind.

Gerhard Schürer, der ewige Kandidat

Prinzipiell gab es keinen großen Unterschied zwischen einem Mitglied und einem Kandidaten des Politbüros der SED. Der Kandidat war nach dem Statut in den Sitzungen nicht stimmberechtigt, was aber in der Praxis bedeutungslos war, denn in den 16 Jahren meiner Mitgliedschaft habe ich kaum eine Abstimmung miterlebt. Die einzige Abstimmung, an die ich mich erinnere, war die bei der Abberufung *Erich Honeckers* als Generalsekretär, bei der wir als Kandidaten aber ausdrücklich aufgefordert wurden, mit abzustimmen. Der damalige Beschluß wurde einstimmig gefaßt, also auch mit der Zustimmung *Honeckers* zu seiner Abwahl. Das wiederholte sich bei der Abberufung *Günter Mittags* und *Joachim Herrmanns*. Ansonsten bestanden zwischen den Mitgliedern und Kandidaten nur protokollarische Unterschiede, so wurden die Mitglieder alphabetisch vor den Kandidaten genannt. Mein Einfluß als Planungschef der DDR war schon von der Sache her ohnehin viel größer als der manch anderer Mitglieder, und zum anderen hatte ich oft „Atemnot", bedingt durch meine steile Karriere, denn Höhenluft ist, wie ich aus meiner Fliegerzeit noch wußte, sehr dünn.

Außerdem war in all den Jahren *Günter Mittag* nicht stark daran interessiert, daß ich ihm politisch gleichrangig wurde, denn er hatte schon mit *Harry Tisch* und *Günter Kleiber*, die ihm zwar unterstanden, aber selbst Mitglieder des Politbüros waren, genug Probleme. Und dennoch war es schon ein seltsames Gefühl, wenn andere an einem vorbei Mitglieder wurden, denn man spürte deutlich, daß atmosphärisch etwas nicht stimmte. Das wiederum wunderte mich nicht, war ich doch schon von meiner Aufgabe her prädestiniert, die schöne Idylle einer heilen Welt immer wieder mit Berichten über Schwierigkeiten der Zahlungsbilanz der DDR und anderen Schreckenssignalen zu trüben. Die Orden (Karl-Marx-Orden, Held der Arbeit, Vaterländische Verdienstorden, Banner der Arbeit usw.) erhielt ich stets an runden Geburtstagen, so daß ich sie mehr als Anerkennung für meine Ausdauer als für Verdienste für das Land empfinden mußte.

Nur einmal allerdings, am 24. Oktober 1985, wurde mir eine außerordentliche Ehrung zu teil. Zum 175. Jahr des Bestehens der Humboldt-Universität zu Berlin und des 275. Gründungsjubiläums der Berliner Charitè verlieh mir der Wissenschaftliche Rat der ehrwürdigen Berliner Universität unter dem Rektorat von Professor *Helmut Klein*, die Würde eines „doctor oeconomicae honoris causa (Dr. oec h. c.)". Am meisten habe ich mich jedoch darüber gefreut, daß der Vorschlag von der Humboldt-Universität selbst kam. Ich empfand es als große Ehre, neben den international bekannten Persönlichkeiten wie der Pädagogin *Marie-Louise van Herreweghe* von der Reichsuniversität Gent, dem Rektor der Karls-Universität Prag, Professor

Dr. *Zdenek Ceska*, dem Schriftsteller und Kulturminister Nicaraguas, *Ernesto Cardenal*, dem Präsidenten der Royal Society der Universität London, Professor Dr. *Sir Andrew Fielding Huxley*, dem Leiter des Moskauer Unionsforschungsinstitutes für Augenheilkunde, Professor Dr. *Michael Krasnow*, dem deutschen Biowissenschaftler, Professor Dr. *Friedrich Jung*, dem Kosmonauten und Arzt Dr. *Oleg Atkow* und dem Präsidenten der Weltföderation der Wissenschaftler, Professor Dr. *Jean Marie Legay*, diese hohe Würdigung zu erfahren.

Ich glaube, daß mich im Politbüro die meisten Mitglieder und Kandidaten als Wirtschaftsfachmann respektierten, aber immer in abgestufter Relation zu *Günter Mittag*, der durch die Autorität des Generalsekretärs für alle der Spitzenmann war. Einigen war ich zu wenig Revolutionär und zuviel Spezialist. *Horst Sindermann* und *Alfred Neumann* sahen in mir stets mehr den Planbürokraten und nicht den Wirtschaftler. Während ich sie als bewährte Antifaschisten verehrte, hielten sie von mir recht wenig und unterstützten mich in meiner oft schwierigen Mission kein einziges Mal. *Werner Jarowinsky*, der sehr viel von der Wirtschaft verstand und die Systemschwächen kannte, stachelte mich oft zu einem kritischen Auftreten gegen *Günter Mittag* an, unterstützte mich aber nicht, wenn er merkte, daß ich allein dastand, denn er fürchtete wie andere, die Macht *Mittags*. Dennoch habe ich mich oft mit *Jarowinsky* beraten, da er ein konstruktiv-kritisches Urteilsvermögen besaß. Nur mit wenigen, wie mit *Werner Krolikowski*, hatte ich nichts im Sinn, was bei dem mir als Ersten Stellvertreter des Vorsitzenden des Ministerrates übergeordneten *Krolikowski* gar nicht angenehm war. Mich störte an ihm vor allem, daß er auch im kleinsten Kreis seitenlange von seinen Mitarbeitern ausgearbeitete Stellungnahmen vorlas und als seine Meinung ausgab, daß er die berufenen Minister der Regierung sehr oft respektlos behandelte und meist nichts weiter als phrasenhaftes Gerede von sich gab. Ganz im Gegensatz zu seinem - wegen eines chronischen Magenleidens - stets etwas mürrisch wirkenden, aber immer hilfsbereiten Bruder *Herbert Krolikowski*, der über viele Jahre als Staatssekretär im Außenministerium konstruktiv arbeitete, hatte *Werner Krolikowski* mit seiner Wesensart kaum jemanden und schon gar nicht die Minister veranlassen können, ihre ganze Kraft für das einzusetzen, was er ihnen auf seine Weise zu erklären versuchte.

Immerhin waren die Minister mit wenigen Ausnahmen Fachleute. Schon als ganz junger Minister hatte ich hohen Respekt vor Namen wie z. B. *Alexander Abusch*, *Paul Scholz*, *Otto Winzer*, *Willi Rumpf*, *Helmut Wunderlich*. Aufrichtige und sachliche Rededuelle im Ministerrat und im ZK der Partei waren damals noch nicht die Ausnahme. Ich erinnere mich noch daran, daß der Finanzminister *Rumpf* mich in einer ZK-Tagung frontal angriff, weil ich als Vorsitzender der Staatlichen Plankommission nicht fähig sei, darauf zu achten, daß mit jedem Groschen gespart wird. Ich antwortete ihm, daß ich mir einen Finanzminister wünschte, der fähig ist, nicht nur den Groschen zusammenzuhalten sondern aus dem Groschen eine Mark zu machen. Abends nach der Sitzung lud mich *Rumpf* mit anderen Teilnehmern der Tagung ins Gästehaus des Ministerrates „Johannishof" ein und wir saßen noch zusammen. Als dann der Ober mit der Rechnung kam, sagte er: „*Gerhard Schürer* will bezahlen, der weiß wie man aus dem Groschen eine Mark macht!"

Waren die Minister unmittelbar nach der Gründung der DDR meist politische Revolutionäre, die durch Parteiauftrag zum Minister wurden und sich durch Selbststudium fachlich bildeten, so wurde schon bald die fachliche Kompetenz zur entscheidenden Voraussetzung, ein solches Amt in der Regierung übernehmen zu können. *Klaus Siebold* war leitender Bergmann und *Wolfgang Mitzinger* Kraftwerksspezialist, ehe sie Minister für Energiewirtschaft wurden. Dr. *Herbert Weiz* hatte sich als Generaldirektor von Zeiss-Jena für das Amt des Ministers für Wissenschaft und Technik empfohlen. Dr. *Günter Wyschowsky* konnte nur durch seine solide Ausbildung als Chemiker das Ministerium für Chemie leiten, in dessen Kombinaten noch viele Jahre die von der Partei umworbenen großen Wirtschaftsbosse der IG Farben das Sagen hatten. Dr. *Kurt Singhuber* projektierte metallurgische Werke, ehe er Minister für Erzbergbau, Metallurgie und Kali wurde und Dr. *Erwin Kramer* arbeitete noch als Verkehrsminister führend an der Konstruktion des Doppelstockwaggons mit, während sein Nachfolger Dr. *Otto Arndt* vorher jahrelang Präsident der größten Reichsbahndirektion der DDR war. *Gerhard Zimmermann* und *Rolf Kersten* hatten Hochseeschiffe gebaut und Dr. *Hans-Joachim Lauck* das Stahl- und Walzwerk Brandenburg geleitet, ehe sie in das Ministeramt für Schwermaschinenbau berufen wurden. Ihren Doktor hatten all die Genannten auf ihrem Fachgebiet erworben, wie auch

Dr. *Rudi Georgi* als Werkzeugmaschinenbauer, Gesundheitsminister Professor *Ludwig Mecklinger* als Mediziner und Hochschulminister Professor *Hans-Joachim Böhme* als Pädagoge, um nur einige zu nennen. Nur der Volkswirt Dr. *Udo Wange* war von Hause aus Jurist, aber für das Ministerium für die Bezirksgeleitete und Lebensmittelindustrie einschließlich der Möbelindustrie und der Fischfangflotte war das, wegen der Vielseitigkeit fachlicher Anforderungen, eine fast ideale Qualifikation. Ich glaube auf jeden Fall fest daran, daß die Partei und der Staat und damit das gesamte gesellschaftliche System ohne die ständige Gängelei der Regierung durch die politische Führung besser gefahren wären.

Mein Hoffnungsträger war Mitte der 70er Jahre *Werner Lamberz*, der zum einflußreichen Mitglied des Politbüros aufgerückt war und aufgrund seiner Intelligenz ein gefragter Gesprächspartner der Experten war. Aber leider verunglückte dieser sympathische Politiker 1978 im Alter von 49 Jahren auf mysteriöse Weise bei einem Flug zum Beduinenzelt *Muammer Al Ghadafis* mit einem libyschen Hubschrauber tödlich. Tief erschüttert nahmen wir auf dem Flugplatz Berlin-Schönefeld seinen Sarg in Empfang, in dem jedoch die Leiche fehlte. So blieb in der DDR politischer Gehorsam immer wieder das Hauptkriterium der Regierungsarbeit.

Mit *Margot Honecker*, die als Minister(in) für Volksbildung autoritär die Linie der Partei verfolgte, und sich diese durch pädagogische Kongresse bestätigen ließ, hatten viele meiner Ministerkollegen und auch ich nicht selten Kommunikationsprobleme. Als Verantwortliche für die Wirtschaft wurden ich und die Industrieminister von ihr und teilweise auch von den Ministern für Verteidigung und Sicherheit gerügt, weil wir angeblich den Wirtschaftsbereich ungenügend leiten würden, wobei sie uns ständig die perfekte Organisation ihrer Bereiche als Beispiel vorhielten. Sie machten es sich mit ihren Belehrungen oft recht leicht, denn der materielle Bereich war etwas anderes als jene Bereiche, die vom Nationaleinkommen stets große Stücke abbekamen, ohne dafür dem Ministerrat Rechenschaft über ihre Arbeit geben zu müssen.

Besonders ausgeprägt war die Gängelei durch Organe der Partei gegenüber den Staatssekretären der Regierung, die viel für die wirtschaftliche Entwicklung des Landes getan und in den seltensten Fällen dafür Dank geerntet haben. Leute wie *Erich Pasold*, *Helmut Dersch*, *Alwin Scholwin*, *Karl Nendel*, *Guido Quaß*, *Heinz Zirgiebel*, *Horst Werner*, *Kurt Fenske*, *Horst Scholz*, *Heino Weiprecht* u.a. wurden oft in Grund und Boden kritisiert, obwohl sie über viele Jahre tragende Säulen in ihren Ministerien und mit ihrem Minister wie der zweite Mann auf einem Tandem engstens verbunden waren.

Das Los eines Ministers und seines Staatssekretärs in der DDR möchte ich am Beispiel von Bauminister *Wolfgang Junker* und seinem Staatssekretär *Karl-Heinz Martini* schildern. Als junger Mann erhielt Junker am 28.02.1963 seine von *Otto Grotewohl* unterschriebene Berufung zum Minister und übte diese Aufgabe bis zum Rücktritt der Regierung *Stoph* fast 27 Jahre aus. Fachlich gut ausgebildet war er stets engagiert, fleißig und hatte ein Gespür für neue wissenschaftliche Entwicklungen im Bauwesen. Seine Kompetenz war unter den Experten unumstritten. Verantwortlich für den Industrie-, Wohnungs-, Verkehrsbau, für militärische, gesellschaftliche und kulturelle Bauten, unterstanden ihm nicht nur die zentralen Baukombinate sondern auch die Kombinate der Baustoffindustrie. Die örtliche Bauindustrie war ihm und gleichzeitig den Räten der Bezirke untergeordnet. Obwohl die technische Ausrüstung des Bauwesens infolge der niedrigen Investitionen z. T. veraltet war und oft auch die Baumaterialien fehlten, leistete dieser Wirtschaftszweig nicht wenig. Wenn heute viele Besucher das Nikolaiviertel und das Schauspielhaus in Berlin loben, anschließend im Restaurant auf dem Fernsehturm ihren Kaffee trinken, dem Berliner Friedrichstadtpalast, der Semperoper in Dresden bzw. dem Gewandhaus in Leipzig gute Noten geben und Hunderttausende in ihren Neubauwohnungen zufrieden sind, auch wenn sie von ihren Kritikern als „Schlafstädte" bezeichnet werden, sollten sie einmal an die Bauschaffenden zurückdenken. Oft habe ich miterleben müssen, wie *Wolfgang Junker* und sein Staatssekretär *Karl-Heinz Martini* von ungeduldigen und fachlich inkompetenten Politikern scharf kritisiert wurde, solange die Objekte im Bau waren. Wenn es jedoch an deren Einweihung ging, dann waren gerade diese Kritikaster in der vordersten Reihe, der Minister und sein Staatssekretär *Karl-Heinz Martini* dagegegen ganz hinten. Nach der Wende aber waren sie es, die in Untersuchungshaft kamen, weil sie für führende Politiker der DDR auf der Grundlage von Anweisungen und Beschlüssen aufwendige Bauten realisieren mußten.

Im Juli 1990 sprach mich auf der Gertraudenbrücke in Berlin ein Westberliner an, der Ostberlin fast 30 Jahre nicht besucht hatte. Er war nicht nur über die Neubauten der Innenstadt erstaunt, sondern hatte sich auch die neuen Stadtteile und die breiten Magistralen angesehen und war von allem beeindruckt. Als ich ihm antwortete, daß dies die ersten anerkennenden Worte sind, die ich nach meiner Entlassung aus der Untersuchungshaft gehört habe, antwortete er: „Na ja, Mist habt ihr auch gebaut, z. B. die Mauer, aber was ich hier sonst an baulichen Veränderungen gesehen habe, ist eine große Leistung. Das solltet ihr euch durch niemandem wegreden lassen." Da wünschte ich mir, daß dieses auch *Wolfgang Junker* noch hätte hören können, den die Last der Verantwortung und die Beschuldigungen so verzweifeln ließen, daß er seinem Leben selbst ein Ende setzte.

In der zweiten Hälfte der 80er Jahre wurden meine Sorgen über die wirtschaftliche Situation der DDR immer größer. Ich erinnere mich an eine sarkastische Formulierung *Gerhard Beils* in der Arbeitsgruppe Zahlungsbilanz, als er sagte: „Gestern standen wir noch vor einem Abgrund, aber heute sind wir schon einen großen Schritt weiter." Der Exportüberschuß Anfang der 80er Jahre, der uns eine Atempause bescherte, schmolz 1985 plötzlich wieder zusammen. Die Ursache dafür waren die Kapriolen der Erdölpreise auf dem Weltmarkt. Kostete uns 1972 eine Tonne Rohöl aus der UdSSR 14 Rubel, kletterte er bis 1981/82 auf 182 Rubel pro Tonne, ging danach wieder auf 90 Rubel pro Tonne zurück, was aber im RGW-Bereich aber erst zeitversetzt wirksam wurde, denn der RGW-Preis für das kommende Jahr bildete sich stets auf der Basis des Weltmarkpreises der letzten 5 Jahre. Wir schätzten deshalb ein, das der Erdöl- sowie die Erdgaspreise nie wieder auf das Niveau von vor 1972 zurückkehren würden und zogen deshalb grundsätzliche Schlußfolgerungen.

Dimitri Mendelejew (1836-1907), der bekanntlich das Periodensystem der Elemente entdeckte und aufgrund dieses Systems die Eigenschaften noch unbekannter Elemente voraussagte, hatte schon 1900 gesagt: „Erdöl verbrennen, heißt Geldscheine verbrennen." Da in diesen Jahren die Sowjetunion der DDR auch die jährlichen Erdöllieferungen von 19 Mio. auf 17,1 Mio. t kürzte und für Zusatzkäufe auf dem freien Ölmarkt unsere Devisen zu knapp waren, bestand für die DDR der Ausweg nur darin, rd. 3 Mio. t Heizöl und Bitumen aus der Erdölverarbeitung abzulösen und durch eine tiefer spaltende Verarbeitungsweise, wie schon erwähnt, mehr helle Produkte (Benzin, Diesel usw.) aus jeder Tonne Rohöl zu gewinnen. Da die Öl- und Gasvorräte in der Welt nicht unerschöpflich sind, werden die Industriestaaten, da bin ich mir sicher, auf diese Technologien wieder zurückkommen. Nachteilig war, daß nun noch mehr Braunkohle in der Volkswrirtscaft als Energieträger eingesetzt werden mußte und für den Straßenbau nur eine geringe Menge an Bitumen zur Verfügung stand, was sich sehr bald am schlechten Zustand der Autobahnen und Straßen bemerkbar machte. Einen anderen Ausweg hatte die DDR jedoch nicht.

Als falsch dagegen erwies sich die Entscheidung, weitere Mengen Heizöl in kurzer Zeit freizusetzen und die DDR zu einem bedeutenden Exporteur von Erdölprodukten in die westlichen Länder zu machen, weil außer den großen Problemen der Versorgung entlegener Städte und Dörfer mit Braunkohle die Exporterlöse wesentlich zurückgingen, als der Weltmarktpreis für Erdöl Mitte der 80er Jahre auf die Hälfte, auf etwa 90 Rubel pro Tonne sank. Es trat also die Situation ein, daß wir für das sowjetische Erdöl noch 170-180 Rubel pro Tonne bezahlen mußten, aber für den Export von Erdölprodukten nur der aktuelle Weltmarktpreis erlöst wurde. Damit schmolz auch der Exportüberschuß der Jahre 1981-1985 zusammen, und die Zahlungsbilanz wurde von Tag zu Tag schlechter. Es häuften sich die Schwierigkeiten. In der zweiten Hälfte der 80er Jahre wurden die geplanten Wachstumsraten von 4 Prozent nicht mehr erreicht. Da die planmäßigen Geldeinnahmen der Bevölkerung und der Warenfonds jedes Jahr um 4 Prozent und die Subventionen im Selbstlauf jährlich um 7 Prozent stiegen, verschärften sich die Disproportionen. Die Exportaufgaben in das „Nichtsozialistische Wirtschaftsgebiet" wurden nicht mehr erfüllt und die Verschuldung galoppierte in Richtung von 20 Milliarden Dollar. Schulden sind Schulden und müssen bezahlt werden. Wir mußten auf die Notbremse treten. Aber wie? Eine interne Berechnung der Plankommission hatte ergeben, daß die DDR bei gleichbleibendem Import den Export gegen freie Devisen von 12 auf 25 Milliarden Valutamark hätte erhöhen müssen, um liquide zu bleiben, und das mit einer auf 9 Prozent abgesunkenen Rate der produktiven Akkumulation. Eine unlösbare Aufgabe. Schon jetzt reichte der gesamte Export eines Jahres nicht mehr aus, um die im gleichen Jahr anfallenden Zinsen und fälligen Kredite zu tilgen.

Um nicht falsch verstanden zu werden, muß ich hier anfügen, daß es viele Länder auf dieser Welt gibt, die das Vielfache an Schulden der damaligen DDR bei noch geringerer Leistungskraft haben und nicht zusammenbrechen, sondern weiter existieren. Wir aber machten uns als sozialistischer Staat abhängig von westlichem Finanzkapital und besonders von der Bundesrepublik Deutschland. Wir wollten uns der BRD als überlegen erweisen und waren statt dessen nun tief in ihrer Schuld. Das konnte nicht gut gehen.

Nach außen demonstrierte die DDR-Führung weiterhin Leistungskraft und Stärke, indem zum Beispiel der durch die BRD gewährte „Swing“ (Überziehungskredit von ca. 800 Millionen DM, für den keine Zinsen zu zahlen waren), nicht voll in Anspruch genommen wurde. Wir waren selbst überrascht, wie viele Politiker und Fachleute sich im Westen von diesem Trick täuschen ließen, daß die DDR einen zinslosen Kredit nicht voll nutzte, dagegen neue Kredite mit hohen Zinsraten aufnahm und mit diesen Mitteln dann die fälligen Kredite bezahlte, d. h. im Klartext: Wechselreiterei betrieb. Es half uns in dieser Zeit auch die Grundauffassung der Regierung der Bundesrepublik Deutschland, daß die DDR für sie nicht „Ausland“ war, wodurch die Auslandsschulden immer ohne diejenigen gegenüber der BRD, also niedriger ausgewiesen wurden. Aber einen Ausweg aus der Misere fanden wir nicht mehr, auch wenn mich das Politbüro ständig beauftragte, Maßnahmen zur Halbierung des „Sockels“ vorzulegen.

Im April 1988 entschloß ich mich zu einem Alleingang. An *Günter Mittag* vorbei wandte ich mich mit einem Material, das ich vorsichtig „Überlegungen“ nannte, weil sein Inhalt gegen eine Reihe vom Parteitag beschlossener Thesen gerichtet war, an *Erich Honecker* mit der Bitte um eine Aussprache unter vier Augen. Auf insgesamt 13 Seiten schlug ich u. a. vor:

keine weiteren Betriebe der Mikroelektronik zu bauen, sondern die Investitionen auf den Verarbeitungsmaschinenbau (Textilmaschinen,

Nahrungs- und Genußmittelmaschinen, Polygraphische Maschinen) zu konzentrieren, weil wir für diese Erzeugnisse Märkte hatten und sie rentabel exportieren konnten;

die beschlossene Produktion von Videorecordern in der DDR nicht aufzunehmen, da der Import von Teilen, die wir nicht selbst herstellen konnten und ihre Montage, mehr kostete als der Import kompletter Geräte;

die Investitionen für die Zulieferindustrie zu Lasten der Finalproduzenten zu erhöhen, um Disproportionen einzuschränken;

stark bebaute Gebiete vor der Überbaggerung durch die Braunkohleindustrie zu verschonen;

mehr Energie in der Volkswirtschaft der DDR einzusparen, die Energieerzeugung nicht so extensiv zu erweitern und auch dasPumpspeicherwerk in Goldistal mit einem Aufwand von ca. 6-7 Milliarden Mark nicht zu bauen;

die aus den Bezirken in Berlin zum Aufbau anspruchsvoller Objekte und Wohnungen eingesetzten 18 000 bis 20 000 Bauarbeiter in die Bezirke zurückzuführen und dort kleinere Vorhaben für die Produktion sowie dringende Reparaturen an dem verfallenden Wohnungsbestand durchführen zu lassen;

für alle Sonderbedarfsträger (Armee, Staatssicherheit, Polizei, Parteien) jeden Zuwachs von Mitteln zu sperren;

das Wachstum der Ausgaben für die gesellschaftliche Konsumtion (Staatsapparat, Erziehung, Gesundheit usw.) differenziert, aber insgesamt von 5,7 auf 1-2 Prozent zu verlangsamen;

die wachsenden Guthaben in der UdSSR zu nutzen und den Export in die kapitalistischen Länder zu erhöhen;

die Subventionen der Mieten für unterbelegten Wohnraum abzuschaffen, wenn eine Person mehr als zwei, zwei Personen mehr als drei Zimmer usw. bewohnen. Dadurch könnten 600 000 Wohnungen gewonnen bzw. umfangreiche Subventionen reduziert werden;

eine großzügige Verbrauchsnorm für den Energieverbrauch pro Person festzulegen und den Mehrverbrauch kostendeckend abzurechnen;

alle nicht sozial begründete Subventionen abzuschaffen, da allein Blumen damals mit 450 Millionen Mark jährlich subventioniert werden mußten;

Einfamilienhäuser und Villen an die Bewohner als Privatbesitz zu verkaufen.

Honecker gewährte mir die Aussprache nicht, gab das Material zur Stellungnahme an *Günter Mittag*, der am 4. Mai 1988 dem Politbüro ein Papier von mehr als 30 Seiten vorlegte, die meine Vorschläge mit Entstellungen, Halbwahrheiten, Lügen und Verleumdungen in Bausch und Bogen abschmetterten und in dem Satz gipfelten: „Diesen Überlegungen des Genossen *Schürer* zu folgen würde bedeuten, in einem umfassenden Maße Beschlüsse des VIII. und des XI. Parteitages der SED und somit die Einheit von Wirtschafts- und Sozialpolitik in Frage zu stellen."

Willi Stoph sorgte noch dafür, daß meine „Überlegungen" der Vorlage *Mittags* wenigstens angehängt und damit bekannt wurden. Im Politbüro ergriff *Erich Honecker* als erster das Wort und sagte sinngemäß: *Gerhard* hatte die Möglichkeit, uns etwas vorzulegen und wir als Politbüro haben die Möglichkeit, es abzulehnen. Ich lehne es ab und bin dafür, der Stellungnahme *Günter Mittags* zuzustimmen. *Willi Stoph* spürte sofort den eisigen Wind und eröffnete seinen Diskussionsbeitrag mit einem ausdrücklichen Bekenntnis zur Verwirklichung der Beschlüsse des XI. Parteitages. Er sprach dann von einem „großen Loch", daß „die Entwicklung von keinem von uns zu verantworten" sei, bekannte sich zur „Weiterführung des Kurses der Einheit von Wirtschafts- und Sozialpolitik bei einem Stopp der Verschuldung und ihrem allmählichen Abbau". Um diese Quadratur des Kreises zu bewerkstelligen, versprach *Willi Stoph*, den Ministerrat auf einen „kampferfüllten, realen Plan 1989 zu verpflichten". *Erich Honecker* beendete die Debatte mit der Feststellung, daß „*Mittag* in allen Punkten recht" und „*Stoph* die Verantwortung des Ministerrates dargelegt" hat.

So war es denn von allen Anwesenden beschlossen und meine Vorschläge abgeschmettert.

Der Sozialwissenschaftler *Hans-Herman Hertle* von der FU Berlin hat diesen Konflikt nach der Wende 1989 als „Die *S*chürer/Mittag-Kontroverse" dokumentiert.

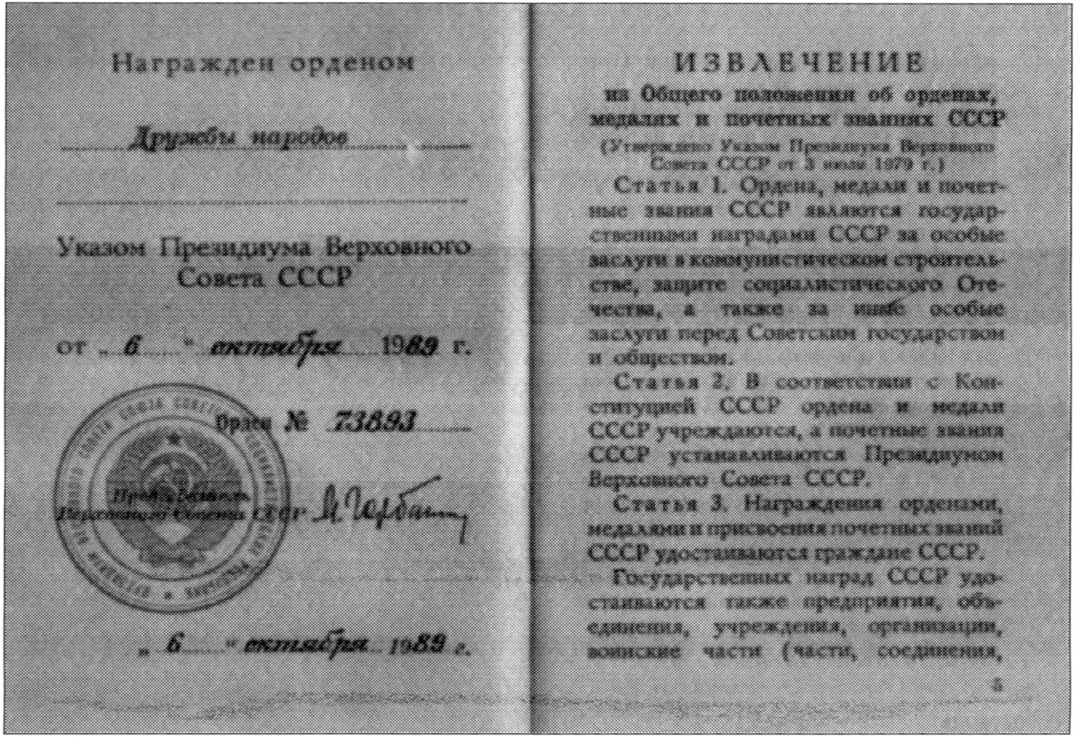

Награжден орденом

Дружбы народов

Указом Президиума Верховного Совета СССР

от „*6*" *октября* 19*89* г.

Орден № *73893*

Председатель Верховного Совета СССР *М. Горбачев*

„*6*" *октября* 19*89* г.

ИЗВЛЕЧЕНИЕ

из Общего положения об орденах, медалях и почетных званиях СССР

(Утверждено Указом Президиума Верховного Совета СССР от 3 июля 1979 г.)

Статья 1. Ордена, медали и почетные звания СССР являются государственными наградами СССР за особые заслуги в коммунистическом строительстве, защите социалистического Отечества, а также за иные особые заслуги перед Советским государством и обществом.

Статья 2. В соответствии с Конституцией СССР ордена и медали СССР учреждаются, а почетные звания СССР устанавливаются Президиумом Верховного Совета СССР.

Статья 3. Награждения орденами, медалями и присвоения почетных званий СССР удостаиваются граждане СССР.

Государственных наград СССР удостаиваются также предприятия, объединения, учреждения, организации, воинские части (части, соединения,

5

Heute glaube ich, daß es ein großer Fehler war, in dieser Situation nicht die notwendigen persönlichen Konsequenzen gezogen zu haben. Gewiß war es ohnehin zu spät, und ich hätte damit nicht viel bewirkt. Aber es wäre für viele ein Signal gewesen. Ich glaubte aber damals weiter „kämpfen" zu müssen.

Gelingt es Egon Krenz, Honecker zu stürzen?

Honecker mußte weg. Eine andere Chance sah ich nicht, nachdem man meine Vorschläge, die übrigens in der Zeit der Wende in dieser oder jener Form als Forderung wieder aufgegriffen worden sind, so arrogant abgelehnt hatte. Wie aber stellt man es an, den übermächtigen Generalsekretär einer führenden Partei abzusetzen, der an seinem Schreibtisch den „WTsch" - den Geheimapparat zu allen Machtorganen - hat und überhaupt alle Fäden des Staates in der Hand hält. Ich war in meinem Leben nie ein Draufgänger oder gar ein Held, sondern immer ein kühler Rechner und Analytiker. Ich war niemals aufsässig bzw. rebellisch, sondern eher zu weich und ständig auf Ausgleich bedacht. Terror lehnte ich prinzipiell ab, sowohl von rechts wie auch von links, weil Terroristen, unter welcher Flagge sie auch immer auftreten, zu verachtenswerten Verbrechern geworden sind, die den Tod vieler Unschuldiger, darunter Frauen und Kinder, in Kauf nehmen, um ihre Ziele zu erreichen. Aber *Honecker*, *Mittag* und *Herrmann* mußten abgesetzt werden, sonst drohte der Zusammenbruch der DDR, und die Gefahr internationaler Konflikte wuchs, denn die Sowjetunion würde ihr Einflußgebiet DDR nicht freiwillig preisgeben, so etwa dachte ich zu dieser Zeit. Ich dachte über die notwendigen gesellschaftlichen und politischen Veränderungen nach. In dieser Situation hielt ich *Egon Krenz* für den geeigneten Mann.

Würde es mir aber gelingen, den 1937 in Kolberg geborenen Pädagogen *Egon Krenz* für dieses risikoreiche Unternehmen als Partner zu gewinnen, einen Mann, der seine steile Karriere bis zum Ersten Sekretär des Zentralrates der FDJ (1974 bis 1983), zum Kandidaten des Politbüros (1976 bis 1983) und seit 1983 zum Mitglied des Politbüros und gleichzeitig zum Sekretär des ZK, dem unter anderem die Abteilung Sicherheit des ZK unterstand, in erster Linie *Honecker* zu verdanken hatte? Würde er ihn nicht doch als seinen „Ziehvater" betrachteten, der ihn vorsichtig zu seinem Kronprinz aufbaute?

Egon Krenz hatte sehr viel von der Sonnenseite des Sozialismus kennengelernt, den Enthusiasmus der Jugend an den Weltfestspielen, Deutschlandtreffen, Sportfeste, Pioniertreffen, den Empfang der Erdgastrassenbauer, die Jugendinitiativen der FDJ, Messen der Meister von Morgen und Spaß gehabt an Aufmärschen, Kundgebungen, Demonstrationen usw. Und das alles hatte er doch nicht nur miterlebt, sondern manches davon auch selbst organisiert.

Andererseits hatte ich *Krenz* einige Jahre im Politbüro näher beobachten können und ihn dabei als einen charakterstarken Mann kennengelernt, der sich ernsthaft und ohne jede Illusion zu den Hauptfragen äußerte. Bei der Beratung komplizierter wirtschaftlicher Probleme ließ er sich oft meine handschriftlichen Zettel geben, auf denen die reale Lage skizziert war, und niemals hat er das mißbraucht. Auch daß er *Günter Mittag* nicht leiden konnte, machte ihn mir sympathisch. Dennoch war ich mir nicht sicher, ob ich im Keller meines Wochenendhauses in Dierhagen den „Jubel-Egon" oder meinen neuen Hoffnungsträger ansprach.

Doch zunächst noch eine Zwischenbemerkung: Eigentlich hatte ich mir ein Jahr früher *Werner Felfe*, den damals 60jährigen Sekretär für Landwirtschaft des ZK, als meinen Idealkandidaten für eine Nachfolge *Honeckers* vorgestellt, denn er war ein Mensch mit Erfahrungen und ausgestattet mit besten Tugenden. Mit Feingefühl hatte *Felfe* die gröbsten Fehler des an sich verdienstvollen Landwirtschaftssekretärs *Gerhard Grüneberg* schrittweise korrigiert, und zwar die Gigantomanie bei den landwirtschaftlichen Investitionen und die Trennung von Feld- und Viehwirtschaft. „Nicht kleckern sondern klotzen", war lange Zeit *Grünebergs* Devise, besonders beim Stallbau. Es entstanden Schweineanlagen mit 100 000 bis 350 000 Schweinen (Eberswalde) und Großviehställe mit 6000 Rindern (Hohenwangelin), die einen hohen Mechanisierungs- und Automatisierungsgrad, freifließendes Futter und chemische Zusätze sowie Entsorgungssyteme für Gülle und Dünger forderten, die aber in der Regel importiert werden mußten. Durch den ständigen Aufenthalt im Stall traten genetische Veränderungen bei den Tieren ein, die in ihrer Langzeitwirkung nicht abzuschätzen waren. Die Entsorgung der Gülle führte zu riesigen Transportproblemen, zu einer unerträglichen Nitratbelastung des Bodens im Umkreis der Anlagen und zur Verschlechterung der Qualität des Grund- und des Trinkwassers. Die Trennung von Feld- und Viehwirtschaft widersprach den Grundgefühlen und jahrhundertelangen Erfahrungen der Bauern, die immer mit der einfachen Formel gelebt hatten: Gutes Feld, gutes Vieh, gutes Vieh, gutes Feld. Der ökologisch wichtige Kreislauf der Natur wurde künstlich gestört. *Felfe*, der seit 1973 Kandidat und seit 1976 Mitglied des Politbüros war und als Ratsvorsitzender sowie als Erster Sekretär der Bezirksleitung Halle der Partei eine beeindruckende Arbeit geleistet hatte, war bei vielen Menschen geachtet. Jedoch zog er sich durch seine offene und kritische Art, die Probleme anzusprechen, oft den Unwillen *Honeckers* zu, der auch auf dem Gebiet der Landwirtschaft von sich behauptete, Fachmann zu sein, weil er einige Wochen bei einem Bauern gearbeitet hatte. *Felfe* besaß Autorität. Man konnte sogar sagen, daß er beliebt war. Leider verstarb er 1988 unerwartet an einem Herzinfarkt.

Also entschloß ich mich, mit *Egon Krenz* zu sprechen, der mir auch deshalb als der richtige Mann erschien, weil er gute Kontakte zu jenen hatte, die für die Armee, die Polizei und die Sicherheitsorgane Verantwortung trugen. Vielleicht konnte er sie zumindest zum Stillhalten veranlassen? Ich wußte, daß ich viel aufs Spiel setzte, denn immerhin war es ein Gespräch, das als Hochverrat gewertet werden konnte. Wir trafen uns im Februar 1989 in Dierhagen und waren uns einig. Im Gespräch wurde deutlich, daß sich *Krenz* schon länger mit ähnlichen Gedanken beschäftigt hatte. Ich war für einen sofortigen, natürlich risikoreichen Staatsstreich, wollte im Politbüro die Absetzung von *Honecker, Mittag* und *Herrmann* und die Berufung von *Egon Krenz* zum Generalsekretär vorschlagen und selbst in Rente gehen, damit erkennbar wurde, daß es mir nur um die Sache und nicht um einen Posten ging. Es gab vieles zu bedenken. Ein konstruktives Programm, wie es weitergehen sollte, hatte damals keiner. Die sowjetische Seite hatte Geduld signalisiert, denn international war das Ansehen *Honeckers* durch den Besuch in der Bundesrepublik 1987 stark aufgewertet worden, und im Politbüro sowie im ZK, daß letztlich allem zustimmen mußte, hatte Honecker eine große

Lobby. Im Verteidigungsrat besaß Erich Honecker die uneingeschränkte Befehlsgewalt.

Egon Krenz gab mir zu verstehen, daß er seit Mitte der 80er Jahre mit *Willi Stoph, Harry Tisch, Siegfried Lorenz, Werner Jarowinsky* und *Werner Felfe* Gespräche über einen notwendigen Machtwechsel an der Parteispitze geführt hatte. Auch *Erich Mielke* würde sich nicht gegen uns stellen. Insgesamt blieb aber noch viel zu tun, um einen mehrheitlichen Beschluß in dieser Frage zu erreichen, denn von der sowjetischen Führung war keine Unterstützung zu erwarten. *Krenz* wußte zu diesem Zeitpunkt auch bereits, daß *Honecker* an Krebs erkrankt war. Nach gründlicher Diskussion entschieden wir uns schließlich, weiter nach Verbündeten Ausschau zu halten.

Im Sozialismus war die Abberufung eines Generalsekretärs stets ein komplizierter Akt, weil das demokratische Instrumentarium dafür fehlte. Die Parteidisziplin setzte fast dogmenhaft ein Gleichheitszeichen zwischen dem Generalsekretär und der Partei, mit dem einzigen Ziel, die monolitische Einheit der Führung zu bewahren. So verloren wir trotz der Entschlossenheit und des Mutes leider viel Zeit. Als wir es endlich schafften, war es zu spät. Ich beschreibe den Vorgang, der zu *Honeckers* Sturz führte, weil die Entwicklung oft falsch dargestellt wird. *Günter Schabowski* will, nach eigenen wiederholten Darlegungen, angeblich nur mit *Krenz* und *Lorenz* im Oktober 1989 die Absetzung *Honeckers* betrieben und *Stoph* zu dem Vorschlag, den Generalsekretär abzulösen, überredet haben. Das stimmt so nicht. Wahr ist, daß andere Politbüromitglieder und besonders *Stoph* und *Krenz*, wenn auch nicht mit der notwendigen Entschlossenheit, bereits seit 1985/86 still die Entmachtung *Honeckers* betrieben haben, während Moskau kräftig bremste. *Schabowski* war es, der noch im September 1989 die Berliner Parteiorganisation auf einer großen Parteiaktivtagung im Palast der Republik auf die Linie *Honeckers* einschwor und *Mittag* mit den pathetischen Worten begrüßte, daß er nicht nur als Wirtschaftssekretär an dieser wichtigen Veranstaltung teilnimmt sondern zugleich in „hervorragender Weise“ den Generalsekretär *Erich Honecker* vertritt.

Am 18. Oktober 1989 wurde *Erich Honecker* abgesetzt, und wir haben aus Achtung vor dem Antifaschisten und in der üblichen Inkonsequenz zugelassen, ihn traditionell „aus gesundheitlichen Gründen" von seiner Aufgabe zu entbinden. *Egon Krenz* wurde zum Generalsekretär gewählt. *Mittag* und *Herrmann* wurden von ihren Funktionen entbunden. *Egon Krenz, Willi Stoph und Harry Tisch* (der in Moskau mit *Michael Gorbatschow* den Sturz *Honeckers* abstimmte) spielten dabei die Hauptrolle, *Werner Krolikowski* beteiligte sich ebenfalls, *Günter Schabowski*, der sich den *Honecker*-Gegnern in den Oktobertagen 1989 anschloß, war dann einer der Mutigsten. Im Buch „Das Politbüro" wird der unmittelbare Vorgang des Machtwechsels von *Schabowski* sachlich richtig geschildert, und ich verzichte deshalb auf eine detaillierte Darlegung. Im Arbeitszimmer von *Krenz* konnte ich miterleben, daß es bei manchem der alten Kampfgefährten *Honekkers* nicht so leicht war, sie auf den kommenden Tag vorzubereiten. Aber es gelang.

Das letzte und das allerletzte Politbüro des ZK der SED

Das letzte Politbüro in der Zusammensetzung, wie es unter *Erich Honecker* existierte, ist jetzt, da ich diese Zeilen schreibe, vom Winde verweht. In den 16 Jahren, die ich dem Politbüro als Kandidat angehörte, habe ich - neben jenen, über die ich bereits geschrieben habe - interessante Politiker, erfahrene Kommunisten, durch viele Prüfungen des Lebens gegangene Menschen kennengelernt wie *Hermann Axen*, der auf dem Arm die Nummer des KZ Häftlings trug, mit seinen Erfahrungen aus jahrelangen Torturen in den Vernichtungslagern der Nazis und aus der internationalen Arbeit der Partei; den geistvollen *Albert Norden*, Redakteur der „Roten Fahne", den wir vertraut „Conny" nannten; *Paul Verner*, der zwar meist etwas zu weit links agierte und das Denkmal des Alten Fritz am liebsten hätte einschmelzen lassen; *Friedrich Ebert*, der in seiner Art stets ein auf Ausgleich bedachter Sozialdemokrat blieb; *Siegfried Lorenz*, mit dem man durch seine ruhig-überlegte Art auch kompliziertestе Fragen in Ruhe ausdiskutieren konnte; *Günter Kleiber*, der als junger Ingenieur ins Politbüro kam und von der Elektronik über den Fahrzeugbau bis zum RGW viele wirtschaftliche Spezialbereiche geleitet hat; *Werner Walde*, der in den jährlichen Winterschlachten in der wasser- und frostempfindlichen Braunkohleindustrie den Durchblick behielt, wenn alle anderen durchdrehten; *Inge Lange*, die sich bei allen Gelegenheiten für die Interessen der Frauen engagierte; *Margarete Müller*, die erfahrene Bäuerin, die noch viel länger als ich die „ewige Kandidatin" war; und *Kurt Hager* habe ich in besserer Erinnerung, als manche seiner früheren Vertrauten heute über ihn reden, denn er gehörte zu den wenigen, die *Honecker* widersprachen - und zwar fast nie in Richtung auf Verschärfung des Kurses. Beim Verbot der Zeitschrift „Sputnik" war er der einzige, der dagegen sprach. Es wäre ungerecht, seine Lebensarbeit für die Partei heute nur darauf zu reduzieren, die Perestroika in der UdSSR mit einem „Tapetenwechsel" verglichen zu haben.

Besonders *Werner Eberlein* war für mich ein Vorbild, denn weder der Tod seines Vaters - veranlaßt durch den KGB - noch die Umsiedlung nach Sibirien haben diesen aufrechten Menschen von seinen Idealen abgebracht. Von seinem Vater hat *Werner Eberlein* ein Bild aus der Kominternzeit in seiner Wohnung, das *Lenin* mit den Worten signiert hatte: „Meinem Freund *Hugo Eberlein*". Besonders als Erster Sekretär der Bezirksleitung Magdeburg zeigte *Eberlein*, wie ein Politbüromitglied selbst eine problemreiche Politik durch ständigen, engsten Kontakt mit den Menschen im Bezirk einfühlsam, geschickt und auch wirksam durchführen konnte.

Welch große Macht hatte dieses Politbüro doch in seinen „Glanzzeiten". Obwohl es selbst keine Gesetze erlassen und keine militärischen Befehle geben konnte, sicherte es durch seine Einflußnahme auf die Besetzung entscheidender Funktionen mit Mitgliedern der SED - die der Parteidisziplin unterworfen waren - ab, daß überall die Parteibeschlüsse verwirklicht wurden. Keine Frage konnte am Politbüro vorbei entschieden werden, es sei denn, daß der Generalsekretär in der Person des Vorsitzenden des Nationalen Verteidigungsrats in eigener Vollmacht entschied, was bei der Landesverteidigung fast immer und für die Fragen der staatlichen Sicherheit - mit Ausnahme der Bestätigung neuer Generale - ausschließlich so war. Arbeitspläne, die für jeweils ein halbes Jahr beschlossen und mit ca. 10 Punkten pro wöchentliche Sitzung aufgeteilt wurden, umfaßten alle wesentlichen Vorgänge im Land und zu den Außenbeziehungen. Dazu kamen Vorlagen zu operativen Fragen, die jedes Mitglied/Kandidat des Politbüros, auch Minister der Regierung und Abteilungsleiter des ZK einreichen konnten. Die wichtigsten Fragen wurden meist erst im Politbüro und danach in der Regierung behandelt. Andere gingen den umgekehrten Weg. Ein weiterer Teil der Fragen ging zur Beschlußfassung in das kaum weniger wichtige Sekretariat des ZK, in dem alle Sekretäre und einige Abteilungsleiter des ZK Mitglied waren. Auch die Volkskammer, der Staatsrat, und die Regierung reichten ihre Arbeitspläne dem Politbüro zur Bestätigung ein. Als Planungschef hatte ich eine Vielzahl der Vorlagen federführend zu erarbeiten und noch mehr mitzuverantworten. Das alles war nun mit einem Schlag nur noch Geschichte.

Was ist aus ihnen geworden, die in diesem letzten Politbüro saßen? *Erich Honecker, Hermann Axen, Werner Jarowinsky, Joachim Herrmann, Günter Mittag, Konrad Naumann, Horst Sindermann* und *Harry Tisch* sind gestorben. *Erich Mielke* (88), *Alfred Neumann* (86), *Erich Mückenberger* (85), *Willi Stoph* (81) und *Kurt Hager* (81) waren zur Wende schon viele Jahre Rentner, übten bis dahin aber ihre Funktionen ungebrochen aus. Auch *Werner Eberlein, Heinz Keßler* und ich waren Rentner, aber noch im Amt. *Hans-Joachim Böhme, Horst Dohlus, Werner Krolikowski, Inge Lange, Margarete Müller, Gerhard Müller* und *Werner Walde* haben inzwischen auch das Pensionsalter erreicht. Die „Jüngeren" im Politbüro, *Egon Krenz, Siegfried Lorenz* und *Günter Kleiber* sind heute auch schon um die 60. *Günter Schabowski*, der unter dem Beifall der Politiker, die er einst als seine prinzipiellen Gegner sah, auf dem Absatz eine Kehrtwendung machte, daraus aber wenig Nutzen ziehen konnte, hat vom Sozialismus der DDR nur den grünen Rechtsabbiegerpfeil als übernehmenswert befunden und will sich an seine Zeit als Mitglied des Politbüros und besonders eifriger Erster Sekretär der Bezirksleitung der SED in der Hauptstadt der DDR Berlin am liebsten gar nicht mehr erinnern. Er verdient im Alter von 64 Jahren heute sein Brot als Redakteur einer hessischen Regionalzeitung. Nicht das er seine Meinung änderte, würde ich ihm vorwerfen, aber das er andere mit üblen Worten attackiert, die von ihren Idealen nicht konjunkturell sofort Abschied nehmen, hat meine Achtung gegenüber *Schabowski* schmelzen lassen wie Schnee im März. Alle anderen sind Pensionäre mit durch „Staatsnähe" begrenzten Renten, oder sie sind abgewickelt, arbeitslos und im Vorruhestand. Ein Teil von ihnen ist verurteilt bzw. es laufen gegen sie Anklagen oder Ermittlungsverfahren der bundesdeutschen Gerichte. Zwischen uns, den ehemaligen Mitgliedern und Kandidaten des ehemaligen Politbüros gibt es heute kaum noch Verbindungen. Wenn man sich überhaupt trifft, dann auf dem Friedhof, weil wieder einer gestorben ist.

Doch es gab noch ein *allerletztes Politbüro.* Am 10. November 1989 wurde auf der 10. Tagung des ZK das Politbüro unter Generalsekretär *Egon Krenz* neu gewählt. Mitglieder wurden *Werner Eberlein, Wolfgang Herger, Werner Jarowinsky, Heinz Keßler, Siegfried Lorenz, Hans Modrow, Wolfgang Rauchfuß, Günter Schabowski* und ich. Kandidaten wurden *Margarete Müller, Günter Sieber* und *Hans Joachim Willerding. Horst Dohlus, Günter Kleiber* und *Gerhard Müller*, zunächst zur Wahl vorgeschlagen, erhielten aber nicht die erforderliche Anzahl der Stimmen. Ferner wurden die bereits vorgeschlagenen *Hans-Joachim Böhme, Johannes Chemnitzer, Werner Walde* und *Inge Lange* auf Betreiben der Parteibasis, wieder abberufen. Auf eigenen Wunsch schieden aus: *Hermann Axen, Kurt Hager, Werner Krolikowski, Erich Mielke, Erich Mückenberger, Alfred Neumann, Horst Sindermann, Willi Stoph* und *Harry Tisch*. Das Politbüro trat jedoch nach drei Wochen Amtszeit gemeinsam mit dem ZK der SED auf der außerordentlichen ZK-Tagung am 3. Dezember 1989 unter dem Druck der Ereignisse zurück, um den Weg zur Vorbereitung eines Sonderparteitages freizumachen. Ein Arbeitsausschuß unter Vorsitz von *Herbert Kroker*, einem ehemaligen von *Günter Mittag* entlassenen Generaldirektor eines Kombinats in Erfurt, übernahm die Leitung bis zum Parteitag.

So blieben *Egon Krenz* nicht einmal die 100 Tage, die man den führenden Politikern als Karenzzeit einräumt. Das Volk auf der Straße traute den alten Kadern nicht mehr, die auch außer einem Aufruf, der den Willen zu Reformen und politischen Änderungen zeigte, die Massen nicht von einer grundsätzlichen Wende überzeugen konnten. Außerdem wäre auch kaum einer aus dem alten Politbüro in der Lage gewesen, ein realistisches Konzept für grundlegende ökonomische und politische Reformen zu erarbeiten und dafür die notwendige Unterstützung der Bevölkerung zu bekommen, um dem Sozialismus auf deutschem Boden eine weitere Chance zu geben.

War die DDR Ende 1989 pleite?

War das System der Deutschen Demokratischen Republik 1989 wirklich wirtschaftlich am Ende, wie es heute in zahlreichen Veröffentlichungen behauptet wird? Meist werden die Autoren der Ausarbeitung eines „ungeschminkten Bildes der ökonomischen Lage der DDR mit Schlußfolgerungen", die im Auftrag von Generalsekretär Egon Krenz dieses Dokument Ende Oktober 1989 dem Politbüro vorgelegt haben, als Kronzeugen genannt, weil sie mit dem 22 Seiten umfassenden Material bewiesen haben sollen, daß die DDR wirtschaftlich am Ende war. Doch diese „Analyse der ökonomischen Lage der DDR", die unter meiner Leitung gemeinsam mit *Gerhard Beil* (Außenhandelsminister), *Alexander Schalck-Golodkowski* (Leiter des Bereiches Kommerzielle Koordinierung), *Ernst Höfner* (Finanzminister), und *Arno Donda* (Leiter der Staatlichen Zentralverwaltung für Statistik), ausgearbeitet worden ist und in der Literatur als „das Schürer-Papier" bekannt geworden ist, lieferte diesen Beweis nicht. Gewiß gab sie einen für die damalige Zeit ungewohnt offenen Überblick über die tatsächlich schwierige ökonomische Lage der DDR und wenn Schulden nur noch mit neuen Schulden bezahlt werden können, ist ein Land in der Tat der Zahlungsunfähigkeit und damit einer „Pleite" sehr nahe. Aber erstens war die DDR zu keinem Zeitpunkt ihrer Existenz zahlungsunfähig, denn auch bei gründlichsten Nachforschungen wird man keinen Gläubiger finden, dessen Rechnung nicht pünktlich entsprechend dem Fälligkeitstermin bezahlt worden wäre und zweitens knüpfte die Analyse an bedeutende Erfolge der zurückliegenden Jahre an und nannte positive Aspekte der Entwicklung der DDR in einer Zeit und einer Welt, in der für andere Länder und Regionen durchaus nicht fortdauernd ein ständiges Wachstum und Stabilität vorherrschend waren und eine ganze Reihe von Staaten um das Vielfache größere Schulden hatten als die DDR. Die genannte Analyse charakterisierte mit realen Zahlen und Fakten:

Erstens:

- daß sich die DDR über einen Zeitraum von 17 Jahren mit einer Steigerung ihrer Leistungen um durchschnittlich 4% pro Jahr dynamisch entwickelt hat, aber die so wichtige Rate der Akkumulation am Nationaleinkommen dabei von 29% im Jahre 1970 auf 21% 1989 und die für produktive Akkumulation sogar von 16,1% 1970 auf 9,9% 1988 zurückgegangen waren;

- daß die führenden Zweige der Volkswirtschaft (wie die Mikroelektronik, die Veredelungs-metallurgie, die Erdöl-und Erdgas-Chemie u.a.) gut entwickelt hatten, aber durch die übermäßige Konzentration der sehr begrenzten Investitionsmittel auf solche ausgewählte Bereiche die Ausrüstungen der Industrie insgesamt überaltert waren und der Verschleißgrad der Anlagen in der Industrie von 47,1% 1975 auf 53,8% 1988, im Bauwesen in der gleichen Zeit von 49% auf 67%, im Verkehrswesen von 48,9% auf 52,1% und in der Land-und Nahrungsgüterwirtschaft von 50,2% auf 61,3% erhöht hatten;
- daß die Investitionen im nichtproduzierenden Bereich bis1988 auf 200% gegenüber 1970 überdurchschnittlich angestiegen waren und dabei dennoch die Infra-Struktur, wie z. B.das Gesund-heits-und Nachrichtenwesen, durch die einseitige Bevorzugung des Wohnungsneubaues vernachlässigt worden waren.

Infolgedessen hatten sich das Wachstumstempo der Produktion verlangsamt und die volkswirtschaftlichen Disproportionen, besonders zwischen den Finalproduzenten und der Zulieferindustrie, hatten zugenommen;

Zweitens:

- daß im Zeitraum nach dem VIII. Parteitag der SED 1971 trotz des hohen Leistungszuwachses der Konsum in der Volkswirtschaft schneller als die Leistungen gewachsen waren und insgesamt mehr verbraucht als aus eigener Produktion erwirtschaftet wurde, was zu einer wachsenden Verschuldung des Landes gegenüber dem Nichtsozialistischen Wirtschaftsgebiet geführt hatte;
- daß die Geldeinnahmen für die Bevölkerung schneller als die Produktion von Konsumgütern gewachsen waren und der dadurch entstandene Kaufkraftüberhang die Mangelerscheinungen in der Versorgung der Bevölkerung verstärkte;
- daß die Pläne nicht mehr erfüllt wurden und gegenüber dem 5-Jahrplan 1986 - 1990 im Jahre 1989 ein Rückstand bei der indu-

striellen Warenproduktion von 88 Milliarden Mark und bei den volkswirtschaftlichen Endprodukten von 36 Milliarden Mark eingetreten war;

- daß die Geldfonds der Bevölkerung 1986-1989 mit 4,3% jährlich nicht nur schneller gestiegen waren als die Leistung mit 3,6%, sondern auch die Einnahmen aus gesellschaftlichen Fonds (die sogenannte „zweite Lohntüte") war mit 4,9% jährlich und die staatlichen Subventionen aus dem Haushalt sogar mit 7% jährlich erhöht worden, wodurch ein Kaufkraftüberhang von 6 Millarden Mark entstanden war.

  Die Spareinlagen der Bevölkerung kletterten dabei von 136 Milliarden Mark 1985 auf 175 Milliarden Mark 1989, wofür der Staat mit 5 Milliarden Mark Zinsen jährlich mehr aufwenden mußte, als der gesamte Zuwachs des Warenfonds für die Bevölkerung ausmachte.

Infolgedessen waren die Verbindlichkeiten des Staatshaushaltes gegenüber dem Kreditsystem (Inlandsverschuldung) von 12 Milliarden Mark im Jahre 1970 und 43 Milliarden Mark 1980 nun auf 123 Milliarden Mark im Jahre 1989 gestiegen;

Drittens:

- daß trotz hoher Exportleistungen und wachsenden Guthaben der DDR gegenüber der UdSSR sowie in anderen sozialistischen und Entwicklungsländern und trotz einer gewissen Entlastung der Valuta-Zahlungsbilanz durch vorübergehend erreichte Exportüberschüsse der DDR in den Jahren 1981-1985 infolge der extrem hohen Importüberschüsse in der Zeit von 1971-1980 in Höhe von 21 Milliarden Mark und der nun anfallenden Zinsen und Rückzahlungsverpflichtungen ab dem Jahre 1986 eine grundlegende Änderung ihrer ökonomischen Situation eingetreten war:
- die Exportziele des 5-Jahrplanes 1986-1990 waren bis 1989 mit 14 Milliarden Valutamark unterschritten und die geplanten Importe mit 15 Milliarden Valutamark überzogen worden;
- mit den Valutaeinnahmen 1989 konnten nur noch etwa 35% der notwendigen Valutaausgaben gedeckt werden, die für Kredittilgungen, Zinszahlungen und Importe erforderlich waren. 65% der Ausgaben dagegen mußten durch die Aufnahme neuer Kre-

dite finanziert werden. Die Schuldendienstrate der DDR, die im Jahre 1972 mit ca. 25% des Jahresexportvolumens noch absolut im Bereich solider Finanzwirtschaft lag, betrug nun im Jahre 1989 150% des Jahresexportes.

Um der Parteiführung unter Generalsekretär *Egon Krenz*, der im Unterschied zu seinem Vorgänger *Erich Honecker* darauf drängte, die volle Wahrheit über die reale wirtschaftliche Lage des Landes zu erfahren, die Dramatik der genannten Zahlen - besonders auf dem Gebiet der Zahlungsbilanz - deutlich zu machen, enthielt die Analyse die Aussage, daß ein Inlandsprodukt von 30 Milliarden Mark in Exporte umgewandelt werden müßte, was dem Leistungszuwachs von 3 Jahren entsprach und eine Reduzierung des ohnehin unzureichenden Konsums um 25-30% erforderlich gemacht hätte, was selbst die Autoren der Vorlage nicht für machbar hielten.

Im folgenden wurde dann im Rahmen des Dokumentes in Form von Schlußfolgerungen ein Konzept entwickelt, das ich hier in Stichworten vor allem deshalb wiedergeben möchte, weil diese Gedanken, die als Vorschläge für eine ökonomische Politik der Übergangszeit gedacht waren, zugleich gewissermaßen ein Eingeständnis der vorher über Jahre zugelassenen Mängel in Politik und Wirtschaft der DDR darstellten:

1. Grundsätzliche Veränderung der Wirtschaftspolitik in der Richtung, die gesellschaftlichen Ziele mit den wirtschaftlichen Möglichkeiten in Übereinstimmung zubringen; den Binnenmarkt zustabilisieren und den zur Valuta-Zahlungssicherheit notwendigen Exportüberschuß längerfristig unbedingt zugewährleisten; die produktive Akkumulation bedeutend zustärken; das Leistungsvermögen der Volkswirtschaft allseitig zufördern; das Arbeitskräftepotential zugunsten des produktiven Personals umzustrukturieren; Leistung und Lohn fest aneinanderzu binden; die Investitionen vorrangig für Modernisierung, Rationalisierung und Erhaltung anstelle des Neubaues einzusetzen; all jene Elemente der Subventions-und Preispolitik zubeseitigen, die dem Leistungsprinzip widersprechen, Maßnahmen zur Kaufkraftbindung für hochwertige Konsumgüter durchzuführen; die Mittel für den komplexen Wohnungsneubau zureduzieren, den bestehenden Wohnraum zuerhalten und ver-

stärkt zumodernisieren sowie besser zunutzen; die gesamte Wohnungspolitik zuverbessern.

2. Durchführung einer Wirtschaftsreform mit sofort wirksamen und längerfristigen Maßnahmen; die zentralen Tages-, Dekaden-und Monatsmeldungen sofort abzuschaffen; die Staatsplanpositionen und Staatsaufträge des Planes radikall zureduzieren; die Verantwortung der Kombinate zuerhöhen sowie die Klein- und Mittelbetriebe, Handwerk und Gewerbe zufördern; die Steuer-Gesetzgebung zuändern und dic Rolle des Geldes als Maßstab der Leistungen und des wirtschaftlichen Erfolges wesentlich zuerhöhen; den Wahrheitsgehalt der Statistik auf allen Gebieten zugewährleisten.

Insgesamt sollte es um eine „an den Marktbedingungen orientierte Planwirtschaft" gehen bei „optimaler Ausgestaltung des demokratischen Zentralismus", wo jede Frage dort entschieden wird, wo die dafür nötige größte Kompetenz vorhanden ist.

3. Mit der Sowjetunion und mit den anderen sozialistischen Ländern sollte ohne Vorbehalte eine neue Stufe der Zusammenarbeit eingeleitet werden und das zwiespältige Verhalten zu „Glasnost" und „Perestroika" (Offenheit und Umgestaltung) in der UdSSR sollte beseitigt werden. Hervorgehoben wurden dabei die Entwicklung der Kooperation und Arbeitsteilung auf dem Gebiet der Elektronik, besonders auf dem Gebiet höchstintegrierter Schaltkreise, und der elektronischen Rechentechnik sowie die Schaffung gemeinsamer Betriebe. Für alle Abkommen und Verträge wurden klare Berechnungen von Aufwand und Nutzen gefordert.

4. Ausarbeitung eines konstruktiven Konzeptes der Zusammenarbeit der DDR mit der Bundesrepublik Deutschland und mit anderen kapitalistischen Ländern, besonders mit jenen Ländern, die nach Lage der Dinge damals nach unserer Einschätzung am Erhalt der DDR als zweiten deutschen Staat interessiert waren, wie Frankreich, Österreich und Japan und andere. Mit Konzernen und Firmen der Bundesrepublik und dieser westlichen Länder sollte die Kooperation entwickelt sowie Lizenzen genommen und Leasinggeschäfte durchgeführt werden. Zur Moder-

nisierung von Mittel-und Kleinbetrieben, Handwerk und Gewerbe, besonders der Textil-und Schuhindustrie, Glas und Keramik, Lebensmittelindustrie und auch der Nahrungsgüterwirtschaft sollten Kredite aufgenommen und durch die steigenden Leistungen refinanziert werden. Gemeinsame Investitionen für größere Objekte der Energie, des Umweltschutzes, der Chemie und anderer Zweige sollten mit interessierten westlichen Ländern verhandelt werden. Ferner bestand die Absicht, durch Investitionen unser Land für den Tourismus aus westlichen Ländern zu öffnen und attraktiver zu gestalten.

Ausgehend von diesen thesenhaften Schlußfolgerungen arbeiteten wir an konkreten Maßnahmen, die dann als ein Programm zur Beschlußfassung vorgelegt werden sollten.

Soweit zu diesem Dokument, das derzeit in der Argumentation, ob die DDR 1989 wirklich am Ende, oder anders gesagt „pleite" war, eine wichtige Rolle spielte.

Das Wichtigste an diesem Dokument war nicht, daß sich diese fünf Leute fanden und bereit waren, ungeschminkt die wirtschaftliche Lage der DDR zu charakterisieren, sondern das es nun endlich einen Generalsekretär der SED gab, der sie zur Kenntnis nahm und damit arbeitete. Über die Höhe der Verschuldung der DDR war nach den Worten von *Egon Krenz* sogar *Michail Gorbatschow* erstaunt, obwohl man im allgemeinen davon ausgehen kann, daß die sowjetische Seite im großen und ganzen natürlich ein realistisches Bild von der DDR hatte.

Viel konnte *Krenz* in den sechs Wochen seiner Amtszeit nicht mehr bewegen. Eines der wichtigsten Ergebnisse wurde jedoch unter seiner Leitung erreicht, nämlich daß jene, die die Befehlsgewalt über die militärischen Organisationen und die Kampfgruppen hatten, garantierten, nicht auf Menschen zu schießen. Weder *Egon Krenz* als Vorsitzender des Nationalen Verteidigungsrats noch *Heinz Keßler* als Minister für Nationale Verteidigung und *Fritz Streletz* als Chef des Generalstabs der Nationalen Volksarmee, noch *Erich Mielke* und *Wolfgang Schwanitz* als Minister für Staatssicherheit, der Minister des Inneren, *Friedrich Dickel* und sein Nachfolger *Lothar Arendt*, sowie die Ersten Parteisekretäre der Bezirke und Kreise als Chefs der Einsatzleitungen und Kommandeure der Kampfgruppen gaben einen solchen verhängnisvollen Befehl. Nicht zufällig bestand eine der ersten Handlungen des neu ernannten und von der Volkskammer bestätigten Vorsitzenden des Nationalen Verteidigungungsrats der DDR, *Egon Krenz*, darin, daß er am Vorabend der angekündigten Demonstration auf dem Berliner Alexanderplatz, am 3. November 1989 den „Befehl Nr. 11/89 über Maßnahmen zur Gewährleistung der Sicherheit und Ordnung in den Bezirken der DDR“ erteilte, in dem die in Bewegung gekommenen Kräfte nicht als Feinde oder Provokateure, sondern als Demonstranten bezeichnet wurden und nach Artikel 7 des Befehls die „Anwendung von Schußwaffen im Zusammenhang mit möglichen Demonstrationen grundsätzlich verboten“ ist. Ausdrücklich galt dieser Befehl nach Artikel 6 auch für den Fall, daß „Demonstranten in das Grenzgebiet eindringen“*Das* war die gesetzliche Grundlage der noch einsatzbereiten staatlichen Machtorgane und es ist eine Geschichtsfälschung, das heute anders darzustellen. Man sollte stets die Verdienste der Demonstranten, der Kirche und einzelner Persönlichkeiten hervorheben, die sich dafür einsetzten, daß die Losung „Ohne Gewalt“ überall eingehalten wurde, aber ohne die Vernunft und Umsicht der Führungsspitze des Staates hätte alles anders kommen können. Nicht auszudenken, wäre es in der Nacht vom 9. zum 10. November zu ernsthaften Zwischenfällen, ja zur Panik gekommen, bei der viele Menschen hätten Schaden nehmen können. Deshalb wandte sich auch Bundeskanzler *Helmut Kohl* in einem Telefonat unmittelbar nach der Grenzöffnung in tiefer Sorge an *Egon Krenz* und sagte: „Herr *Krenz*, die Sache könnte leicht dramatisch werden. Ich brauche Ihnen nicht zu sagen, welche Gefahren auf uns lauern.“ Und obwohl durch die Verhandlungen *Alexander Schalck-Golodkowskis* mit der westdeutschen und Westberliner Seite erreicht wurde, daß in kürzester Zeit 50 Grenzübergangsstellen neu entstanden, wofür der Bundespräsident *Richard von Weizsäcker* und der Regierende Bürgermeister von Berlin *Walter Momper* der Nationalen Volksarmee für deren Einsatz ausdrücklich dankten, werden heute die Befehle und Weisungen zur Aufrechterhaltung von Ordnung und Sicherheit, zur personellen, materiellen und pioniertechnischen Errichtung der neuen Übergangsstellen von schlecht informierten, vergeßlichen oder bösartig gesinnten Leuten *Krenz* und der damaligen politischen Führung der DDR als angebliche Beweise ihrer Absichten unterstellt, daß sie die Grenze wieder schließen wollten bzw. eine „chinesische Lösung" in Erwägung gezogen hätten. In der militärischen Diktion heißt das nun einmal „Erhöhte Gefechtsbereitschaft" und „Dislozierung von Truppeneinheiten" nach Berlin, wie anders hätte *Krenz* als Vorsitzender des Nationalen Verteidigungsrates die entsprechenden Befehle erteilen, Sicherheitsmaßnahmen treffen sowie die Reisefreiheit gewährleisten können? Ich hatte in dieser Zeit mit *Egon Krenz* ständigen Kontakt und war dafür, als er mit beschwörender Stimme einem nervös gewordenen Politiker mit vor Zorn hochrotem Kopf zu verstehen gab: „Eine chinesische Lösung gibt es mit mir als Generalsekretär nicht!" Die Einmütigkeit des letzten Politbüros, keine bürgerkriegsähnlichen Zustände zuzulassen und diesem Ziel alle Maßnahmen unterzuordnen, war seine größte, vielleicht sogar eine nennenswerte Leistung, und sie begründet auch meine Achtung gegenüber *Egon Krenz* bis heute.

Das Politbüro und der Parteiapparat

Folgt man aktuellen Veröffentlichungen, so waren die Länder des realen Sozialismus nicht Staaten einer Form der Diktatur des Proletariates, sondern einer Diktatur der Partei, oder präziser ausgedrückt, einer Diktatur der Politbüros und besonders der Parteiapparate. Damit hatte man nun endlich einen Schuldigen für den gigantischen, aber weitgehend mißlungenen Versuch gefunden, in einem Drittel der Welt eine Gesellschaft ohne Ausbeutung zu errichten: den kleinen Parteiarbeiter oder „Apparatschik", wie er oft abqualifiziert wird. Hatte dieser wirklich so viel Macht? Viele Jahre war ich selbst ein „Apparatschik" in der Abteilung Planung und Finanzen des ZK der SED, und als ich Minister der Regierung wurde, habe ich oft gesagt, daß ich „im Winter barfuß zum Parteiapparat laufen würde", wenn mir jemand die Last der Verantwortung als Planungschef der DDR abnimmt. Ich halte deshalb die Diskussion über die „führende Rolle des Parteiapparats" nur für einen weiteren Versuch, von der Verantwortung der gewählten Organe der Partei, beginnend bei den Parteitagen, den Zentralkomitees und der Politbüros, aber auch von der Verantwortung jedes Einzelnen für sein

Tun im Rahmen seiner Tätigkeit und seiner Parteiorganisation, abzulenken und einen „Schuldigen“ zu suchen.

Das soll jedoch nicht heißen, daß der Parteiapparat ohne Einfluß war. Von der Vorbereitung der Entscheidungsvorlagen, über die Auswahl der Nomenklaturkader für leitende Funktionen, bis zur Organisation der ZK-Tagungen, Konferenzen und Parteitage haben die Leiter und Mitarbeiter des Parteiapparats im System der Machtverteilung eine wichtige Rolle gespielt, wenn sie letztlich auch nicht selbst die Entscheidungen treffen konnten. Am Apparat vorbei lief fast nichts. Eine andere Frage ist, wie im Apparat mit dieser Position umgegangen wurde und hier muß man wieder differenzieren, denn einige Abteilungen und einzelne Personen des Apparats waren qualifizierte Ratgeber und Organisatoren der Partei, andere wiederum dirigierten und kommandierten in ihre Verantwortungsbereiche hinein bis zur Entmündigung staatlicher Organe oder der gewählter Gremien. Gewiß hat es im Parteiapparat nicht wenig Scharfmacher gegeben, Anspitzer und Besserwisser, Aufbauscher und „Korinthenscheißer“ und die Erinnerung daran macht mich heute noch wütend. Es gab sie im Apparat des ZK bis in die Grundorganisationen der Partei hinein. Aber ich habe im Parteiapparat auch qualifizierte und politisch reife Menschen kennengelernt, die trotz hoher fachlicher und politischer Bildung oft schlecht bezahlt waren und ihren anstrengenden Dienst mit viel Bewußtsein umsichtig und weit über die tägliche Arbeitszeit hinaus verrichtet haben.

Die Disziplin im Parteiapparat war politisch anspruchsvoll aber auch klösterlich streng. 1959 hätte ich fast eine Parteirüge wegen mangelndem Vertrauen zur Leitung meiner Grundorganisation im ZK bekommen, weil ich den Parteisekretär nach dreijähriger Junggesellenzeit nicht über meine bevorstehende Hochzeit unterrichtet hatte. Nur die Anwesenheit von *Walter Ulbrichts* damaligen wissenschaftlichem Mitarbeiter, *Richard Herber,* der zugleich auch Erster Sekretär der Parteileitung war, rettete mich vor der Strafe, denn er fragte kurz vor der Beschlußfassung, wo im Parteistatut geregelt sei, daß man außer beim Standesamt auch bei der Grundorganisation der Partei eine Anzeige über die Eheschließung aufgeben muß.

Zwischen dem Partei- und dem Staatsapparat fand ein durch Kaderpläne organisierter Personalwechsel in bestimmten Intervallen statt, um das Wissen und die Erfahrung der Instrukteure im Apparat der SED mit dem der Staatsangestellten, und umgekehrt, zu verbinden. Jede Abteilung des ZK war einem Sekretär zugeordnet und arbeitete ständig dem Politbüro zu. Niemals gab es eine selbständige Macht irgendeiner Abteilung des Parteiapparates über oder neben dem Politbüro, obwohl die Instrukteure, Sektorenleiter und Abteilungsleiter des ZK natürlich keinesfalls Leute ohne Einfluß waren. Die Regierungsorgane und gesellschaftlichen Organisationen waren im Parteiapparat „gedoubelt“ und es war Normalität, daß Vorlagen für das Politbüro mit einer Stellungnahme der zuständigen Abteilung des ZK versehen oder mit unterzeichnet wurden. Die heute oft als „Apparatschiks“ bezeichneten einfachen Parteiarbeiter und auch die Vielzahl der einfachen Staatsangestellten sollte man meines Erachtens nicht mit der Theorie von der Allmacht des Apparates für das Tun und Handeln ihrer Chefs und der politischen, gewählten Organe verantwortlich machen und in die Ecke verbannen, sondern für solche Tätigkeiten schulen, die ihnen die Möglichkeit bietet, entsprechend ihren Fähigkeiten und ihrem Willen Konstruktives für die Entwicklung des vereinigten Deutschlands zu leisten.

Das Leben in der Waldsiedlung Wandlitz

Monatelang wurde während und nach der Wende über das „Luxusleben der SED-Größen in der Waldsiedlung Wandlitz“ geschrieben und berichtet. Was ist daran wahr und was ist Dichtung? Lohnt es sich, darüber zu schreiben, oder wecke ich nur „schlafende Hunde“, weil die Menschen inzwischen ganz andere Maßstäbe zwischen arm und reich kennengelernt haben? Bei heutigen Führungen durch die Waldsiedlung in Wandlitz wird bei allem Schimpfen der Besucher auf die früheren „Bonzen“ und auf die Vergangenheit auch oft die Frage gestellt: „Von märchenhaften Reichtümern und pompösen Häusern wurde erzählt. Mehr war das wirklich nicht?“ So wohnen in der Bundesrepublik Deutschland doch viele Leute des Mittelstands und mancher von ihnen lebt und wohnt besser. Auch diese Fragen möchte ich jedoch nicht umgehen, denn die Fakten zu kennen und zu wissen, wie es wirklich war und vor allem die persönliche Erkenntnis zu gewinnen, was man im Leben nicht wiederholen sollte, kann wertvoll sein.

Niemals, weder heute noch in zukünftigen Gesellschaftssystemen, sollte man wieder für eine Gruppe einflußreicher und zu schützender Personen ein geschlossenes, streng bewachtes Dorf bauen, auch wenn man noch so viele Berechnungen darüber anstellt, um wieviel ökonomischer das gegenüber dem Bau von Häusern und des sicheren Schutzes für jeden einzelnen Politiker in der Stadt ist. Der Grundfehler der Entscheidung für die Waldsiedlung Wandlitz unter Überlegungen, die nach den Ereignissen in Ungarn 1956 angestellt wurden, als politische Funktionäre grausam zu Tode kamen, bestand nicht in ökonomischen Fehlkalkulationen, obwohl der Bau auf unerschlossenem Waldgelände ein Problem war, sondern in der Isolierung der politisch Verantwortlichen vom pulsierenden Leben, vom Volk. Auch wenn ich jetzt behaupten würde, die Kontakte zu den Menschen nicht durch die „geschlossene Gesellschaft", wie *Peter Kirschey* die Siedlung in Wandlitz in seinem Buch nannte, verloren zu haben, sollte niemand versuchen, die Tatsachen zu leugnen. Der Beschluß war falsch und alle ihm folgenden Maßnahmen waren mehr oder weniger logische Folgefehler. Das eigene Versorgungssystem einschließlich der Importwaren mit dem gesondert entschiedenen Preis, nach dem 1.- DM West mit 1,70 Mark DDR berechnet wurde und zu bezahlen war, (daß alles umsonst zu bekommen war, ist eine Legende) die hohe Mauer zum Abschirmen, der Innenring mit den 23 Häusern im Biedermeierstil, oder besser gesagt ohne jeden Stil, der Außenring mit der Autoreparaturwerkstatt und den Waschanlagen, den Wohnungen für das Personal, das Schwimmbad, das Restaurant, die medizinische Station und das Dienstleistungssystem, das alles waren Folgeerscheinungen dieser Maßnahmen, die mit dem Beschluß Nr. 24/60 vom 31. Mai 1960 „Umzug der Genossen des Politbüros" realisiert wurden. „Wir haben immer so mit ein wenig Bitterkeit gesagt, das ist unser Getto", soll das Politbüromitglied *Erich Mückenberger* nach Aussagen *Peter Kirscheys* über die Waldsiedlung in Wandlitz gesagt haben, was ich - wenn diese Äußerung wahr ist - als sehr peinlich empfinde, denn schlecht haben wir dort nicht gewohnt und im Unterschied zu einem Getto konnten wir Wandlitz zu jederzeit verlassen.

Die Natur mit ihren seltenen Vogelarten und Pflanzen, die sauerstoffreiche Waldluft, die Ruhe und die beste medizinische Betreuung durch die entsprechenden Mitarbeiter erfüllten schon ihren Zweck, den der für den Personenschutz im MfS verantwortliche Generalmajor *Wolf* in seinem Befehl 5/87 vom 19. November 1987 „zur optimalen und niveauvollen Betreuung der führenden Repräsentanten, ihrer Familienangehörigen und Gästen“ so definierte, daß die Angehörigen des Dienstbereichs V „durch qualifiziertes, einfühlsames und gefühlvolles Handeln das subjektive Wohlbefinden der führenden Repräsentanten ständig zu gewährleisten haben.“

Mit meiner zweiten Frau und drei Kindern bin ich nach meiner Wahl zum Kandidaten des Politbüros im Herbst 1973 in das Haus 7 eingezogen, das nach dem Tod *Walter Ulbrichts* renoviert worden war und lange Zeit leer stand. Es war mit 10 Zimmern das größte Haus in der Waldsiedlung und ich wehrte mich lange gegen den Umzug, bis *Erich Mielke* schließlich vergnatzt zu mir sagte: „Wenn es für zwei Personen nicht zu groß war, wird es für fünf auch gehen.“ Als uns dann der damalige Bürgermeister, Oberst *Günter Baumann*, noch gestattete, in eines der Zimmer eine Sauna einzubauen und in das Bibliothekszimmer eine von einem Liebhaber gekaufte elektrische Eisenbahn für meinen Sohn, und natürlich auch für mich, eine Tischtennisplatte und ein Billard aufzustellen, fühlten wir uns wohl.

Besondere Verhaltensprinzipien für das Leben in der Waldsiedlung gab es nicht. Wir besuchten uns gegenseitig, wir hatten mit der Familie *Tisch* gute Kontakte und niemand warnte uns vor einer Fraktionsbildung. Viele persönliche Kontakte suchte man nach der langen Arbeitszeit ohnehin nicht, die wenigen freien Stunden dienten der Erholung und gehörten der Familie. Auf der Straße unterhielt man sich, oder lief aneinander vorbei, so wie jeder Lust dazu hatte. Die wenigen Kinder des Innenrings spielten und lernten zusammen mit ihren Freunden im kinderreichen Außenring, und schwierig wurde es für uns nur, wenn *Margot Honecker* z. B. anrief und nachfragte, ob eventuell ihr Enkelkind *Roberto* trotz Hausarrest bei uns sei und der kleine Kerl den Finger an die Lippen legte und uns damit zu verstehen gab, ihn nicht zu verraten. Da schwankte man dann schon kurz zwischen Parteidisziplin und Kinderliebe. Aber bei uns siegte immer das Herz für die Kinder. Angenehm für uns war es auch nicht, daß immer gleich mit Konsequenzen gedroht wurde, wenn die Kinder Streiche ausgeheckt hatten. So wurde mir z. B. mitgeteilt, unser Sohn hätte in „rasender Fahrt" mit dem Moped den Generalsekretär in Gefahr gebracht bzw. eine Drahtschlinge am Ausgang des Restaurants im Außenring gezogen, damit die Gäste beim Verlassen des Restaurants „auf die Nase fallen". Obwohl *Erich Honecker* auf meine Entschuldigung hin mir sagte, er hätte den „rasenden Jungen" gar nicht wahrgenommen und mit Ausnahme von *Verner, Lamberz, Kleiber* und mir kaum andere Mitglieder des Politbüros das Restaurant im Außenring je besucht haben, wurde ich ins ZK bestellt und darüber belehrt, daß die Streiche meiner Kinder eine Gefahr für das Leben und die Gesundheit der Mitglieder der Parteiführung darstellen. Zerknirscht über diese Vorhaltungen übte ich Selbstkritik. Doch dann versetzten andere Ereignisse das Dorf in Aufregung.

Meine dritte Ehe. Unser Baby in Wandlitz

Mein bisheriges Leben war inhaltsreich aber auch unruhig. Die Ehe mit meiner zweiten Frau, in die sie Tochter *Marion* und ich Tochter *Gabriele* einbrachte und aus der *Martina* und *Andrè* als gemeinsame Kinder hervorgingen, ging über 20 Jahre gut, und ich nehme die Verantwortung ihres Scheiterns auf mich. Die Scheidung war mit vielen Schwierigkeiten verbunden, denn als Kandidat des Politbüros war bei einer Scheidung stets die Parteiräson mit im Spiel, und der Generalsekretär schaltete sich persönlich ein, was er sehr gefühlvoll tat. Die Wiedergabe von Einzelheiten würden wieder alte Wunden aufreißen, deshalb möchte ich nur anmerken, daß letztlich alle Beteiligten, besonders meine zweite Frau und die Kinder durch Großmut, Verstehen und Verzeihen dazu beigetragen haben, daß alles mit Würde und in gegenseitiger Achtung vollzogen wurde. Am schwersten hatte es meine geschiedene Frau, auch deshalb, weil ich durch die Veränderungen nach der Wende noch nicht einmal finanziell das einhalten konnte, wozu ich mich bei der Scheidung verpflichtet hatte. Dafür möchte ich ihr und den Kindern danken.

Mein Leben erhielt durch die dritte Ehe noch einmal eine neue Dimension. Meine Frau *Steffy*, die ich im Juli 1983 heiratete, ist 29 Jahre jünger als ich. Sie ist eine lebensbejahende, hübsche und kluge Frau und eine gute Mutter. In ihrem Wesen ist sie ruhig, harmonisch und ausgeglichen. Die Standesbeamtin hatte uns bei der Trauung viele gute Ratschläge gegeben, wie wir miteinander verständnisvoll umgehen sollten, und die Ratschläge sind offensichtlich bei uns auf einen fruchtbaren Boden gefallen. *Steffy* und ich haben uns schon lange vor der Eheschließung kennengelernt, denn sie war meine langjährige Sekretärin, ohne daß wir außer Sympathie füreinander an eine andere Verbindung auch nur dachten. Während einer Dienstreise nach Kuba brachte ich beim gemeinsamen Frühstück den Mut auf, ihr zu sagen, daß ich mich auf meine alten Tage in sie verliebt habe. *Steffy* wurde schrecklich rot und es verschlug ihr die Sprache, worauf ich sofort bemerkte, daß alles so bleiben kann wie bisher. Es dauerte noch lange und war mit vielem Für und Wider verbunden, ehe wir uns entschlossen, ein Paar zu werden. Wir haben unsere Entscheidung nicht bereut, sie hat uns beiden viele schöne Jahre der Gemeinsamkeit gebracht, und unsere Ehe hat alle aufgetretenen Bewährungsproben überstanden, darunter auch die meines Absturzes vom Minister zum Häftling in Zelle 108 des Untersuchungsgefängnisses in der Keibelstraße in Berlin.

Der Höhepunkt in unserer Ehe war, als am 15. Juni 1987 unsere Tochter *Christina* geboren wurde. Meine Frau hatte 14 Jahre nach der Geburt ihrer Tochter *Conny* große Sorge, im Alter von 37 Jahren noch einmal ein Kind zu bekommen und deshalb entschlossen wir uns, durch einen Gentest zu ermitteln, ob ein gesundes Baby heranwächst. Nach der medizinischen Untersuchung teilte uns die Ärztin mit, daß wir eine gesunde Tochter erwarten können.

Als der Tag der Geburt näher kam, entschlossen wir uns, die Entbindung gemeinsam zu erleben. Die Ärzte des Regierungskrankenhauses in der Scharnhorststraße hatten den 15. Juni als den voraussichtlichen Termin genannt, und ich kam gewissermaßen in Schwierigkeiten, weil am Vormittag die sowjetische Delegation der Paritätischen Regierungskommission DDR/UdSSR in Berlin-Schönefeld eintreffen und nachmittags die Sitzung beginnen sollte, die ich als Vorsitzender der deutschen Seite zu leiten hatte. Doch unsere Tochter wußte scheinbar, daß ihr Vater ein Planer ist. Um die Mittagszeit erhielt ich den Anruf, daß es jetzt zweckmäßig sei zu kommen, denn unmittelbar nach meinem Eintreffen setzten die Wehen ein. Ich zog sterile Kleidung über und konnte im Kreißsaal meiner Frau den Schweiß von der Stirn wischen, ihre Hand halten, sie streicheln und ihr in dieser für jede Frau schweren Stunde das - wie sie sagte - schöne Gefühl geben, nicht allein zu sein. Zu Hause hatte sich meine Frau unter Anleitung einer Schwester durch Gymnastik auf den Geburtsvorgang vorbereitet und machte alles vorschriftsmäßig was die Hebamme sagte. Als dann plötzlich das kleine Köpfchen sichtbar wurde, wurde ich das einzige Mal nervös und bat die Hebamme, doch schnell weiter zu machen, damit das Kindchen nicht erstickt. Doch diese sagte ohne die Ruhe zu verlieren zu meiner Frau: „hecheln, hecheln hecheln und erst dann pressen" und schon war unser Kind geboren. Es lag wie in einer Talgschicht eingehüllt zwischen den Beinen ihrer Mutter und Bruchteile von Sekunden danach ertönte das erlösende Schreien des Babys. Welch herrlicher Augenblick, wenn man das neugeborene Leben betrachten kann und wenn man es der Mutter zur Kontaktaufnahme auf den Leib legt. Die Schmerzen des Geburtsvorgangs sind vergessen und die überströmende Liebe gehört allein dem Kind. Meine Frau weinte vor Glück, und dieser Moment innigster Gefühle bestimmen einen Augenblick lang die im Kreißsaal Tätigen, sie lassen die Betroffenen dies mit großer Geduld und Ruhe auskosten.

Dann beginnt noch einmal ein emsiges Treiben, denn die Nachgeburt muß geholt werden, die Mutter wird medizinisch versorgt, während das Baby inzwischen gewaschen, gewogen, gemessen, untersucht und angezogen und seinen Eltern danach noch einmal in seiner ganzen Schönheit gezeigt wird. Für mich als damals 66jähriger war die Geburt meiner kleinen *Christina* eine der aufregendsten, schönsten und eindrucksvollsten Stunden in meinem Leben. Ich kann es allen Vätern nur empfehlen, bei der Geburt ihres Kindes dabei zu sein, sofern sie sich sicher sind, daß sie nicht selbst Probleme bekommen, denn im Kreißsaal hat in dieser wichtigen Stunde, da alle Gedanken und Tätigkeiten der Mutter und dem Kind gehören, niemand Zeit für den „unwichtigen" Vater. Auf jeden Fall wurde das gemeinsame Erlebnis der Geburt, trotz der großen Belastung für die Frau und des fast unscheinbaren Beitrags des Mannes dabei, wichtig für die feste Bindung in unserer Ehe und der gemeinsamen elterlichen Liebe zum Kind.

Ich glaube auch, daß mein inniger Kontakt mit *Christina* von der ersten Minute ihrer Geburt an einen Teil der besonders tiefen Beziehungen begründete, die mich mit ihr verbindet. Als Nesthäkchen neben 6 erwachsenen Geschwistern wird sie ohnehin von der ganzen Familie verwöhnt, und ihre Großeltern sind geradezu vernarrt in sie. Hinzu kam, daß ich nach der Wende zunächst Hausmann und Babysitter war, der, bis die Mutti abends nach Hause kam, mit *Tina* zum Spielplatz ging und sie später auch zur Schule brachte und abholte, sie zum Zahnarzt begleitete und sie badete, denn meine Frau kann sie, als berufstätige Mutter, nur abends und morgens bzw. an den Wochenenden liebevoll umsorgen.

Meine anderen Kinder akzeptieren die besondere Rolle *Christinas* in meinem Leben, weil sie fühlen, daß sie für mich ein spätes, unerwartetes großes Glück meines Lebens ist und daß sie mich jung hält.

Meine sieben Kinder empfinde ich als größten Reichtum in meinem Leben. Ich habe nie die angeheirateten Kinder von den eigenen getrennt und stets alle mit der gleichen Liebe umsorgt. Mein Verhalten den Kindern gegenüber prägte das Prinzip *Johann Heinrich Pestalozzis* (1746-1827): „Erziehung ist Liebe und Beispiel, und sonst nichts", und wir sind gemeinsam damit gut durchs Leben gekommen. Nie hat eines meiner Kinder von mir auch nur einen einzigen Schlag bekommen, noch nicht einmal den von *Makarenko* (1888-1939) in seinem Roman „Der Weg ins Leben" als Kurzschlußreaktion beschriebenen und in hoher Erregung verteidigten Ausrutscher. Heute sind wir eine große, glückliche Familie, mit 23 Kindern, Enkelkindern und Schwiegerkindern.

Wenn ich heute mit zeitlichem Abstand an die 16 Jahre zurückdenke, die ich mit meiner Familie in der Waldsiedlung Wandlitz verbracht habe, möchte ich zunächst allen denen danken, die dort für unser Wohlergehen gearbeitet und uns betreut haben. Dieser Dank gilt besonders *Doris Wagener* und *Christa Mehnert*, die mit Umsicht und sehr viel Einsatz so viel für unsere große Familie getan haben. Sie gehörten in all den Jahren gleichsam zur Familie, waren für die Kinder „Tante Wagni" und „Tante Meni" und als eine von ihnen nach meiner Verhaftung von der Staatsanwaltschaft befragt wurde, ob sie im Haus der *Schürers* geschlagen worden sei, konnte sie sich über den puren Unsinn, der sich hinter dieser Fragestellung verbarg, nur wundern.

Insgesamt hatte das abgeschottete Leben unter den privilegierten Bedingungen bei der Bevölkerung mehr Verlust an Autorität und Ansehen gebracht, als manch anderer Fehler in der Politik. Es ist uns nicht schwergefallen, das Haus in Wandlitz am 15. Januar 1990 zu verlassen und zuerst eine 4-Zimmer-Wohnung, ab 1992 eine 3-Zimmer-Wohnung in Berlin zu beziehen, denn das entsprach unserem Lebensstil. Auch wenn heute Politiker weitaus luxuriösere Häuser bewohnen und mehr Sicherheitsbeamte für sie tätig sind sowie höhere Gehälter als die politische Führung der damaligen DDR beziehen, hätten wir, die wie ich aus dem einfachen Volk kamen, mehr Gespür für die großen Unterschiede im Lebensstil aufbringen müssen und uns nicht separieren dürfen, denn eine sozial gerechtere Ordnung war unser politisches Ziel.

Zu den Privilegien

Es gab Privilegien in der DDR, aber auch darüber sollte man nicht undifferenziert urteilen. Daß das bürgerliche Bildungsprivileg abgeschafft wurde, halten auch heute noch viele für eine gute, lobenswerte Leistung und eine Errungenschaft, die es z. B. viel mehr verdient hätte, in das vereinigte Deutschland übernommen zu werden als der schon zitierte grüne Pfeil im Straßenverkehr. Das Privileg Steuern zu erheben, Münzen zu prägen, Banknoten zu drucken und jemandem Vorrechte einzuräumen, gibt es in jedem Staat der Erde.

Durch die in der Sowjetunion lange Zeit dominierende Rolle naturalwirtschaftlicher Verhältnisse wurden aber in der SBZ und später durch die Nachahmung der sowjetischen Praktiken in der DDR Privilegien eingeführt, die vorher in Deutschland unbekannt waren. So bekamen Funktionäre in den ersten Jahren des Aufbaues zwar niedrige Gehälter, dafür aber die sog. „Pajoks", d. h. Pakete mit Nahrungsmitteln, die natürlich in der Zeit des allgemeinen Hungers von der übrigen Bevölkerung als „Freßpakete für die Bonzen" bezeichnet wurden. Die Bereitstellung von Häusern aus dem enteigneten Besitz der Kriegsverbrecher für eine geringe Miete, Ferienreisen mit einem niedrigen Kostenbeitrag, ein preiswertes und schmackhaftes Essenangebot, Ehrenkarten in Theatern, das alles war im sozialistischen Staat ein Bestandteil des Lebensstandards vieler Funktionäre. Bei allen wurde die sog. „zweite Lohntüte" wirksam und systematisch weiter ausgebaut, was alle auch als selbstverständlich hinnahmen und nicht als etwas Besonderes beachteten. Geld als Entlohnung wurde dagegen stets knapp bemessen. Spitzenverdiener waren einige Unterhaltungskünstler. Der Intendant eines Staatstheater z. B. verdiente mit 8.000.- M. schon viel. Ein Minister erhielt 4.250.- M. im Monat und wenn er dem Politbüro der SED angehörte, erhielt er von der Partei noch 1.750.- M. zusätzlich. Diese 6.000.- M. monatlich erhielten die Mitglieder und Kandidaten des Politbüros mit Ausnahme des Generalsekretärs, der m. E. 8.000.-M. erhielt. Ein Hochschulprofessor kam auf ca. 2.400.- bis 3.600.- M., ein Facharbeiter kam auf 1.000.- bis 1.500.- M., eine Sekretärin bis auf 1 200.- M., eine Lehrerin erhielt 700.- bis 800.- M., eine Kindergärtnerin 450.- bis 600.- M. Die Mindestrente betrug nur 360.- M. Und doch hatten alle ein Dach über dem Kopf, ein warmes Mittagessen, kostenlose gesundheitliche Betreuung und konnten leben, weil viele grundlegenden Lebensbedürfnisse subventioniert und das soziale Netz umfassend ausgebaut waren. Bestimmte Privilegien waren damit Teil eines sozialen Systems geworden.

Sicher ist es für eine klare Rechnung von Kosten und Gewinn von Vorteil, ein leistungsbezogenes Einkommen über den Lohn zu vergüten, alle Ausgaben kostendeckend anzusetzen und es mit einem durch Beiträge finanziertes Sozialsystem abzustützen, aber heute frühere Privilegien ohne die Geschichte ihrer Entstehung und sozialen Wurzeln undifferenziert zu betrachten, halte ich für falsch. Eine gründliche Analyse der unterschiedlichen sozialen Systeme in Ost und West wäre deshalb von Interesse, würde aber den Rahmen hier sprengen.

Zu den Privilegien noch eine wahre Begebenheit: *Fritz Selbmann*, 1947 Wirtschaftsminister in Sachsen nahm sich das Privileg heraus, einen chromglitzernden amerikanischen „Buick" zu fahren, und damit fuhr er zum Stahlwerk Riesa. Ein klassenbewußter Pförtner, ein schwer kriegsbeschädigter Stahlarbeiter, machte bei *Selbmanns* Ankunft die

Schranke nicht auf und sagte, daß amerikanischen Autos die Einfahrt in den VEB-Betrieb nicht gestattet sei. *Selbmann* tobte und verlangte, daß er ihm sofort die Schranke zu öffnen habe. Der Pförtner aber antwortete seelenruhig: „Sie können doch passieren, Herr Minister, aber der Amiwagen bleibt draußen." Diese Begebenheit berichtete mir *Fritz Selbmann* in voller Ehrfurcht vor dem mutigen Mann, und fuhr fortan einen sechszylindrigen Horch aus der Produktion von Sachsenring in Zwickau.

Es gab auch Entscheidungen, für die man um Verständnis werben mußte. Daß die Parteiführung in den 70er Jahren vom sowjetischen Tschaika auf den Volvo umgestiegen ist, muß ich bei allem Ärger, den dieser Beschluß hervorrief, noch heute verteidigen, denn die Anschaffung neuer Tschaikas war zum einen viel teurer und zum anderen waren die Autos technisch hoffnungslos veraltet. Sie hatten noch Seilbremsen und einen Benzinverbrauch von fast 30 l/100 km, so daß wir lieber Samoware nach Tula getragen hätten, als für so „wenig Auto" soviel Rubel auszugeben. Auch dazu eine kleine Geschichte. Im Frühjahr 1971 fuhr ich mit meinem Stellvertreter für Landwirtschaft, *Bruno Lietz*, zu einer Vollversammlung einer LPG in den Bezirk Rostock. Auf einer unbelebten Landstraße blieb unser Tschaika einfach stehen und mein langjähriger Kraftfahrer, *Walter Stoll*, bekam das Gefährt nicht wieder flott. Da wir die LPG-Bauern nicht so lange warten lassen wollten, erinnerte ich mich an meine Autoschlosserzeit in Dresden und half *Walter Stoll* bei der Reparatur. „Ist Benzin da?", fragte ich, und er bejahte es. „Springt ein Funke an der Zündkerze über?" fragte ich weiter, dies verneinte er. „Nun öffne den Verteiler", und *Walter* fand sofort den gebrochenen Unterbrecherkontakt. Jetzt war guter Rat teuer, denn einen Ersatz hatten wir nicht dabei. Wir grübelten, wo wir auf dieser öden Landstraße etwas Federndes finden könnten, um den kleinen Unterbrecherhammer daran zu montieren. Plötzlich sagte *Bruno Lietz*, daß er in der Jackentasche einen Plastik-Zahnstocher der INTERFLUG der DDR gefunden habe, der schön federt, und damit hatten wir die Lösung gefunden. Mit nur 25 Minuten Verspätung kamen wir in der LPG an und berichteten von unserer Panne und der Weiterfahrt mit Hilfe eines Zahnstochers. Ein Traktorist ging in die Werkstatt und kam mit einem Unterbrecher für einen sowjetischen Traktor zurück und sagte, daß dieser bestimmt auch für den Tschaika paßt, denn in der UdSSR sei doch immer alles gleich. Tatsächlich hatte unser Tschaika den gleichen Verteiler wie der Traktor.

Auf jeden Fall entschied sich das Politbüro für den Import der Volvos. Die Minister bekamen anstelle der Wolgas den kleinen Citröen, und auch sie mußten sich für diese Entscheidung oft kritisieren lassen, obwohl nicht nur in Frankreich viele das preiswerte Auto fuhren. Aber wenn man nur Trabis, Wartburgs, Skodas und wenige Ladas anbieten konnte, war eben auch dieser Unterschied ein Privileg.

Über das Weidwerk und die Sonderjagdgebiete

Zweifellos war das Weidwerk in der DDR belastet durch bevorzugte Sonderjagdgebiete, hochgefütterte Wildbestände, Trophäensucht und frevelhafte Jagdmethoden, und ich greife dieses Thema auch deshalb auf, damit kein Schatten auf die echten Weidmänner fällt, auf die Förster, Jäger, Heger und Jagdhelfer. Ich nehme auch gleich die Feststellung vorweg, daß damit gar nichts gebessert ist, wenn anstelle politisch Bevorzugter heute durch Reichtum Privilegierte den unsachgemäßen Abschuß des Wildes übernehmen und zu den Punkten der Trophäen nun noch die Anzahl und das Gewicht des erlegten Wildes zum Maßstab des Jagderfolgs machen. Entscheidend ist, daß im Interesse der Wechselwirkung von Natur und Mensch das sachkundig ausgeübte Weidwerk in Bonität (Maß der Ertragsleistungskapazität eines Standortes) Hege, Pflege und Jagd fortbestehen muß.

Die Menschen jagen, seit sie existieren. In der Frühzeit ihrer Geschichte konnten sie nur existieren, wenn sie jagten. Der Mensch braucht die Natur, aber die Natur braucht den Menschen nur, weil er begann, sich in ihr Gleichgewicht einzumischen. Was früher Unwetter, Klima und die natürliche Selektion erledigten, ist nun ein Gebiet nützlicher menschlicher Tätigkeit geworden, und Weidmann zu sein, ist eine ehrenvolle Tätigkeit, die eine besonders große Liebe zur Natur erfordert. Gerade weil das so ist, hat der Mißbrauch der Jagd durch leitende Funktionäre der DDR nach der Wende in der Öffentlichkeit berechtigt viel Staub aufgewirbelt, sofern sich die Berichte und Veröffentlichungen auf Tatsachen gründeten. Gerade auf diesem Gebiet wurden die Privilegien und der Mißbrauch übrigens von oben nach unten nicht kleiner sondern oft sogar noch größer.

Ich war schon viele Jahre Minister, ohne der Jagdleidenschaft zu frönen. Mich hatte das Politbüromitglied *Albert Norden* auf einer Delegiertenkonferenz in Gera beeindruckt, als er einigen führenden Persönlichkeiten des Bezirkes wegen Jagdfrevel und Alkoholmißbrauch die Leviten las und sagte: „Ich erwarte von euch, daß ihr zuerst dem Sozialismus nachjagt, und nicht den Wildschweinen und Hirschen." Viele Jahre später beantwortete ich die Frage, ob ich denn nicht Jäger werden möchte, unsachlich: „Nein, ich trinke nicht so viel." Aber man ändert im Leben doch manchmal seine Meinung, und ich habe diese Meinungsänderung niemals bereut. Mit dem Alkohol hat die Jagd nicht mehr zu tun als andere Leidenschaften. Mein für die Land- und Forstwirtschaft verantwortlicher Ministerkollege *Georg Ewald* litt, wie er mir sagte, sehr darunter, daß zwischen dem Sekretär für Landwirtschaft des ZK, *Gerhard Grüneberg*, und der Staatlichen Plankommission große Differenzen über Schwerpunkte zur weiteren Entwicklung der Landwirtschaft bestanden, besonders bei der Frage des Imports von Futtermitteln. Minister *Ewald*, der Verständnis für unsere Sorgen hatte, geriet immer mehr zwischen die Mühlsteine der sich streitenden Parteien. Mitte der 60er Jahre bat er mich, einmal mit zur Fasanenjagd zu kommen, weil dort eine entspanntere Atmosphäre herrsche und man sich auch persönlich näherkommen könnte. Ich nahm seine Einladung an. Da mich der Leiter des Preisamts, *Walter Halbritter*, als erfahrener Jäger auf das listige Jagdgericht aufmerksam gemacht hatte, das ganz sicher wegen einer fehlenden Jagderlaubnis hin Anklage gegen mich erheben würde, schrieb ich deshalb an *Georg Ewald* einen Brief, daß ich seine Einladung zugleich als eine Ausnahmegenehmigung zur Beteiligung an der Jagd und damit zur Handhabung einer Schrotflinte ansehe.

Sehr früh am Morgen trafen sich etwa 60 Jäger und ebenso viele Treiber in einem Fasanengebiet im Oderbruch. Das alte Brauchtum mit dem Anblasen der Jagd, bei dem alle Jagdhunde so wunderschön mitheulen, die Einweisung in die Jagd, was erlegt und was geschont werden muß und die Verpflichtung zur Einhaltung der strengen Sicherheitsbestimmungen, all das machte einen großen Eindruck auf mich. Mit dem Hinweis, daß nur die Hähne zum Abschuß freigegeben sind, kam ich nicht zurecht. „Wie", fragte ich meinen Nachbarn, „soll ich im Flug sehen (sog. Infanteristen, die am Boden laufen, dürfen aus Sicherheitsgründen nicht geschossen werden), ob das ein Männchen oder Weibchen ist", und der bog sich vor Lachen und sagte, wenn ich das wirklich nicht erkenne, dann soll ich schießen und dann nachsehen. Mein erstes Erlebnis auf dieser Jagd war, daß ich bei 8 Grad minus in die nachts überfrorene Eisdecke einbrach und bis zu den Knien durchnäßt, frierend durch die winterliche Landschaft traben mußte. Aber ein Lagerfeuer und ein heißer Tee zur Frühstückspause sorgten dafür, daß ich nicht einmal einen Schnupfen bekam.

Geschossen habe ich an diesem Tag mehr als 50 Mal, aber nichts getroffen. „Die Fasane sind vorn zu schnell und hinten zu kurz für dich", sagte einer zu mir, anstatt mir das Vorhalten des Gewehrs in Flugrichtung zu erklären. Als mir am Nachmittag dann ein von einem anderen Schützen getroffener Fasan direkt vor die Füße fiel, zeigte ich ihn allen stolz als meine erste Trophäe, aber es war ausgerechnet eine Henne! Vom Jagdgericht wurden mir zwar mildernde Umstände zuerkannt, aber als ich wegen „Schießen ohne Jagderlaubnis" zu fünf Flaschen Weinbrand für die Treiber verurteilt werden sollte, legte ich mein Schreiben an *Ewald* zu meiner Entlastung vor, und *Ewald* mußte die Runde bezahlen, und zwar wegen der „schlampigen Bearbeitung von Eingaben der Bevölkerung durch das Ministerium für Land- und Forstwirtschaft". Den Vorschlag für dieses salomonische Urteil unterbreitete ausgerechnet mein Widersacher *Gerhard Grüneberg*. Es wurde insgesamt ein herrlicher Tag, obwohl dadurch die Forderungen nach der Erhöhung der Getreideimporte nicht niedriger wurden. Todmüde, aber ausgesprochen guter Stimmung kam ich von meiner ersten Jagd nach Hause, legte Monate später die Jagdprüfung ab und wurde nach und nach ein richtiger Jäger.

Unter Anleitung erfahrener Förster, besonders auf dem Darß, lernte ich die Natur und das Wild gründlich kennen, und niemals ließen sie einen Fehlabschuß zu. „Du mußt ein Jäger, kein Schießer werden", sagten sie mir oft, wenn wir das Wild beobachteten, und „du mußt den Finger gerade lassen können, wenn das Wild nicht vorher einwandfrei 'angesprochen' werden kann", d. h. nach Art, Alter, Veranlagung, Geschlecht usw. als abschußfreies Wild erkannt ist. Da das Jagdgebiet in Neuheide nicht so groß war wie viele Sonder- bzw. Staatsjagdgebiete, kannte der zuständige Förster *Hubertus Westphal*, dessen Familie das Gebiet zwischen Ribnitz und Wustrow schon seit über 60 Jahren bewirtschaftete, fast jeden Hirsch und hatte ihnen oft sogar einen Namen gegeben, wie den „Oh-Hirsch", der beim Röhren in der Brunftzeit ein langgezogenes „Oooohhhh" ausstieß, oder den „Tellerhirsch", ein kapitaler 16-Ender, dessen Enden in der Krone flach wie ein Teller auseinanderliefen. Alle älteren Hirsche hatte er in einem Büchlein mit dem Geweih aus dem Vorjahr aufgezeichnet und registrierte jede Veränderung, ergänzt durch Vergleiche mit den gefundenen Abwurfstangen. Hirsche werden sehr oft entweder zu spät geschossen, erläuterte Förster *Westphal*, wenn sie schlecht veranlagt sind bzw. der Bestand zu groß wird, oder zu früh, wenn sie schon ein stattliches Geweih tragen, aber noch nicht das entsprechende Alter von 10 bis 12 Jahren erreicht haben. Nicht erlegte Erntehirsche aber setzen dann im Geweih zurück, verkümmern entweder oder verenden, verletzt durch junge „Mörderhirsche" im Kampf, jämmerlich. An diese Regeln der Hege und Pflege haben wir uns stets gehalten und dadurch nach vielen Jahren eine gesunde Alterspyramide im Rotwildbestand in Neuheide erreicht. Einen starken Keiler nannten wir „Jonny", der war zahm, denn der Förster und seine tierliebende Frau hatten ihn als Frischling gefunden und im Forsthaus großgezogen. Aber der inzwischen drei Jahre alte, stattliche Keiler bereitete allen große Probleme. Jeden Montag versetzte er das Dorf in Schrecken, weil er die Mülltonnen umkippte, um sie nach Futterresten zu durchstöbern. Händeringend bat mich deshalb der Förster, weil er es selbst nicht übers Herz brachte, den unvermeidbaren Abschuß zu übernehmen. Auch ich tat es nur ungern.

Es ist auch ein großes Verdienst des Jagdkollektivs von Neuheide, dem der Förster *Hubertus Westphal*, der leider viel zu früh gestorbene *Fritz Fietz* sowie die Fischer *Norbert Letto* und *Walter Fürstenberg* angehörten, daß dieser Teil des wunderschönen Darßes mit seinem Wildbestand, der einzigartigen Flora und Fauna so erhalten blieb, daß sogar Seeadler dort schlüpfen konnten und für sie mit strengsten Schutzmaßnahmen (absolutes Jagdverbot in der Brutzeit, Sicherung der Flugschneisen usw.) unter Kontrolle eines Ornithologen beste Brut- und Lebensbedingungen geschaffen wurden.

Ich kann mich persönlich dennoch nicht davon freisprechen, daß ich in der Jagd Privilegien gehabt und diese auch genutzt habe, und halte es für richtig, daß mit der Wende alle Staatsjagd- und Sonderjagdgebiete aufgelöst wurden. Ich bedaure, daß durch den Mißbrauch Schatten auf die Jagd und besonders auf die mit der Natur tief verwurzelten Menschen, die stets aufopfernd und weidgerecht gearbeitet haben, gefallen sind. Leicht fiel es mir nicht, die Jagd aufzugeben, aber es gehörte für mich zu den Konsequenzen, die ich für meinen neuen Lebensabschnitt zu ziehen hatte.

Die Sowjetunion und die sozialistischen Länder

Die UdSSR, meine zweite Heimat.

Durch mein Studium in Moskau, durch meine 26jährige Tätigkeit an der Spitze der Paritätischen Regierungskommission für wirtschaftliche und wissenschaftlich-technische Zusammenarbeit der DDR/ UdSSR (PRK) sowie durch die permanente Aufgabe, die Fünfjahres- sowie der Jahresvolkswirtschaftspläne beider Länder in meiner Eigenschaft als Vorsitzender der Staatlichen Plankommission zu koordinieren, habe ich die Sowjetunion von Brest bis zum Baikalsee, von Perm bis nach Taschkent und viele seiner führenden Persönlichkeiten, von *Leonid Breshnew* und *Alexej Kossygin* bis zu *Michael Gorbatschow* und *Nikolai Ryschkow* kennengelernt. Mit den Vorsitzenden der sowjetischen Seite der PRK, *Andrej Goregljad, Nikolai Tichonow, Alexej Antonow, Leonid Kostandow* und *Iwan Silajew* sowie mit den Planungschefs der UdSSR *Nikolai Baibakow, Nikolai Talysin* und *Juri Masljukow* verband mich eine tiefe Freundschaft.

In der langen Zeit meiner Tätigkeit habe ich mit vielen Menschen in der Sowjetunion in den Betrieben, Genossenschaften, Instituten und Einrichtungen gesprochen. Neben der Hauptstadt Moskau habe ich fast alle wichtigen Städte und Zentren des Landes besucht. Ich möchte hier nur einige von den vielen Eindrücken wiedergeben und von Begegnungen mit den Persönlichkeiten der großen Politik näher berichten.

Vielleicht gelingt es mir, die Widersprüchlichkeit und die Einmaligkeit dieses einst größten Landes der Erde etwas näherzubringen.

Der Generalsekretär des ZK der KPdSU, *Leonid Iljitsch Breshnew*, der maßgeblich am Sturz *Nikita Chruschtschows* beteiligt war und 1964 dessen Nachfolger wurde, war viele Jahre der einflußreichste Politiker seines Landes und blieb es bis zu seinem Tode 1982, obwohl er schon lange vorher sein hohes Amt aus gesundheitlichen Gründen nur noch sehr mühsam ausfüllen konnte. Die ihn näher kannten, sagen, daß er in der Zeit als Parteichef drei Etappen durchlebt habe:

die aktive, in der er richtungweisend wirkte, die passive, in der seine Berater entschieden und die apathische, in der die Leiter des militärisch-industriellen Komplexes das Sagen hatten.

Mit harter Hand setzte *Breshnew* die Politik der forcierten Aufrüstung durch und erreichte das für die Supermacht UdSSR wichtige militärstrategische Gleichgewicht mit den USA. Das kann man heute negativ kommentieren, war jedoch ein wichtiger Faktor dafür, daß es nicht zu einer militärischen Konfrontation auf atomarer Basis mit katastrophalen Folgen für die Menschheit kam. Zugleich war das Wettrüsten aber auch ein Grund für den Untergang der UdSSR, weil der Zwang zu riesigen ökonomischen Aufwendungen für die Gewährleistung ihrer Sicherheit sie auf Dauer ausblutete, was von den USA sicher nicht ungern gesehen wurde.

In den Verhandlungen zwischen den Partei- und den Regierungsdelegationen der Sowjetunion und der DDR war *Breshnew* stets ein sehr aufmerksamer, prinzipiell reagierender Partner. Zu *Erich Honekker* sagte er einmal, daß wir in der DDR immer nur an die „Würstchen" denken, es gehe aber in erster Linie darum, angesichts der Bedrohung durch die USA und die NATO den Frieden in der Welt zu erhalten und das erfordere von der UdSSR unabdingbar hohe Ausgaben im militärischen Bereich. Diese Grundhaltung bestimmte auch sein eisernes Festhalten am hochzentralisierten Wirtschaftssystem im Interesse des militärisch-industriellen Komplexes der Sowjetunion und sein tiefes Mißtrauen gegen jede Art wirtschaftlicher Reformen. Nach den negativen Erfahrungen der Dezentralisierung der Wirtschaft zu Zeiten *Chruschtschows* z. B. durch die Bildung der Volkswirtschaftsräte, durch die die fachliche Leitung der Industrie und ihre Verflechtung in territoriale Komplexe zerteilt wurde, hat *Breshnew* praktisch das hochzentralisierte System der Kriegswirtschaft wiederhergestellt. Das hatte sich zwar in dieser Zeit bewährt, aber für die Periode der wissenschaftlich-technischen Revolution und der schrittweisen Erhöhung des Lebensstandards der Bevölkerung erwies es sich als hinderlich.

Breshnew war viele Jahre ein geachteter Politiker und bei seinen Gesprächspartnern durch seinen fast weichen, ausgeglichenen Charakter beliebt. In entspannter Atmosphäre konnte er durchaus humorvoll und lustig sein. Er liebte den deftigen Witz und den Schabernack. In seinen besten Jahren erlebte ich ihn in ausgelassener Stimmung, als ich anläßlich einer Veranstaltung zu den Kulturtagen der DDR in Moskau den Auftrag hatte, weil ich zur gleichen Zeit zu Wirtschaftsverhandlungen in Moskau weilte, gemeinsam mit dem Kulturminister *Klaus Gysi* an der Abschlußveranstaltung im Kremlpalast teilzunehmen. Da sich fast das ganze Politbüro des ZK der KPdSU angesagt hatte, sollte die DDR-Delegation auch auf der Ebene des Politbüros vertreten sein. *Breshnew*, der mich kannte und wie immer im dunklen Maßanzug elegant gekleidet war, begrüßte mich freundlich, faßte mit seiner kräftigen Hand nach meiner Uhr am linken Handgelenk und fragte mich freundlich, ob ich mit ihm die Uhr tauschen wolle. Das war eine moderne und glücklicherweise humanere Art des „russischen Rouletts“. Ich stimmte sofort zu. Nachdem ich ihm meine Uhr übergeben hatte, fiel ich aus allen Wolken, als ich sah, was ich für meine gute Ruhla-Uhr eingetauscht hatte. Als *Breshnew* mein enttäuschtes Gesicht sah, lachte er und sagte: „Mach dir nichts draus, ich habe heute früh auch verloren.“ Er und die anderen Mitglieder des Politbüros waren übrigens begeistert von den Künstlern aus der DDR. Als das Ballett des Friedrichstadtpalasts angekündigt wurde, bat mich *Klaus Gysi, Leonid Breshnew* darauf aufmerksam zu machen, daß die hübschen Mädchen für den damals offiziell etwas prüden Geschmack Moskaus wenig bekleidet sind. Nach ihrem Auftritt jubelte der ganze Saal und *Breshnew* selbst rief lautstark und langgezogen immer wieder „biiiiis“, was auf deutsch „wiederholen“ bedeutet. Anschließend in einer gemütlichen Runde lobten viele Politbüromitglieder und besonders die damals mächtige Kulturministerin der UdSSR, die Kandidatin des Politbüros der KPdSU *Furzewa*, die Vielseitigkeit deutscher Kultur.

Alexej Nikolaijewitsch Kossygin, 1904 in St. Petersburg geboren, von Beruf Textilingenieur, war lange Jahre Minister (für Textilindustrie, Finanzen, Leichtindustrie), ehe er nach der Abberufung *Chruschtschows*, dessen Erster Stellvertreter er im Ministerrat der UdSSR war, selbst das Amt des Ministerpräsidenten übernahm, das er bis 1980 ausübte. In mehreren Verhandlungsrunden und auch bei Visiten während der Plankoordinierung DDR/UdSSR hatte ich diesem äußerst sachlichen, ständig glänzend vorbereiteten, kühlen Rechner schon oft gegenüber gesessen und staunte immer, daß er so viele Zahlen im Kopf und vor sich nie einen Text, sondern nur Tabellen liegen hatte. Als wir einmal wortreich den Rohstoffbedarf der DDR begründeten, bat er um eine Unterbrechung, verlangte unsere Berechnungen, studierte sie und entschied dann nach wenigen Minuten, was seiner Führung zur Entscheidung vorgelegt werden soll. *Kossygin* genoß im Lande große Autorität, und sein Wort war wie eine feste Zusage. Er nahm aber auch kein Blatt vor den Mund, wenn wir ihn nicht überzeugt hatten.

Als ich *Kossygin* in einem Gespräch, an dem auch der sowjetische Planungschef *Baibakow* teilnahm, mehrfach gesagt hatte, daß die DDR mit den ungenügenden Rohstofflieferungen aus der UdSSR ihr Planprojekt nicht bilanzieren kann, wurde er sehr ernst und sagte, „Genosse *Schürer*, dann müssen Sie Ihrer Führung eben ein anderes Projekt vorlegen." Die Sowjetunion habe für Leningrad während der faschistischen Belagerung einen Plan bilanzieren müssen, der den Hungertod vieler Menschen einkalkulieren mußte. In solch verzweifelter Lage sei die DDR glücklicherweise nicht, aber wenn sie ihre Bilanz nicht auf den Fonds aufbaut, die real bereitgestellt werden können, begehe sie einen großen Fehler, weil sie dann während der Durchführung des Planes diesen korrigieren muß, was viel schwerer ist. Dieses Gespräch habe ich nicht vergessen.

Sehr oft haben wir in den Verhandlungen zur Deckung unseres Rohstoffbedarfs die Vertreter der sowjetischen Regierung durch hohe Forderungen genervt, und auf mittlerer Ebene sagten sie uns nicht nur ein Mal: „So wie ihr möchten wir auch einmal einen Krieg verlieren." Prompt antworteten wir: „Ihr habt uns, dafür sei euch ewig gedankt, befreit, nun müßt ihr uns auch mit den wichtigsten Rohstoffen versorgen." Wir hatten dennoch Bauchschmerzen, wenn wir z. B. bei einem Fleischverbrauch von über 90 kg pro Kopf der Bevölkerung und einem Butterverbrauch von 15 kg pro Kopf in der DDR von der sowjetischen Seite Getreideimporte für Futtermittel unserer Landwirtschaft forderten, sie selbst aber ihren Menschen nur 45 kg Fleisch und 5 bis 7 kg Butter pro Kopf bereitstellen konnten; oder wenn wir Fleischexporte in die UdSSR ablehnten und zur gleichen Zeit, um Devisen zu erhalten, ca. 200.000 t Fleisch nach dem Westen verkauften.

Kossygin, der 1978 bei einem Unfall mit dem Ruderboot fast ertrunken wäre, und zwei Tage ohne Bewußtsein war, dann monatelang wegen Krankheit ausfiel, trat 1979 als Ministerpräsident zurück, starb 1980. Er hat in seiner langen Amtszeit die Reformer im Land sehr unterstützt, aber er regierte leider in einer durch den Kalten Krieg sehr angespannten Periode, die ihm nicht viel Spielraum ließ.

Auf dem Septemberplenum des ZK der KPdSU 1965 referierte *Kossygin* ausführlich über die „Verbesserung der Leitung der Industrie, die Vervollkommnung der Planung und die ökonomische Stimulierung der Industrieproduktion", und es schien, als habe er mit seinen Reformvorschlägen endlich Erfolg. Als dann aber die konkreten Maßnahmen dem Politbüro vorgelegt wurden, sagte der damalige Vorsitzende des Präsidiums des Obersten Sowjets *Nikolai Podgorny* in der Diskussion: „Warum, zum Teufel, brauchen wir diese Reform? Entwickeln wir uns etwa schlecht?" Ohne die Unterstützung des Politbüros aber mußten die Reformen im Sande verlaufen. So oder so ähnlich ging es den Reformern immer wieder. Sie konnten sich nicht durchsetzen, weder in Berlin und schon gar nicht in Moskau.

Nikolai Alexandrowitsch Tichonow, der während *Kossygin*s Krankheit bereits den Ministerrat der UdSSR vorstand und dessen Nachfolger wurde (1980-1985), leitete vorher die Paritätische Regierungskommission DDR/UdSSR. Für die Zusammenarbeit mit der DDR hat er sehr viel getan, besonders dafür, daß nicht nur der Warenaustausch zwischen beiden Länder florierte, sondern auch, daß gemeinsame Forschungskollektive Objekte mit wissenschaftlich-technischem Höchststand realisierten, wie z. B. das Plasmaschmelzen in großen Einheiten, Chemieanlagen für die Produktion von Polyäthylen und Polyester, Glasfaserkabel, Textilmaschinen, Bogenoffset-Druckmaschinen, Nitrifikationsinhibitoren, die den Stickstoff für Pflanzen wirksamer machen und das Eindringen von Nitraten in den Boden hemmen und vieles andere mehr. Im Transportwesen konnten wir, mit Unterstützung des sowjetischen Botschafters der UdSSR in Berlin, *Pjotr Andrejewitsch Abrassimow*, den Bau der Fährverbindung zwischen Mukran und Kleipeda gegen die starke Lobby der sowjetischen Militärs durchsetzen, die die Weiterführung der Breitspur-Eisenbahnverbindung von Brest bis in die DDR favorisiert hatten. Die Breitspur hätte jedoch das notwendige Umspuren der Güterwaggons nur von Brest nach Frankfurt/O. verlagert, denn wir brauchten das verzweigte Normalspurnetz für unsere

Anbindung an Westeuropa noch dringender. Persönlich war *Tichonow* ein feinfühliger, sehr empfindsamer Mensch. Als wir einmal in Weimar im Hotel „Elephant" übernachtet hatten und der Geschäftsführer ihm früh bei der Verabschiedung vertraulich sagte, daß er im gleichen Zimmer wie *Adolf Hitler* übernachtet habe, war *Tichonow* so schockiert, daß er mich noch lange danach bei Reisen ins Land kritisch fragte, ob er wieder in so ein „Faschistenbett" einquartiert werde. Doch er konnte auch unkompliziert und umgänglich sein. Als uns mein damals 12jähriger Sohn *André* im Gästeheim der Regierung in Lindow ständig im Gespräch störte, weil ich mit ihm Fußball spielen sollte, sagte der weit über 70jährige *Tichonow*: „Komm *André*, stell dich ins Tor." Ohne Anlauf zu nehmen schoß er so kräftig auf das Tor, daß mein Junge zwar anschließend sehr stolz darüber war, daß er den Schuß gehalten hatte, aber danach zu mir kam, und mich bat, ich möge doch auf russisch übersetzen, daß der Onkel nicht so „bolzen" soll.

Als Ministerpräsident empfing mich *Tichonow* später bei fast jedem meiner Besuche in Moskau. Wenn wir unter vier Augen sprechen konnten, gestand er mir seine Sorgen um die weitere Entwicklung des Sowjetlandes. Besonders beschäftigten ihn die gefährlichen Abenteuer des militärischen Eingreifens in Afghanistan und die daraus entstandenen Probleme. „Am besten waren die Beziehungen zwischen der UdSSR und Afghanistan, als König *Mohammed Zahir Schah* noch regierte", sagte mir *Tichonow* einmal, denn dieser hatte zur Sowjetunion immer ein freundschaftliches Verhältnis und in seinem Land herrschte eine autoritäre Ordnung. Als dessen Vetter *Daud Khan* ihn stürzte und die Republik Afghanistan proklamierte, begann das Unglück, und die sich untereinander bekämpfenden kommunistischen Führer haben dann das Land ins Chaos geführt. (*M. N. Taraki* von der Demokratischen Volkspartei kam 1978 durch einen Putsch an die Macht, wurde im September 1979 ermordet und durch *H. Amin* abgelöst, der im Dezember 1979 ebenfalls ermordet wurde). In dieses Chaos hinein begann die Sowjetunion ihr militärisches Engagement in dem durch Glaubens- und Stammesfehden sowie durch unterschiedliche Traditionen zerrissenen und durch die bergige Natur wie eine Mondlandschaft zerklüfteten Land, mit dem Ziel, zum einen den herrschenden Kommunisten zu helfen und zum anderen Teile der Südflanke der riesigen Staatsgrenze vor Bedrohungen freizuhalten. Intern wurde mir gesagt, daß *Alexej Kossygin* nicht mehr bereit war, diese Politik mitzuverantworten und deshalb zurücktrat, in der Öffentlichkeit wurde aber gesagt, daß gesundheitliche Probleme für seinen Entschluß ausschlaggebend waren. Als Politbüromitglied der KPdSU und Ministerpräsident des Landes hatte *Nikolai Tichonow* die verhängnisvolle Afghanistanpolitik der Sowjetunion natürlich mitzutragen, aber bestimmte Zweifel an der Richtigkeit des militärischen Einsatzes der Roten Armee verdeutlichte er auch mir gegenüber. *Tichonow* feierte am 14. Mai 1995 seinen 90. Geburtstag und schreibt an seinen Memoiren.

Nikolai Konstantin Baibakow war schon unter *Stalin* Minister für Erdölindustrie der Sowjetunion. Man muß sich das einmal vorstellen, daß dieser Mann bis auf *Lenin*, allen Partei- und Staatschefs der Sowjetunion als Minister gedient hat, d. h. von *Stalin*, über *Kaganowitsch, Malenkow, Bulganin, Chruschtschow, Breshnew, Kossygin, Andropow, Tschernenko, Tichonow, Ryschkow* bis *Gorbatschow*. Welch eine bewegende Biographie. Gern erzählt *Baibakow* von seiner Berufung in die Regierung, als ihn *Stalin* zu sich rief und ihn fragte: „Welche Eigenschaften muß ein Minister der UdSSR haben, wenn er seine Aufgaben erfüllen will, Genosse *Baibaaakow*?“ (*Stalin* sprach das „a“ so schrecklich lang aus). Als *Baibakow* alles aufgezählt hatte: Parteilichkeit, Fachkompetenz, Zielstrebigkeit, Engagement, Arbeitseifer, Konstruktivität, Prinzipienfestigkeit, Organisationstalent, sagte *Stalin*: „Das ist alles richtig, aber das Wichtigste haben Sie vergessen: Ein Minister braucht Nerven wie ein Bulle und Optimismus!“ *Baibakow* sollte bald erfahren, wie wahr und ernst *Stalins* das meinte. Als die deutschen Truppen nach der Niederlage vor Moskau ihre Angriffe im Süden der Sowjetunion forcierten, um die Erdölregionen im Nordkaukasus, bei Grosny und im Gebiet von Baku zu erobern, entstand für die UdSSR eine gefährliche Lage, die für den Ausgang des Krieges eine große Bedeutung hatte, da diese Gebiete damals 80 Prozent der sowjetischen Erdölförderungen aufbrachten. Für das faschistische Deutschland war das ebenfalls kriegsentscheidend, denn das Aufkommen von ca. 8 bis 9 Mio. t Kraftstoffe aus den Braunkohlehydrieranlagen reichte nicht zur Versorgung des Landes und der deutschen Wehrmacht an Fronten mit Benzin und Dieselöl aus. Im Juli 1942 rief *Stalin Baibakow* zu sich und sagte mit ruhigleiser Stimme: „Genosse *Baibakow*, *Hitler* reißt den Kaukasus an sich.

Er hat erklärt, daß er den Krieg verlieren wird, wenn er nicht das kaukasische Erdöl erobert. Es ist notwendig, alles zu tun, damit nicht ein Tropfen Öl in deutsche Hände kommt. Beachten Sie, daß es für uns sehr schlecht ist, wenn das geschieht. Deshalb kündige ich Ihnen an, daß wir Sie erschießen werden, wenn auch nur eine Tonne zu den Deutschen kommt. Wenn Sie aber die Förderanlagen vernichtet haben, und die Deutschen kommen nicht, werden wir Sie auch erschießen, weil wir dann kein Öl haben." Auf die Frage *Baibakows*, welche Alternative ihm bliebe, lautete *Stalins* Antwort: „Haben Sie eine, junger Mann?" Er riet ihm aber noch, an die Südfront zu *Budjonny*, dem Oberkomman dierenden dieses Abschnitts, zu fliegen und sich mit ihm an Ort und Stelle über das Problem zu beraten. *Baibakow* und seine Spezialisten haben damals ihre Aufgabe erfüllt, wobei sie auch die Erfahrungen englischer Experten nutzten, die 1941 bei der japanischen Okkupation Borneos in einer ähnlichen Lage waren, aber die Bohrlöcher mit einer Mischung aus Metall und Zement nicht radikal genug verschlossen hatten, was *Baibakows* Leute aber korrigierten.

In Baku groß geworden und zum Aufbau des „zweiten Baku" nach Kuibyschew delegiert, war *Baibakow* einer der bekanntesten Erdölspezialisten der UdSSR, der sich besonders auch mit dem höheren Ausbringen von Erdöl aus versiegenden Bohrungen wissenschaftlich beschäftigt hatte. Auf diese Weise erschloß er dem Land viele Millionen Tonnen Öl. Noch heute arbeitet *Baibakow* im hohen Alter in der Akademie für Erdöl und Erdgas „Gubkina" in Moskau. In seinem Buch „Sache des Lebens" zeichnet er ein plastisches Bild von der sowjetischen Erdölförderung. Anläßlich eines Zusammentreffens mit *Baibakow* 1994 in Berlin, das durch die verständnisvolle Förderung der Firma „Wintershall", Nürnberg in Deutschland, ermöglicht wurde, überreichte er mir sein Buch. „40 Jahre in der Regierung", in dem er seine Stationen vom Volkskommissar bis zum dienstältesten Planungschef der UdSSR aufgezeichnet hat. Leider ist es noch nicht ins Deutsche übersetzt, aber ich habe es begeistert gelesen und einige Fakten daraus entnommen.

Für mich war *Nikolai Baibakow* in den 22 Jahren unserer Zusammenarbeit stets der gute Freund, der Vorsitzende des Staatlichen Plankomitees der UdSSR sowie der Doyen der Planungschefs des

RGW. Obwohl er Mitglied der Kommission des Politbüros der KPdSU: „Kampf gegen den Alkoholismus" war, trank er selber gern ein Gläschen, aber niemals habe ich ihn betrunken gesehen. Er ist ein phantastischer Mensch mit den besten Charaktereigenschaften, die man sich vorstellen kann, klug, bescheiden und stets konstruktiv. Mit ihm habe ich Abkommen unserer beiden Länder in Höhe von Hunderten von Milliarden Mark ausgehandelt und unterschrieben, allein für den Zeitraum 1986 bis 1990 hatten die gegenseitigen Lieferungen laut Abkommen zur Plankoordinierung einen Umfang von etwa 300 Milliarden Mark, die die grundlegende Basis der Beziehungen zwischen der DDR und der UdSSR darstellten. Nach diesem Abkommen erhielt die DDR aus der Sowjetunion jährlich:

17,1 Mio. t Erdöl
7,9 Mrd. m^3 Erdgas
2,2 Mio. t Walzstahl
0,9 Mio. t Roheisen
1,3 Mio. m^3 Schnittholz
1,8 Mrd. kWh. Elektroenergie
105 000 t Aluminium
39 500 t Kupfer
66 000 t Ferrolegierungen
12 500 t Blei
98 000 t Zellstoff
103 000 t Papier
85 000 t Baumwolle.

Ferner importierten wir aus der Sowjetunion Lkw, Pkw, Flugzeuge Maschinen und Ausrüstungen, elektrotechnische und elektronische Erzeugnisse und Waffen.

Die DDR bezahlte diese Importe mit dem Export großer Serien aus der verarbeitenden Industrie, wie z. B. jährlich:

1 000 Reisezugwagen
1 200 Kühlwaggons
1 400 Großdieselmotoren
70 Hafenkräne
50 Eisenbahndrehkräne
600 Raupendrehkräne

sowie durch Lieferungen in Höhen von:

80 Mio. Rubel Walzwerksaurüstungen
55 Mio. Rubel Drahtziehmaschinen
50 Mio. Rubel Chemieanlagen
60 Mio. Rubel Kälteausrüstungen
100 Mio. Rubel Polygraphische Maschinen
200 Mio. Rubel Werkzeugmaschinen
60 Mio. Rubel Plastspritzmaschinen
250 Mio. Rubel Landmaschinen
240 Mio. Rubel Elektronische Rechentechnik
20 Mio. Rubel Elektronische Meßgeräte
30 Mio. Rubel Übertragungstechnik
20 Mio. Rubel Komplette Kühlhäuser
75 Mio. Rubel Metalleichtbaukonstruktionen
50 Mio. Rubel Medizintechnik
27 Mio. Rubel Optische Geräte.

Ferner lieferte die DDR an die UdSSR pro Jahr etwa 20 große Schiffe wie Supertrawler, Frachter, Kühl-, Transport- sowie Binnenfahrgastschiffe, Schiffsausrüstungen und -reparaturen. Weiter lieferten wir im großen Umfang Erzeugnisse der Leicht- und Möbelindustrie, der Glas- und keramischen sowie der örtlichen Industrie. Für „Schirpotreb“ (Massenbedarfsartikel) aus der DDR war der sowjetische Markt unersättlich. Es will mir auch heute noch immer nicht in den Kopf gehen, daß diese Erzeugnisse sowie die Betriebe, die sie herstellten, immanenter Bestandteil der „maroden DDR-Wirtschaft“ gewesen sein sollen, wie ich umgekehrt auch nicht behaupten möchte, daß alles, was wir geliefert und importiert haben, dem Welthöchsstand entsprochen hätte. Unser Rückstand in der Arbeitsproduktivität gegenüber den westlichen Industrieländern mußte sich auch bei den Produkten und in den Technologien ihrer Herstellung wiederfinden, wobei sich die ungenügende Exportrentabilität vor allem nachteilig im Inland bemerkbar machte.

Was die „Terms of trades“ im Handel unserer beiden Länder betraf, so ist darüber viel Spekulatives und auch Gehässiges geschrieben worden. Tatsache ist, daß sie im großen und ganzen ausgeglichen waren. Sicher gab es durch die im RGW vereinbarten Prinzipien der Preisbildung zeitweilige Abweichungen von den Weltmarktpreisen, aber langfristig orientierten sich die Preise am Weltmarkt. Der Handel war für beide Seiten vorteilhaft, und keiner hat dem anderen „das Fell über die Ohren gezogen". Beide Währungen waren im Verrechnungsverkehr stabil. 1 Rubel wurde im Außenhandel mit 4,67 M. der DDR und im Tourismus mit 3,20 M. bewertet und dieser Kurs war Jahrzehnte stabil. Es muß Verwunderung auslösen, was mit dem Rubel in Rußland inzwischen passiert ist. Da reicht schon nicht mehr der bekannte Witz über das Verhältnis der DDR-Mark zum polnischen Sloty aus, als man damals scherzhaft sagte, sie stehen 1 zu 1! Eine Mark DDR=1 Eimer Sloty. Während der Sloty inzwischen aufgewertet wurde, braucht man beim Rubel heute schon ein Faß Rubel für eine Mark.

Auf *Baibakow* zurückkommend, möchte ich noch anfügen, daß natürlich auch er, von dem ich geradezu schwärme, eine schwache Seite hatte. Das war sein Glaube an die Wunderheilerin *Dschuna Dawidaschwilli*, die nach Angaben des Nachrichtenmagazin „Spiegel" auch *Breshnew* behandelt haben soll. Das stimmt zwar nicht, aber *Leonid Breshnew* hat dafür gesorgt, daß sie eine Aufenthaltsgenehmigung und Wohnraum in Moskau bekam, und daß die Akademie der Medizinischen Wissenschaften der UdSSR den Auftrag erhielt, die Methode der „kontaktlosen Massage" zu erforschen. *Dschuna* war oft bei *Baibakow* in der Datscha bei Moskau und behandelte dessen Frau mit den „überspringenden Bioströmen". *Baibakow* hatte ganze Ordner voller Schreiben von Akademiemitgliedern, Künstlern, Ärzten und anderen Berühmtheiten aus der Sowjetunion sowie aus dem Ausland, die *Dschuna* bescheinigten, daß die Behandelten nach einer von ihr vorgenommenen Seance wieder laufen konnten, obwohl sie gelähmt waren, daß Ekzeme verschwanden, Haare wieder wuchsen, obwohl vorher alles kahl war, daß impotente wieder potent wurden usw., usf. Diese Schreiben bezeugten also, daß *Dschuna Dawidaschwilli* eine der Ausnahmeerscheinungen in der Welt ist. *Baibakow* forderte mich so oft und eindringlich auf, auch daran zu glauben, deshalb sagte ich schließlich zu ihm: „Gut, wenn deine Frau wieder gesund wird, glaube ich an *Dschuna Dawidaschwilli.*" Der frühe Tod seiner Frau war für ihn niederschmetternd, konnte ihn jedoch in dem Glauben an *Dschunas* Heilkraft nicht erschüttern. Sie sei einfach zu spät in ihre Hände gekommen, sagte *Baibakow* immer wieder, und ich hörte auf, an dieser heiklen Wunde zu rühren.

Dschuna aber ging weiter ihren Weg. Von der Akademie der Wissenschaften als „Erfinder der UdSSR“ gefördert und vom Ministerium für Gesundheitswesen im wesentlichen mißachtet und bekämpft, hatte sie ihre größten Erfolge im Ausland. Sie besuchte die USA, die Schweiz, die Bundesrepublik, Österreich, die Niederlande und sogar der Papst gewährte ihr eine Privataudienz. In Sri Lanka ernannte man sie zum Ehrendoktor der Alternativen Medizin, sie wurde Präsidentin der Akademie für Internationale Alternative Medizin „*Dschuna*“, der Malteserorden ernannte sie zum Ritter und verlieh ihr das „Große Malteserkreuz“. In der Sowjetunion studierte sie noch Medizin und leitet heute das „Institut für kontaktlose Massage“ in Moskau. Ich bin mir inzwischen fast sicher, daß sie und der Glaube *Baibakows* an ihre Heilkräfte es waren, die meinem guten Freund das ständige Wackeln mit dem Kopf abgewöhnen konnten, an dem er litt, solange ich ihn kenne. Bei seinem Besuch in Berlin fiel es mir kaum noch auf.

An dem Zusammentreffen in meiner Wohnung nahm auch meine langjährige Chefdolmetscherin in der Staatlichen Plankommission, *Violetta Noak*, teil, eine Griechin, die in der Sowjetunion aufgewachsen und mit einem Berliner verheiratet war. Sie übersetzte Hunderte von Verhandlungen, dolmetschte bei RGW-Tagungen und Beratungen der Generalsekretäre der Parteien und Regierungschefs. Man kann kaum richtig einschätzen, welch wichtige Rolle bei den Verhandlungen die Dolmetscher und Dolmetscherinnen spielen, selbst wenn ihre Chefs die Sprache einigermaßen verstehen. Nicht nur die synchrone Übersetzung, die Grammatik und die Phonetik, sondern besonders auch die Fachterminologie ist oft ein schwer zu meisterndes Problem. Würde man z. B. den von der UdSSR und der DDR in gemeinsamer Arbeit entwickelten „Wellenfachwebautomaten“ mit den deutschen Silben Wellen-, Fach-, Web- und Automat ins Russische Übersetzen, würde es wahrscheinlich niemand verstehen, denn die gleiche Maschine heißt aus der russischen Rückübersetzung „Automat zum ununterbrochenen Weben von Stoffen“. Keiner der Teilnehmer konnte bei *Violetta Noak*, die von allen für ihre schnellen und präzisen Übersetzungen gelobt wurde, genau sagen, ob sie denn nun eine Deutsche oder eine Russin sei. Ich ließ meine Partner darüber stets im Unklaren und antwortete, sie sei eine „Paritätische“.

Der langjährige Chemieminister der UdSSR, *Leonid Arkadijewitsch Kostandow*, wurde 1980 als Stellvertreter des Ministerpräsidenten der UdSSR Nachfolger von *Tichonow* in der Paritätischen Regierungskommission DDR/UdSSR. *Kostandow* war als Chemiefachmann in vielen Ländern der Welt bekannt. Er hatte das heiße Blut des Armeniers in den Adern, stritt leidenschaftlich, war jedoch stets konstruktiv. Er hatte bei *Erich Honecker* einen schweren Stand, weil er sich dafür ausgesprochen hatte, die veraltete Kohle-Karbidchemie stillzulegen, ohne daß er eine Alternative durch Erhöhung der sowjetischen Erdöllieferungen bieten konnte. Der agile, schwergewichtige Mann war übrigens sehr musisch veranlagt, spielte ausgezeichnet Klavier und verehrte die Sängerin *Dagmar Frederic* so sehr, daß ich für ihn im kleinsten Kreis beim Abendessen in Niederschönhausen ein Solokonzert mit ihr und *Peter Wieland* vereinbarte, wovon er jahrelang schwärmte.

Am Rande einer Tagung der Paritätischen Regierungskommission in Moskau lud *Kostandow* meine Frau, mich und meine engsten Mitarbeiter zu einem Besuch nach Wolgograd und Astrachan ein, der für uns alle ein bleibendes Erlebnis wurde.

Weit nach Mitternacht in Wolgograd angekommen, begann unser Tag früh um 4 Uhr mit einer Angelpartie unterhalb des Stausees des Wasserkraftwerkes, wo die Abwärme der Turbinen die Fische anlockt. Obwohl wir alle keine Angler waren, bissen auch bei uns die Fische in Scharen. Als bei mir an der Angel ein ausgewachsener Stör hing, bat mich der Fischer die Angel einem Fachmann zu übergeben, weil sonst die Frage „Wer - Wen?“ bestimmt zugunsten des Fisches entschieden worden wäre. Auch die Experten brauchten mehr als eine Stunde, bis der Stör im Boot war. Anschließend besuchten wir die Gedenkstätten in der Stadt, darunter das berühmte Haus, das Sergeant *Pawlow*, mein Moskauer Studienkollege, so lange verteidigt hatte. Uns bewegten viele Gedanken. Der Heldenmut des einen ist immer zugleich der Tod von anderen, in diesem Fall von deutschen Soldaten, die allerdings niemand nach Stalingrad eingeladen hatte, sondern die, dem verbrecherischen Befehl *Hitlers* folgend, die Stadt an der Wolga erobern sollten. Ich sah wieder meinen Studienkollegen *Jakor Fedotowitsch Pawlow* vor mir, wie er sich quälen mußte, um die Prüfungen zu bestehen.

Wie gehen sowjetische Bürger damit um, wenn Deutsche die Gedenkstätten besuchen? Mit solchen Gedanken betraten wir das große Memorial für die Gefallenen der Schlacht um Stalingrad, bei der allein auf deutscher Seite 146 000 Soldaten fielen, 35 000 Verwundete konnten ausgeflogen werden und 90 000 gerieten in Gefangenschaft. Nur 5 000 Soldaten kamen lebend aus dem Kessel heraus. Als ich bei Klängen aus der „Träumerei" von *Schumann*", die ich als Trauermusik hier nicht erwartet hätte, meine Blumen niederlegte, war ich dem Weinen nahe, wartete still verharrend und sah, daß auch die anderen Mitglieder unserer Delegation weinten. Auch der mit der Figur und der Kraft eines Bären ausgestattete *Leonid Kostandow* und seine sympathische Tochter *Irina*, die meine Frau begleitete, konnten ihre Tränen nicht zurückhalten. Mögen unsere Völker für ewig in Freundschaft zusammengehen, dieser Gedanke beherrschte unser aller Sinne.

Die weitere Reise nach Astrachan und am Tag darauf die Fahrt mit dem Boot in das Wolga-Delta machte uns mit der urwüchsigen Natur und der alten Kultur dieser Gegend bekannt. Es war im wahrsten Sinne des Wortes ein Paradies, in dem wir uns befanden und wir fühlten uns auch so, denn zu jedem Gang des Essens gab es, in einer großen Schüssel serviert, den köstlich frischen schwarzen Kaviar, eine sonst unerschwinglich teure Delikatesse, die in diesem Gebiet tonnenweise gewonnen und in die ganze Welt exportiert wird.

Mit vielen guten Erinnerungen aber auch mit Trauer denke ich an diese Reise zurück, weil *Leonid Arkadjewitsch* und ich dort zum letzten Mal so familiär zusammen waren, denn bei einer der folgenden Reisen in die DDR anläßlich der Leipziger Messe verstarb er plötzlich an Herzversagen. Nach dem Messebesuch hatten wir noch eine Beratung in den Buna-Werken, bei der er mit gewohnter Leidenschaft mit den Chemikern des Betriebes diskutierte. Am Abend aßen wir gemeinsam in seiner Residenz in Berlin, und ich verabschiedete mich bald, da ich sah, daß er müde war. Gegen 6 Uhr morgens erhielt ich die Nachricht, daß er in seinem Appartement trotz sofort gewährter medizinischer Hilfe, gestorben war.

Ich begleitete den Sarg mit einer Sondermaschine nach Moskau, wo seine Tochter *Irina* und die nächsten Verwandten uns erwarteten. Drei Tage später nahm ich am Trauerakt des ZK und des Ministerrats der UdSSR auf dem Roten Platz teil und hatte so die Ehre, das einzige Mal in meinem Leben auf dem Mausoleum, gemeinsam mit den Vertretern des Politbüros des ZK der KPdSU und den Mitgliedern der Regierung zu stehen, um von meinem Freund Abschied zu nehmen. Die sich anschließende „Pomynki" (Gedenkfeier) hatte auf jeden Fall typisch russische, bei uns kaum bekannte Traditionen. Ich erlebte z. B., wie sich der Minister für Leichtindustrie, *Tarassow*, als einer der Redner bei dem Verstorbenen entschuldigte, weil er persönlich die Einführung des schon erwähnten „Wellenfachwebautomaten" seinerzeit gebremst hatte und dabei mit *Kostandow* heftig zusammengestoßen war. Ich konnte während dieser Trauerstunde, die ein Mitglied der sowjetischen Regierung leitete, schildern, welche Erinnerungen an den Toten mich besonders bewegten und wie ich die letzten Stunden mit ihm verbracht hatte. Zu diesen Erinnerungen gehörte auch ein gemeinsamer Besuch im Kloster Sagorsk, bei dem wir tiefe Eindrücke aus dem Gespräch mit den höchsten Geistlichen der Russisch-Orthodoxen Kirche gewonnen hatten. Es redeten aber auch Leute, die zu Lebzeiten Ärger mit dem Toten hatten. Sie sagten das mit höflichen Worten und durchaus offen. Während des Rückfluges sprachen meine Frau und ich kaum ein Wort miteinander, denn uns beherrschte beide das Gefühl, einen guten Freund verloren zu haben.

Als *Michael Sergejewitsch Gorbatschow* 1985 zum Generalsekretär des ZK der KPdSU gewählt wurde, keimte bei vielen in der SED, so auch bei mir, neue Hoffnung auf. Der für sowjetische Verhältnisse relativ junge, geistreiche, feinfühlige und redegewandte *Gorbatschow* trat mit Ideen auf, die aufhorchen ließen. Wir Ökonomen erhofften uns von der kühnen Voraussage einer Welt des Friedens, der Entspannung und der Abrüstung die Freisetzung von Mitteln aus dem gewaltigen Rüstungsbudget für die friedliche Produktion und eine Neuordnung der Beziehungen zwischen den sozialistischen sowie zu den westlichen Staaten. Die Welt geriet durch *Gorbatschow* in Bewegung. Früher undenkbare Abrüstungsabkommen wurden von der UdSSR und den USA unterzeichnet, über mehr Demokratie, Meinungsfreiheit und Pluralismus in der sozialistischen Gesellschaft wurde diskutiert, unschuldig Verurteilte wurden rehabilitiert. Perestroika und Glasnost wurden aber auch zu Begriffen, an denen sich die Geister schieden.

Von Anfang an trat *Erich Honecker* der Entwicklung in der UdSSR und damit auch *Gorbatschow* mit tiefem Mißtrauen entgegen, und in der DDR propagierten Glasnost und Perestroika bald nur noch die Opposition und die Kirche. Während eines Urlaubs in Baabe auf der Insel Rügen entdeckten meine Frau und ich ein großes Plakat, mit dem der Pfarrer des Ortes die Einwohner und Urlaubsgäste zu einem Vortrag über *Michael Gorbatschow* in die Dorfkirche einlud. Ich sagte zu meiner Frau, daß wir jetzt in die Dorfkirche in Baabe gehen müßten, um Neues über den Generalsekretär des ZK der KPdSU zu hören.

Auch in meiner Brust wohnten zwei Seelen, die eine war für *Gorbatschow*, die mir sagte, nur mit ihm werden wir aus der Erstarrung des Systems herausfinden, und die andere war gegen ihn, weil durch seine Politik anstelle des versprochenen ökonomischen Aufschwungs eine unendliche Talfahrt der sowjetischen Wirtschaft eingeleitet wurde. Versprochen wurden durch die Perestroika ein neuer Aufschwung und bessere Lebensbedingungen für alle, aber die Getreideerzeugung fiel von Jahr zu Jahr bis zu 40 Mio. t unter das schon erreichte Niveau. Allein im Jahr 1987 war die UdSSR gezwungen, 31 Mio. t Getreide, 5,1 Mio. t Rohzucker und 800 000 t Fleisch und Fleischerzeugnisse zu importieren, um die Versorgung der Bevölkerung wenigsten einigermaßen zu gewährleisten. Versprochen wurde die Steigerung der Industrieproduktion und eine allseitig bessere Versorgung der Bevölkerung, doch die Erdölförderung der Sowjetunion ging um fast 100 Mio. t zurück, und die Erzeugung von Konsumgütern sank ständig. Die Geschäfte in den Städten und Dörfern des Landes waren wie leergefegt. Die Umstellung der Rüstungsbetriebe auf die zivile Produktion, die „Konversion", wurde nur halbherzig und dilettantisch betrieben. Erfolge stellten sich bei Umstellung nicht ein. In seiner Rede zum 70. Jahrestag der Oktoberrevolution hatte *Gorbatschow* die Zeit vor ihm scharf als eine Periode der „Stagnation" kritisiert, was sie bei allen Problemen keinesfalls war, und trotzdem ging die wirtschaftliche Entwicklung nicht aufwärts, sondern es ging auf allen Gebieten steil bergab! Gorbatschow war mit dem Vorsatz angetreten: „Abschaffen all dessen, was die Entwicklung behindert." Diesem Grundsatz wollte er stets „treu bleiben". Wenn das so war, wie sind dann die tiefen Krisen seiner Amtszeit zu erklären?

Ich suchte und fand damals einen Kontakt zum sowjetischen Botschafter in der DDR, *Wjatscheslaw Kotschemassow*, und wir sprachen über negative Entwicklungen im Politbüro im Verhältnis zur UdSSR, insbesondere bei *Honecker* und *Mittag*. Vor mir hatten auch *Egon Krenz*, *Werner Krolikowski* und *Günter Kleiber* solche Kontakte zum sowjetischen Botschafter, ohne daß wir uns untereinander abgestimmt hatten. Das war sicher nicht falsch, aber der Niedergang der DDR war durch nichts mehr aufzuhalten, denn auch in der UdSSR wurden die Probleme immer größer.

Für mich aber gab es in dieser Zeit aber auch eine freudige Überraschung: Als *Michael Gorbatschow* zum 40. Jahrestag der DDR in Berlin weilte, sprach er mit *Erich Honecker* auch darüber, daß das Politbüro der KPdSU beschlossen hatte, mir für meine Arbeit in der Paritätischen Regierungskommission den Orden für Völkerfreundschaft zu verleihen, wozu er das Einverständnis des Generalsekretärs brauchte. *Honecker* hatte, sicher mit einigen Bauchschmerzen, das Einverständnis erteilt und informierte mich darüber. Als der Botschafter der Sowjetunion im Januar 1990 im Auftrag *Gorbatschows* mir den Orden überreichen wollte, mußte das ausfallen, denn ich saß zu damals bereits in Untersuchungshaft. 1991 wurde mir der Orden dann ausgehändigt.

Gorbatschow hat mich nach 1989 noch ein weiteres Mal enttäuscht, und zwar als er den Premierminister, *Nikolai Iwanowitsch Ryschkow*, Ende Dezember 1990 fallen ließ und durch den charakterlosen, blassen *Pawlow* ersetzte, der ihn dann auch zum Dank dafür während des Militärputschs auch prompt verriet! Bis heute habe ich ernsthafte Zweifel an der Glaubwürdigkeit der Version, daß *Ryschkow* nicht mehr für eine Kandidatur in Frage kam, weil er in der Nacht vom 25. zum 26. Dezember einen Herzinfarkt erlitten hatte, sondern es wird sicher so gewesen sein, daß er den Infarkt in der Erregung darüber erlitt, daß er schon vorher politisch demontiert wurde. Aber selbst wenn meine Zweifel unbegründet sein sollten, bleibt die Frage: Wie konnte *Michail Gorbatschow* in dieser Situation, als er seine ganze Kraft als Präsident des von Krisen geschüttelten Landes vollständig für notwendige politische Maßnahmen zum Erhalt der zerbröckelnden UdSSR einsetzen mußte, die Regierung einem Mann anvertrauen, der sich „als Politiker bis zu diesem Zeitpunkt nicht besonders profiliert hatte", dessen „Grundpositionen unklar" waren und von dem *Gorbatschow* offensichtlich schon vor der Berufung zum Ministerpräsidenten wußte, daß „Gerüchte über Alkoholprobleme" im Umlauf waren?

Die historische Rolle von *Michael Sergejewitsch Gorbatschow* ist noch nicht klar definiert. War er nun ein Großer der Geschichte, wie es vorwiegend Politiker der westlichen Welt von ihm behaupten, oder war er ein Verräter der Ideen des Sozialismus, wie es nicht nur ewig Gestrige, sondern auch die reformwilligen Menschen, besonders Enttäuschten der GUS-Staaten, die früher mehr soziale Sicherheit hatten als jetzt, aber auch manche seiner vielen Anhänger in der ehemaligen DDR sagen. Auch eine Reihe seiner engsten Kampfgefährten in Rußland, mit denen ich noch heute Kontakt habe und die *Gorbatschow* durch ihren freiwilligen Verzicht auf ihre Mitgliedschaft im ZK der KPdSU die Chance gaben, junge Leute für die Etappe der „beschleunigten sozialökonomischen Entwicklung des Landes" (*Gorbatschow* auf dem Aprilplenum des ZK der KPdSU 1985) heranzuziehen, sagen heute, „er hat uns schändlich betrogen, große Reden über den Sozialismus und Reformen gehalten und in Wirklichkeit das Land zertrümmert und dem Verfall preisgegeben. „Das mächtige Rußland von einst sei heute nur noch ein 'großes Bordell'." Das sind ernste Worte, die man nicht nur in Moskau hören kann, und zu denen man auch einen eigenen Standpunkt haben sollte.

Ich meine, daß *Michael Gorbatschow*, wie jeder ernstzunehmende Politiker, Anspruch darauf hat, daß sein Leben in den historischen Zusammenhängen seiner Zeit gesehen wird. So muß man ihm zugestehen, daß die von *Marx* und *Engels* begründete sozialistisch-kommunistische Gesellschaft in den 70 Jahren ihrer Existenz, zunächst in der Sowjetunion und dann in einem Drittel der Länder des Erdballs in der Form des realen Sozialismus, ihre Chance, sich gegenüber den Ländern des Kapitals überlegen zu erweisen, nicht genutzt hat, sondern die fehlende ökonomische Überlegenheit durch eine übermäßige Administration, ideologischen Kampf und verhärtete Machtstrukturen auszugleichen versuchte. Vielleicht lag es daran, daß der Sozialismus nicht, wie vorausgesagt, in einem oder mehreren hochentwickelten kapitalistischen Ländern gleichzeitig gesiegt hatte, sondern im rückständigen Rußland, in dem die Arbeiterklasse nur eine kleine Minderheit darstellte, was die Basis der Revolution von Anfang an einschränkte. Die junge Sowjetmacht war mit so massenhaftem Widerstand im Land und durch ausländische Interventionen konfrontiert, daß Machterhaltung als das Wichtigste erschien und der Einsatz von Gewalt gegen Gewalt den jungen Sowjetstaat stets begleitete, um die Errungenschaften der Revolution zu schützen. *Lenin* entwickelte die Idee von der Partei neuen Typus, einer Kaderpartei, die sich die marxistische Ideologie aneignet, nach dem Prinzip des demokratischen Zentralismus organisiert und ein festes Bündnis von Proletariat und Bauern herstellt, um den Kampf gegen das korrupte zaristische Regime siegreich führen zu können. „Mangels klassenmäßig bewußter Masse sollte eine Partei neuen Typus der Berufsrevolutionäre das richtige Bewußtsein in einer vorindustriellen Gesellschaft verbreiten, die ihre entwicklungsgeschichtliche Bestimmung noch nicht erkannt hatte und deshalb mit Mitteln der Erziehung indoktriniert werden mußte", dieses sagte Professor *Theo Pirker* von der FU Berlin in einem Gespräch nach der Wende zu mir und definierte damit eine wichtige Erkenntnis aus der Ausgangslage der proletarischen Revolution. Doch schon in der Zeit der „Neuen Ökonomischen Politik", die den Kriegskommunismus ablöste und durch die Zulassung des freien Handels gekennzeichnet war, sorgte sich *Lenin*, daß das „außerordentliche Moment der Gewalt" von der „proletarischen Bürokratie" so integriert worden sei, daß sie sich in „ein unabdingbares Element der neuen Gesellschaftsordnung verwandelte". Durch die Ausgrenzung der Bauern mit mehr als 10 ha Land, die in Europa immer „Mittelbauern" waren, ihre Kennzeichnung als „Kulaken" und damit als reaktionäre Ausbeuter und durch die z. T. mit staatlichem Zwang und Repressionen durchgeführte Kollektivierung verengte sich unter *Stalin* die soziale Basis der Revolution weiter. So regierte in der Sowjetunion von Anfang an der Terror, der weiße Terror gegen die Revolutionäre, der rote Terror gegen die Konterrevolutionäre und ausländischen Interventen, und brutale Gewalt gab es offensichtlich nicht erst unter Stalin, sondern in Ansätzen auch schon unter *Lenin*, wie *Michael Voslenski* in seinem Buch „Sterbliche Götter" schildert. Die Entartung der Sowjetunion zu einem Land, in dem lange Zeit despotische Verhältnisse die Entwicklung beeinflußten und das Hunderttausende von Opfern, darunter den gewaltsamen Tod vieler Kommunisten zu verantworten hat, ist sicher nicht der marxistischen Theorie und auch nicht allein *Lenin* anzulasten, kann aber auch nicht nur das Werk eines zur Grobheit neigenden *Stalin* gewesen sein. Sie ist die Auswirkung eines unter den historischen Bedingungen entstandenen Systems, das dogmatische und scholastische Züge trug und dessen Merkmale nach 1945 teilweise auch auf die DDR sowie auf andere sozialistische Länder übertragen wurden.

Die Historiker der GUS-Staaten werden hoffentlich die wahre Geschichte des „Stalinismus" schreiben. Sie werden auch erklären müssen, warum *Stalin* viele Jahre der fast gottähnliche Führer war, dem alles Gute, wie z. B. die Industrialisierung des Landes und der Sieg über Hitlerdeutschland im Großen Vaterländischen Krieg, fast allein zugeschrieben wurde, und der nun mit *Berija* zusammen fast die alleinige Schuld für alles Schlechte, besonders für die Repressalien und Verbrechen tragen soll. Die Historiker werden nicht nur festhalten, daß *Nikita Chruschtschow* die Folgen des Personenkults um *Stalin* angeprangert hat, sondern auch seine Rolle 1939 als Erster Sekretär der Parteiorganisation der sowjetischen Hauptstadt untersuchen, als die blutigen Moskauer Prozesse begannen. Zu erklären wäre auch, warum verdienstvolle sowjetische Persönlichkeiten wie Marschall *Shukow*, der am 8. Mai 1995 anläßlich des 50. Jahrestags des Sieges über Hitlerdeutschland am Historischen Museum in Moskau mit der Errichtung eines Denkmals geehrt wurde, *Stalin* als „würdigen Oberkommandierenden" erleben konnten, der strategisch immer verstand, das „Hauptkettenglied" zum Sieg über den Feind zu bestimmen und wie der Chef des Generalstabes *Wassilewski* ebenso hochachtungsvoll über *Stalins* Kriegskunst schreiben konnte, während andere heute darüber schweigen, als hätte es *Stalin* nie gegeben. Interessant wäre es auch zu wissen, warum z. B. niemand *Kaganowitsch* erwähnt, der sehr viel für die Kriegswirtschaft geleistet, aber zugleich auch persönlich 229 Todesurteile unterschrieben hat und nach dem Krieg jeden verfolgen ließ, der sich für die Verdieselung bzw. die Elektrifizierung der veralteten sowjetischen Eisenbahn einsetzte, weil sie angeblich in Kriegszeiten leicht auszuschalten seien.

Waren es also doch nicht nur *Stalin* und die KGB-Chefs *Berija, Jagoda* und *Jeschow*, die das alles zu verantworten hatten? Was führte zu dieser Entwicklung? Es wäre schon wichtig, mit der Schwarz-Weiß-Malerei aufzuhören und statt dessen objektiv die Widersprüche in ihren geschichtlichen Zusammenhängen darzustellen. Für uns ist es schon deshalb wichtig, weil von diesen Ereignissen auch die Entwicklung in der DDR maßgeblich beeinflußt wurde.

Wir führten bekanntlich nicht freiwillig das „Sowjetsystem" bei uns ein, aber die Auffassungen von Demokratie blieben in der DDR stets allgemein, wie die „Herrschaft des Volkes" oder die „Macht der Arbeiter und Bauern". Niemals entwickelte die DDR oder ein anderer sozialistischer Staat konkrete demokratische Grundrechte, wie die Kontrolle über die Herrschenden bis zum Recht, sie abzuberufen. Es fanden keine freien, gleichen und geheimen Wahlen statt, sondern diese wurden als „verlogener bürgerlicher Demokratismus" verurteilt, und der Bevölkerung wurde eingeredet, daß das sozialistische System dem bürgerlichen Parteiensystem haushoch überlegen sei. Durch den Anspruch auf die führende Rolle der Partei waren die gewählten Volksvertretungen - bei aller Bedeutung, die ihnen beigemessen wurde - nie der wirkliche Souverän des Volkes. So fehlte unserem System die Selbstreinigungskraft der Demokratie. Ich bin weit davon entfernt, die praktizierte bürgerliche Demokratie der Bundesrepublik zu idealisieren, aber das Versagen der sozialistischen und der innerparteilichen Demokratie muß ich zugestehen, sonst mache ich mir meine Schlußfolgerungen zu leicht.

Es ist und bleibt eine Tatsache, daß kein einziges der sozialistischen Länder es geschafft hat, eine höhere Arbeitsproduktivität als die führenden kapitalistischen Länder zu erreichen, was nach *Lenin* ausschlaggebend für den Sieg der neuen Gesellschaftsordnung war. Auch die Diktatur des Proletariates als höchste Form der Demokratie hat sich nicht zur Diktatur der Mehrheit über die Minderheit entwickelt, wie *Marx* es wollte, weil die Partei und der Staat einen ideologisch begründeten Führungs- und Machtanspruch ausübten. Wenn ich dabei an ein Marx-Zitat zur Rolle des Staates denke: „Jeder muß seine religiöse wie leibliche Notdurft verrichten können, ohne daß die Polizei ihre Nase hinein steckt", dann mußten Menschen wie *Michail Sergejewitsch Gorbatschow* den kühnen Versuch wagen, den Sozialismus grundlegend zu reformieren. So betrachtet war es sein Verdienst, die erforderlichen Veränderungen mit Mut, menschlicher Reife und ausgewogener Taktik so in Angriff genommen zu haben, daß zu keinem Zeitpunkt das riesige militärische Potential der Supermacht zur Gefahr eines großen Krieges wurde. Aber die Größe der

Aufgabe hat ihn offensichtlich überfordert. Er wollte den Sozialismus mit Demokratie, Freiheit und Menschenrechten verbinden und die UdSSR als Vielvölkerstaat in einer freiwilligen Konföderation als friedliche Weltmacht erhalten. So oder ähnlich lauteten seine Ziele, denn sonst macht all sein Handeln für mich keinen Sinn. Aber was ist von all dem heute geblieben?

Dazu noch eine Bemerkung: Diese Einschätzung sollte für niemanden eine Legitimation sein, mit großen Worten über die Freiheit geringschätzig auf *Marx* zu schauen, der den Begriff der bürgerlichen Freiheit in seiner Zeit als „das Recht der Armen wie der Reichen, auf Parkbänken zu schlafen" definierte, wobei es der Arme stets muß, der Reiche sich aber auch ein warmes Bett leisten kann. Der Philosoph und schärfste Marx-Kritiker *Karl R. Popper* schrieb in diesem Zusammenhang: „Sein flammender Protest gegen diese Verbrechen, die damals geduldet und manchmal sogar verteidigt wurden - und dies nicht nur von professionellen Volkswirtschaftlern, sondern auch von Männern der Kirche - wird ihm - *Karl Marx* - für immer einen Platz unter den Befreiern der Menschheit sichern."

Um *Michael Gorbatschow* im Plus und Minus seiner Tätigkeit historisch richtig bewerten zu können, muß man auch die negative Seite seiner Arbeit an der Spitze des Sowjetstaates bewerten. Was waren die Ursachen dafür, daß das Land der Oktoberrevolution zerfallen und in einen tiefen Abgrund der Armut und Not abgleiten konnte? Warum ließ *Gorbatschow* zu, daß ein Teil seiner Freunde im eigenen Land und in anderen sozialistischen Ländern durch die ungeschickte, prinzipienlose Übergabe von Macht und Einfluß Prozessen ausgeliefert sind und Gefängnisstrafen auf der Grundlage nachträglich geschaffenen Rechtes erdulden müssen? Warum nahm *Gorbatschow* die Ehrenbürgerschaft einer Stadt an, dessen Senat den tapferen Generaloberst seines Landes, *Nikolai Bersarin*, aus der Liste der Ehrenbürger streichen ließ, einen Mann, der mit seinen Truppen die Stadt vom Faschismus befreite und nach dem Krieg half, daß Frauen und Kinder nicht verhungerten?

Michael Gorbatschow gibt in seiner Autobiographie „Erinnerungen" auf mehr als 1 200 Seiten in seiner interessanten, tiefsinnigen Art zu vielen dieser Fragen Antworten. Er gesteht auch zahlreiche taktische Fehler ein, aber die Grundfrage, mit seinen Vorstellungen zur

Entwicklung einer demokratischen sozialistischen Sowjetunion auf föderaler Basis gescheitert zu sein, umgeht er, denn letztlich muß jeder zum Ergebnis stehen, und nicht nur zu dem, was er wollte. Da darf er nicht bei einem Hinweis auf die Trägheit eines „Beamtenheers von 18 Millionen" in Partei und Staat ausweichen, von denen er kein „Wohlwollen mehr zu erwarten" hatte, weil er mit seinem Vorstoß auf deren einst unerschütterlichen Grundsätze in ein Wespennest gestochen hatte. Da genügt es auch nicht, bei Hinweisen auf die linken oder rechten Positionen der anderen Mitglieder des Politbüros oder der Schuld seiner Nachfolger stehenzubleiben, sondern er selbst ist gefragt und muß Antwort auf diese Fragen geben. Er sollte aber auf jeden Fall den Teil der Verantwortung auf sich nehmen, sonst bleibt die Frage nach dem „Verräter der Interessen vieler Menschen", die Frage nach dem Mann im Raume stehen, der mit großen Worten über den „Sozialismus, über Perestroika und Glasnost" seine Gefährten getäuscht und in Wirklichkeit Schritt für Schritt nicht nur den „Stalinismus" und „Bolschewismus", den er überwinden wollte, sondern auch die reformwilligen Kräfte der Partei und schließlich die Partei als ganzes zerschlagen und dafür zu wenige sozialistische Ideale und tragfähige demokratische Staatsstrukturen an ihre Stelle gerückt hat. Ich bedauerte das politische Scheitern *Gorbatschows* sehr, denn mit geistvollen, kultivierten Menschen wie ihm als ein Vertreter Rußlands wäre der Welt manches erspart geblieben, was sie jetzt mit dem alkoholkranken, schwer kalkulierbaren *Boris Jelzin* erlebt, der vom Kämpfer gegen die Putschisten und einem Streiter für Demokratie vor Jahren, heute für den Verfall des Rubels bis hin zum Krieg in Tschetschenien für jede Überraschung gut zu sein scheint. Doch nicht nur deutsche Politiker sehen leider nur in ihm den einzigen Garanten für die Herausbildung neuer Strukturen in Rußland. Warum nur, so frage ich mich, hört man nicht wenigstens auf die Stimmen der subtilen Kenner der russische Szene wie *Gerd Ruge* und *Gabriele Krone-Schmalz* die immer wieder darauf hinweisen, daß dieses Land bei weitem mehr demokratische und humanistisch gesinnte Persönlichkeiten hat.

Ich bin überzeugt, daß *Gorbatschow* seinen historisch gerechten Platz in der Geschichte finden wird. Vielleicht wird er der einzige Generalsekretär einer kommunistischen Partei sein, der mit einem bleibenden Denkmal geehrt wird, aber ich befürchte, daß es eher in der westlichen Welt, als in Moskau geschehen wird.

Sibirien - Erlebnisse in Tjumen

Sibirien ist mit seinen 16,2 Mio. km^2 vom Eismeer bis zur mongolischen Grenze und vom Ural bis zum Pazifischen Ozean, wobei die russische Geographie 6,6 Mio. km^2 „Ferner Osten" aus dieser Größenangabe ausschließt und Sibirien mit 9,6 Mio. km^2 angibt, zu groß, um in allen Einzelheiten über das Land zu berichten. Deshalb möchte ich mich nur auf einige wenige Begebenheiten beschränken.

Ende der 70er Jahre wurden die Chefs der Planungsorgane des RGW von *Nikolai Baibakow* zum Besuch des Erdölfördergebiets um Tjumen, Westsibirien, eingeladen. Dieses Gebiet bezeichnet man auch als das „Dritte Baku", weil es nach Baku, dem sogenannten „Zweiten Baku", d. h. dem Fördergebiet zwischen Wolga und Ural, zum dritten und leistungsfähigsten Erdöl- und Erdgasgebiet der Sowjetunion wurde. *Baibakow* wollte mit dieser Einladung seine Kollegen aus den RGW-Ländern, die ihn ständig bedrängten, die Erdöllieferungen in die sozialistischen Länder zu erhöhen, damit vertraut machen, wie und unter welchen Bedingungen das Erdöl und -gas dort gefördert wird. Zum Glück war Sommer, und so mußten wir nicht die sibirische Kälte, im Gebiet um Tjumen herrschen bis zu -60° C, ertragen. Bei dieser Kälte fällt es uns Mitteleuropäern sehr schwer überhaupt das Haus zu verlassen, aber die Menschen Sibiriens verrichten unter diesen klimatischen Bedingungen schwerste Arbeit. Selbst abgehärtete Menschen wie *Alexej Kossygin* und *Nikolai Baibakow* haben sich, als sie in den 60er Jahren Sibirien besuchten, auf dem Weg vom Hubschrauber zur Förderplattform Erfrierungen an den Ohren und den Wangen zugezogen.

In diesen Regionen gibt es kaum einen Frühling oder Herbst, sondern nur den extrem heißen Sommer und eiskalten Winter. Aber auch der Sommer hält mit Schwärmen von Bremsen, Mücken und Moskitos unangenehme Überraschungen bereit.

Als wir mit einer Maschine der Aeroflot den Flugplatz in Samotlor anflogen, sahen wir unter uns bis zum Horizont nichts weiter als gelbe Sümpfe und Moore und hier und da Bohrtürme oder Förderpumpen. In der Ferne sahen wir Samotlor - das Zentrum der Erdölfördergebiets -, die unter unsagbaren Schwierigkeiten errichtete Stadt, denn das gesamte Baumaterial konnte nur mit Booten und Helikoptern herangebracht werden.

Der Naturforscher und Schriftsteller *Hyppolit Sawalischin*, der vor mehr als hundert Jahren das Gebiet um Tjumen bereist hatte, schrieb bereits damals, daß Westsibirien eine „Schattenwelt", eine „Heimstatt von Hunger und Klage, eine Einöde, nur geschaffen um der ewigen Qualen der Verbannung willen" sei. Russische Wissenschaftler und Geologen wie *Karpinski, Muschketow, Pawlow, Archangelski, Obrutschew, Fersman* und *Selinski*, bezeichneten Sibirien und besonders Tobolsk, wie das Gouvernement der Gegend um Tjumen früher hieß, als ein rohstoffreiches Land mit riesigen Vorräten an Gold, Eisen, Buntmetallen, Kohle und anderen Erzen, aber das Vorhandensein von Erdöl oder -gas stellten sie nicht fest. In den Jahren 1903 und 1911 wurden die ersten Schürfrechte für dieses Gebiet erteilt. Mit *Lenins* GOELRO-Plan zur Elektrifizierung des Landes traten die geologischen Arbeiten in Westsibirien in den Vordergrund. Dennoch dauerte es noch viele Jahre bis zur ersten Bohrung, und auch nach einer Unzahl von Erkundungsbohrungen wurde man lange nicht fündig. Erst im Juli 1946 berichtete der Traktorist *Iwan Grigorowitsch Wikolow* aus Abatski in dem Gebiet um Tjumen *Nikolai Baibakow*, daß man in der Ortschaft Tatarskoje beobachtet hat, daß eine ölige Flüssigkeit an die Oberfläche tritt, und alles sehe so aus, „als wenn man Petroleum auf das Wasser gegossen hätte." Dieser Bericht stachelte den Ehrgeiz der Verantwortlichen in Moskau und den der Geologen vor Ort an, dort mit den Arbeiten zu beginnen.

Man brachte eine Serie von Stützbohrungen nieder und am 21. September 1953 kam es in der Nähe des Dorfes Berjosowo zu einer gewaltigen Erdgaseruption. Das war der Beginn der volkswirtschaftlichen Nutzung der Erdöl- und Erdgasvorräte in Westsibirien. Am Anfang waren es jedoch nur Gasvorkommen, die erschlossen wurden. Aber wo Gas ist, muß auch Öl sein, sagten sich die Fachleute. 1960 wurde im Dörfchen Uschje an der Konda die erste Bohrung mit Leichtöl fündig, und damit begann der Aufstieg Tjumens zum größten Erdölfördergebiet der Sowjetunion. Alle vorliegenden Prognosen über die Erdölvorkommen wurden durch den raschen Zuwachs über den Haufen geworfen. In Baku hatte es 100 Jahre gedauert, ehe die Förderung 20 Mio. t pro Jahr erreichte, in Tjumen dauerte es keine fünf Jahre bis diese Zahl erreicht wurde. Schon im Juni 1978 wurde eine Gesamtfördermenge von kumulativ 1 Milliarde t erreicht. 1980 förderte Tjumen 315 Mio. t Erdöl und Gaskondensat im Jahr, und damit kamen mehr als die Hälfte des Gesamtaufkommens der UdSSR aus Tjumen. Nun wandte man sich der Erschließung weiterer Gebiete Westsibiriens im klimatisch noch schwierigeren Teil von Urengoi und Jamburg zu. Die RGW-Länder beteiligen sich nicht nur finanziell an der Erschließung der Öl- und Gasfelder sowie am Bau von Erdgasleitungen (Urengoi-Ushgorod).

Der Besuch in Samotlor war für die Teilnehmer ein großes Erlebnis. Der Omnibus „schwamm" gleichsam über die Straßen, die durch das Bohrgebiet führten. Dabei waren die Straßen nicht wie üblich aus Sand, Steinen und Zement gebaut, sondern bildeten einen langen Eisblock, der sich durch die ständige Beräumung vom Schnee im Winter bis zu einer Tiefe von einigen Metern gebildet hatte, und der im Frühjahr mit Torf und Holz zur Isolierung abgedeckt wird. Auf diese Weise übersteht die Eisstraße die heißen Sommermonate, und das erwärmte Sumpfwasser trägt den Eisblock und ermöglicht den Transport der Omnibusse, der schweren Bohrtürme und der gesamten Fördertechnik, ohne zu schmelzen. Es kommt schon vor, daß schweres Gerät durch das Verrutschen der Ladung im Sumpf zu versinken droht, und die Bergung wird dann zu einem Alptraum für die Beteiligten. Das schon erwähnte Gefühl des „Schwimmens" während der Busfahrt entsteht durch das Abtauchen des Eisblockes in Abhängigkeit vom Gewicht des Fahrzeugs und weckte bei den Fahrgästen Ängste, was wohl passiert, wenn der Eisblock bricht. Doch alles ging gut, und im Bus war es noch am schönsten, denn er schützte uns wenigstens einige Minuten vor den Plagegeistern draußen. Von den Mücken sagten wir, daß sie größer und aggressiver als Militärhubschrauber sind, und wegen der Gefährlichkeit der Moskitos ist es dem einheimischen Personal streng untersagt, weite Strekken allein zu laufen, da im Falle eines Unwohlseins keine Überlebenschance gegen die Moskitos besteht.

Mein tschechischer Kollege, der etwas schwergewichtige Stellvertreter des damaligen Ministerpräsidenten *Vaclav Hula*, veranlaßte nach dem Besuch Tjumens die Produktion des Mückensprays „Anti-Tjumen", das ein großer Exportschlager in die Sowjetunion wurde. Ich widerstand den lautstarken Forderungen der Arbeiter, daß die DDR wieder die DDT-Produktion (Dichlor-diphenil-trichlorehtan), für dessen Entdeckung (1938/1939) der Schweizer *Peter Müller* 1946 den Nobelpreis erhalten hatte, aufnehmen solle, weil dies das einzige wirksame Mittel gegen die Plagegeister war. Die DDR aber hatte, wie auch andere Industriestaaten, die Anlagen zur Herstellung des DDT aus Gründen des Naturschutzes außer Betrieb gesetzt. Die bitteren Worte eines Arbeiters, daß es in Samotlor „gar keine Natur, sondern nur Sumpf und Mücken" gäbe und wir Deutschen nichts für sie tun, uns aber „mit Erdöl aus Samotlor den Hintern warmhalten" und - an *Baibakow* gewandt - daß „die Bürokraten in Moskau eben nur an ihre 'schönen Vögel' denken, und die Menschen in Tjumen vergessen, wo die Vögel nicht einmal leben können", habe ich damals schwer verdaut. Am liebsten hätte ich den Forderungen nach Aufnahme der DDT-Produktion entsprochen, doch Ausnahmeregelungen für die Anwendung von DDT, wie z. B. gegen Malariaepidemien, werden nur von der UNO genehmigt. Also blieben wir bei unserem Beschluß zur Stillegung der Anlagen.

Ulan Ude, die einsame Stadt an der mongolischen Grenze

Gemeinsam mit meiner Frau und *Karl Heinz Richter*, dem Leiter der Abteilung UdSSR in der Staatlichen Plankommission, besuchten wir die Hauptstadt der Buriatischen Sowjetrepublik in Südsibirien. Die mit rd. 350 000 Einwohnern größte Stadt dieser Region ist ein wichtiger Standort für den Lokomotiv-, Waggon-, Schiff-, Mühlen- und Maschinenbau, der Metallverarbeitung, Fleisch-, Textil-, Leder-, Holz und Baustoffindustrie und als Verkehrsknotenpunkt der Transsibirischen Eisenbahn bekannt. In der Stadt gibt es eine Pädagogische-, Technische- und Landwirtschaftliche Hochschule, wissenschaftliche Institute, eine Philharmonie und mehrere Theater. Eingeladen wurden wir eigentlich zu einer Bärenjagd, aber da hatte uns wohl unser Freund *Baibakow* einen großen Bären aufbinden wollen. Auf jeden Fall mußte dort außer Bären auch jahrelang kein Staatsgast zu Besuch gewesen sein, denn als wir aus Moskau mit einer heruntergewirtschafteten Maschine der Aeroflot nach Pannen und einem Service, der für 10 Stunden Flugzeit aus zwei Glas Tee bestand, mit sieben Stunden Verspätung morgens gegen 6 Uhr in Ulan Ude landeten, standen der Erste Sekretär des ZK, der Ministerpräsident und das ganze Empfangskomitee für unseren Empfang auf dem Flugplatz geschlossen bereit.

Neben vielen anderen Erlebnissen beeindruckte uns besonders der dreitägige Jagdausflug in die südsibirische Taiga. Schon am Stadtrand gab es nur noch zerfahrene Wege, die sich auch bald verloren. Wir waren Teil des urwüchsigen Waldes. Der schwere Schnee hatte die Wipfel der Baumkronen abgebrochen. Es war Mitte September, und der Winter hielt mit Temperaturen von Minus 2 bis 5 Grad gerade Einzug. Nach zwei Stunden Fahrzeit fragte ich unseren Reisebegleiter, den Stellvertretenden Ministerpräsidenten, wie weit es noch bis zur Jagdhütte ist, in der wir übernachten wollten. „32 Kilometer", antwortete er präzise. Nach weiteren zwei Stunden fragte ich ihn noch einmal, und er antwortete wiederum: „32 Kilometer." Nach dem dritten Anlauf hörte ich auf zu fragen. Am späten Nachmittag kamen wir in der Jagdhütte an.

Aus Bäumen der Taiga hatten etwa 20 Waldarbeiter einen langen Tisch mit grob gezimmerten Bänken und eine Anrichte zur Vorbereitung des Essens gebaut sowie ein Lagerfeuer errichtet, das wenigstens etwas Wärme bot. An einem dicken Baum hing ein Samowar, aus dem etwas Wasser herauströpfelte. Wasser gab es nur aus geschmolzenem Schnee, aber Wodka war in unerschöpflichen Mengen vorhanden. Die erste Runde von je 100 Gramm war nur der Begrüßungstrunk. Mit Messern so groß wie Macheten schlugen die Waldarbeiter das Holz zum Kochen und wenig später schälten sie damit winzige Kartoffeln. Immer wieder redete man vom Aufbruch zur Jagd nach dem nächsten, dem übernächsten Wodka, aber als man dann ernsthaft aufbrechen wollte, waren die meisten Mitglieder der Jagdgesellschaft so betrunken, daß für alle der Schlaf zweckmäßiger war.

Die kleine, ungeheizte Holzhütte bot aber nur fünf Personen Platz. Eingehüllt in dicke Pelze, innerlich vom Wodka ausreichend erwärmt, kuschelten wir uns dicht aneinander. So fühlten wir uns gemeinsam mit unserem Freund *Viktor Meleschin* aus Moskau, dem man auf der Reise das Bein hatte eingipsen müssen, weil in der klapprigen Maschine der Aeroflot die Bodenklappe nicht abgedeckt worden war und er prompt dort hineinfiel, und unserem buriatischen Begleiter in der Hütte einigermaßen wohl. Noch nicht einmal die Vielzahl der Mäuse und Ratten, die die ganze Nacht über unsere Schlafbank marschierten, konnten uns stören. Sogar meine Frau ertrug die Nacht. In der Hütte ging es uns besser als den Übrigen, die draußen in freier Natur am Lagerfeuer in der Kälte die Nacht verbringen mußten, aber offensichtlich damit keine Probleme hatten.

Karl Heinz Richter hatte sich noch vor Tagesanbruch wecken lassen, um doch noch einen Maralhirsch zu schießen, er kam jedoch zum Frühstück übernächtigt, durchgefroren und ohne Jagdbeute zurück. Zum Frühstück gab es heiße Pelmeni, ohne die kein Jäger in die Taiga aufbricht, weil sie im Rucksack leicht zu verstauen sind, und Wasser und Holz zum Kochen ist immer vorhanden. Der obligate Tee wurde gleich wieder mit reichlich Wodka „verdünnt". Endlich, gegen 9 Uhr, begann die Jagd. Außer den lauten Rufen der Treiber blieb die Taiga aber stumm, kein anderer Laut war zu hören. Meine Frau hatte mir gerade gesagt, daß die unendliche Stille wohl das schönste Erlebnis in der Taiga und der Kater nach dem vielen Wodka wohl auch das einzige hier anzutreffende Tier ist, als sie erschrocken ausrief: „Gerhard, hier kommt ein Hund." Glücklicherweise war es kein Hund und auch kein reißender Wolf, sondern nur ein Wildschwein, das ich zur großen Freude der Treiber erlegte. Damit war wenigstens ihr Mittagessen gerettet. Einer der sibirischen Treiber nahm das fast 100 Kilo wiegende Wildschwein auf seinen breiten Rücken und lief mit einer solchen Geschwindigkeit durch das Unterholz, sprang damit behende über umgestürzte Bäume, daß wir ihn bitten mußten, etwas langsamer zu gehen, denn wir konnten ihm kaum folgen und wollten uns nicht verlaufen. Nach der Ankunft in der Jagdhütte verabschiedeten wir uns von den Treibern und traten den Heimweg an. Unterwegs wurde uns auf der warmen Kühlerhaube des Geländewagens das Abendbrot serviert, und es schmeckte allen vorzüglich. Zu trinken gab es, wie könnte es anders sein, einen kräftigen Schluck Wodka. In Sibirien wird viel Wodka getrunken, doch Alkoholiker, denen die Hände zittern, wenn sie keinen Schnaps bekommen, habe ich dort viel weniger gesehen als in den Moskauer Amtsstuben. Spät in der Nacht kamen wir wieder in Ulan Ude an und setzten am nächsten Morgen, nach einem tiefen und traumlosen Schlaf, unsere Reise zum Baikalsee, dem Traumziel aller Touristen, fort.

Der Baikalsee, ein Meer auf dem Kontinent

Es ist kaum zu glauben, aber der Baikalsee umfaßt ein Fünftel der Weltsüßwasserresourcen. Er ist 650 km lang, bis zu 74 km breit und mit 1 740 m der tiefste See der Welt. Der Bodensee ist mit 539 km^2 (der deutsche Teil 305 km^2) der größte Deutschlands und als Alpensee mit 252 m sicher auch einer der tiefsten, und doch ist der Baikalsee rd. 60 Mal größer und 6 Mal tiefer. Eingerahmt vom Baikal- und Bargusingebirge bis zu einer Höhe von 2 570 und 2 840 m und 455 m über dem Meeresspiegel liegend, wird der Baikal von einer Vielzahl von Flüssen aus einem Einzugsbereich von 571 000 km^2 gespeist und hat mit der Angara nur einen Abfluß. Das Wasser des Baikal hat ungefiltert beste Trinkwasserqualität und erwärmt sich im Sommer nicht über 8 Grad. Neben seinem großen Fischreichtum (Barsch, Hecht, Maränen - lachsartige Fische, die untereinander kreuzbar sind -) und der nur hier anzutreffenden Tierwelt, wie die Baikalrobben und -lachse (der Omul des Baikal ist eine besondere Delikatesse), hat der vom Dezember bis Mai zugefrorene See noch einen besonders erwähnenswerten Mikroorganismus, den Mikrokrebs, den es nur hier gibt und der das Wasser bis in die Tiefe etwa 8 Mal im Jahr durchsetzt und damit einen riesigen biologischen Wasserfilter darstellt.

Diesen See besuchten wir von Ulan Ude aus, und nach zwei Stunden Autofahrt fuhren wir mit dem Schiff über den See. Wir glaubten, in einer anderen Welt zu sein, einer Welt der ursprünglichen Natur, der unendlichen Weite und Tiefe des Wassers, und wenn man eine Münze in den See wirf, kann man sie minutenlang hinabtrudeln sehen. Eine Welt ohne Hektik, eine Welt der grenzenlosen Gedanken und der melancholischen Volksweisen über den herrlichen Baikal, der auf „einer Lachstonne bezwungen wird". Hier ist man eins mit der Natur, denkt nicht an den Chef, an den Ärger im Büro, an Planauflagen und Disproportionen in der Volkswirtschaft, an Konflikte von Nord und Süd oder Ost und West. Und doch holten uns die

Sorgen und Sünden des Alltags dort auch ein, als wir an dem in den 70er Jahren gebauten gigantischen Zellstoffwerk mit einer Kapazität von etwa 300 000 t/Jahr, das am südöstlichen Teil des Sees steht, vorbeifuhren. Man glaubte damals bei der Planung des Werkes alles richtig gemacht zu haben. Zur Zellstoffgewinnung braucht man Holz, davon gab es in der Taiga mehr als genug. Der Einschlag hätte ohne Raubbau betrieben werden können, weil für jeden gefällten Baum sieben nachwachsen. Ferner benötigt man reines Wasser, das bietet der Baikal in unerschöpflichem Maße, und man braucht Energie, die vom Wasserkraftriesen in Bratsk ausreichend geliefert werden konnte. Aber die Umweltschützer in der UdSSR und aus dem Ausland hatten große Bedenken und Einwände gegen den Bau des Zellstoffgiganten. Obwohl schließlich zusätzliche Reinigungsstufen eingebaut wurden, darunter mechanische, chemische und biologische, und das entnommene Wasser genau so rein wie vorher aus den Klärstufen kam, blieb ein Problem ungelöst: Der schon erwähnte Mikrokrebs wurde gleichfalls herausgefiltert wodurch langfristige Schädigungen im Gleichgewicht der natürlichen Wasserregenerierung nicht auszuschließen waren. Deshalb faßte man den Beschluß, zukünftig am Baikalsee weder Industrie, noch Hotels und andere Einrichtungen zu bauen und nur einen sanften Tourismus am Ufer des Sees zuzulassen. Das Zellstoffwerk ist inzwischen stillgelegt. Aber an der Selenga, die dem Baikal 70 Prozent der Wassermassen zuführt, gibt es Karton- und Lederfabriken, die ihre Abwässer ungefiltert in den Fluß einleiten, die den See belasten. Es wäre für die Menschheit von unschätzbarem Wert, solche einmaligen Landschaften zukünftig nicht dem Profitdenken auszusetzen. Vielleicht fühlt sich die UNO für eine Ressourcenplanung und die Durchsetzung einer Charta des Landschaftsschutzes verantwortlich, denn das Schicksal der Menschheit entscheidet sich nicht zuletzt auch im Umgang mit der Natur.

Der Rat für Gegenseitige Wirtschaftshilfe

Am 25. Januar 1949, als ich noch ein kleiner Planer in Sachsen war, wurde in Moskau, gleichsam als Gegenpol zu der 1948 im Westen geschaffenen OEEC, der RGW gegründet.

Mitglieder waren zunächst die Sowjetunion, Bulgarien, Polen, Rumänien, die Tschechoslowakei und Ungarn. 1949 traten Albanien und 1950 die DDR dem RGW bei. 1962 wurden die Mongolische Volksrepublik, 1972 Kuba und 1978 Vietnam Vollmitglieder; Jugoslawien schloß 1964 ein Assoziierungsabkommen mit dem Rat ab. 1962 verließ, wegen der zunehmenden Differenzen zwischen Moskau und Peking, Albanien den RGW. Ende der 70er und Anfang der 80er Jahre schlossen sich zahlreiche Entwicklungsländer wie Angola, Äthiopien, Moçambique, Nicaragua, Laos, Kamputschea mit Beobachterstatus dem RGW an.

Die höchsten Organe waren die Ratstagung, die in besonderen Fällen von den Generalsekretären der Parteien, meist jedoch von den Regierungschefs der Länder geleitet wurden, und das Exekutivkomitee (EKO), dem die für die RGW-Arbeit in den einzelnen Ländern verantwortlichen Vertreter, meist im Rang von Stellvertretern der Ministerpräsidenten, angehörten. Die DDR vertrat zunächst *Bruno Leuschner* und später *Gerhard Weiß*, der ausgezeichnet russisch und englisch sprach, und der von seinen Kollegen im EKO sehr geachtet wurde. Im Westen wurde der RGW auch unter der Bezeichnung COMECON, (Council for Mutual Economic Assistance) bekannt. Die Hauptarbeit wurde von den Ständigen Kommissionen geleistet, deren Arbeit vom Sekretariat des RGW mit seinen Mitarbeitern aus allen Ländern koordiniert wurde, an dessen Spitze *Alexander Fadejew* als ständiger Sekretär stand. Der Sitz des RGW auf dem Kalininski-Prospekt an der Moskwa, das Gebäude in Form eines aufgeschlagenen Buches, sollte den Willen der sozialistischen Länder zur Zusammenarbeit und gegenseitigen Hilfe sichtbar demonstrieren.

Solange die Sowjetunion bereit war, die ökonomische Hauptlast zur Koordinierung der wirtschaftlichen Zusammenarbeit der Mitgliedsländer zu tragen, entwickelte sich der RGW erfolgreich. Mit dem Bau der Erdölleitung Freundschaft, der Schaffung des Systems von Erdgasleitungen und der Bildung des gemeinsamen Güterwagenparks der europäischen Mitgliedsländer wurden wichtige Vorhaben sehr schnell verwirklicht. Auch die Hilfen für die weniger entwickelten RGW-Länder Kuba, Vietnam und die Mongolische Volksrepublik waren Leistungen des RGW. Nach der Sowjetunion gewährte die DDR gegenüber diesen Ländern stets die umfangreichste Hilfe, obwohl das auch immer ein Aderlaß für uns war. Seit der Tagung des RGW im Mai 1956 in Berlin wurden die Planziele der Mitgliedsländer koordiniert. Ab 1958 schloß die UdSSR zweiseitige Abkommen mit den Mitgliedsländern über die Koordinierung der Perspektiv- und Jahrespläne ab, und seit 1960 wurden die Abstimmungen zwischen allen Ländern direkt durchgeführt und Abkommen abgeschlossen, in denen der Spezialisierung und Kooperation große Aufmerksamkeit geschenkt wurde.

Die Ständige Kommission für Planung, der ich 24 Jahre als Vertreter der DDR angehörte, leistete im Rahmen des RGW eine umfassende Arbeit zur zweiseitigen und mehrseitigen Abstimmung der Fünfjahres- und Jahrespläne und zur Ausarbeitung großer Projekte, wie den Bau der Erdgasleitung Urengoi-Ushgorod, den Bau einer Nickelhütte in Kuba, die Kupferproduktion in der Mongolischen Volksrepublik, um nur einige wichtige Vorhaben zu nennen.

Als letzte große Investition hatte die DDR gemeinsam mit anderen RGW-Ländern ein Abkommen zum Bau einer Anlage zur Nutzung oxydischer Eisenerze in Kriwoi Rog abgeschlossen, die mit Hilfe der Magnetscheidung ferrumarme Erze zu Pellets mit 58 Prozent Eisengehalt aufbereiten sollte. Die Bundesrepublik Deutschland hatte sich nach der Wende mit der Gewährung einer „Vertrauensgarantie" für die Fortsetzung des Projektes entschieden, mußte dann aber wohl für das inzwischen der Ukraine übertragene Vorhaben wegen der starken internationalen Konkurrenz, brasilianische Erze z. B. haben einen Eisengehalt von 70 Prozent, die Garantie zurückziehen.

Als Hemmnis in der Arbeit des RGW erwies sich zunehmend das Fehlen einer konvertierbaren Währung, denn der transferable Rubel blieb ein unwirksames Hilfsmittel in der multinationalen Verrechnung, deshalb wurde er unter Experten abwertend als der „transportable Rubel" bezeichnet. Zwar sprachen sich einige RGW-Länder für die Konvertierbarkeit ihrer Landeswährungen aus, aber dieser Schritt blieb nur ein Lippenbekenntnis. Eine echte, tiefgehende Spezialisierung und Kooperation mit kommerziellen Anreizen und Konsequenzen konnte sich damit nicht entfalten. Mit der Sowjetunion hatte die DDR eine gewisse Spezialisierung und die Lieferung großer Exportserien vereinbart, aber trotzdem verließ sich die

UdSSR nie allein auf ausländische Lieferanten und stellte deshalb auch ihre eigenen Produktionskapazitäten nie ein, weil der Militärindustrielle Komplex stets die autonome Versorgung im Verteidigungsfall forderte.

Am besten funktionierte die Spezialisierung und Kooperation zwischen der DDR und der CSSR. Auch die turnusmäßigen Beratungen auf der Ebene der Generalsekretäre der Partei und auf der der Ministerpräsidenten, brachten keine Wende zum Positiven, denn alle hielten ihre vorher in den Politbüros abgestimmten und abgesegneten Reden, die nie zusammenpaßten, und die gemeinsamen Redaktionskommissionen hatten gar keine andere Wahl, als einen Konsens für eine allgemeine, nichtssagende Resolution zu finden.

Ich erinnere mich besonders an die Tagung über das „Komplexprogramm der Sozialistischen Ökonomischen Integration“ in den 70er Jahren, die unter dem Druck der Parteiführungen der Teilnehmerstaaten stand, unbedingt ein abgestimmtes Programm zu beschließen, was aber nicht gelang. Waren es anfangs etwa 90 Einsprüche und Sonderstandpunkte, die die einzelnen Delegationen vorgebracht hatten, so wurden die Differenzen mit jeder Diskussionsrunde größer. Schließlich entschied sich der Leiter der Redaktionskommission, *Konstantin Katuschew*, mit Zustimmung aller Beteiligten dafür, drei Tage und zwei Nächte ohne Pausen ununterbrochen zu tagen. *Katuschew* hatte dabei auch den Hintergedanken, daß die Kräfte des Widerspruchs in den Mammutsitzungen erlahmen bzw. auch die Möglichkeit eintreten könnte, daß der betreffende Länderbeauftragte am Konferenztisch bereits eingeschlafen ist, wenn sein Einspruch behandelt wird. Tatsächlich waren es am Ende, mehr wegen der Erschöpfung der Teilnehmer als wegen der erreichten Einigung, nur noch 13 offene Punkte, die allein die rumänische Seite vorgetragen hatte und die *Ceausescu* in der Plenarsitzung mit einer Handbewegung als „unbedeutenden Kleinkram“ vom Tisch wischte. *Nicolae Ceausescus* trickreicher und schlauer Vertreter in der Redaktionskommission, *Radu Radulescu*, versetzte uns dabei am Tag zuvor mit raffinierten Methoden, die wir bisher nicht kannten, in Erstaunen. *Radulescu* trug eine These für das Komplexprogramm als rumänische Forderung vor, die er zugleich wortreich begründete und die schon deshalb von den anderen Teilnehmern leidenschaftlich abgelehnt wurde, weil sie ein rumänischer Vorschlag war. Nach langer Debatte meldete sich *Radulescu* wieder zu Wort und sagte kühl: „Das war nur ein Zitat aus der Rede von *Breshnew* von vorgestern, aber wenn Sie und sogar der sowjetische Vertreter mit *Breshnews* Gedanken nicht einverstanden sind, ziehe ich meinen Vorschlag schweren Herzens zurück."

Ende der 70er, Anfang der 80er Jahre verbürokratisierte die RGW-Arbeit immer mehr und war eigentlich nur noch die Addition der zweiseitig ausgearbeiteten Projekte. Besonders mit der UdSSR, der CSSR, mit Polen, Ungarn, Kuba, Vietnam u.a. konnten wir durchaus wichtige bilaterale Projekte realisieren, wie die Äthylen-Kooperation zwischen Böhlen und Saluschi, die Baumwollspinnerei Zawiercie in Polen, die Zitrusplantagen in Kuba, der Kaffeeanbau und die Kautschukplantagen in Vietnam, die für die beteiligten Länder vorteilhaft waren. Sehr gut funktionierende Kooperationsabkommen bzw. Joint-ventures bestanden zwischen der DDR und Jugoslawien auf dem Gebiet der Buntmetallgewinnung und der Chemie.

Insgesamt war der RGW über viele Jahre wichtig für die wirtschaftliche Zusammenarbeit der sozialistischen Länder. Doch mit der Auflösung dieser Staatengemeinschaft und dem Schwinden der sowjetischen Vorherrschaft in Ost- und Südosteuropa kam auch das Ende des RGW. Am 28.06.1991 wurde in Budapest seine Auflösung innerhalb von 90 Tagen beschlossen.

Polen, Freundesland an Oder und Neiße

Als die DDR und die Volksrepublik Polen 1950 den Vertrag über die Oder-Neiße-Friedensgrenze unterzeichneten, war dieser Vorgang ein wichtiger Schritt zur Aussöhnung der beiden Völker. Wie wurden damals die verantwortlichen Politiker für diesen klugen Akt der Weitsichtigkeit und der Versöhnung beschimpft, obwohl nicht die DDR, sondern der faschistische Krieg die Fakten für diese Entscheidung geschaffen hatten. Es ist ein Glück für das deutsche und das polnische Volk, daß die Bundesrepublik Deutschland durch den Grenzvertrag vom 14. November 1990 die Oder-Neiße-Grenze völkerrechtlich bestätigt hat. Auch der Nachbarschaftsvertrag vom 17.

Juni 1991 ist von wesentlicher Bedeutung für die Entwicklung stabiler und freundschaftlicher Beziehungen zwischen den beiden Völkern.

Für die DDR war die Zusammenarbeit mit der Volksrepublik Polen von Anfang an sehr wichtig. Die polnischen Lieferungen an Steinkohle, Koks, Braunkohle und Schwefel waren für die wirtschaftliche Entwicklung der DDR wichtig. Die Sowjetunion hatte schon sehr früh mit einen „Umleitungsvertrag", der bis 1989 wirksam war, die ihr von Polen garantierten Kohlen- und Kokslieferungen an die DDR abgetreten. Die DDR lieferte an Polen vor allem Kalirohsalze und Düngemittel, Erzeugnisse der anorganischen und organischen Chemie, Halbzeuge und Walzwerkserzeugnisse, Maschinen und Ausrüstungen, elektrotechnische Anlagen und Geräte sowie Erzeugnisse der Leichtindustrie und photochemische Materialien. Von Polen bezogen wir, außer energetischen Grundstoffen und gelben Schwefel, metallurgische Erzeugnisse, Maschinen und Ausrüstungen, insbesondere Baumaschinen, Faserplatten, textile Flächengebilde und Obst und Gemüse aller Art. Der Warenumsatz im Außenhandel zwischen den beiden Ländern betrug Ende der 80er Jahre etwa 12,2 Milliarden VGW (Valutagegenwert) pro Jahr. Außerdem wurden weit mehr als 20 Mio. t Güter jährlich über das Territorium Polens per Eisenbahn transportiert und weitere 17 Mio t Erdöl kamen über die Erdölleitung „Druschba" aus der Sowjetunion. Diese Dienstleistung galt die DDR mit zusätzlichen Warenexporten ab.

Sehr oft war ich zu Verhandlungen in Polen und kannte die führenden Persönlichkeiten, *Gomulka, Gierek, Kania* und *Jaruzelski* recht gut. Von allen Ministerpräsidenten hatte ich besonders zu Piotr Jaroszewicz einen ausgezeichneten Kontakt. Die Chefs der polnischen Staatlichen Plankommission wechselten so oft, so daß ich 15 verschiedene kennenlernte, von denen ich hier nur zwei nennen möchte, *Mieczyslaw Jagielski*, der während der Unruhen in Gdansk (Danzig) 1980 eine wichtige Vermittlerrolle in den Verhandlungen zwischen der polnischen Regierung und der Gewerkschaft Solidarnosc spielte, und *Manfred Gorywoda* zu dem ich heute noch freundschaftliche Kontakte habe.

Mieczyslaw Jagielski war zu der Zeit Planungschef, als *Eduard Gierek* als Generalsekretär der PVAP die Idee vertrat, beginnend mit dem

Hüttenkombinat in Katowice ein „zweites Polen" zu errichten. *Gierek* sprühte vor Ideen, von der Schaffung völlig neuer Industriezweige bis hin zur Regulierung der Weichsel, dem Traumprojekt aller polnischen Regierungen vor ihm. Natürlich sprengten diese Maßnahmen alle Bilanzen des Staates, und deshalb sprachen die polnischen Planer in dieser Zeit vom „offenen Plan", was immer man sich darunter vorstellen konnte. *Jagielski* versuchte zu retten was zu retten war, aber die Sache ging doch an den Baum. Nach *Giereks* Scheitern zog sich *Jagielski* ganz aus der großen Politik zurück und war insofern weitsichtiger als andere. Einige der begonnenen Projekte wurden mit Zeitverzug jedoch verwirklicht und brachten Polen wirtschaftliche Fortschritte, wie die Kooperation mit Fiat in der Automobilindustrie, die Produktion von schweren Baumaschinen usw.

Mit meinem Freund *Manfred Gorywoda*, der als Vorsitzender der Studentenvereinigung Polens politische Erfahrungen und jugendlichen Elan in die Planung mitbrachte, aber auch nüchtern rechnen konnte, machte die Arbeit Freude. Wir klammerten auch komplizierteste Fragen nicht aus, und am liebsten hätten uns beide Regierungen auch noch die strittigen Fragen zur Regelung der Grenzen des Schelfgebiets in der Gdansker Bucht übertragen, weil wir beide trefflich und freundschaftlich miteinander streiten konnten und stets eine Lösung für komplizierte Fragen fanden. Mit *Manfred Gorywoda* und seiner sympathischen Frau *Christina* haben wir wunderschöne Landschaften in Polen kennengelernt, wie Lansk in der Mitte Masurens, Arlamow im Südosten Polens oder Bieganowo, einem Staatsgut in der Nähe von Poznan. Polen hatte bekanntlich als einziges sozialistisches Land einen großen Teil der Landwirtschaft in privater Hand belassen, und ist damit gar nicht so schlecht gefahren. Bei einem Besuch 1994 war ich überrascht, wie wenig sich das breite Land sowie auch die Städte Warschau, Posen, Kattowitz u.a. gegenüber früher verändert haben. Die polnische Landwirtschaft hat sich in den letzten Jahren weiterentwickelt. Mit diesen Wachstumsraten kann die Industrie leider nicht mithalten, obwohl die polnische Wirtschaft offensichtlich die Talsohle der Stagnation durchschritten hat und große Anstrengungen unternimmt, um den Anschluß an die internationale Konkurrenz nicht zu verlieren.

Verhandlungen im goldenen Prag

Mit unserem südlichen Nachbarn, der CSSR, verbanden uns über viele Jahre eine enge wirtschaftliche Zusammenarbeit und wachsende Arbeitsteilung. Über 40 Prozent des Warenaustauschs waren spezialisierte und kooperierte Erzeugnisse, und nicht zufällig lag der Außenhandel zwischen unseren Ländern mit 14,6 Milliarden VGW nach der UdSSR an zweiter Stelle. Die DDR exportierte vor allem Kali, Schienenfahrzeuge, Landmaschinen, Maschinen und Ausrüstungen, elektrotechnische Erzeugnisse und EDV-Anlagen, chemische und photochemische Erzeugnisse sowie Produkte der Textil- und Spielwarenindustrie. Die CSSR lieferte Stahl, Sintermagnesit, schwere Lkw, Straßenbahnen, Traktoren, schwere Werkzeugmaschinen, technische Konsumgüter und das allseitig beliebte Bier.

Die Menschen in der CSSR und der DDR waren sich in ihrer Mentalität sehr ähnlich und auf jeder der Seiten sprachen oder verstanden zumindest ein Teil von ihnen die Sprache des anderen und zur Not half man sich mit ein paar Brocken Russisch aus. Der Tourismus zwischen beiden Ländern war gut entwickelt. Viele Menschen aus der CSSR fuhren gern an die Ostseeküste, und die DDR-Bürger besuchten die Tatra, die Sudeten, das Riesengebirge und die bekannten Kurorte Karlsbad und Pistany in der Slowakei.

Während ich *Antonin Nowotny* nie näher kennengelernt habe, waren mir *Alexander Dubcek* und *Milos Jakes* aus meiner Moskauer Studienzeit vertraut, und beide ließen mich den sich aus ihren hohen Funktionen ergebenden Abstand, nie spüren. Sie bekundeten auch bei offiziellen Gesprächen offen unsere Freundschaft. Fast väterlich freundlich wurde ich bei Verhandlungen zur ökonomischen Zusammenarbeit beider Länder von *Gustav Husak* empfangen, der gegenüber allen anderen Generalsekretären die ökonomischen Fragen stets dem Ministerrat überließ. Als Ministerpräsident war *Lubomir Strougal* von 1970 bis 1988 stets ein streitbarer, seriöser Partner, der die Interessen seines Landes prinzipiell und oft mit listigem, schweykschem Humor vertrat. Meine Partner als Vorsitzende der Planungsorgane in der CSSR waren vor allem *Oldrich Cernik*, der später unter *Dubcek*

Ministerpräsident war, *Vaclaw Hula*, der die längste Zeit in diesem Amt war und *Swiatopluk Potac*, der vorher der Präsident der Staatsbank war. Sie alle waren kluge Ökonomen, die bei den Wirtschaftsverhandlungen einen festen Standpunkt und zugleich auch ein offenes Ohr für die Argumente des Partners hatten. Sie handelten eigenverantwortlich, ruhten in sich, und blickten nicht immer erst nach links oder rechts, ob sie eine Direktive verletzten. Die relativ hohe Selbständigkeit der Regierungs- und der Planungschefs in ihrer Tätigkeit war auch der Grund dafür, daß die CSSR am wenigsten von allen RGW-Ländern verschuldet war.

Der Einmarsch der Truppen des Warschauer Paktes im August 1968, den die Führung der DDR politisch mit zu verantworten hatte, an dem aber Truppen der NVA nicht beteiligt waren, verlangte von den für die ökonomische Zusammenarbeit Verantwortlichen eine große Rücksichtnahme, um die wirtschaftlichen Beziehungen weiter aufrechtzuerhalten und möglichst weiter auszubauen. *Oldrich Cernik*, der nach der Abberufung *Alexander Dubceks* noch eine Zeitlang als Ministerpräsident im Amt blieb, hat sich dabei besondere Verdienste erworben. Auch *Vaclaw Hula*, der danach zum Vorsitzenden der Staatlichen Plankommission der CSSR berufen wurde, setzte sich dafür ein, daß sich die wirtschaftliche Kooperation und der Handel zwischen den beiden Staaten auch in der politisch angespannten Lage weiter stabilisierte.

Von *Vaclaw Hula*, einem fast zwei Meter großen und über 130 kg schweren, äußerlich wie ein Catcher wirkenden Mann, möchte ich folgende Anekdote festhalten: Anläßlich eines Besuchs in Berlin rief er schon bei der Ankunft in Schönefeld, noch auf der Gangway stehend, mit seiner Bass-Stimme: „Gerhard, siehst du, daß ich abgenommen habe?“ Ich bemerkte zwar nichts, aber um ihm Mut zu machen, rief ich zurück: „Ja, Vaclaw, trinkst du kein Bier mehr?“ „Nein *Gerhard*“, antwortete er, „ich trinke *nurrr noch Bierrr*!“

Ungarn war nicht nur Tokajer Wein und der Balaton

Die Wirtschaftskraft Ungarns war größer als ihr Ruf. Als wir der Führung der DDR vorgeschlagen hatten, die Produktion von Omnibussen mit Ausnahme der Zittauer Robur- und Barkas-Kleinbusse einzustellen und den eigenen Bedarf durch Importe aus Ungarn zu decken, waren alle verwundert und zweifelten daran, daß die Ungarn das überhaupt können. Ich hatte aber mit dem Vorschlag eine umfangreiche Dokumentation über das neue Modell des „Ikarus" mit dem Unterflurmotor zusammenstellen lassen, und der Vorschlag wurde angenommen. Als Gegenleistung exportierten wir größere Stückzahlen des „Trabants" und „Wartburgs", und die ungarischen Seite war froh, auf eine eigene Pkw-Produktion verzichten zu können. Der Warenaustausch unserer beiden Länder betrug 1988 immerhin fast 10 Milliarden Mark VGW. Die DDR exportierte nach Ungarn insbesondere Landmaschinen, Fahrzeuge, Ausrüstungen, Werkzeugmaschinen, elektrotechnische- und elektronische Erzeugnisse, Chemikalien, Kali, Pflanzenschutz- und Schädlingsbekämpfungsmittel, photochemische Erzeugnisse und Bier. Aus Ungarn importierten wir Aluminium, Bauxit, Leichtmetalle und Halbzeuge, Omnibusse, Traktoren, Pharmaka und in großen Mengen Gemüse- und Obstkonserven sowie Wein und Sekt.

Politisch war Ungarn das liberalste Land des RGW, die Wirtschaftsleitung war nicht so überzentralisiert wie in den anderen sozialistischen Ländern, und man konnte sich stets nach der Planabstimmung fest auf die vereinbarten Lieferungen verlassen. *Janos Kadar* hatte ich in Moskau anläßlich eines Vortrages an der Parteihochschule als einen nachdenklichen und auf Ausgleich bedachten Politiker kennengelernt, und auch die ungarischen Regierungschefs von *Jenö Fock, György Lazar* bis *M. Nemeth* waren sehr willensstarke, angenehme Verhandlungspartner, die Ruhe und Vertrauen ausstrahlten. Die Planungschefs wechselten auch in Ungarn oft, aber viele habe ich wegen ihrer angenehmen österreichisch-ungarischen Lebensart in guter Erinnerung behalten. Am besten aber gefiel mir der Finanzwissenschaftler der Budapester Universität, *Lajos Faluvegy*, der in den RGW-Ländern hohe Achtung genoß.

Die Ungarn sind fast alle Sprachgenies. Da die finnisch-ugrische Sprache außer den etwa 10 Millionen Ungarn und den 3 Millionen Magyaren in der ganzen Welt sonst keiner versteht, beherrschen viele von ihnen eine oder sogar mehrere Fremdsprachen. Die liebenswürdige Chefin der Protokollabteilung des Staatlichen Amtes für Planung in Ungarn mit dem schönen Vornamen *Diana* sprach z. B. sieben Sprachen perfekt und noch etwa 8 bis 10 weitere teilweise. Wo immer wir auch hinreisten, sie konnte jedem helfen. Deutsch konnte sie wie ihre Muttersprache.

Wir saßen oft mit unseren ungarischen Freunden am Balaton, dem „Ungarischen Meer". Nirgendwo anders schmecken der schwere Tokajer und die anderen Weine so gut, wie am Ufer des fast 30°C warmen Balaton, bei ungarischer Csardas-Musik und der vom Primas virtuos beherrschten Geige.

Die sozialistischen Länder des Balkan waren eine Wachstumsregion

Bulgarien, Rumänien, Jugoslawien und Albanien waren bis 1945 durch Kriege sowie durch nationale, kulturelle und religiöse Konflikte zurückgebliebene Länder, die nach dem Zweiten Weltkrieg eine erstaunliche ökonomische Entwicklung nahmen. Sie bauten sich in rasantem Tempo ihre eigene industrielle Basis auf, modernisierten die Landwirtschaft, steigerten durch Be- und Entwässerung ihre Erträge, verbesserten die Infrastruktur, bauten die Häfen für den Welthandel aus. Mit Ausnahme von Albanien, das schon bald aus dem Verbund der RGW-Länder ausscherte und sich isolierte, schufen sich diese Länder durch die Entwicklung des Tourismus eine umfassende Einnahmequelle.

Mit *Bulgarien* entwickelten wir feste politische und wirtschaftliche Beziehungen, die viele Jahre durch nichts getrübt wurden. *Todor Shiwkow*, der von 1954 bis 1989 der Erste Sekretär der BKP und damit der dienstälteste Parteichef im sozialistischen Lager überhaupt, war ein orthodoxer Marxist und schon dadurch *Walter Ulbricht* und *Erich Honecker* sehr sympathisch. Ich erlebte ihn in vielen Beratungen sowie bei persönlichen Besuchen und war immer irritiert, wie schnell er von politischen Grundfragen, die er gestenreich und phraseologisch selbstsicher vortrug, zu seichten Anekdoten, die er besonders liebte, überging. Dieser politisch sicher erfahrene Mann war verantwortlich für eine Vielzahl verhängnisvoller Fehler, wie für die antitürkische Kampagne, die Bulgarien so ungeheuer geschadet hat.

Stanko Todorow und *Grisha Fillipow*, die beide aus der Staatlichen Plankommission Bulgariens kamen und jahrelang Ministerpräsidenten ihres Landes waren, mußten die Schrullen und Unbeherrschtheit *Shiwkows* ertragen. Aber das war wohl mit Ausnahme der CSSR in fast allen sozialistischen Ländern nicht anders. Auch in Bulgarien war der Wechsel der Vorsitzenden in der Plankommission die Regel. Aber *Kirill Sarew*, der zeitlich am längsten im Amt war, möchte ich doch erwähnen, weil ich mit diesem ruhigen, sympathischen Mann, der 50 bis 60 Zigaretten am Tag rauchte, viele Vereinbarungen im Interesse beider Seiten abschließen konnte. Das betraf die Abstimmung von zwei Fünfjahrplänen mit ihren umfangreichen gegenseitigen Lieferungen und dem Sortimentsaustausch von Walzstahl, der beiden Staaten ermöglichte, ihre Walzwerke längere Zeit mit dem gleichen Programm laufen zu lassen. Der Außenhandelsumsatz mit Bulgarien betrug 1988 knapp 8 Milliarden Mark VGW., wobei die DDR vor allem Landmaschinen, Werkzeugmaschinen, Ausrüstungen, Elektrotechnik, chemische Erzeugnisse, Bürotechnik und Erzeugnisse der Leichtindustrie exportierte, während Bulgarien an die DDR Fördertechnik, besonders Elektrokarren, Laufkatzen und Gabelstapler, Maschinen für die Holzbe- und Verarbeitung und im großen Maßstab Obst, Gemüse, Konserven sowie Wein und Sekt lieferte. Daß ich mich einmal in Bulgarien bei einer Wanderung vom Rila-Kloster zu den sieben Fischseen wegen eines plötzlich einsetzenden Schneesturms im September verlaufen habe und bis tief in die Nacht herumirrte, bis ich dann eine Baude fand, ist heute genauso vergessen wie die Rettung *Günter Mittags*, der einen Skiausflug im Hochgebirge Bulgariens um ein Haar mit seinem Leben hätte bezahlen müssen.

Rumänien hatte sich seine besondere Rolle im sozialistischen Lager durch die Herrschaft einer „Familiendynastie" selbst geschaffen. Seit *Nicolae Ceausescu* 1954 Sekretär des ZK und 1965 Generalsekretär des ZK der RKP geworden war, kamen im wachsenden Maße Familienangehörige in leitende Funktionen. War mein erster Partner als

Planungschef, der Tennisspieler *Maxim Berghianu*, dessen schöne Frau auch in deutschen Science-fiction-Filmen mitgespielt hatte, noch ein Fachmann, kam danach mit *Manea Manescu* ein direkter Verwandter *Ceausescus* an die Spitze der rumänischen Plankommission, und der ihm nachfolgende energische *Ilija Verdez* war auch verwandtschaftlich mit diesem liiert. Beide wurden später nacheinander auch Ministerpräsidenten des Landes. Als mit *Stefan Birlea* dann wieder ein Nichtverwandter Planungschef wurde, setzte man *Ion Ceausescu*, den jüngsten Bruder, als Ersten Stellvertreter ein, und *Birlea* mußte stets erst dessen Zustimmung einholen, bevor er etwas entscheiden konnte. Das sagt zuerst einmal nichts Negatives über diese Personen aus, denn sowohl *Manescu* als Kybernetiker und *Verdez* als Politiker, wie auch *Birlea* als Ökonom und *Ion Ceausescu*, ein in Holland ausgebildeter Gartenbau-Professor waren Fachleute, und *„Ionell" Ceausescu*, wie wir ihn nannten, war das schwarze Schaf der Familie, denn er nahm kein Blatt vor den Mund, wenn er auf seinen Bruder *Nicolae* schimpfte. Sicher war auch der Einfluß von *Eleonore Ceausescu* auf ihren Mann nicht gerade günstig, die sich als die Nummer zwei im Land profilieren wollte und sogar den Minister für Chemie, *George Caranfil* aus dem Amt jagte, um selbst die „größte Chemikerin" des Landes sein zu können. In Gesprächen war *Nicolae Ceausescu* recht umgänglich. Er ließ sich stets ausführlich über die Ergebnisse der Plankoordinierung unterrichten, suchte sich dann aber ein Gebiet mit noch unbefriedigenden Ergebnissen heraus, um kritisieren zu können. Wenn mir das zuviel wurde, sah ich ihn direkt an, was er überhaupt nicht vertragen konnte, und dann fing er heftig an zu stottern, und damit war die Visite beendet.

Der Außenhandelsumsatz unserer beiden Länder betrug 1988 5,2 Milliarden Mark VGW, wobei wir aus Rumänien Produkte der leistungsfähigen Erdölchemie, schwere Lkw, Pkw vom Typ „Dacia", Wälzlager, Spanplatten und landwirtschaftlich-gärtnerische Produkte bezogen, die wir mit Lieferungen von Maschinen und Ausrüstungen, Elektrotechnikelektronik, optisch-mechanischen Geräten und mit Kali bezahlten.

Bei aller Kritik an der Alleinherrschaft des Ceausescu-Clans über viele Jahre, verurteile ich noch immer die Erschießung der beiden nach dem Schnellverfahren eines Militärgerichtes als einen Akt der politischen Willkür und Rachsucht. Gleichzeitig verurteile ich entschieden den Versuch *Ceausescus* und des Geheimdienstes „Securitate", den Staat mit Waffengewalt erhalten zu wollen.

Das heute zerrissene *Jugoslawien*, auf dessen Gebiet ein erbarmungsloser Krieg geführt wird, war unter *Tito* ein aufstrebender Staat, in dem die Einheit der Republiken Slowenien, Kroatien, Bosnien-Herzegowina, Montenegro, Serbien und Makedonien sowie der autonomen Gebiete Kosovo und Wojewodina lebendige Praxis war. Selbst wenn sie eine staatlich verordnete Einheit und *Tito* in seiner Person der Garant dafür war, funktionierte sie, und die Menschen lebten in Frieden und nachbarschaftlicher Eintracht. Auch nach *Titos* Tod wurde sein Vermächtnis des nationalen Ausgleichs durch das Rotationsprinzip der Machtverteilung jahrelang zum Vorteil der Menschen verwirklicht, bis der Damm gegen den Nationalismus brach, wozu möglicherweise auch die gegen die Serben gerichtete übereilte Anerkennung der kroatischen Republik, zumindest partiell, beitrug.

Zehn Jahre lang war ich Vorsitzender der DDR-Seite im gemeinsamen Wirtschaftsausschuß, den von jugoslawischer Seite zuerst der Serbe *Boris Kraiger*, der bei einem Autounfall ums Leben kam, und danach der Bosnier *Hakija Pozderac* leitete. In einer Zeit, da die Beziehungen der DDR zu Jugoslawien durch den Bruch mit *Tito* seitens der sowjetischen Führung auf den Nullpunkt angelangt waren und erst durch *Chruschtschow* mit Mühe wieder verbessert wurden, suchten wir über die Tochter *Wilhelm Piecks*, *Lore Staimer*, die seit den Tagen des Exils im Moskauer Hotel Lux mit *Tito* bekannt war, die Beziehungen der DDR zu Jugoslawien politisch und wirtschaftlich wiederzubeleben. Als Jugoslawien mit der DDR die 1953/54 unterbrochenen diplomatischen Beziehungen wiederaufnahm, brach die Bundesrepublik Deutschland auf Grund der *Hallstein*-Doktrin alle diplomatischen Beziehungen mit Jugoslawien ab. Wir bewunderten diesen Schritt Belgrads, weil die ökonomischen Beziehungen zur BRD eigentlich für Jugoslawien um vieles wichtiger und entwickelter waren als die mit der DDR. Der jugoslawische Botschafter in Berlin, *Milicevic*, hat darüber hinaus als Doyen des Diplomatischen Korps in Berlin vieles zur weltweiten Anerkennung der DDR beigetragen.

In relativ kurzer Zeit legten *Hakija Pozderac* und ich unseren Regierungen wichtige Abkommen vor, die einen steilen Aufschwung des

Warenaustauschs zwischen den beiden Ländern zur Folge hatten. Mit der Aluminiumhütte in Sibenik wurde eine Investbeteiligung der DDR für 50 000 t Aluminium jährlich vereinbart. In Cinkarna Celije beteiligten wir uns an der Produktion von Titandioxyd und erhielten pro Jahr 10 000 t. Ähnliche Abkommen schlossen wir für die Lieferung von Blei, Kupfer und Zink ab. *Hakija Pozderac,* damals Minister in der Regierung Jugoslawiens, hat im Interesse aller Republiken diese Abkommen unterstützt und handelte damals wie jeder andere Regierungsvertreter im Sinne für ganz Jugoslawien und nicht nur für seine engere Heimat. Wir importierten weiterhin vor allem Buntmetalle, Gießereierzeugnisse, Halbzeuge, chemische Grundstoffe, Ausrüstungen für Mastanlagen, Schlachthöfe, Lederwaren, Textilien, Wein und Sekt und exportierten unsererseits ein breites Warensortiment nach Jugoslawien. Der Warenumsatz erreichte 1988 5,3 Milliarden VGW.

Mit *Tito* traf ich mehrmals zusammen. Unsere erste Begegnung während der Messe in Zagreb war insofern etwas besonderes, weil *Walter Ulbricht* mir als Geschenk an *Tito* für den Tierpark auf der Adriainsel Brioni einen Tiger aus der Zucht des Leipziger Zoos mitgegeben hatte, den ich in der Sondermaschine mitnahm. Der Tiger mußte aber erst in Quarantäne gehen, und deshalb konnte ich *Tito* nur eine Photographie des stattlichen Tieres überreichen. Trotzdem war die Freude *Titos* über das Geschenk groß. In seiner Residenz in Belgrad empfing er mich meist in Gegenwart seines Schäferhundes, der mir stets mächtigen Respekt einflößte, vor allen Dingen dann, wenn er mir zur Begrüßung seine Pfoten auf die Schultern legte.

Jugoslawien wurde für mich in der Folgezeit zu einem Land, daß ich liebte und in dem ich oft mit meiner Familie den Urlaub verbrachte. Ich besuchte fast alle Republiken und autonomen Gebiete. Eine Reise von Belgrad, über Serajewo, Mostar, Dubrovnik, Split, Zadar, Plitvice, Zagreb, Ljubliana, Bled und zurück im Eiltempo von drei Tagen ist mir dabei besonders in Erinnerung geblieben.

Sehr oft wird mir heute die Frage gestellt, ob mir damals die heute alles beherrschenden nationalen Unterschied aufgefallen sind? Um darauf einzugehen, möchte ich mit *Figret Abdic* beginnen, der uns heute aus den Medien als Anführer der 5 000 Mann starken Moslem-Armee von Velika Kladusa bekannt ist. Als ich ihn kennenlernte war er der Generaldirektor von Agrokommerz und hat durch seine Tätigkeit sehr viel Gutes für diese früher arme Region Jugoslawiens geleistet. Die Menschen sprachen mit Hochachtung von *Abdic*, und man spürte dies auf Schritt und Tritt. Dieser Landstrich war seine Heimat, für die er gearbeitet hat, für die er sich unter fadenscheinigen Beschuldigungen hat sogar ins Gefängnis sperren lassen, und ich verstehe nicht, warum ihn heute fremde militärische Gewalt daran hindern will, dort zu leben und sich für seine Heimat weiterhin einzusetzen.

Der Krainer *Milenko Dragulic*, früher ein bekannter Fußballer, der in der legendären jugoslawischen Nationalmannschaft spielte, hat viel für die Zusammenarbeit zwischen der DDR und Jugoslawien geleistet und war lange Jahre der Genex-Vertreter in der DDR. Unsere Familien waren miteinander befreundet.

Mit dem Serben *Sawicevic*, dem Chef von Generalexport in Belgrad, machten wir gemeinsam Urlaub auf einem Motorboot in der Adria. Und mit dem Bosnier *Hakija Pozderac* segelten wir zu den Kornaten, den 365 Inseln in der Adria. Angeblich soll man dort unauffindbar sein, und das wollten wir auch für unsere Vorgesetzten sein. Aber auch dort wurden wir nach zwei Tagen aufgespürt, und ich mußte meine Sachen packen, um an der Spitze einer Delegation des Ministerrats nach Moskau zu reisen. Die sowjetische Seite wünschte dringend die Unterzeichnung des paraphierten Abkommens über die Koordinierung des Fünfjahrplans zwischen der DDR und der UdSSR für den Zeitraum 1970 bis 1975, denn man wollte mit der Bekanntgabe des Abschlusses, ein gewisses „Gegengewicht" zum Besuch *Willi Brandts* in der sowjetischen Hauptstadt setzen. Drei Tage später setzte ich aber meinen unterbrochenen Urlaub an der Adria fort.

Allein an diesen kurzen persönlichen Schilderungen kann man die Unsinnigkeit des heutigen Völkermordens in Jugoslawien verdeutlichen. Schwelende nationale Konflikte wurden nicht offen ausgetragen, nur hin und wieder klangen sie, in Anekdoten gekleidet, an. Von den Bosniaken sagte man, daß sie einen harten Schädel hätten, und als einer in eine Schlucht gestürzt war, rief er den obenstehenden Kumpanen zu, „mir ist nichts passiert, ich bin glücklicherweise auf den Kopf gefallen". Die Montenegriner wurden als träge hingestellt, und deshalb erzählte man über sie, daß einer von ihnen, auf den Schultern eines fleißigen Slowenen stehend, um eine neue Glühbirne einzuschrauben, seinen Träger fragt, wann der sich endlich zu drehen anfange. Von den Krainern sagte man, sie seien sehr zäh und hart. Als sie einmal gegen Bären Fußball spielten, hörten die Bären sehr bald auf zu spielen, und als der Schiedsrichter sie fragte, warum sie aufhören, antwortete einer der Bären: „Weil die Krainer so grob spielen!"

All das waren Anekdoten, die man sich in lustiger Runde erzählte und scheinbar fühlte sich keiner beleidigt. Heute kann man daran verzweifeln, daß die Menschen in diesem Land, das von der Natur so begünstigt ist, in dem die unterschiedlichsten Menschen über viele Jahre hinweg ohne Haß und Streit zusammengelebt haben, ob nun mit oder ohne ausländische Unterstützung und durch die kurzsichtige Politik der internationalen Gemeinschaft gefördert, an ihren inneren Konflikte zugrunde gehen. Haltet ein mit dem Wahnsinn, kann ich nur den Menschen und besonders meinen vielen Freunden in dieser Region zurufen, haltet ein! Wenn es auch nicht mehr Liebe sein kann nach diesem schrecklichen Krieg, so versucht wenigstens wieder Achtung vor dem Leben des anderen zu bekommen.

Die Sterne sind nah in der Wüste Gobi

Die Mongolische Volksrepublik, die nach dem Erringen der Selbständigkeit der Äußeren Mongolei mit russischer Unterstützung im Jahre 1911 und der 1921 erfolgten Besetzung durch die Rote Armee im Jahre 1924 gegründet wurde, ist ein Land von urwüchsiger, faszinierender Natur mit unverfälschten einfachen Menschen. Das Land hat 2,3 Mio. Einwohner und eine Gesamtfläche die viereinhalb mal so groß wie Deutschland ist. Auf der einen Seite ein Land von Viehzüchtern mit großen Ziegen- und Schafherden, Pferden, Kamelen und Yaks, zeigt es sich mit einer wachsenden Industrie auf der Grundlage reicher Vorkommen an Gold, Wolfram, Zinn, Molybdän, Eisen, Kupfer, Mangan, Graphit, Kohle, Erdöl, Erdgas sowie einem leistungsfähigen Verarbeitungssektor von Fleisch, Leder, Wolle und Holz auch von einer anderen Seite.

Die Mongolen, zum größten Teil Nomaden, sind Nachkommen der legendären wilden Reiter *Dschingis-Khans*. Sie lieben ihre Reiterspiele, essen Hammelfleisch, trinken Kumis und Joghurt und wohnen lieber in Jurten als in Hochhäusern. Es ist ein Land mit extremen Klimaverhältnissen, die Temperaturen reichen von plus 40°C im Sommer bis zu minus 50°C im Winter, ein Land der Hochlandsteppe und hoher Berge, und ein Land mit einer alten Kultur.

Lange Zeit, von 1958 bis 1984 war *Jumschagin Zedenbal* der Generalsekretär der Mongolischen Revolutionären Volkspartei, der mit seiner Statur an die beste Tradition der Angehörigen der „Goldenen Horde" anknüpfte und entsprechend trinkfest, grob und witzig war. Der hochgebildete Ministerpräsident *Shambyn Batmunch*, war das ganze Gegenteil von ihm und gab uns bei den Wirtschaftsverhandlungen sachkundige Unterstützung. Mit seiner Wahl zum Generalsekretär 1984 begann eine neue Ära in der Zusammenarbeit zwischen unseren beiden Ländern. Der Warenaustausch mit der Mongolei betrug 1988 zwar nur 150 Mio. VGW, aber er war durch die Lieferung von Wolle, Lederwaren, Teppichen u. a. Waren durchaus interessant für die DDR. In Boroo wollte sich die DDR an der Erschließung der Goldvorkommen beteiligen, aber die Kosten für den Ausbau der Infrastruktur waren einfach zu hoch. Mein Planungspartner in dieser Zeit war *Jumschagin Sodnom*, der in der UdSSR Ökonomie studiert hatte und ein kluger und realistischer Rechner war. Mit dem späteren Ministerpräsidenten verband mich eine besondere Freundschaft. Als sein 18jähriger Sohn schwer erkrankte und die Ärzte in Ulan Bator schon alle Hoffnung auf eine Besserung aufgegeben hatten, bat mich *Sodnom*, seinen Sohn in Berlin untersuchen zu lassen, um die Ursachen für seinen körperlichen Verfall festzustellen. Die Berliner Ärzte waren anfangs ebenfalls ratlos, aber plötzlich stellte sich dann von ganz allein eine Besserung seines Gesundheitszustands ein. Der Patient nahm wieder zu und konnte nach wenigen Wochen die Klinik verlassen. Die Lösung des Rätsels war offensichtlich ganz einfach, dem Patienten fehlte nichts weiter als eine gemüsereiche Kost.

Jumschagin Sodnom führte mich bei einem Besuch der MVR wie ein Geologe durch das große, einsame Land. In Erdenet besichtigten wir die riesige Kupferhütte, die gemeinsam mit der UdSSR gebaut und betrieben wurde. Das Kupfererz wurde unweit der Hütte im Tagebau und mit minimalen Erschließungskosten abgebaut. Ein weiterer Ausflug führte uns in die zwei Millionen km^2 große und 1 000 m über dem Meeresspiegel gelegene Wüste Gobi, durch die die Araten mit ihren Herden auf der Suche nach Futter für die Tiere ziehen.

Wer einmal die Nächte in einer Jurte verbracht hat, wird das niemals vergessen. Die klare Atmosphäre vermittelt die Vision, als könne man mit ausgestreckter Hand die Sterne anfassen und vom Himmel herunterholen, so nahe erscheinen sie einem. Als wir uns einmal bei einem Ausflug mit dem Geländewagen in den Bergen verirrt hatten und unsere Freunde im Basislager schon unruhig wurden, sahen wir plötzlich die Lichter des Camps und glaubten, in wenigen Minuten bei ihnen zu sein. Wir wollten es einfach nicht glauben, als der Fahrer zu uns sagte, daß wir erst in zwei bis drei Stunden unser Ziel erreichen werden.

Bei der Ankunft mußten wir zu unserer Überraschung feststellen, daß auch eine Gruppe amerikanischer Pensionärinnen im Lager eingetroffen war, die wie wir das Land durchquerten. Sie erzählten uns, daß sie sich mit dem Geld der ausbezahlten Lebensversicherung auf eine Weltreise begeben hätten. Ich traf später dann oft solche lebenslustigen Amerikanerinnen an den verschiedenen Orten in der Welt, in den Bergen von Kaschmir, an den Ming-Gräbern in China, im sibirischen Irkutsk, am schneebedeckten Kilimandscharo und in der Hitze Santiago de Cubas und hatte immer Hochachtung vor ihrem ungebrochenen Unternehmungsgeist.

Heute ist die Mongolei auf dem Weg in die Demokratie. Die Regierung führt schrittweise die Marktwirtschaft ein und sucht sich international zu öffnen. Mit Ausnahme der Politiker, die sich in der Vergangenheit diskreditiert haben, sind es die gleichen Menschen, die auch früher Verantwortung getragen haben. Mein letzter Partner als Chef der Plankommission, *Shasray*, ist heute der Ministerpräsident des Landes und ich wünsche ihm und seinem Volk der Mongolen, Kalmyken, Buriaten, den chinesischen und russischen Minderheiten, daß sie sich auch bei wachsendem Wohlstand ihre urwüchsige Originalität noch sehr lange erhalten.

Zu Besuch in Laos, Kambodscha und Vietnam

Aus ökonomischen und vielen anderen Gründen war es für mich zweckmäßig, die drei Länder mit dem Ziel der Koordinierung der Pläne auf einer Reise nacheinander zu besuchen. Mitte der 80er Jahre fand in Hanoi eine Tagung des RGW-Plankomitees statt. Ich nutzte diese Gelegenheit, mit den drei südostasiatischen Ländern die Fünfjahrpläne abzustimmen.

Das im Norden und Osten an den Annamitischen Kordilleren gelegene gebirgige *Laos* mit seinen gewaltigen Niederschlägen von 2 000 bis 4 000 mm pro Jahr, besonders in der Monsun-Zeit, und den ausgedehnten Urwäldern ist reich an Bodenschätzen (Gold, Kupfer, Magnesium, Blei, Kohle, Erdöl, Eisenerz und Salz), an Nutz- und Edelhölzern wie Teak, Ebenholz, Bambus und Rattan (Rotlangpalmen) sowie Hochlandkaffee. In einer langen und wechselvollen Geschichte und in die Interessenkonflikte der Nachbarländer China, Siam, Vietnam stets hineingezogen, wurde im Ergebnis des Indochinakriegs 1975 die Monarchie abgeschafft und die „Demokratische Volksrepublik Laos" ausgerufen. Der Präsident, *Kaysone Phomviane*, den ich schon anläßlich seines Besuchs in der DDR kennengelernt hatte und der mich auf der Fahrt nach Leipzig immer wieder fragte, warum in Deutschland nur „Streichhölzer" und keine richtigen Bäume wachsen, empfing mich in seinem bescheidenen Präsidentenpalast in Ventiane freundlich und unterstützte unsere Vorschläge zur wirtschaftlichen Zusammenarbeit. Als ich beim Besuch eines Sägewerkes am Mekong die 2 bis 3 m dicken Stämme der 700- bis 1000jährigen Baumriesen sah, die von Elefanten in dem bergigen Gelände transportiert wurden, begriff ich erst die Enttäuschung *Phomvianes* über die deutschen „Streichhölzerwälder". Als mir der Präsident zum Abschied eine Ebenholzschnitzerei mit Motiven des Holzfällens im Urwald schenkte, konnte ich die etwa 80 cm lange Schnitzerei aus Ebenholz kaum tragen, so schwer war sie. Nach dem Tod *Kaysone Phomviane* im November 1992 wurde *Khamtay Siphandon* der neue Parteichef der Laotischen Revolutionären Volkspartei und *Nouhak Phoumsavanh* der Präsident. Heute hört man kaum etwas über das Land.

Kambodscha, das tropische Tief- und Hügelland beiderseits des Mekong mit seinem großen Regenwald und ausgedehnten Reisplantagen, mit überwiegend buddhistischer Bevölkerung der Khmer, Annamiten, Chinesen, Lao und islamischen Cham, wurde im Indochinakonflikt völlig ruiniert. Durch das Regime von *Pol Pot* wurden von 1975 bis 1977/78 unter dem Vorwand der kommunistischen Umerziehung Hunderttausende von Menschen umgebracht.

Nach dem militärischen Eingreifen Vietnams 1980 wurde eine Nationale Front zur Rettung Kambodschas unter Leitung von *Heng Samrin* gebildet, die versuchte, im Land normale Verhältnisse wiederherzustellen. Die Regierung der Nationalen Front wurde aber wegen der anhaltenden Besetzung durch die vietnamesischen Truppen und der engen Zusammenarbeit mit Vietnam von der UN nicht anerkannt. Gleichzeitig kämpften die verbliebenen Reste der Roten Khmer weiter gegen die Regierung. In diese Zeit, als *Hun Sen* die Regierung Kambodschas führte, fiel mein Besuch.

Die reichen Ressourcen des Landes boten gute Voraussetzungen für die wirtschaftliche Zusammenarbeit beider Länder. Die Landwirtschaft baut vor allem Reis, Mais, Zuckerrohr, Sesam, Bohnen und Erdnüsse an, außerdem gibt es große Bestände an Mahagoni-Teak- und Ebenhölzern in bester Qualität. Die Industrieproduktion befand sich zwar noch im Anfangsstadium, aber Erdölraffinerien, Zementwerke, Jute- und Zuckerfabriken sowie ein Montagewerk für Lkw und Traktoren bestanden schon. *Heng Samrin*, der mich empfing, wirkte überarbeitet, krank und müde. Er ließ sich über die geplanten Vorhaben informieren, äußerte sich aber selbst kaum zu aktuellen Fragen und überließ die Verhandlungsführung dem jungen, energischen Ministerpräsident *Hun Sen*, der auch heute noch eine bedeutende Rolle im Lande spielt. 1989 zog Vietnam seine Truppen aus Kambodscha ab, und seit September 1993 ist das Land wieder eine konstitutionelle Monarchie mit *Sihanouk* als König, unter dessen Führung 1954/55 das damals noch neutrale Land wahrscheinlich seine beste Zeit erlebt hat.

Die *Sozialistische Republik Vietnam* (SRV), wie sie auch heute noch heißt, hat von allen Ländern dieser Region wohl die bewegteste und schwerste Geschichte durchgemacht: 1 000 Jahre südchinesische Provinz, 100 Jahre als französisch beherrschtes Kaiserreich, 30 Jahre

Indochinakrieg bis zur Niederlage der Kolonialmacht Frankreichs bei Dien Bien Phu, die Teilung des Landes ab 1954, die amerikanische Intervention und die Kapitulation der Amerikaner von Saigon am 30.04.1975, die mit dem Paraphieren des Waffenstillstandsabkommens durch *Le Duc Tho* und *Henry Kissinger* am 23.01.1973 in Paris eingeleitet wurde. Der mit großer technischer Überlegenheit Amerikas grausam geführte Krieg endete mit einem Debakel für den Aggressor. *Le Duc Tho* habe ich in der Zeit der Geheimverhandlungen mit dem Berater des amerikanischen Präsidenten *Henry Kissinger* bei einem Zwischenaufenthalt in Berlin kennengelernt. Er wirkte auf mich körperlich erschöpft, ja fast zerbrechlich und aß kaum etwas. Auf meine Frage, wie er denn diesen Streß weiter durchstehen wolle, wenn er nicht richtig und ausreichend ißt, antwortete er mir, daß er nicht mehr und besser essen kann, als die vietnamesischen Soldaten an der Front.

In den Kriegsjahren starben in Vietnam über 2,5 Mio. Menschen, davon 90 Prozent Zivilisten, und eine noch viel größere Anzahl wurde verwundet und verstümmelt. 55 000 amerikanische Soldaten fielen im Vietnam. 7 Mio. t Bomben und chemische Kampfstoffe haben das Land verwüstet. Bis heute ist dieses schlimme Kapitel in der Geschichte der Beziehungen zwischen den USA und Vietnam historisch nicht aufgearbeitet, obwohl es seitens der Regierung Vietnams stets eine entgegenkommende Haltung gegeben hat. Die amerikanische Botschaft in Saigon ist seit dem Tag, als der letzte Hubschrauber 1975 das Gelände verlassen hat, verwaist. Nur die amerikanische Wirtschaft geht der Politik, wie so oft in der Geschichte, als gutes Beispiel voran, und es bleibt zu hoffen, daß die beiden Staaten das angespannte Verhältnis entkrampfen.

Am 02.07.1976 wurde die Wiedervereinigung von Nord- und Südvietnam zur „Sozialistischen Republik Vietnam“ (SRV) vollzogen, die heute rd. 70 Mio. Einwohner hat.

Zwischen der DDR und der SRV bestanden stets sehr gute Beziehungen und eine fruchtbare wirtschaftliche Zusammenarbeit. Die DDR leistete eine umfangreiche materiell-technische sowie finanzielle Hilfe und lieferte Fahrzeuge, Maschinen und Ausrüstungen, chemische Erzeugnisse und Konsumgüter. Importiert wurden aus Vietnam vielseitige Landesprodukte. Der Export der DDR war stets doppelt so hoch wie der Import und der Warenumsatz erreichte 1988 mehr als 500 Mio. VGW. Durch ein spezielles Abkommen geregelt, arbeiteten zeitweilig bis zu 50 000 vietnamesische Arbeitskräfte in der DDR.

Bei meinem Besuch Vietnams 1985 lernte ich *Le Duan* als Generalsekretär der KPV kennen. Er war jedoch sehr schwer erkrankt und starb wenig später. Auch der Ministerpräsident *Pham Van Dong* war fast erblindet. Aber nach der Tradition und dem Verständnis der Partei blieben die geachteten und verdienstvollen Persönlichkeiten weiterhin im Amt. Der eigentliche Anlaß meines Besuches war der Beginn der Bauarbeiten zur Abriegelung des Flusses Song Da auf der Baustelle des Wasserkraftwerkes Hoa Binh, zu der alle Planungschefs der RGW-Länder eingeladen waren. Dieses Bauvorhaben galt als das wichtigste Projekt der Elektrifizierung des Landes, aber die kritischen Stimmen, die von Anfang an sagten, daß nach der Fertigstellung des Kraftwerkes gar nicht genügend Abnehmer für den Strom im eigenen Lande vorhanden wären, waren nicht zu überhören. Lange Zeit hatte der Vorsitzende der vietnamesischen Staatlichen Plankommission, *Le Thang Nhi*, die Politik vertreten, durch groß angelegte Projekte die Entwicklung der Industrie voranzutreiben, aber dadurch entstanden neue Disproportionen und die Landwirtschaft, als der wichtigste Bereich der Wirtschaft, wurde vernachlässigt. Die Erträge bei Reis, Mais, Zuckerrohr, Süßkartoffeln, Erdnüssen, Gewürzen, Tee, Kaffee, Tabak, Kautschuk und Baumwolle ging teilweise drastisch zurück, und es traten Hungersnöte auf. Naturkatastrophen, die in tropischen, taifungefährdeten Ländern die Regel sind, und in Vietnam mit seinen riesigen Flüssen und den Deltas des Roten Flusses und des Mekong riesige Katastrophen verursachten, verschärften die wirtschaftliche Situation drastisch.

Ich hatte mir deshalb vorgenommen, dem seit 1985 amtierenden Planungschef, den aus Ho Chi Minh-Stadt stammenden Reformer *Vo Van Kiet*, zu empfehlen, eine realistische Planung vorzunehmen, also das zu versuchen, was ich zu Hause selbst nie erreichen konnte. Ich gab ihm den Rat, die Industrie Schritt für Schritt und nicht auf Kosten der Landwirtschaft aufzubauen. *Van Kiet* und ich wurden gute Freunde und als er - inzwischen war er Ministerpräsident geworden - 1993 die Bundesrepublik Deutschland besuchte, lud er mich und meine Frau zu einem Besuch seines Landes ein. So konnte ich im Oktober 1993 in Hanoi, Ho Chi Minh-Stadt, Vung Tau und im Mekong-Delta vor Ort persönlich feststellen, wie sich das Land nach Singapur, Hongkong, Taiwan und Südkorea inzwischen zu einem wichtigen Industriestandort in dieser Region entwickelt.

Vietnam begann schon 1986 Elemente der Marktwirtschaft einzuführen, wobei sich *Vo Van Kiet* an die Spitze der Reformer setzte. Inzwischen tragen die Reformen den Namen des Generalsekretärs der Partei, „*Doi Moi*". Das staatliche bzw. gesellschaftliche Eigentum an den Produktionsmitteln blieb nur für die Eisenbahn und auf den Sektoren Energie und Erdölindustrie erhalten. Die größeren Betriebe wurden in Aktiengesellschaften mit in- und ausländischer Beteiligung umgewandelt, und die kleineren Betriebe sowie den Dienstleistungsbereich begann man schrittweise zu privatisieren. Die Partei nimmt nur auf strategische Fragen Einfluß und gängelt in keiner Weise die Regierung.

Die Beseitigung der Armut im Land bleibt das wichtigste Ziel der Politik. Die industriellen Wachstumsraten sind mit 7 bis 10 Prozent jährlich beeindruckend. Die Landeswährung, der Dong, ist im Verhältnis von 10 000 Dong = 1 Dollar recht stabil und in den Geschäften und auf den Märkten, in denen es 1985 fast nichts zu kaufen gab, bekommt man nun wieder beinah alles.

Noch sind die Wunden des grausamen Krieges nicht geheilt. Verkrüppelte Menschen und viele Kinder betteln weiterhin auf den Straßen. Aber der jetzt eingeschlagene Weg scheint richtig zu sein. Wir freuten uns über die Erfolge, die *Vo Van Kiet* mit seiner Reformpolitik schon erreicht hat, und die zu RGW-Zeiten, trotz der Hilfsleistungen, die auch unsere vietnamesischen Freunde nicht vergessen haben, niemals erreicht werden konnten.

Fidel Castro - ein Titan steht vor einer schweren Entscheidung

Die 1492 von *Kolumbus* entdeckte Insel, die Anfang des 16. Jahrhunderts von den Spaniern erobert und im 18. Jahrhundert durch den Zuckerrohranbau und den Sklavenhandel bekannt wurde, später unter amerikanischen Einfluß geriet und von 1933 bis 1959 durch den Diktator *Batista* ausgeplündert wurde, den *Fidel Castro Ruz* mit *Che Guevara* und ihren Mitstreitern nach einem mehrjährigen Kampf besiegten, wurde das erste sozialistische Land in Lateinamerika. Hatten die USA den Sturz des verhaßten Batista-Regimes noch toleriert, betrachtete man die Enteignung amerikanischen Eigentums als Todsünde und stürzte sich 1961 in das Abenteuer an der Schweinebucht, das am Ende die Position *Castros* noch stärkte. Die Entwicklung Kubas mit Unterstützung der UdSSR und der anderen RGW-Länder brachte dem Land viele positive Veränderungen, die für Lateinamerika einmalig waren und *Fidel Castro* zu einem Titan der revolutionären Umwälzungen in der Dritten Welt machten, war er doch der einzige, der es ohne die sowjetische Besetzung bzw. den politischen Druck aus Moskau, allein mit den revolutionären Kräften des Landes schaffte, eine sozialistische Ordnung zu errichten. Die Monokultur Zucker wurde durch die Förderung von Nickel, Kobalt, Mangan, Chrom, Erdöl, durch die Produktion von Zement, Maschinen, durch den Aufbau von Zweigen der Leichtindustrie ergänzt. Im ganzen Land wurden neue Zitruskulturen angepflanzt und neue Nahrungsgüterbetriebe errichtet. Durch eine Agrar- und Bildungsreform wurden neue Strukturen errichtet, von denen andere Länder dieser Region nur träumen konnten.

Die DDR und Kuba hatten gut entwickelte wirtschaftliche Beziehungen. Wir exportierten Zementausrüstungen, Lkw, Brauereieinrichtungen, Textilmaschinen, chemische, elektrotechnische und elektronische Erzeugnisse und importierten Zitrusfrüchte und Säfte, Paprika, Ananas und auch im wachsenden Maße Nickel u. a. Nichteisenmetalle. Auch der Tourismus begann sich zu entwickeln, und wer einmal in Varadero, auf der Insel der Jugend oder in Santiago de Cuba war bzw. den Hafen Havanna angelaufen hatte, schwärmte von diesem Urlaub.

Mit *Fidel Castro* bin ich mehrmals zusammengetroffen. Für ihn war ich nach *Nikolai Baibakow*, den er sehr verehrte, der kompetenteste Planer im RGW, und er nahm sich für mich stets viel Zeit, wenn wir uns trafen. Als ich den Fünfjahrplan zwischen der DDR und Kuba mit *Humberto Perez Gonzalez*, dem Chef der „Junta Central de Planification“ abgestimmt und unterzeichnet hatte, ließ er ausrichten, daß ich mit meiner Familie am besten im „Tropicana“, dem einzigartigen Naturvarieté in Havanna, auf ihn warten sollte. Das Gespräch dauerte dann von 1 bis 3 Uhr am Morgen und meine Kinder waren begeistert, daß sie so lange im Tropicana bleiben durften. *Fidel Castro* hörte sich meinen Bericht aufmerksam an, lobte unsere Idee des Imports von Frühkartoffeln, bat mich um die Erhöhung der Lieferungen von Kesseln zur Verbrennung der Zuckerrohrrückstände (Kalebasse), um Erdöl einzusparen und entwickelte dann seine Gedanken zur Entwicklung der biochemischen Forschung. Noch in der Nacht telefonierte er mit dem Direktor des Institutes in Havanna und kündigte ihm meinen Besuch für den nächsten Morgen an. Außerdem wies er den Direktor an, mir für die Therapie von Hepatitis-Patienten in der DDR eine größere Menge des „Interferon" mitzugeben, einem Mittel, das auch in der Krebstherapie verwendet wurde, aber international noch keinen Durchbruch erzielt hatte. Fachgerecht verpackt, transportierte ich das Heilmittel nach Berlin, und es wurde von der Spezialklinik dankbar entgegengenommen.

Fidel Castro hat den Menschen der Zuckerinsel durch seine Politik viel Gutes gebracht und ist noch heute bei der Mehrheit der Kubaner und in Lateinamerika ein geachteter Mann, aber die Zahl seiner Gegner und ihr Wille, notwendige Veränderungen in Kuba herbeizuführen, sind in den letzten Jahren bedeutend gewachsen. Die Schwächen des sozialistischen Systems in der Arbeitsproduktivität, in der eingeschränkten Reaktion auf die Bedürfnisse des Marktes, bei Innovationen und in der Demokratie mußten sich auch in diesem von der Welt abgeschlossenen Staat vor der Haustür der USA potenzieren, und nach dem Untergang der sozialistischen Staatengemeinschaft und des RGW geriet Kuba zwangsläufig in eine Krise. Viele Menschen verließen das Land. Sie wurden von der Regierung der USA auf den amerikanischen Militärstützpunkt Guantanamo wieder abgeschoben, und müssen nun dort unter Bedingungen leben, die neue Ängste und Haß gebären. Dadurch hat sich in Kuba selbst, sowie unter den kubanischen Emigranten in Florida ein explosives Potential aufgebaut, so daß man für die Regierung *Fidel Castros* das Schlimmste befürchten muß. Das zu erkennen und einen friedlichen Ausweg zu finden ist das A und O einer vernünftigen Politik in Kuba, und warum soll das nicht auch weiterhin unter *Fidel Castro* geschehen? Seine damalige Losung: „Sozialismus oder Tod" war für die Revolutionäre ehrenhaft, aber für ein ganzes Volk ist sie als Alternative heute untauglich. Kuba will und muß leben. Die Menschheitsgeschichte kennt weitaus mehr Möglichkeiten, als kniend zu leben oder stehend zu sterben. Man muß es aber wollen, dann findet sich ein Ausweg.

China und die Vision des Generalsekretärs Hu Jaobang

Anfang der 80er Jahre belebten sich die Beziehungen zwischen der DDR und der Volksrepublik China, die mit der Politik „Laßt tausend Blumen blühen“ (1957), des „Großen Sprungs nach vorn“ (1958) und schließlich der „Großen Proletarischen Kulturrevolution“ (1966) und den militärischen Konflikten an der Grenze zur UdSSR lange Zeit eingefroren waren. Als Vorboten schickte China seine Wirtschaftler, und auch die DDR hatte großes Interesse daran, den Handel mit China auszuweiten. Da der erste hochrangige Besucher aus Peking, *Song Ping*, der Vorsitzende der Staatlichen Plankommission Chinas war, wurde ich vom Politbüro und der Regierung mit den Verhandlungen beauftragt. *Song Ping*, ein in der Kulturrevolution gemaßregelter Politiker, war sehr aufgeschlossen und wir kamen überein, die Fünfjahrpläne zu koordinieren und ein langfristiges Abkommen zwischen unseren Ländern vorzubereiten. In der Folgezeit empfing ich weitere Wirtschaftsdelegationen unter Leitung der Minister *Zhu Rongji* und *Wang Renzhong* in Berlin, und schließlich kam auch der Stellvertreter des Ministerpräsidenten, *Li Peng*, in die DDR und unterstrich damit auch das Anliegen Chinas, auf höherer Ebene Kontakte herzustellen. *Erich Honecker* empfing *Li Peng* und bekundete mit dieser Geste damit unsere Bereitschaft, die Beziehungen zu China zu normalisieren. Bis zu diesem Treffen lief alles streng auf Regierungs- und Wirtschaftsebene ab.

Als ich dann dem Politbüro eine Direktive zur Erwiderung des Besuches von *Li Peng* und *Song Ping* und zur Unterzeichnung eines Protokolls über die langfristige wirtschaftliche Zusammenarbeit DDR/VR China vorlegte, fragte ich *Erich Honecker*, wie ich mich verhalten muß, wenn der Generalsekretär der KP Chinas, *Hu Jaobang*, zu einem Gespräch einladen sollte, um auch über die Beziehungen zwischen den Parteien mit mir zu sprechen. *Honecker* gab mir zu verstehen, daß ich als Kandidat des Politbüros das nicht ablehnen könne, obwohl wir, wenn überhaupt, höchstens mit einem kurzen Höflichkeitsbesuch rechneten.

Anfang Juli 1985 begann meine Reise, und wir wurden als erste offizielle Regierungsdelegation seit den 60er Jahren in China sehr herzlich aufgenommen. Planungschef *Song Ping*, den ich seit seinem Besuch in Berlin *„Lao Song"* nannte, was in chinesisch sehr vertraulich klingt, empfing uns am Flugplatz. *Li Peng* und seine Frau gaben abends ein Essen für unsere Delegation. Am Tag darauf verhandelten wir intensiv, und das Dokument mit den Leitlinien unserer Zusammenarbeit war unterschriftsreif. Schon in kurzer Zeit erreichte auf der Basis des Abkommens der Warenaustausch zwischen der DDR und China hohe Steigerungsraten und betrug 1988 mehr als 4 Milliarden VGW, wobei für die DDR der spezifische Inhalt des Imports sogenannter „Chinawaren" wie Nadeln, Kolophonium, Därme, Feindraht und vieles andere von besonderer Bedeutung war. Am späten Nachmittag bat uns der Ministerpräsident *Zhao Zyang* zu einem Empfang, an dem nach chinesischem Brauch die gesamte Delegation teilnahm. Am folgenden Tag besichtigten wir das Werk für Fernsehelektronik, kulturhistorische Stätten Pekings, die Große Mauer und die Ming-Gräber. Wir kamen gerade von unserem Ausflug zurück, als mich *Hu Jaobang* zur Visite bat. *Rolf Berthold*, der DDR-Botschafter, der die chinesische Sprache gut beherrschte und mich begleitete, rechnete ebenfalls nur mit einem kurzen Höflichkeitsbesuch, deshalb hatten wir das weitere Programm schon geplant, doch es kam anders.

Am 10. Juli 1985 nachmittags empfing mich Generalsekretär *Hu Jaobang* im Sitz der Partei- und Staatsführung „Zhongnahai". Er erkundigte sich nach dem Befinden von *Erich Honecker*, den er seit der Tagung des Weltbundes der Demokratischen Jugend (WBDJ) im Juli 1953 in Prag kannte. Er erinnerte sich auch daran, daß an diesem Tag unter dem unbeschreiblichen Jubel der Delegierten die Nachricht vom Waffenstillstand in Korea verkündet worden war. Er brachte seine Freude zum Ausdruck, daß *Egon Krenz* jetzt Mitglied des Politbüros des ZK der SED war und kommentierte das mit der Bemerkung, daß das Altersproblem in China noch schärfer stehe als in der DDR. *Hu Jaobang* fragte dann, ob ich genügend Zeit mitgebracht hätte, denn er möchte etwas länger mit mir reden, weil doch die Kontakte zwischen den führenden Persönlichkeiten der Parteien schon eine lange Periode unterbrochen wären. Er bat mich, seine Gedanken *Erich Honecker* und dem Politbüro zu übermitteln und auch die sowjetische Seite über das Gespräch zu informieren, wenn sie dafür Interesse zeigte. Insgesamt dauerte das Gespräch mehr als drei Stunden. Seine einleitenden Darlegungen umfaßten fünf Schwerpunkte, die ich hier nur gekürzt darlege:

1. Nach dem Tod von *Mao Zedong, Zhou Enlai* und anderen führenden Genossen wurden in China in vielen Bereichen Reformen eingeleitet. Die Ergebnisse zeigen die Richtigkeit des eingeschlagenen Weges, der im Volk volle Unterstützung findet. Man halte am Sozialismus fest, breche jedoch mit subjektivistischen, starren Methoden, die mit den inneren und den äußeren Bedingungen und der Stimmung im Lande selbst nicht übereinstimmen. Man wisse zwar noch nicht alles über den Aufbau des Sozialismus, will diesen aber reicher, vielfältiger machen und weiter vervollkommnen. Auf diesem Weg sind aber auch Schwierigkeiten aufgetreten, u. a. Schönmalerei. Um den Sozialismus auf das Niveau der entwickelten Länder zu bringen, bedarf es in China noch der Arbeit dreier Generationen. China sehe auf diesem Weg auch nach der Auffassung von *Deng Xiaoping* drei große Etappen vor sich:

> Bis Ende des Jahrhunderts will China einen kleinen Wohlstand erreichen, wie ihn Länder mit mittlerem Entwicklungsniveau haben.
>
> Bis zum 100. Geburtstag der Partei 2021 will man diesen Stand stabilisieren und ein ganzes Stück zu den entwickelten Ländern aufschließen.
>
> Bis zum Jahr 2049, dem 100. Jahrestag der Gründung der Volksrepublik soll sich China zu einem der wirtschaftlich stärksten Länder der Welt entwickeln.

Fehler auf diesem Weg wären wohl kaum auszuschließen, aber kapitale Fehler, wie sie bisher gemacht wurden, wolle man zukünftig vermeiden. Um diese Ziele zu erreichen, müsse man aber die eigenen und die Erfahrungen anderer Länder auswerten und rechtzeitig daraus Schlußfolgerungen ziehen. Dabei müßten die Erfahrungen der sozialistischen sowie der kapitalistischen Länder auf dem Gebiet der Wirtschaft, des Managements, der Wissenschaft und Technik ausgewertet und verallgemeinert werden. Dazu brauche man in der Partei ein normales, gesundes, demokratisches politisches Leben. Um eine mögliche Kritik zu widerlegen, daß man sich zum Kapitalismus zurückbegebe, dafür wolle man keine Zeit verschwenden. Experimente auf dem Weg zum Sozialismus seien möglich, wünschenswert, ja unerläßlich und nach dem Suchen und Forschen würde man klüger sein.

2. Die Haltung der KP Chinas gegenüber den anderen kommunistischen Parteien ist von Gefühlen der Freundschaft getragen. Man respektiere deren Entscheidungen und freue sich mit ihnen über erreichte Erfolge. Zu Zeiten *Mao Zedongs* habe die chinesische Führung andere wegen ihrer Politik kritisiert, das war der falsche Weg. China erhebt gegen niemanden Vorwürfe, daß die Beziehungen seit den 60er Jahren unterbrochen sind, vielmehr ziehe man daraus Lehren. Die KP Chinas gestaltet zukünftig ihre internationalen Beziehungen nach den Prinzipien der Unabhängigkeit und Selbständigkeit, der Gleichberechtigung, der gegenseitigen Achtung und der Nichteinmischung. Mit allen, die es möchten, werde die KP Chinas die Beziehungen wiederherstellen, und denen, die das nicht möchten, werde man keine Vorwürfe machen.

3. Die Beziehungen zwischen der DDR und China haben in den letzten Jahren eine neue Qualität erfahren. China verfolge sehr aufmerksam die innen- und außenpolitische Linie der DDR und respektiere sie. Für die besonderen Beziehungen der DDR zur Sowjetunion habe man volles Verständnis. Auch die Beziehungen der osteuropäischen sozialistischen Länder zur UdSSR werde China voll respektieren.

China freue sich aufrichtig über meinen Besuch und erwarte, daß sich die Beziehungen ökonomisch, wissenschaftlich-technisch und kulturell gut entwickeln. Zum speziellen Problem der beiden deutschen Staaten wolle man nicht Stellung nehmen, China wünsche gute Beziehungen mit der DDR und unterhalte normale Kontakte und diplomatische Beziehungen mit der Bundesrepublik Deutschland. *Hu Jaobang* habe den Kanzlern *Schmidt* und *Kohl* sowie dem Bundespräsidenten *Carstens* gesagt, daß China für eine nationale Aussöhnung und ein friedliches Nebeneinander der beiden deutschen Staaten eintritt. Es sei China bekannt, daß viele europäische Länder, sozialistische und kapitalistische, zumindest in der Gegenwart, nicht für die Vereinigung der beiden deutschen Staaten eintreten, und man wird das respektieren. Die Haltung Chinas in dieser Sache sei tadelsfrei.

4. Die Beziehungen zu den kapitalistischen Hauptmächten gestaltet China nach den „fünf Prinzipien der friedlichen Koexistenz" auf gleichberechtigter Grundlage sowohl wirtschaftlich, wissenschaftlich-technisch und kulturell. Jahrzehntelang habe man einen Kampf geführt, um über das Wesen der herrschenden Klasse in diesen Ländern keine Unklarheit aufkommen zu lassen, aber wenn man gute staatliche Beziehungen anstreben will, so dürfe man ihre Innenpolitik nicht ohne weiteres kritisieren. Das wolle China nur dann tun, wenn diese Länder in ihrer Außenpolitik Expansionsbestrebungen oder Hegemonismus betreiben. Sicher gäbe es in Japan Kräfte, die den Militarismus wiederbeleben wollen, auch in der Bundesrepublik Deutschland gäbe es revanchistische Kreise, von denen er aber nicht genau wisse, wie stark sie sind. Er glaube nicht, daß sie für die internationale Politik eine Gefahr darstellen. Aber die große Mehrheit in der Bundesrepublik Deutschland und in Japan sind gegen einen Krieg und für eine normale Selbstverteidigung. Man dürfe diesen Ländern nicht ständig etwas vorwerfen, sonst entstehe eine Kluft zwischen den Völkern und man isoliert sich selbst. Deshalb ist die Politik Chinas zu den kapitalistischen Ländern folgende:

nie ein Bündnis mit ihnen einzugehen;

die Politik des Hegemonismus entschieden zu kritisieren;

die Beziehungen auf der Grundlage der Prinzipien der friedlichen Koexistenz zu entwickeln.

Vorwürfe an China, man würde mit den USA ein Bündnis eingehen und in eine imperialistische Falle geraten, beleidigen das chinesische Volk. „Wir sind weder Dummköpfe noch Kinder."

5. China möchte seine Beziehungen zur Sowjetunion und zu Vietnam normalisieren, die sich gegenwärtig auf einem Tiefpunkt befinden. Die Volksrepublik China habe in den letzten Jahren viele praktische Schritte unternommen:

Seit vier Jahren sei die Kritik an den inneren Verhältnissen dieser Länder eingestellt. Auch auf Parteiversammlungen sei sie nicht erlaubt;

die Partei-, Staats- und Armeeorgane an der chinesisch-sowjetischen und chinesisch-mongolischen Grenze seien angewiesen, einen Kurs der Freundschaft gegenüber der anderen Seite zu verfolgen. Auch von der anderen Seite gäbe es Veränderungen in dieser Hinsicht, aber es treten immer noch unfreundliche Dinge auf, über die *Hu Jaobang* nicht konkret sprechen möchte, um meine Gefühle als sein Gast nicht zu verletzen;

den vietnamesischen Genossen hat China empfohlen, ihre Truppen aus Kambodscha abzuziehen und den Krieg einzustellen, der sonst auch in fünf Jahren nicht beendet werden kann. In aller Form erkläre China, daß dann sofort die Beziehungen beider Länder normalisiert werden könnten. Während es im Verhältnis zur UdSSR Fortschritte gäbe, wie auch der Besuch von *Yao Yilin* in Moskau zeigte, gäbe es in Vietnam noch nicht einmal Anzeichen dafür, die Truppen aus Kambodscha abzuziehen. Die vietnamesische Seite verlange statt dessen den Ausschluß von *Pol Pot* und verfolgt damit keine ehrlichen Absichten. Es sei möglich, daß die kambodschanischen Genossen in der Vergangenheit schwere Fehler gemacht hätten, aber der Vorwurf, sie hätten 3 Mio. Menschen umgebracht, entspricht nicht den Tatsachen. Auf jeden Fall rechtfertige der Tod von unschuldigen Menschen nicht, daß vietnamesische Truppen in Kambodscha weiterhin Menschen umbringen. In der Sowjetunion habe *Stalin* auch Menschen umgebracht, aber kein Land hat deshalb Truppen in die UdSSR geschickt. Wenn das Praxis würde, gerate alles durcheinander. Es ist das Ziel der Politik Chinas, daß Kambodscha nach Abzug der vietnamesischen Truppen ein friedlicher, neutraler, nicht paktgebundener Staat wird.

Soweit die Darlegungen, denen ich im wesentlichen zustimmen konnte, mit Ausnahme der chinesischen Sicht auf das Regime des Mörders *Pol Pot*, dessen menschenverachtende Politik, die zur Ausrottung der Intelligenz und großer Teile des kambodschanischen Volkes führte, man nicht einfach als „schweren Fehler“ bezeichnen und dann zur Tagesordnung übergehen kann. Meinen sich daran anschließenden Überlegungen folgte *Hu Jaobang* aufmerksam und dankte mit den Worten: „Sie haben sehr gut gesprochen, Genosse *Schürer*, selbst da, wo Sie mit mir nicht einer Meinung sind."

Die Aufzeichnung über das Gespräche wurde dem Politbüro vorgelegt und durch *Erich Honecker* an *Michael Gorbatschow* gesandt. Mein Besuch in China und das Gespräch mit dem Generalsekretär *Hu Jaobang* rief für mich zwei unerwartete Reaktionen hervor. Einmal wollte *Erich Honecker* den Ruf, die Erneuerung der Beziehungen der DDR mit China sowohl auf Partei- als auch auf Staatsebene begonnen zu haben, nicht mir überlassen und schickte schon bald seine Frau *Margot* nach Peking. Und jedesmal, wenn es um die Verbesserung der Kontakte zwischen der DDR und China ging, wurde ihr Name genannt, gleichsam als Synonym für den Erfolg. *Michael Gorbatschow* bedankte sich für die Übersendung meines Materials, und bemerkte, daß es wichtige Aussagen enthalte, aber man dürfe auch den Chinesen nicht trauen, und eigentlich sei doch alles anders, als berichtet würde. Mir brachte die Reise nichts weiter ein als einen Rüffel *Erich Honeckers*, der *Mittag* dann noch beauftragte, mich dafür zu rügen, daß ich ohne Politbürobeschluß meine Frau mit nach China genommen hatte. Dafür sah ich aber keine Veranlassung, denn die Einladung *Li Pengs* galt auch meiner Frau und kostete die DDR nichts. Die Kritik steckte ich gelassen ein und verdaute sie schnell, denn sowohl das Erlebnis des Gespräches mit dem Generalsekretär der KP Chinas als auch gemeinsam mit meiner Frau das Reich der Mitte besucht zu haben, konnte uns niemand streitig machen. Danach stellte sich dann heraus, daß die Ausführungen *Hu Jaobangs* sein Credo waren, denn er wurde 1987 wegen der Studentenunruhen als Generalsekretär der Partei abgelöst und durch *Zhao Ziang* ersetzt. *Deng Xiaoping* schied etwa zur gleichen Zeit mit weiteren älteren Genossen aus der Parteiführung aus, blieb aber der einflußreichste Mann Chinas. *Li Peng* wurde Ministerpräsident des Landes. 1988 verstarb *Hu Jaobang*, und ein Jahr später begannen die Studentendemonstrationen für mehr Demokratie, die ihren Höhepunkt erreichten, als *Gorbatschow* in Peking weilte, um die Beziehungen mit China zu normalisieren. In diesen Tagen kam es zu der Demonstration der Studenten für Reformen und zur Eskalation der Ereignisse auf dem Platz des Himmlischen Friedens (Tiananmen). Um eine Stellungnahme dazu möchte ich mich nicht drücken: Ich lehne jede

Form von Massaker ab: Die der beiden Weltkriege, die Verfolgung und Vernichtung des jüdische Volk, der Sinti und Roma in den Konzentrationslagern der Nazis, die politischen Massenmorde unter *Stalin*, den brutalen Luftangriff auf Dresden durch die westlichen Alliierten, den Einsatz sowjetischer Panzer gegen demonstrierende Arbeiter am 17. Juni 1953, die tödlichen Schüsse an der Mauer, den internationalen Terror gegen die Zivilbevölkerung, den Terror der Roten-Armee-Fraktion in der Bundesrepublik, den brutalen Krieg der USA gegen das vietnamesische Volk, die ethnischen, religiösen und nationalistischen Auseinandersetzungen in vielen Ländern der Welt und auch das Massaker auf dem Platz des Himmlischen Friedens vom 4. Juni 1989 in Peking. Ich selbst bin mit viel Glück durch das Jahrhundert der Gewalt und des Hasses gekommen, ohne einen Tropfen Blut eines anderen Menschen auf dem Gewissen zu haben, muß aber auch die Mitverantwortung dafür übernehmen, daß Bedingungen, entstanden sind, die zu bestimmten Ereignissen geführt haben.

Wenn man die Ereignisse, die sich am 4. Juni 1989 auf dem Platz des Himmlischen Friedens zugetragen haben verurteilt, dann muß man aber auch sehen, daß auf dem Weg zum Tiananmen in Peking Soldaten der Armee Chinas von "Demonstranten" aus den Fahrzeugen gezerrt und brutal ermordet wurden, daß sog. „friedliche Demonstranten“ auf die Panzer sprangen, sie mit Molotow-Cocktails bewarfen und die Besatzungen darin jämmerlich verbrannten. Und das geschah alles, bevor der Einsatzbefehl für das Einschreiten gegen die Demonstranten gegeben wurde. Es bestand in Peking die akute Gefahr, daß ein Blutbad gigantischen Ausmaßes entstehen konnte, wenn man den Wandalismus, den internationale Fernsehstationen weltweit in die Wohnzimmer übertrugen, nicht zum Stehen gebracht hätte. Offen bleibt auch hier, wie in Tschetschenien, die Frage nach der „Verhältnismäßigkeit der Mittel“. Die Bilder vom Beginn der Ereignisse in Peking darf man auch heute nicht vergessen und muß diese Aktionen zumindest genau so verurteilen, wie das darauf folgende Massaker der Armee.

Ich glaube auch, daß der Ministerpräsident *Li Peng* nicht der Hauptverantwortliche für die Massaker gewesen sein kann, denn m. E. hatte der Ministerpräsident in keinem sozialistischen Land die Kommandogewalt über die Armee, es sei denn, er übte dieses Amt in Personalunion mit der Funktion eines Generalsekretärs der Partei aus. Der Befehl kann nur von *Deng Xiaoping* gekommen sein, der nach den Ereignissen sogar *Zhao Zyang* als Generalsekretär der Partei wegen angeblicher „Unterstützung des Aufruhrs" absetzte. *Deng* aber wird von westlichen Ländern als der große Reformer, der er ohne Zweifel auch ist, betrachtet und aus der Verantwortung zurückgenommen, und alle Schuld für das brutale Vorgehen der Armee wird *Li Peng* zuerkannt. Das halte ich persönlich für ungerecht. *Li Peng* ist ein Reformer wie *Deng Xiaoping* auch. Er ist ein humaner Mensch, und als Adoptivsohn des auch in westlichen Ländern geachteten *Zhou Enlai* großgeworden, er hat in der Sowjetunion Elektrotechnik studiert und vertritt mit seinen Ansichten das moderne, aufstrebende China.

Offensichtlich kann man das Volk der Chinesen (Han) und die über 50 Minderheiten der Zhuang, Hui, Uiguren, Yi, Miao, Mandshu, Tibeter, Mongolen, Tujia, Bouyei, Koreaner, Yao, Dong und Bai, um nur die wichtigsten und größten zu nennen, nur mit einer festen inneren Ordnung und einer autorisierten Ordnungsmacht regieren, um die wirtschaftliche und kulturelle Entwicklung des Landes sicher auf den Weg des Fortschritts zu führen. Wenn all diejenigen, die China heute kluge Ratschläge zur Wahl seiner Staats- und Verwaltungsformen geben, nur einen Augenblick bereit wären, daran zu denken, was in China wohl passieren würde, wenn die gegenwärtigen Verhältnisse Jugoslawiens dort Einzug hielten, dann wäre klar, daß Verantwortung für ein Fünftel der Menschheit zu haben die eine und in die inneren Angelegenheiten Chinas hineinzureden die andere Seite der Medaille sind. China wird in jedem Fall die Zukunft gehören und Deutschland ist klug beraten, weitsichtig zu handeln, wenn es in China nicht nur einen Absatzmarkt für deutsche Waren und Technologien, sondern auch einen potentiellen Verbündeten in Fernost sieht. Die Visionen *Hu Jaobangs*, wie China 2000, 2021 und 2049 aussehen wird, könnten Wirklichkeit werden. Bei einem Besuch der Volksrepublik China im Frühjahr 1995 konnte ich mich in Peking und Schanghai von der gewaltigen Entwicklungsdynamik des Landes mit der höchsten industriellen Wachstumsrate der Welt selbst überzeugen. Die wirtschaftlichen Sondergebiete, wie

z. B. die Stadtteile Pudong und Shengzhen, sind heute die größten Baustellen der Welt.

Die wirtschaftlichen Beziehungen zu Entwicklungsländern

Der Außenhandel der DDR mit den Entwicklungsländern entwickelte sich von 1949 bis 1970 zunächst recht langsam. Die Gründe dafür waren u. a. das Fehlen diplomatischer Beziehungen, dadurch hatten auch die Handelsvertretungen der DDR einen schweren Stand, denn sie waren in vielen Fällen isoliert. Am DDR-Außenhandelsumsatz waren diese Länder in dieser Zeit mit ca. 1 bis 4 Prozent beteiligt. Die Händler und die Sportler waren in dieser Zeit oft unsere besten Diplomaten. Mit der weltweiten Anerkennung der DDR Anfang der 70er Jahre und der Mitgliedschaft in den internationalen Organisationen wurde das anders. Der Anteil der Entwicklungsländer am Gesamtumsatz des Außenhandels stieg auf 5 bis 8 Prozent an; insbesondere der Export der DDR erhöhte sich rasch und überstieg durch die Vergabe von Krediten den Import stets um 25 bis 45 Prozent. Der Höhepunkt in den Handelsbeziehungen wurde 1985 erreicht, als die DDR Waren für etwa 12,5 Milliarden VGW und 4 Milliarden Valutamark in diese Länder exportierte und für etwa 9,9 Milliarden VGW und 3,9 Milliarden Valutamark importierte. Die größten Handelspartner waren Ägypten, Angola, Algerien, Indien und Syrien, aber auch mit vielen anderen Ländern wie Äthiopien, Moçambique, Sambia und den lateinamerikanischen Staaten bestand ein reger Warenaustausch.

1973 besuchte ich *Indien.* Damals lebten dort etwa 600 Mio. Menschen, heute sind es fast 900 Mio. Zu dieser Zeit waren die politischen Beziehungen zwischen unseren beiden Länder besser als die wirtschaftlichen. Das lag an den guten politischen Kontakten des DDR-Botschafters in Delhi, *Herbert Fischer*, der Nazideutschland verlassen hatte und ein reichliches Jahre persönlicher Mitarbeiter *Mahatma Gandhis* war. Wo wir auch hinkamen, Mr. *Fischer* war in Indien bekannt und wurde geachtet. Er vermittelte auch das Treffen mit der Ministerpräsidentin, *Indira Gandhi*, der Tochter *Jawaharlal Nehrus*. Mich beeindruckte ihr universales Wissen, die Ruhe und Gelassenheit, mit der sie über ihr Land und dessen Schwierigkeiten mit mir sehr offen sprach. Unseren Vorstellungen zum Ausbau der gegenseitigen Handelsbeziehungen stimmte sie zu. Als die sehr zart wirkende Frau plötzlich schwieg und ich schon unruhig wurde, weil der Gesprächsfaden gerissen schien, gab mir *Herbert Fischer* ein Zeichen, das mir signalisierte, daß diese Denkpausen, die Frau *Gandhi* zum Meditieren nutzte, bei ihr üblich waren, und die Gäste in dieser Pause dann ebenfalls schwiegen. Danach setzten wir das Gespräch fort.

Gemeinsam mit dem Minister für Planung *D. P. Dhar* erarbeiteten wir ein Programm zur Entwicklung der ökonomischen Zusammenarbeit für die nächsten Jahre, in dem sich die DDR bereiterklärte, vor allem Textil-, polygraphische- und Werkzeugmaschinen, Kali und Erzeugnisse der chemischen Industrie zu liefern und aus Indien Eisenerz, Glimmer, Sojaschrot, Tee, Gewürze, Kleintierfelle und Erzeugnisse der Textil- und Lederindustrie zu importieren. In Begleitung unseres Botschafters besuchten wir dann Agra und das Taj Mahal, Bangalore, Bombay, Hydarabad, Gudscherad und zum Abschluß Srinagar, die Hauptstadt Kaschmirs, die Heimatstadt des Planungsministers *D. P. Dhar*.

Der Gouverneur von Kaschmir gab uns zu Ehren einen Empfang, an dem auch die Frau des amerikanischen Ökonomen *John Kenneth Galbraith* teilnahm, deren Familie mit dem Gouverneur befreundet war. Während des Essens fragt sie den Leiter meines Sekretariats, *Fritz Weser*, wieso denn Frau *Schürer* ein so reich mit Rubinen besticktes Kleid tragen kann, was doch sicher sehr teuer gewesen sein muß, obwohl wir doch aus einem armen kommunistischen Land kommen. *Fritz Weser* war über diese Frage sehr verdutzt, denn er wollte doch nicht sagen, daß die sog. Rubinen, mit denen das Kleid meiner Frau bestickt waren, aus Lausitzer Glas bestanden. Deshalb antwortete er keß, daß die DDR nicht so arm sei, wie sie es sich vorstelle. Er wisse zwar nicht genau, was das Kleid von Frau *Schürer* gekostet habe, aber es war sicher noch viel teurer, als sie glaube. Mir wäre es lieber gewesen, er hätte für die Glasprodukte aus der Lausitz geworben.

In Hydarabad lief uns auf dem Flugplatz der Führer der "Moskautreuen" Kommunistischen Partei Indiens, *Rajeshwar Rao* in die Arme. „How do you do, Mister *Fischer*“, rief er laut durch die Halle, und der Botschafter stellte mich ihm vor. „Aha“, sagte *Rao* zu mir, „dann sind Sie der Mann, der noch mehr Arbeitslosigkeit in Form von Mähdreschern in unser armes Land exportieren will, wie ich in der Presse gelesen habe?“ „Sind Sie Maschinenstürmer oder Kommunist“, fragte ich zurück, und war danach sehr nachdenklich darüber, wie anders doch die Probleme in diesem Land sich darstellen, denn bisher hatte ich mich doch nur mit einem permanenten Mangel an Arbeitskräften in der DDR zu befassen. Um die Entwicklung der Wirtschaftsbeziehungen mit Indien hat sich in den folgenden Jahren *Gerhard Weiß* außerordentlich verdient gemacht.

Meine Eindrücke über Indien zusammengefaßt zu schildern, fällt mir schwer. Man ist als Besucher erschüttert über die Not und das Elend der Menschen, und erstarrt zugleich in Ehrfurcht über die reichen Schätze der Kultur. Man sieht das aufstrebende neue Indien und neben bitterster Armut ein glanzvolles Leben in herrlichen Palästen. Man steht fassungslos vor dem Geheimnis der Unterschiede von Kasten und Ständen, religiösen Riten und Bräuchen und glaubt, man ist mitten drin in den Märchen von „1001 Nacht“. Man sollte nie sagen, daß man Indien kennt, wenn man für wenige Tage dort war.

Im Juni 1981 führte mich eine Reise nach *Moçambique*. Nach der Befreiung von der Kolonialherrschaft unter Führung der Frelimo-Partei hatte sich der Präsident des Landes, *Samora Machel*, 1979 an *Erich Honecker* gewandt, ob die DDR helfen könne, die Produktion von Steinkohle in Moatice wieder in Gang zu bringen. Zunächst verhandelte ich über die Hilfeleistungen in Berlin mit dem Stellvertreter des Ministerpräsidenten, *Marcelino dos Sandos*, Poet und Wirtschaftspolitiker in einer Person. Die DDR-Führung entschied, Wissenschaftler und geschultes Fachpersonal aus dem Zwickauer Steinkohlenrevier nach Moatice zu entsenden, unter der Bedingung, daß die Regierung Moçambiques die persönliche Sicherheit der Fachleute garantiert. Das war sehr wichtig, weil nach einem Bergwerksunglück belgische Spezialisten als Saboteure bezeichnet und z. T. getötet worden waren. Danach begannen dort bewaffnete Auseinandersetzungen, in der Folgezeit standen die Gruben weiter still und Wasser drang in die Stollen ein. Solche Katastrophen kann man nirgendwo völlig ausschließen, und deshalb verlangten wir strikte Garantien für das Leben und die Gesundheit unserer Leute. Die Sache lief gut und ohne weitere Komplikationen an. Die Spezialisten aus dem Zwickauer Kohlenrevier hatten die Stollen schnell trockengelegt, und die Förderung konnte wieder aufgenommen werden. Durch die Kriegshandlungen zwischen der Frelimo- und der Renamobewegung waren sehr oft die Verkehrswege unterbrochen, so daß die geförderte Steinkohle, die überall dringend benötigt wurde, auf dem Grubengelände auf Halde gelegt werden mußte.

Meine Aufgabe sollte es nun sein, einmal die Realisierung des Abkommens zu überprüfen und zum anderen den Bergleuten und Spezialisten den Dank und die Anerkennung der Regierung der DDR auszusprechen und ihnen Mut für die weitere schwere Arbeit zu geben. Nach Besichtigung der Zeche fand ein großes Meeting statt, an dem mehr als 1 000 „schwarze“ Bergleute teilnahmen, denn unter der Kohleschicht konnte man die weißen Gesichter der Zwikkauer Bergleute nicht ausmachen. Ich hatte zum Schluß meiner Rede wenige Sätze in portugiesisch gesprochen und freute mich, daß die Menge aus heiseren Kehlen „viva“ rief. Als ich die Halle verlassen wollte, war dann die Überraschung auf meiner Seite, denn plötzlich sangen die Anwesenden im breiten sächsischen Dialekt: „Glück auf, Glück auf, der Steiger kommt“. Ich möchte noch bemerken das die Bergleute das Lied komplett vortrugen, das selbst ich, der aus dem Steinkohledorf Auerbach bei Zwickau kommt, nicht mehr sicher beherrschte. Die Zwickauer Bergleute hatten es ihren Kollegen beigebracht, die es nun mit afrikanischer Leidenschaft sangen. In Maputo verhandelte ich über weitere Fragen der wirtschaftlichen Zusammenarbeit mit *Mario Maschungo*, dem Minister für Planung, der wenig später zum Ministerpräsidenten Moçambiques gewählt wurde. Wir hatten danach noch viele Jahre Kontakt, und es ist bedrükkend, daß die Zeit im wesentlichen nicht für, sondern gegen das System der staatlichen Wirtschaft auch unter den harten Lebensbedingungen in Afrika arbeitetet und der Kampf zwischen der Frelimo und den Renamoanhängern ständig neue Opfer unter der Zivilbevölkerung forderte. Heute tut es gut zu wissen, daß der nach dem tödlichen Unfall *Samora Machels* zum Präsidenten Moçambiques berufene frühere Außenminister, *Joaquim Chissano*, mit dem ich 1981 in Maputo im Haus von *Marcelino dos Sandos* eine ganze Nacht über die Vor- und Nachteile des Beitritts Moçambiques als Vollmitglied des RGW diskutiert hatte, 1989 eine Liberalisierung des Landes eingeleitet und 1992 mit dem Renamo-Führer *A. Dhlakama* ein Friedensabkommen unterzeichnet hat. Es ist zu hoffen, daß damit auch die Steinkohle von Moatice wieder über die Eisenbahnstrecke nach Beira transportiert werden kann und dem Verbraucher im Inland bzw. für den Export Moçambiques zur Verfügung steht.

Auf dieser Afrikareise besuchte ich nach Moçambique auch Äthiopien, Tansania und den Südjemen.

In *Äthiopien* wurde ich von dem eitel wirkenden Präsidenten des Landes, *Mengisto Haile Mariam*, in dem mit Standuhren überladenen Saal seines Palastes in Addis Abeba empfangen. Zu jeder vollen Stunde läutete es dort wie in einem Glockenkonzert. Wir sprachen lange über die ökonomischen Beziehungen unserer Länder, die für beide interessant und wichtig waren. Die DDR lieferte ein großes Zementwerk, Lkw, Maschinen und Ausrüstungen. Äthiopien war mit 10 000 t pro Jahr der größte Kaffeelieferant der DDR. Für die DDR mit einem damaligen Bedarf von fast 80 000 t Kaffee/pro Jahr war die Möglichkeit des Imports aus Äthiopien gegen Verrechnungswährung sehr wichtig, weil der größte Teil des Kaffeeimports aus Lateinamerika gegen Freie Devisen bezogen werden mußte. Politisch ist es *Mengisto* nie gelungen, die Bevölkerung für seine Politik zu gewinnen, deshalb konnte er auch die Widerstandsbewegungen im Land nie ganz bezwingen. Es war deshalb nicht überraschend, daß mit den Veränderungen in Europa und dem Untergang der Sowjetunion auch dort die oppositionellen Kräfte gegen das Regime des „Vorsitzenden des Provisorischen Militärischen Verwaltungsrats Äthiopiens", wie *Mengisto Haile Mariam* seine Regierung in Äthiopien nennt, auftraten und die Macht übernahmen. Das Schicksal Eritreas spielt dabei für die weitere Entwicklung des Landes eine große Rolle.

In *Tansania* wollte ich die Gespräche mit dem Planungsminister Professor *Malima*, die in Berlin zuvor begonnen hatten, weiterführen, auch mit dem Ziel, die Wirtschaftskontakte zu erweitern, um neue Absatzgebiete für die DDR-Industrie, insbesondere für den Maschinenbau, zu erschließen. Wir waren besonders interessiert an der Lieferung von Baumwolle, Sisal, Kaffee, Kakao, Häuten und weiteren Landesprodukten, um die Rohstoffbasis unserer Leicht- und Lebensmittelindustrie zu erweitern. Dem Präsidenten Tansanias, *Julius Nyerere*, der schon 1954 die „Tanganyika African National Union" als erste Massenpartei in Afrika gegründet hatte, übergab ich ein persönliches Schreiben *Erich Honeckers*. Dadurch wurde meine Mission erleichtert. In dem Gespräch bekundete *Nyerere* seine Unterstützung für die Entfaltung der Wirtschaftsbeziehungen zwischen den beiden Ländern und schlug dafür die Einrichtung eines gemeinsamen Wirtschaftsausschusses vor. Dieser wurde unsererseits viele Jahre von *Manfred Flegel* mit großer Sachkenntnis geleitet. Im weiteren Verlauf des Gesprächs, das im Gartenhäuschen des Präsidentenpalastes, an dem noch mein Stellvertreter *Dieter Albrecht* und der DDR-Botschafter teilnahmen, gab es dann einen peinlichen Zwischenfall. *Dieter Albrecht* wurde plötzlich so heftig von einer afrikanischen Darminfektion geplagt, daß er keinen anderen Ausweg mehr sah, als in Windeseile hinter einem nahestehenden Baum des Parks zu verschwinden. Als er mit hochrotem Kopf, viele Entschuldigungen murmelnd, zurückkam, sagte *Nyerere* lächelnd: „Machen Sie sich nichts daraus, das ist schon manchem Europäer passiert." *Nyereres* Sekretär flüsterte mir bei der Verabschiedung noch ins Ohr, wir sollten schnell einen schottischen Whisky zu uns nehmen, der wäre genau das Richtige in dieser Situation, denn die Engländer hätten schon gewußt, daß man damit in Afrika am besten überleben kann. Aber ich hatte wohl nicht richtig zugehört oder seinen gutgemeinten Rat nicht ernst genommen! Nachts erwachte ich mit schrecklichen Bauchschmerzen im Hotel des Nationalparks in Mikumi und quälte mich bis zum Morgengrauen furchtbar. Ich wollte aber unbedingt den Naturpark in Selous besuchen, der in etwa mit der Serengeti im Norden des Landes zu vergleichen ist.

Nach dem Frühstück brachen wir auf. Vor dem Hotel wartete ein Hubschrauber auf uns, und vor dem Einsteigen meldete der Pilot nach der Vorschrift: „Herr Minister, der Helikopter ist zum Flug nach Selous bereit. Die Flugzeit beträgt 38 Minuten. Bitte steigen Sie und ihre Begleitung ein." Wir flogen etwa eine Stunde, landeten dann irgendwo in der Savanne. Dort erwartete uns ein Wildhüter. Der Mann stand einfach da, ohne das wir eine Ahnung hatten, wie er dort hingekommen war. Der Mann setzte sich auf den Schoß des Kopiloten, und weiter ging unser Flug. Nach weiteren 40 Minuten landeten wir erneut, diesmal in einem Camp inmitten der Wildnis. Die Weite und Schönheit der Savanne war überwältigend. Wir sahen Elefanten, Büffel, Zebras, Nashörner, Gnus, Gazellen, Kudus,

Kondongos, Impalas und vieles mehr. Den ganzen Tag fuhren wir mit dem Jeep durch die uns unbekannte Natur, mußten noch eine Brücke bauen, weil durch einen Gewitterregen ein Fluß entstanden war, den es vorher hier nicht gab. Am späten Nachmittag erreichten wir wieder unseren Hubschrauber. Der Pilot meldete erneut vorschriftsmäßig die Bereitschaft zum Abflug, gab wiederum die Flugzeit für den Rückflug mit 38 Minuten an. Diesmal flogen wir aber fast zwei Stunden. Der Whisky hatte mir geholfen, alles gut zu überstehen!

Seit dieser Erfahrung in Tansania nahm ich bei weiteren Reisen in warme Länder, sei es nach Südamerika, Afrika oder Asien, stets eine Flasche von dieser „edlen Arznei“ mit.

Welchen Weg wird Nicaragua gehen?

1989 reiste ich das letzte Mal im Staatsauftrag, und zwar nach Nicaragua. Der Präsident *Daniel Ortega* hatte *Honecker* gebeten, mich zu Konsultationen in sein Land zu entsenden. Ich hatte bereits 1985 auf der ersten Assemblea der Sandinisten *Ortega* geraten, die sandinistische Bewegung nicht in eine marxistische Partei umzubenennen, und *Daniel Ortega* wollte mich nun in einer für ihn komplizierten Situation, erneut konsultieren. Meine Gesprächspartner waren neben *Ortega* die Commandante der Revolution *Henry Ruiz*, *Jaimes Wheelok*, *Bayardo Arce*, *Luis Carrion*, *Tomas Borge*, *Victor Tirado*, der Vice-Regierungschef *Sergej Ramirez* und der Planungsminister *Martinez*. Mit *Ortega* selbst hatte ich mehrere ausführliche und offene Gespräche, und wir klammerten keine Probleme aus. Da in der DDR inzwischen die Situation eingetreten war, daß wir von der Schönfärberei in die tiefe gesellschaftliche Krise geraten waren, beeindruckte mich die realistische Analyse der Situation des Landes durch die führenden Politiker Nicaraguas besonders. „Mit dem Gesicht zum Volke und nicht mit den Füßen in der Wolke“, so lautete die Zeile in einem Lied, das der Liedermacher *Gerhard Schöne* für die Kinder Nicaraguas geschrieben hatte. Die Inflationsrate betrug 1988 36 000 Prozent und galoppierte weiter nach oben. Die Bauern boten ihre Produkte an, aber niemand hatte Geld, sie zu kaufen. Im

Lande gab es Stromsperren, denn die uralten Siemens-Turbinen waren defekt, und für Ersatzteile oder neue Turbinen fehlten die Devisen. Die gesamte Energiekapazität des Landes betrug nur noch 200 Megawatt, d. h. so viel, wie die Leistung einer einzigen Turbine des Kraftwerkes in Lübbenau oder in Vetschau. Die Produktion stockte, weil Energie und Material fehlten. Die Hauptstadt Managua sah noch immer aus wie nach dem schweren Erdbeben vom Dezember des Jahres 1972.

Die damals eingehenden Spenden und finanziellen Hilfsmittel internationaler Organisationen zum Wiederaufbau hatte der *Samoza*-Clan für persönlichen Zwecke verbraucht. *Daniel Ortega* sah als Ausweg aus dieser komplizierten Situation nur noch zwei Möglichkeiten: Entweder unterstützen die RGW-Länder Nicaragua mit einem Kredit in Höhe von 200 Mio. Dollar, oder die Führung Nicaraguas muß „eine Art Kriegskommunismus einführen". Ich bat um Bedenkzeit. Die war bitter nötig, denn ich sah außer den 90 000 t Erdöl, die die DDR schon seit einigen Jahren aus dem sowjetischen Kontingent Nicaragua zur Verfügung stellte und der Bereitstellung von 10 Mio. VM in freien Devisen durch die DDR, die *Erich Honecker* anläßlich des Besuches von *Ortega* in Berlin schon zugesagt hatte, keine weiteren Möglichkeiten der finanziellen Hilfen. Daß die übrigen RGW-Länder den benötigten Kredit in Höhe von 200 Mio. Dollar Nicaragua zur Verfügung stellen könnten, hielt ich für ausgeschlossen. Aber damit war das Hauptproblem des wirtschaftlichen Niedergangs Nicaraguas nicht gelöst, sondern nur für kurze Zeit aufgeschoben.

Nach diesem Gespräch besuchte ich zunächst das Kraftwerk und eine Textilfabrik in Managua. Danach fuhr ich mit Commandante *Wheelok* auf die Dörfer und spürte die große politische Autorität, die die Führung der Sandinisten im Volk weiterhin besaß, trotz aller wirtschaftlicher Probleme. Im abschließenden Gespräch faßte ich, ohne daß ich mir Rückendeckung aus Berlin geholt hatte, den Mut, *Ortega* einen dritten Weg vorzuschlagen, nämlich zur Politik des Bündnisses mit den bürgerlichen Kräften, das 1979 beim Sturz *Samozas* schon einmal funktioniert hatte, zurückzukehren. Ich riet ihm weiterhin, keine weiteren Enteignungen vorzunehmen, und dafür den Unternehmern eine Perspektive für die Zukunft zu geben, schrittweise wieder mehr Privatwirtschaft zuzulassen und auf diesem Weg, unter Nutzung der Autorität der Sandinistischen Führung, die Produktivkräfte im eigenen Land zu entwickeln. Über diese dritte Möglichkeit hatte *Daniel Ortega* vielleicht auch schon nachgedacht, aber er hatte sie bis dahin immer wieder ausgeschlossen. Er hörte sich alles an, äußerte sich aber nicht zu meinen Vorschlägen. Die Sandinisten fanden kein gangbares Konzept und verloren die folgenden Wahlen. Auch heute, nach dem Wahlsieg des oppositionellen Bündnisses UNO 1990 mit *Violeta Barrios de Chamorro* als Präsident an der Spitze, geht in Nicaragua ohne die Sandinisten in der Politik nicht viel. Ich glaube, daß die jungen intelligenten Führungspersönlichkeiten der FSLN, gemeinsam mit den anderen demokratischen Kräften, den Staat Nicaragua durch eine neue Politik, durch die Förderung der Wirtschaft und durch die schnelle Erschließung der reichen Ressourcen an Eisen, Zink, Nickel, Wolfram, Kupfer, Gold, Silber, Erdöl aus dem wirtschaftlichem Tief herausführen werden.

Inzwischen hat Nicaragua umfangreiche Entwicklungshilfen erhalten, und dennoch lebt der Großteil der Bevölkerung weiterhin an der Armutsgrenze. Mit fast 60 Prozent Arbeitslosigkeit und etwa 25 Prozent Analphabeten sind dringend weitere Maßnahmen im Interesse der Bevölkerung in dem flächenmäßig größten zentralamerikanischen Staat notwendig. Meines Erachtens haben die Sandinisten keine andere Wahl, wollen sie als politische Kraft weiterbestehen, als sich wieder auf ein breites Bündnis wie zu Zeiten des Kampfes gegen die *Samoza*-Diktatur zu besinnen, um gemeinsam mit den bürgerlichen Kräften ein demokratisches System mit sozial-marktwirtschaftlicher Orientierung zu schaffen und ausländisches Kapital, das zum Aufbau der Wirtschaft unbedingt benötigt wird, ins Land zu holen. Anstatt Flügelkämpfe auszufechten, die stets die Gefahr der Spaltung in sich tragen, sollte sich die Führung der sandinistischen Bewegung, besonders *Daniel Ortega* und *Sergio Ramirez* und die übrigen Comandante, auf ein regierungsfähiges Programm für die 1996 anstehenden Wahlen verständigen. Tun sie es nicht, laufen sie Gefahr, zu einer einflußlosen Gruppe orthodoxer Ideologen zu werden. Finden sie aber die Kraft, die persönlichen Ambitionen zurückzustellen und das Wahlprogramm einheitlich zu vertreten, wird man auch in Zukunft ohne die „Frente Sandinista de Liberation National“, Nicaragua nicht regieren können.

Das Ende der DDR und des realen Sozialismus

Die DDR in den Monaten der Wende

Insgeamt wurde in den 80er Jahre immer deutlicher, daß die DDR mit der ungenügenden Effektivität ihres Systems, der einseitigen Bindung an den Ostmarkt sowie durch das Embargo der westlichen Allianz nicht „die Höhen“ der Hochtechnologien erreichen konnte. Außerdem wurde deutlich, daß die Arbeitsproduktivität in der DDR etwa 40 Prozent hinter der der hochentwickelten kapitalistischen Länder zurückblieb. Die Ursachen dafür lagen zum einen darin, daß z. B. die Sozialausgaben wie Betriebsessen, Polikliniken, Ferienwesen, Kindereinrichtungen, Sportclubs usw. in den Gemeinkosten der Betriebe enthalten waren. Diese sozialen Errungenschaften der sozialistischen Gesellschaft fielen nach der Wende weg, was viele Menschen als sehr schmerzhaft empfunden haben. Aber das war nur die eine Seite. Die ständig sinkende Valutarentabilität des Exports war ein untrügliches Zeichen für die Schwächen im Wirtschaftssystem selbst. Kein Land der Welt kann mit so geringen Investitionen im produktiven Bereich auf Dauer ein breites Produktionsprofil auf Weltmarktniveau entwickeln und aufrechterhalten, wie es der DDR-Wirtschaft durch die Umstände und die verordneten Schwerpunkte in der Wirtschaftspolitik auferlegt wurde. Für mich war es eine außerordentliche Leistung der Wissenschaftler, Ingenieure, Chemiker und der Produktionsarbeiter, daß sie auf vielen Gebieten international beachtlich mithalten konnten.

Die Sowjetunion als unser Hauptpartner hatte sich zwar eine leistungsfähige Forschungsbasis geschaffen, verbrauchte aber ihre Kräfte im Rüstungswettlauf mit den USA und der NATO. „Dieser Moloch verschlang alles, was um den Preis harter Arbeit und schonungsloser Ausbeutung eines Produktionsapparates erzielt wurde, der dabei auch noch völlig verschlissen wurde und besonders im Maschinenbau sowie in den extraktiven Industriezweigen einer Modernisierung bedurft hätte“, schreibt *Gorbatschow* in seinen „Erinnerungen“. Darüber hinaus verlor die sowjetische Wirtschaft den innovationsextraktiven Industriezweigen einer Modernisierung bedurft hätte", schreibt *Gorbatschow* in seinen „Erinnerungen". Darüber hinaus verlor die sowjetische Wirtschaft den Innovationsschub aus der militärischen Forschung auf die Ökonomie als Ganzes durch eine überzogene Geheimhaltung. Oft gelangten die neuesten Erkenntnisse über viele Jahre nicht aus den sog. „sakrytie sawodi" (geschlossene Betriebe) in die zivile Produktion, was in westlichen Ländern nicht länger als ein bis zwei Jahre dauert.

Versuche der DDR, mit der Bundesrepublik Deutschland und anderen kapitalistischen Ländern Kontakte herzustellen, um auf den Gebieten moderner Technologien zusammenzuarbeiten oder zu kooperieren, wurden in Moskau argwöhnisch betrachtet und führten zu Beginn der 70er Jahre zur Beschuldigung *Günter Mittags* durch *Leonid Breshnew*, er sei ein Agent des Westens. Da aber die DDR ohne die Sowjetunion nicht lebensfähig war, bzw. nicht allein diese politischen Entscheidungen fällen konnte, bot sich dafür keine Alternative.

Wir hatten eine beträchtliche Anzahl neuer, modern ausgerüsteter Betriebe gebaut und veraltete Betriebe modernisiert. In den Jahren 1972 bis 1989 hat die DDR jährlich für etwa 3 bis 4 Milliarden Valutamark Maschinen und Ausrüstungen aus kapitalistischen Ländern importiert, also kumulativ mehr als 50 Milliarden VM. Und es wird niemand in der Welt behaupten, daß dies alles „marodes Zeug" war, was man uns verkauft hat, wie es bei der Privatisierung des DDR-Vermögens nach 1989 so oft behauptet wurde. Auch die DDR produzierte eine Vielzahl moderner Erzeugnisse - besonders im Maschinenbau -, die auf dem Weltmarkt gern gekauft wurden. Infolge der auf 9 Prozent gesunkenen Rate der produktiven Akkumulation, d. h. dem Anteil der jährlichen Investitionen in produzierenden Bereichen am Nationaleinkommen des Staates, und der Überkonzentration der Investitionen auf ausgewählte Zweige wurden jedoch mit den verbleibenden Mitteln die Probleme der Erhaltung, Modernisierung, des Verschleißes, der Ersatzteilversorgung und der Aussonderung veralteter Technik kaum mehr beherrscht.

Noch erreichte die DDR 1989 ein Anwachsen des produzierten Nationaleinkommens von fast 3 Prozent, aber die Pläne wurden nicht mehr erfüllt. In der UdSSR und den meisten sozialistischen Ländern hatte die DDR wachsende Guthaben, die sich aber nicht mit den Schulden gegenüber der westlichen Welt verrechnen ließen. Auch die Infrastruktur blieb immer weiter hinter den Anforderungen zurück. Ich würde gegen niemanden polemisieren, der solche 1990 übernommenen Mängel unserer damaligen wirtschaftlichen Tätigkeit heute „marode“ nennt, sofern er bereit ist, die Aktivposten des DDR-Erbes anzuerkennen, die man nach der Wende leider nicht selten für Billigpreise stillschweigend in privates „West“eigentum übertragen hat.

Auf dem Gebiet des Wohnungsbaus hatte die DDR 15 Jahre lang das mit etwa 360 Milliarden Mark Aufwand umfassende Programm realisiert und damit viel Gutes geschaffen. „Wo früher noch der Bulle war, da ist schon heut ein Boulevard“, hieß es treffend in einem Song. Trotz der Propaganda gegen die Plattenbauten stören Millionen Menschen in diesen Wohngebieten heute die gestiegenen Mieten mehr als die angeblich faden Lebensbedingungen in ihrem früher sozialistischen Wohnviertel. Aber die dringend notwendigen Reparaturen an den Altbauten und - wegen mangelnder Qualität - teilweise auch an Neubauten waren vernachlässigt worden, und ganze Stadtteile oder Altstädte verfielen immer mehr. Losungen wie in Leipzig: „Dächer dicht bis 1990“ veranschaulichten diese Misere, und sie waren noch nicht einmal real.

Mit wachsenden Problemen war die DDR auf dem Gebiet des Umweltschutzes konfrontiert. Eine Braunkohleförderung von 315 Mio. t jährlich, die höchste Fördermenge aller Länder in der Welt, und ihre Verarbeitung zu Elektroenergie, Briketts, BHT-Koks, Gas und Wärme sowie die veraltete Kohle-Karbidchemie aus der „IG Farben-Zeit“, die Aluminiumelektrolysen, die Wismut und die Standorte und Übungsplätze der Sowjetarmee - bei der NVA war das nicht in dem Umfang der Fall -, hinterließen ihre Spuren und belasteten die Umwelt mit Schwefeldioxid, Kohlenmonoxid, Staub, Quecksilber, chemischen Abprodukten, Altölen und einer Reihe von anderen schädlichen Stoffen. In der Landwirtschaft waren es besonders die Großanlagen der Tierproduktion, die Belastungen für die Umwelt, insbesondere mit Nitraten hervorriefen. Chemische Mittel wurden dagegen bedeutend weniger als in westlichen Ländern eingesetzt. Gleichzeitig gab es in der DDR große Gebiete urwüchsiger Natur, die nicht kommerziell zersiedelt waren, und viele Naturschutzgebiete im besten Zustand. Die Wasserrückhaltung mit Talsperren und Staubecken war gut ausgebaut. Ferner verfügte das Land über ein ausgezeichnetes System der Abfallvermeidung, Altstofferfassung und Wiederverarbeitung, das man hätte weiterführen können. Papier und Pappe wurden mit einem Anteil von 40 Prozent Altpapier hergestellt. Mit „Deinking-Anlagen" (Enttintungsanlagen) aus England wurden Druckfarben ausgewaschen und so eine hohe Stufe der Mehrfachverarbeitung erreicht. Pro Tonne Papier sparten wir auf diese Weise Energie und acht Bäume. Massenhaft wurden Rücklaufverpackungen eingesetzt, insbesondere aus Glas, Holz und Pappe. Plaste wurde sortiert und wiederverwendet. Insgesamt setzte die DDR jährlich 32 Mio. t Rohstoffe aus der sekundären Verarbeitung ein, und ein höherer Arbeitsaufwand sowie Mängel in der Qualität und Brillanz der Verpackungen wurden bewußt in Kauf genommen. Die Belastung der Natur mit Stickoxyden war in der DDR mit am geringsten in Europa, da weniger Autos als im Westen fuhren und die Zweitaktmotoren mit niedrigen Verbrennungstemperaturen arbeiteten. Dafür stanken und qualmten sie durch die verbrennende Ölbeimischung beträchtlich. Auch hier ist eine differenzierte Betrachtung angebracht, ohne die wirklich großen Probleme des Umweltschutzes unter den Tisch kehren zu wollen.

Im Sommer des Jahres 1989 war die Stimmung der Menschen in der DDR auf einem Tiefpunkt angelangt. Eine „Bevölkerungsumfrage" hätte damals für die Politiker in Ost und West erstaunliche Ergebnisse gebracht. Ich würde sie wie folgt beschreiben: *Erich Honecker* und das Politbüro hätten kein Mandat mehr erhalten. Die SED hätte keine absolute Mehrheit der Stimmen bekommen. Die Blockparteien wären froh gewesen, wenn wenigstens ihre Mitglieder zu ihnen gehalten hätten. Am besten hätte vielleicht die LDPD in der Gunst der Befragten abgeschnitten, weil der Vorsitzende der Partei, *Manfred Gerlach*, vorsichtig, aber sichtbar auf Abstand zur offiziellen Politik gegangen war. Mit überwältigender Mehrheit hätte sich die Bevölkerung für eine Regierung der Vernunft und der Koalition aller politischen Kräfte ausgesprochen, die eine Konföderation mit der Bundesrepublik anstrebt und die Reiseerleichterungen durchsetzt. Aber nur sehr wenige hätten ihre Stimmen für einen schnellen Anschluß der DDR an die Bundesrepublik abgegeben. Auch die Opposition in der DDR, die bereit und - wie später der Runde Tisch zeigte - auch in der Lage war, Regierungsverantwortung zu übernehmen, war für die Erhaltung der DDR.

Leider habe ich damals aus einer persönlichen Verärgerung heraus, weil er mich nie akzeptierte, *Alfred Neumann* nicht unterstützt, als er die Ablösung *Mittags* in einer Sitzung des Politbüros forderte. Ich tat es aber auch deshalb, weil ich nur an den Erfolg notwendiger Änderungen in der DDR glaubte, wenn *Honecker, Mittag* und *Herrmann* von ihren Funktionen entbunden worden wären. Und letztlich wollte ich Genugtuung dafür, weil *Neumann* mich auch nicht unterstützt hatte, als *Mittag* meine Reformvorschläge abschmetterte. Das war jedoch ein großer politischer Fehler. So konnte während *Honeckers* Krankheit in den Monaten vor der Wende *Günter Mittag*, der überraschend zu seinem Vertreter nominiert worden war - *Honecker* übertrug sonst für die Zeit seiner Abwesenheit stets die Vertretung *Egon Krenz* oder *Kurt Hager* - die dringend notwendigen Beschlüsse dadurch blockieren, daß er ständig sagte und es immer wiederholte , „das habe ich mit *Erich* so abgestimmt". Auch *Hager* und *Krolikowski*, die darauf drängten, die Sprachlosigkeit des Politbüros zu beenden, ließen sich darauf ein, die Rückkehr *Honeckers* abzuwarten. Der Kollaps kam immer näher.

Die Planer sahen anhand untrüglicher Zahlen das Ende der DDR viel früher voraus als mancher andere. Aber uns allen fehlte die Kraft und der Mut, notwendige Veränderungen durchzusetzen. Ich beschäftigte mich damals mit dem Gedanken, dem Politbüro eine Halbierung der Aufwendungen für den Verteidigungs- und Sicherheitsbereich vorzuschlagen. Der Anteil an den Gesamtausgaben des Staatshaushalts eines Jahres betrug für diesen Bereich immerhin 7 bis 8 Prozent. Diese Zahl kann aber nicht mit dem Anteil der Ausgaben für die Bundeswehr und die Sicherheitsbehörden am Staatshaushalt der Bundesrepublik Deutschland verglichen werden, da der Haushalt der DDR außer den Steuern auch die abzuführenden Nettogewinne der volkseigenen Wirtschaft enthielt, also größer war und somit eine prozentuale Anteilrechnung nicht vorgenommen werden kann. Wir lagen mit den Ausgaben in der DDR weit hinter der UdSSR und an der untersten Grenze der Staaten des Warschauer Vertrages.

Da man mit Prozentzahlen viel Unheil anrichten kann, möchte ich deshalb am Beispiel des Jahres 1988 absolute Zahlen nennen: Bei einem Staatshaushalt von 270 Milliarden Mark betrugen die Ausgaben für den Verteidigungs- und Sicherheitsbereich 21,7 Milliarden Mark = 8 Prozent. Etwa die Hälfte dieser Ausgaben waren Personalkosten und die andere Hälfte waren Sachkosten. Wenn man 150 000 Menschen für die Produktion freigesetzt und entsprechend weniger an Waffen, Ausrüstungen, Munition, Technik und Verbrauchsgüter bereitstellt hätte, wären durch die Freisetzung zusätzliche Fonds für die Volkswirtschaft vorhanden gewesen. Anstatt große Teile des Nationaleinkommens zu verbrauchen, hätten die dann freigesetzten Mitarbeiter aus diesen Bereichen mit einer produktiven Arbeit zusätzliche volkswirtschaftliche Werte erwirtschaften können.

Wie man aber die Halbierung der militärischen Ausgaben bei der im Warschauer Pakt abgestimmten Verteidigungsstrategie durchsetzen und in kürzester Zeit durch den Einbau der freigesetzten Menschen in die Volkswirtschaft ein exportfähiges Produkt von mehreren Milliarden Mark produzieren sollte, das wir benötigten, um die Zahlungsfähigkeit der DDR zu gewährleisten, war mir unklar. Auch hätte ich ohne eine rettende Idee, wie das durchzuführen sei, im Politbüro niemanden gefunden, der diesen Vorschlag unterstützt hätte. Deshalb verfolgte ich diese Gedanken nicht weiter, denn ich fand keinen Ausweg.

Gab es die Chance einer deutsch-deutschen Lösung?

Ja, es gab eine Chance. *Mittag* hat nach eigenen Angaben bereits 1986 mit „*Gerhard Beil* und wenigen anderen" über eine Konföderation mit der BRD gesprochen, doch damals wurde davon nichts bekannt. Es wäre aber der ideale Zeitpunkt für eine solche Initiative gewesen. Bekannt sind aber die starken Bestrebungen zur Kooperation in der Wirtschaft zwischen der DDR und der Bundesrepublik, die besonders durch *Günter Mittag*, *Alexander Schalck-Golodkowski*, *Gerhard Beil* und mit kräftiger Unterstützung *Erich Honeckers* forciert wurden. Die intensiven Kontakte mit den führenden Industriellen der Bundesrepublik wie *Wolf von Amerongen*, *Berthold Beitz*, *Ernst Pieper*, *Karl Hahn* und vielen anderen führten zu Geschäftsabschlüssen, die

die Beziehungen zwischen den beiden Staaten belebten. Obwohl ich von diesen Kontakten mit den westlichen Politikern und Wirtschaftsgrößen prinzipiell mit dem Argument ausgeschlossen war, daß ich mit der UdSSR, dem RGW, den anderen sozialistischen Ländern und den Entwicklungsländern genug zu tun habe, unterstützte ich die Zusammenarbeit und Kooperation mit der Bundesrepublik und den anderen westlichen Industriestaaten so gut ich es konnte, solange eine Refinanzierung absehbar war. Jene aber, die nur einkaufen und dem Staat überlassen wollten, wie er die Chose bezahlt, fanden in mir nicht den gewünschten Partner.

Bei jedem Besuch der Leipziger Messe ließ es sich *Honecker* nicht nehmen, einem der großen Wirtschaftschefs der Bundesrepublik seine Aufwartung zu machen. Das waren stets herzliche Gespräche, die zwar nicht immer zu unmittelbaren Geschäftsabschlüssen führten, aber eine sachliche und auch konstruktive Atmosphäre für konkrete Wirtschaftsverhandlungen in der Folgezeit aufbauten. Die Kontakte zu den Firmen wie Höchst, Krupp, BASF, Lurgi, Salzgitter, Salamander, Schiesser, Triumph, Blaupunkt und die Abschlüsse über größere Projekte wie über die Verbesserung der Gewässergüte der Elbe, den Stromverbund, den Ausbau der Transitautobahn Berlin - Helmstedt und des Domhotels in Berlin hatten „Pilotcharakter", wurden aber nicht nur in Moskau, sondern auch von einigen Politbüromitgliedern mit großem Mißtrauen verfolgt. Die politischen Gespräche zwischen den führenden Persönlichkeiten der Bundesrepublik und der DDR waren Alltag. Zu den häufigen Gesprächspartnern *Honeckers, Mittags* und *Schalck-Golodkowskis* gehörten neben *Helmut Schmidt, Helmut Kohl, Richard von Weizsäcker* auch *Franz Josef Strauß, Otto Graf Lambsdorff, Björn Engholm, Eberhard Diepgen, Gerhard Stoltenberg, Heinz Riesenhuber, Lothar Späth, Walter Leisler-Kiep, Birgit Breuel* und andere. Ich bin davon überzeugt, wenn beide Seiten die Möglichkeiten der Konföderation zwischen den beiden deutschen Staaten als einen gangbaren Weg angesehen und das gemeinsam der Führung der Sowjetunion vorgetragen hätten, hätte diese vielleicht zögernd und unter bestimmten Bedingungen, letztlich doch zugestimmt.

Als ich in einem vertraulichen Gespräch mit *Alexander Schalck-Golodkowski* und meinem Stellvertreter *Siegfried Wenzel* im Mai 1988 über die Möglichkeit der Konföderation mit der Bundesrepublik sprach, war das wahrscheinlich die letzte Chance für einen solchen Weg. Aber auch wir beließen es bei einem „Gespräch am Kamin", weil wir für die Umsetzung keine Möglichkeiten sahen. Die Konföderation als völkerrechtliche Verbindung zweier selbständiger Staaten zum Zwecke eines Schutzbündnisses nach außen, eines Friedensbündnisses nach innen und einer wirtschaftlichen Kooperation hätte wohl am besten den damaligen Bedingungen entsprochen. In der Zeit der Wende als die Grenzen noch bestanden, fragte mich *Wolfgang Herger*, ob ich eine Konföderation mit der Bundesrepublik für möglich halte. Aber zu diesem Zeitpunkt war der Zug schon abgefahren. In diesen Tagen waren die Rufe nach der Einheit Deutschlands bereits unüberhörbar geworden, und für Verhandlungen über eine Konföderation hätten wir in der Bundesrepublik keinen Partner mehr gefunden.

Gab es in der DDR weitere Chancen für wirtschaftliche Reformen?

Spätestens Mitte der achtziger Jahre, als die DDR durch Exportüberschüsse ihre Außenhandelsbilanz gegenüber den kapitalistischen Ländern insofern etwas konsolidiert hatte, daß der Saldo von Forderungen und Verbindlichkeiten sich nicht mehr in diesem rasanten Tempo verschlechterte wie vorher und als mit *Michael Gorbatschow* grundsätzliche Änderungen in der sowjetischen Politik gegenüber den sozialistischen Ländern und auch zur Entspannung gegenüber den westlichen Staaten wirksam wurden, hatte die DDR und vielleicht auch der Sozialismus in Europa noch eine zweite große Chance, durch innere Reformen und Veränderung seiner Außenpolitik zu überleben oder zumindest geschichtlich einen anderen Weg zur Einheit beider deutscher Staaten sowie der Entwicklung der Länder des Ostblocks zu gehen. Mich bewegt noch heute der Gedanke, wie sich der Verlauf der Geschichte wohl gestaltet hätte, wenn *Honecker* und *Mittag* im Jahre 1986 ernsthaft eine Konföderation der Deutschen Demokratischen Republik mit der Bundesrepublik angestrebt, offiziell im Politbüro vertreten und mit Beschlußvollmacht verhandelt hätten und nicht Mittag nur darüber „nachgedacht" und, sofern man ihm glauben kann, mit *Gerhard Beil* und einigen anderen darüber geredet hätte, wie er in seinem Buch „Um jeden Preis" geschrieben hat. Ich bin mir fast sicher, daß es einen für den Einigungsprozeß für beide deutschen Staaten sanfteren und für beide Teile Deutschlands erfolgreicheren Weg zu einem auf gesunder Basis vereinten Deutschland gegeben hätte, muß aber die Verantwortung, daß dieses nicht möglich wurde, wohl doch vorwiegend auf unserer Seite und nicht bei den Verantwortlichen der Bundesrepublik suchen. Wie siegessicher haben wir doch in Wirklichkeit unser System der „entwickelten sozialistischen Gesellschaft" dargestellt und uns dem kapitalistischen Deutschland gegenüber eine ganze geschichtliche Epoche voraus gefühlt. Wie weit waren wir überhaupt von dem Gedanken „ Deutschland einig Vaterland" entfernt, der Bestandteil unserer Nationalhymne war, den aber nicht nur die Politiker des Ostens, sondern auch zahlreiche einflußreiche Leute des Westens aus ihrem konzeptionellen Gedächtnis verbannt hatten. „Lieber ein halbes Deutschland ganz als ein ganzes Deutschland halb" sagte schon *Konrad Adenauer*. „Wir lieben Deutschland so sehr, daß wir froh sind, daß es zwei davon gibt", sagte ein Großer der französischen Politik und andere sagten das Gleiche mit anderen Worten. Auch diesen Versuch einer Konföderation der beiden deutschen Staaten nicht rechtzeitig unternommen zu haben, kann und muß man heute als eine nicht genutzte Chance bezeichnen.

Schließlich kann man noch die Frage aufwerfen, ob denn nicht die Regierung *Modrow* oder die Regierung des nach den Volkskammer-Neuwahlen gewählten Ministerpräsidenten *Lothar de Maizière* die Möglichkeiten hatten, bessere Bedingungen für die wirtschaftliche Entwicklung der DDR und die Erhaltung einer stabileren Position im Sinne der Vereinigung von zwei deutschen Staaten über einen Einigungsvertrag zu schaffen, der Stufen mit zeitlich gestaffelten Maßnahmen vorsah, anstelle des Beitritts oder klarer gesagt der ad hoc Eingliederung in die Bundesrepublik in der Wende-und Nachwendezeit. Aus eigenem Erleben kann ich bestätigen, wie klug und äußerst aktiv *Hans Modrow*, seine Stellvertreter *Lothar de Maizière* und Professor *Christa Luft* sowie die zumeist neu berufenen Minister buchstäblich in Tag- und Nachtarbeit und faktisch in Form einer „Doppelherrschaft" mit den sehr sachkundigen und leidenschaftlichen Persönlichkeiten des Runden Tisches alles in ihren Kräften stehende taten, um das Land umzugestalten und die internationalen

Bindungen nicht abreißen zu lassen, in die es eingebunden war. Aber Tag für Tag verengte sich ihr Handlungsspielraum. Schon die Nacht vom 9. zum 10. November 1989, als die Mauer fiel, die wie kaum ein anderer Faktor die eiserne Grenze zwischen Ost und West markierte, die bis zu diesem Zeitpunkt zwei unterschiedliche Gesellschaftssysteme und zwei hochgerüstete Militärblöcke voneinander trennte, hatte die politische Landschaft in Europa, ja sogar in der Welt grundlegend verändert. In dieser Nacht war, glücklicherweise ohne jeden Schuß und ohne jeden ernsten Zwischenfall, aber auch ohne jegliche Gegenleistung, eine geschlossene Bastion zum offenen Staat geworden, für dessen Öffnung noch wenige Zeit vorher großzügig bedeutende materielle Mittel und politische Zugeständnisse gewährt worden wären.

Als dann die neue, demokratisch gewählte Volkskammer, für viele überraschend, die CDU als Wahlsieger sah, eine Partei, die unter *Gerald Göttings* Führung nach der Demokratischen Bauernpartei am festesten zur SED gestanden hatte und die Volkskammer den integren *Lothar de Maizière* zum Ministerpräsidenten berief, war der politische Handlungsspielraum für eine relativ selbständige DDR-Regierung für Verhandlungen mit der Bundesrepublik eigentlich noch gewährleistet. Der Premierminister *de Maizière* selbst und die von ihm benannten klugen Köpfe der DDR-Verhandlungsdelegation zum Einigungsvertrag unter der Leitung des Parlamentarischen Staatssekretärs beim Ministerpräsidenten, *Günther Krause*, der später leider als Verkehrsminister der Bundesregierung politisch scheiterte, aber zunächst diese Verhandlungen überlegt und selbstbewußt führte und die Interessen einer politischen Mehrheit des Landes entschieden wahrnahm, wurden auch mit allem Respekt in Bonn als Vertreter des zweiten deutschen Staates, der Deutschen Demokratischen Republik behandelt, die völkerrechtlich in ein enges Vertragssystem mit der UdSSR eingebunden war, als deren Interessensphäre galt und dem Warschauer Pakt angehörte. Es gibt keinerlei Hinweise darauf, daß *Krause* in dieser Zeit mit gezinkten Karten gespielt hätte und sein späteres politisches Scheitern in Bonn hat andere Gründe als seine Rolle in den Verhandlungen zu diesem Vertrag. Ich glaube sogar bis heute, daß viele der positiven Seiten des Einigungsvertrages zumindestens marginal das Verdienst der DDR-Delegation aus diesen Beratungen sind. Als aber dann *Michael Gorbatschow* bei einem freundschaftlichen Treffen mit Bundeskanzler *Helmut Kohl* in der entspannten Atmosphäre am Fuße des Kaukasus das Schicksal der DDR in dessen legte, war auch diese Chance der Regierung unter Lothar de Maizière verspielt und das „fast paritätische" Gleichgewicht der Kräfte in den weiteren Verhandlungen war nicht mehr vorhanden. „Fast paritätisch" nenne ich es vor allem deshalb, weil natürlich die DDR-Seite schon vorher ökonomisch gegenüber der Bundesrepublik an einem recht kurzen Hebel saß. Sicher hat *Gorbatschow* Recht, wenn er in seinem Buch „Erinnerungen" schreibt, wem anders als den Deutschen hätte er denn das Schicksal der DDR übergeben können. Aber Deutsche gab es in Ost und West und zumindest für bestimmte Bedingungen und Schritte dieses Übergangs zur Einheit hätte er sich im Interesse der Bürger der Sowjetunion selbst und der Bürger dieses befreundeten Landes DDR sowie auch seiner „Bruderpartei" SED stark machen können, die über 40 Jahre lang, oft nicht zu ihrem eigenen Nutzen, die sowjetischen Positionen stabil vertreten hatten und nun von ihren Freunden ganz allein gelassen wurden.

Damit war m. E. die letzte Chance vergeben, etwas zum Erhalt von DDR-Positionen im Prozeß der Wende-und Nachwendezeit zu beeinflussen, denn alles, was dann geschah, hat schon den Charakter von „man hätte" und „man sollte", aber man konnte eben nicht.

Hatte die DDR 1990 überhaupt eine Überlebenschance?

Wenn man nun einmal nur einen Moment lang unterstellt, daß wir in der DDR in jedem Abschnitt unserer geschichtlichen Entwicklung wenigstens die gröbsten Fehler vermieden hätten und durch jeweils notwendige positive Veränderungen unserer politischen Strukturen, wie durch rechtzeitiges Auswechseln führender Politiker und den entschlossenen Einsatz kluger politischer Persönlichkeiten wie *Werner Lamberz*, *Werner Felfe* oder *Egon Krenz* anstelle von Honecker an die Spitze der SED, durch Entfaltung der innerparteilichen Demokratie, durch kluge Politik mit den verbündeten Parteien und der ständigen Einbeziehung der breiten Volksmassen in den Entscheidungsprozeß bei Aufwertung der Rolle der Volkskammer zum Obersten Souverän, durch rechtzeitige wirtschaftliche Reformen wie dem Neuen Ökonomischen System und eine gewisse Öffnung unseres Marktes gegenüber westlichen Ländern bis hin zur wirtschaftlichen Kooperation und zur Bildung gemeinsamer Betriebe mit kapitalistischen Unternehmungen, durch allseitige Entfaltung von Kunst und Kultur, durch bedeutend weniger Aufwand für die Bereiche Verteidigung und Sicherheit, durch vernünftige, den Weltmarktbedingungen angenäherte Preise, durch weniger Subventionen und Akzisen, durch Beibehaltung und Förderung der kleinen privaten bzw. halbstaatlichen Betriebe, des Handwerks und Gewerbes sowie insgesamt durch mehr Toleranz und weniger ideologischen Kampf die DDR zu einer echten alternativen Deutschen Demokratischen Republik gegenüber der Bundesrepublik Deutschland geführt hätten, wie hätte sich dann wohl die Geschichte der beiden deutschen Staaten gestaltet? Wie hätte die Welt auf dieses anziehende Experiment der Geburt eines solchen sozialistischen Staates im Herzen Europas wohl reagiert?

Die marxistische Theorie hätte mit einer gewissen Sicherheit die Grundlage einer solchen Politik bieten können, konnten es aber auch die realen praktischen Bedingungen, die nach dem Ende des Zweiten Weltkrieges entstanden waren? Nein! Eine solche Chance war zu keinem Zeitpunkt gegeben und alle Gedanken in diese Richtung mußten ein Traum bleiben. Ich persönlich glaube, daß die Möglichkeiten wohl für die eine oder andere Maßnahme, keinesfalls jedoch insgesamt für eine solch liberale Entwicklung vorhanden waren. Es gab keine gutmütige „Babuschka“ und kein „Väterchen Stalin“ im Osten und es gab auch keinen „guten reichen Onkel aus Amerika“ im Westen, die tolerant genug waren im Herzen Europas einen Staat mit neuen gesellschaftlichen Strukturen entstehen zu lassen wie die Deutsche Demokratische Republik, auf den einerseits so viele Menschen mit Hoffnung und Zuversicht schauten, andererseits aber mächtige Kräfte allen Widerstand gegen seine Existenz mobilisierten. Es waren die im gemeinsam geführten Krieg gegen die faschistische Barbarei nicht bewältigten bzw. zeitweilig überdeckten Widersprüche zwischen den zwei nach dem Atommonopol strebenden Großmächten USA und UdSSR, die diametral entgegengesetzte gesellschaftliche Konzeptionen vertraten und fest entschlossen waren, in dem von ihnen oder ihren Verbündeten besetzten Teil

Deutschlands jeweils ihren politischen Willen durchzusetzen. Es war einerseits das Weltmachtstreben der kommunistischen Ideen, die noch dazu unter Stalin entartet waren und andererseits die Weltmacht des Geldes, des Großprofiteurs Amerikas, die noch dazu von Ambitionen zur Weltherrschaft und dem Willen zur Vernichtung des Kommunismus - der Inkarnation alles Bösen - beeinflußt war, die die Atmosphäre für die Geburt unseres Landes bestimmten, nachdem der andere deutsche Staat, die Bundesrepublik, als Bastion gegen den sozialistischen Teil Deutschlands schon vorher geschaffen worden war. In den folgenden Jahren der Rüstungsspirale waren die beiden Teile Deutschlands zwar selbst Teilnehmer der Aufrüstung im jeweiligen militärischen Block, aber zuallererst waren sie das wichtigste Aufmarschgebiet für hunderttausende Soldaten aus Ost und West, die alle Gemeinsamkeiten der Anti-Hitler-Allianz abgelegt hatten und sich nun, ausgerüstet mit modernsten Vernichtungswaffen, als unversöhnliche Feinde gegenüberstanden.

Vier Jahrzehnte steuerte die SED das Staatsschiff „DDR“ durch die rauhen Meere, nicht immer auf dem besten Kurs und oft auch durch Angriffe von Korsaren sowie durch selbstverschuldete Havarien behindert. Wir hatten uns in der Welt Achtung erworben. Unter den sozialistischen Ländern waren wir unbestritten das Land mit der höchsten Arbeitsproduktivität und dem höchsten Lebensstandard.

Aus Gründen, die man akzeptieren muß, haben die Bürger ihre Lebensbedingungen jedoch nicht an denen in anderen sozialistischen Ländern, sondern stets mit denen der Bundesrepublik gemessen. Je mehr wir in den letzten Jahren nur noch von den Erfolgen sprachen, um so unerträglicher wurden die Mängel und der wachsende Abstand zur Bundesrepublik empfunden: die Lücken in der Versorgung, die Hemmnisse in der Produktion, die Schäden der Umwelt, der bauliche Verfall, die schlechten Straßen usw. Die Schönfärberei der politischen Führung verbitterte die Menschen, und das alles kulminierte in der Forderung nach Reisefreiheit.

Den Ruf „Wir sind das Volk“ unüberhörbar in den Ohren, zumindest bei jenen, die nicht bewußt weghören wollten, begann am Dienstag, dem 17. Oktober 1989, die übliche Sitzung des Politbüros. Auf den Tischen stand - wie immer - für jeden ein Tablett mit einem

Kännchen Kaffee, einigen belegten Weißbrotschnittchen und etwas Obst. Weiterhin lag auf dem Tisch der Stapel der zu behandelnden Vorlagen. Nichts schien von der Routine abzuweichen. *Erich Honekker* betrat wie stets mit einigen fröhlichen Worten den Raum, eröffnete die Sitzung, und ließ durch den Sekretär des Politbüros, *Edwin Schwertner*, das Protokoll der letzten Sitzung verlesen und fragte, ob es Bemerkungen zur Tagesordnung gäbe. *Willi Stoph* meldete sich und sagte: „Ich schlage vor, als Punkt Nr. 1 der Tagesordnung die Abberufung des Generalsekretärs zu behandeln." *Erich Honecker*, der mit Ausnahme einer gewissen Blässe im Gesicht keine Reaktion zeigte, wollte erst, daß die Sitzung mit der vorliegenden Tagesordnung fortgesetzt wird und danach der Vorschlag der Abberufung behandelt werden sollte. *Stoph* bestand jedoch auf seinen Vorschlag, und es wurde so verfahren. Mit ruhiger Stimme leitete *Honecker* die Debatte bis zum Schluß, bei der jedes Mitglied und auch die Kandidaten zu Wort kamen. Alle Redner sprachen sich für die Abberufung *Honeckers* aus, wobei viele auch seine Verdienste hervorhoben und ihm empfahlen, aus gesundheitlichen Gründen zurückzutreten. Dann ließ *Honecker* abstimmen. Der Beschluß wurde einstimmig gefaßt, also auch mit seiner Stimme. *Honecker* packte darauf seine Sachen und verließ festen Schrittes den Sitzungssaal. Er ging in sein Büro, verabschiedete sich von den engsten Mitarbeitern und fuhr nach Hause. Ich muß gestehen, daß mich seine souveräne und disziplinierte Art an diesem und am nächsten Tag im ZK, von dem er mit Beifall verabschiedet wurde, sehr beeindruckt hat.

Egon Krenz als Generalsekretär und Vorsitzender des Staatsrates sowie *Hans Modrow* als der am 13. November 1989 gewählte Vorsitzende des Ministerrates versuchten dann alles, um die SED und die DDR durch eine Wende von oben zu erhalten. Aber der Druck von unten war stärker. Es folgten Großdemonstrationen. In die Öffentlichkeit traten Persönlichkeiten oppositioneller bzw. nonkonformistischer Haltung. Darunter mischten sich auch solche wie *Ibrahim Böhme* oder *Wolfgang Schnur*, die Abschnitte ihrer Biographie vergessen machen wollten, was auch einigen anderen zeitweilig gelang. Die Haltung der UdSSR zu den beiden deutschen Staaten hatte sich nicht erst mit den Wahlen in der DDR geändert. Während die Jugend in Berlin unter den Linden noch „Gorbi, Gorbi" rief, hatten sowohl *Gorbatschow* wie auch *Schewardnadse*, trotz schön klingender Worte die DDR gedanklich schon aufgegeben und betrachteten sie wahrscheinlich nur noch als „Faustpfand“ für die Herstellung guter Beziehungen mit der Bundesrepublik. Dabei wußten sie sicher damals noch nicht, daß auch die Sowjetunion als Staat untergehen wird.

Ich selbst bin am 13. Januar 1990 als Minister der *Modrow*-Regierung wegen der Verantwortung, die ich für die Vergangenheit der DDR zu tragen hatte, zurückgetreten. Damals sah ich noch Chancen für die Regierung des nationalen Ausgleiches, die mit dem Ziel „einig deutsches Vaterland“ angetreten war, und ich wollte sie als einziges Mitglied des alten Politbüros im Amte nicht belasten. Erst nach dem Untergang der Supermacht Sowjetunion wurde mir klar, daß der reale Sozialismus weltweit gescheitert war.

Ist der Sozialismus für immer gescheitert?

Gescheitert ist auf jeden Fall der real existierende Sozialismus Moskauer Prägung und ich persönlich bin fest überzeugt, daß er nach der eklatanten Niederlage in dieser Form für die Zukunft all seine Chancen verspielt hat. Die entsprechend der marxistischen Lehre so notwendige antikapitalistische Alternative konnte sich weder als sowjetisches Modell der Oktoberrevolution noch als östliche Volksdemokratie oder als Selbstverwaltung und auch nicht als die entwickelte sozialistische Gesellschaft der DDR behaupten. Oft werden die stalinistische Entartung, die fehlende innerparteiliche und gesamtgesellschaftliche Demokratie oder auch die harten äußeren Bedingungen des kalten Krieges als wichtigste Ursachen des Untergangs der sozialistischen Länder genannt und sicher hat das alles dazu beigetragen. Aber es war m. E. die Gesamtheit der gesellschaftlichen Strukturen, die es nicht vermochten, gegenüber der kapitalistischen Marktwirtschaft ihre Überlegenheit zu beweisen. Die anonymen Formen des gesellschaftlich-staatlichen Eigentums und die ungenügende demokratische Legitimation der Machtorgane gaben nicht die günstigsten Voraussetzungen für die Entfaltung aller innovativen Kräfte und der Gedanke, daß alle in einen großen Topf wirtschaften, aus dem dann neu verteilt wird, überzeugte die Menschen nicht, täglich ihr Bestes zu geben und der materielle Anreiz ersetzte nicht das Streben nach höchstem Gewinn.

Nehmen wir einmal die sozialen Vorstellungen unserer Gesellschaft, ein Gebiet, auf dem wir als sozialistisches Land auf jeden Fall engagiertere Ziele verfolgten als die kapitalistische Gesellschaft in Westdeutschland und prüfen uns selbst, was daraus geworden ist. Professor *Helmut Jenkis* aus Garbsen bei Hannover erinnert in seinen Philosophischen Schriften, Band 6 über die „Sozialutopien", denen er im Titel die provokante Frage „barbarische Glücksverheißungen?" beifügte, an Auszüge aus einer der Visionen, die *Walter Ulbricht* als Generalsekretär der Partei in seinem Buch „Unsere Welt von morgen" geschrieben hat, welches 1961 erschien und zur Erinnerung an die Jugendweihe für junge Menschen gedacht war, und versuchen, diese Prognose aus heutiger Sicht mit den Realitäten im Jahre 1989 zu vergleichen:

„Unser Tisch soll mit dem Besten gedeckt werden, was die Natur zu bieten hat: hochwertige Fleisch-und Milchprodukte, Edelgemüse und beste Obstsorten, früheste Erdbeeren und Tomaten zu einer Zeit, da sie auf unseren Feldern noch nicht reifen, Weintrauben im Winter, nicht nur in der Zeit der großen Schwemme. Als Sozialisten sind wir uns darüber klar, daß im sozialistischen Lager bis 1965 ein Überfluß an Lebensmitteln erreicht werden soll. .... Was da auf den Handel zukommt, diese immer mächtiger anschwellende Woge von Lebens-und Genußmitteln aus aller Herren Länder, von Kleidern und Schuhen, von wundervollen neuwertigen Stoffen, von Küchen-und Waschmaschinen, großen und kleinen Autos, von Kunstgewerbe und Schmuck, von Fotoapparaten und Sportgeräten. .... Ebenso müssen die Reparaturen-und Ersatzteilprobleme gelöst sein. Eine Vernachlässigung kann und wird sich auch das reichste sozialistische Land in Zukunft nicht leisten, weil sie eine der dümmsten Formen der Verschwendung ist. Neben dem reichhaltigen Angebot der Einkaufszentren in den Städten und in den überall vorhandenen Geschäften für den täglichen Bedarf wird es ein Netz von Versandhäusern geben. Mit Hilfe von Katalogen können dann die Einwohner entlegener Gebiete jeden Artikel bestellen und innerhalb weniger Tage auch erhalten. .... Unter kommunistischen Verhältnissen wird auch die Wohnung in jeder Größe und Form zur Verfügung stehen. Die Wohnungsnot werden wir in den Jahren 1970 bis 1980 für immer hinter uns gebracht haben. Nicht Brasilia, sondern Moskau wird die Stadt sein, zu der in naher Zukunft die Städtebauer aus der ganzen Welt pilgern werden. Die ganze oder fast die ganze Welt wird uns offen stehen, und die Entfernungen spielen keine Rolle. Freunde der Touristik werden für ihre Wanderfahrten einen großen Teil des Globus zur Verfügung haben. Mehrmonatige Weltreisen werden zu einem festen Bestandteil des Bildungsganges der Jugend gehören. Und auch die ältere Generation wird die noch unbefriedigte Bekanntschaft mit fremden Ländern nachholen. .... Die sozialistische Gesellschaft wird in einigen Jahrzehnten nicht nur wohlhabend, sondern reich sein und ein Leben garantieren, in dem kein vernünftiger Wunsch unerfüllt bleibt. In 20 Jahren, also gegen 1985, wird das monatliche Durchschnittseinkommen 3000 bis 5000 Mark sein. Viele Gruppen von Beschäftigten dürften jedoch darüber liegen. Die Arbeitszeit liegt täglich bei sieben Stunden und bei der Fünftagewoche. .... In den letzten Jahrzehnten unseres Jahrhunderts wird es undenkbar sein, daß ein Jugendlicher nicht studiert. Die Ausbildungszeit wird echte Lehr-und Wanderjahre umfassen und auch Reisen und Studienaufenthalte in anderen Ländern vorsehen. .... Wenn die politischen Zustände in Westdeutschland überhaupt Aussicht hätten, bis 1970 fortzubestehen, könnte man mit Sicherheit voraussagen, daß nicht nur ein Manko von 30 000 Ingenieuren auftreten würde, der westdeutsche Staat wäre dann schon ein reichlich altmodisches Gebilde mit einer vergleichsweise recht ungebildeten Bevölkerung, die keinesfalls in der Lage wäre, die neuzeitliche Technik auf allen Gebieten zu meistern."

Der Irrtum *Walter Ulbrichts* von damals ist doch nicht nur in bezug auf die DDR gravierend, die weder das Versorgungsniveau noch das Durchschnitttseinkommen, weder die Reise-und Bildungsmöglichkeiten noch die ideale Wohnqualität erreicht hat, wie vorhergesagt, sondern auch in bezug auf die Bundesrepublik Deutschland, die nach seiner Meinung kaum bis zum Jahre 1970 fortbestehen sollte und nun länger existieren wird als die DDR und materiell auf manchen Gebieten dieser Vision sogar nähergekommen ist als jeder in der Welt zeitweilig oder noch existierende sozialistische Staat. Heute konkrete Prognosen für die Möglichkeiten sozialistischer Strukturen für die Zukunft zu machen, in einer Zeit, in der die NATO ohne das Gegengewicht des Warschauer Paktes existiert und Macht ausübt, in der die Deutschen zusammengeschlossen, aber bei weitem nicht vereint sind, in der im Kreml ein mächtiger, vom Mitglied des

Politbüros des ZK der KPdSU zum Antikommunisten umgewandelter alkoholkranker Mann sitzt, der einerseits das Land demokratisierte und einen Putsch konservativer Kräfte verhinderte, aber andererseits das Land in den wirtschaftlichen Ruin und in das blutige Abenteuer des Tschetschenienkrieges geführt hat, ein Ex-Kommunist, der das Museum über das bescheidene Leben Lenins im Moskauer Kreml geräumt und zu seinem prunkvollen Amtssitz gemacht hat, eine Zeit, in der die Helden des Großen Vaterländischen Krieges aus der Ehrenbürgerschaft der Hauptstadt Berlin gestrichen werden, damit für andere Personen Platz frei wird, die sich durch ihre Politik bei jenen beliebt gemacht haben, die heute das Sagen haben, ist wahrlich schwer. Aber keine Gesellschaft ist statisch oder gar ewig, auch nicht die heutige der Bundesrepublik und die der westlichen Länder. Man könnte auf einige Faktoren hinweisen, die zu Veränderungen beitragen werden:

1. Bei Würdigung all der großen Erfolge der Marktwirtschaft und demokratischer Strukturen der Gesellschaft, der Freiheit und Rechtsstaatlichkeit in einer Reihe von hochentwickelten kapitalistischen Staaten (im Hinterhof der kapitalistischen Gesellschaft gibt es noch genug armselige, schreckliche Diktaturen, die ich als eine ständige Anklage an das doch so effektive System des Kapitalismus empfinde), wird die Polarisierung von Reichtum und Armut weiter fortschreiten, die Entwicklung der modernsten Technologien wird mit einem Anwachsen des Heeres der Arbeitslosen und das Wirtschaftswachstum wird mit Maßnahmen zum Sozialabbau verbunden sein, die Abwanderung von Kapital und Arbeitsplätzen in die Billiglohnländer wird sich beschleunigen und die bedrohlichen Konflikte von entfalteter Produktion mit den Umweltbedingungen werden sich verschärfen. Mit diesem Prozeß, besonders mit den sozialen Verschlechterungen, wird manche Erfahrung der sozialistischen Zeit bei den Menschen verstärkt Profil zurück- oder neugewinnen, die für sie schon selbstverständlich waren, wie der sichere Arbeitsplatz, die Fürsorge für Mutter und Kind, die Solidarität, die Bildungsmöglichkeiten unabhängig vom sozialen Stand und nicht nur der grüne Rechtsabbiegerpfeil als einzig Übernehmenswertes der DDR-Zeit entsprechend den Vorhersagen von Günter Schabowski, der damit allerdings bisher Recht behalten hat,

weil man kaum etwas anderes in die Vereinigung übernahm. Die rein profitorientierte kapitalistische Marktwirtschaft wird zunächst eine zweite Dimension erreichen müssen, um die unaufschiebbaren globalen Probleme dieser Welt in ihrer Entwicklung beherrschen zu können. Die Kräfte zur Reformierung des Kapitalismus werden dabei immer stärker und werden in den Parlamenten und anderen demokratischen Institutionen dafür sorgen, daß die Prioritäten der Politik sich in Richtung des Allgemeinwohls der Menschen und ihres Überlebens in der Natur und Umwelt verändern werden.

2. Das Gespenst des Kommunismus wird weiter umgehen, denn all jene, die *Karl Marx* und seine Lehren totgesagt haben, behielten bisher unrecht. Gerade wenn die Zahl der ernsthaften Kommunisten größer wird, die bereit sind, aus der schlimmsten Niederlage der Arbeiterbewegung in ihrer Geschichte fundamentale Lehren zu ziehen und ihre gesellschaftlichen Ideen mit den Erfahrungen und Schlußfolgerungen anzureichern, die sie aus dem Scheitern des realen Sozialismus zu ziehen haben, wenn sie bereit sind, auf gewaltsame Umwälzungen zu verzichten und stets gesellschaftlichen Fortschritt mit volksnaher Demokratie zu verbinden, werden den sozialistischen Ideen neue Chancen gegeben. Auf Ablehnung wird in Zukunft aber sicher die straff ideologisch geführte „Partei neuen Typus" stoßen, selbst wenn sie die stalinschen Entartungen überwindet, denn sie hat sich historisch nicht als die geeignete Form zur Herbeiführung gesellschaftlicher Veränderungen erwiesen. Heute braucht eine Partei Demokratie, Meinungsvielfalt und Pluralismus wie die Luft zum atmen und die aufgeklärten Menschen werden bestimmt nach den Erfahrungen, die sie hinter sich haben, solche Prinzipien von jeder Partei einfordern, die vorgibt, für die Interessen der arbeitenden Menschen einzutreten, sonst kann sie politisch nicht bestehen.

3. Die noch existierenden Länder des Sozialismus wie China, Vietnam und vielleicht auch Cuba werden den Weg der Verbindung von sozialen Ideen und sozialistischen Strukturen mit der Marktwirtschaft gehen und der Welt Anregungen vermitteln, wie eine solche, bisher nur kurze Zeit erprobte Verbindung von kommunistischen Idealen mit dem Gewinnstreben wirtschaftlicher

Unternehmungen in verschiedenen Eigentumsformen einschließlich dem Privatbesitz die gesellschaftlichen und persönlichen Kräfte entfalten kann. Innerhalb von 30 bis 50 Jahren kann das große, menschenreiche China politisch und ökonomisch eine moderne Weltmacht werden, die dann neben den bis dahin hoffentlich ebenfalls wiedererstarkten GUS-Staaten die in der heutigen Zeit faktisch allein dominierende Rolle der USA in internationalen Angelegenheiten ergänzen kann.

Erste Schlußfolgerungen

Eine tiefgehende Analyse des Unterganges der sozialistischen Gesellschaftsordnung, die mit so viel Hoffnungen und Idealen angetreten war, um eine echte Alternative zum Kapitalismus zu bieten, steht noch aus.

Ich glaube auch nicht, daß allein die subjektiven Fehler der führenden Persönlichkeiten den Untergang herbeigeführt haben, denn Politiker in der kapitalistischen Welt sind weder weise noch heilig, machen auch Fehler und regieren dennoch. Nicht zu übersehen ist jedoch, daß die Effizienz des sozialistischen Systems nicht ausreichte, um mit höchster Steigerung der Arbeitsproduktivität die ehrgeizigen Ziele zu verwirklichen, die politisch als Ziel ausgegeben wurden. Da der Plan nicht als Rahmen zur Entfaltung vielseitigster Initiativen, sondern als überzentralisiertes System detaillierter Vorgaben aufgebaut wurde, fehlten die täglich tausendfachen, wirtschaftlich durchdachten, individuellen Entscheidungen, eine Sache kühn anzupacken und mit eigenem Risiko zu realisieren. Die ständig wachsenden staatlichen Subventionen und eine z. T. bizarre Preispolitik störten die wirtschaftliche Rechnungsführung. Die Neuverteilung der Gewinne über den Staatshaushalt gestatteten eine hohe Stufe des Subjektivismus. „Wirtschaftliches Handeln war in der DDR unmittelbar in den politischen Steuerungsprozeß einbezogen, konnte diesem gegenüber keine Autonomie beanspruchen und verfügte über keine Rationalitätskriterien, mit deren Hilfe es sich außerhalb der politischen Wertbeziehungen hätte legitimieren und gegen diese behaupten können", urteilte Professor *Rainer Lepsius* in einer Diskussion mit ehemaligen Wirtschaftsfunktionären der DDR, abgedruckt in dem Buch: „Der Plan als Befehl und Fiktion". Durch das Primat der Politik gegenüber der Ökonomie wurde sogar der wichtigste Vorteil sozialistischen Wirtschaftens aus der Hand gegeben, und zwar der einer planmäßig proportionalen Entwicklung im Interesse einer gewollten Politik, die ein marktwirtschaftliches System im allgemeinen nur über Konkurrenzkampf, Krisen, Arbeitslosigkeit und die soziale Polarisierung vom Luxus bis hin zur Obdachlosigkeit bewältigt.

Dem System fehlte die Selbstreinigungskraft demokratischer Strukturen, um grobe Fehler zu vermeiden und unfähige und machthungrige Funktionäre rechtzeitig in ihre Schranken zu verweisen. Sogar die im Parteistatut der SED verankerte innerparteiliche Demokratie war von der Dominanz der Disziplin im Interesse der monolithischen Einheit der „Partei neuen Typus" fast verschüttet. Grundsätze der marxistischen Theorie, wie der dialektische Kampf der Widersprüche, aus dem auf höherer Ebene Neues entsteht, wurden mit der ständigen Forderung nach Einheit, Geschlossenheit und Reinheit der Partei außer Kraft gesetzt. Die DDR verstand sich als ein revolutionärer Staat der Arbeiter und Bauern im Bündnis mit der Intelligenz und leitete daraus den Anspruch und das Recht ab, gegnerische Kräfte zu unterdrücken. Insofern muß auch die Parteiführung die Verantwortung für Opfer in übernehmen. „Von der Sowjetunion lernen, heißt siegen lernen", lautete viele Jahre die Losung in der SED. „Gelernt" haben wir, aber gesiegt haben wir beide nicht.

Und dennoch sollten alle, die sich ihr Leben lang ehrlich für den Sozialismus und für die Partei eingesetzt haben, weiter aufrecht und nicht gebückt durchs Leben gehen. Wenn wir die Verantwortung für die Fehler übernehmen und sie nicht abschieben, brauchen wir uns nicht dafür zu schämen, gelebt und eine Alternative gewagt zu haben. Wir alle und besonders die Parteispitze haben gravierende Fehler gemacht. Das dürfen wir nicht wegreden. Dazu müssen wir stehen und jeder muß für das einstehen, was er zu verantworten hat. Viele Menschen haben mit großem Einsatz für eine bessere Gesellschaft gearbeitet und manch Gutes wäre aus ihren Erfahrungen zu übernehmen. Aus manchen Fehlern könnte man auch lernen, wenn man die DDR nicht kriminalisieren und nicht versuchen würde, ihre Geschichte durch die dafür überforderten Justizorgane aufarbeiten zu lassen und bürgerliches Recht zum alleinigen Maßstab für die Handlungen in einem sozialistischen Staat zu machen.

Daß die heutige Gesellschaftsordnung in Deutschland und der Kapitalismus weltweit nicht das letzte Wort der Geschichte sein werden, kann man unschwer voraussagen. Das Experiment des realen Sozialismus hat mit seinem Scheitern den Vorteil, daß man weiß, was und wie es nicht geht. Heute sind Ideen gefragt, die auf der Basis der Triebkräfte der Marktwirtschaft, die so sozial wie möglich sein sollte, Chancen erschlossen werden, um die globalen Probleme der Welt zu lösen, was allein mit marktwirtschaftlichen Gewinnstreben nach Aussagen der Wissenschaftler und einflußreicher Politiker nicht erreicht werden kann. Wird es vielleicht einmal einen „Sozialismus von unten" geben, wie es der von mir verehrte Schauspieler *Erwin Geschonneck* kürzlich formulierte? Oder hat die sozialistische Marktwirtschaft doch eine Chance? Oder schafft es die bestehende soziale Marktwirtschaft doch, mit ihrer Effektivität die Probleme dieser Welt zu lösen, in dem sie über ihren Schatten springt und die ungelösten globalen Probleme anpackt?

Die DDR ist untergegangen. Sie wurde „vereinigt", angeschlossen an ein Deutschland, das ein einig Vaterland werden möchte und werden soll. Eine solche Chance bietet sich in der Geschichte nicht ein zweites Mal. Die DDR war kein krimineller Staat, zu dem ihn kurzsichtige, vergeßliche Politiker machen möchten, um das westliche System als strahlenden Sieger darstellen zu können. Sie war ein Produkt der Politik der Supermächte nach dem für Deutschland verlorengegangenen faschistischen Weltkrieg. Unter dem Einfluß Moskaus und den im Land stationierten sowjetischen Truppen sowie unter der Politik der SED und der mit ihr verbündeten und von ihr abhängigen Parteien wurde sie ein Land des realen Sozialismus und Mitglied des Warschauer Paktes. Die SED hat das Land nicht „heruntergewirtschaftet", sondern den Aufbau aus den Ruinen und unter ungünstigen Bedingungen seit 1945 mobilisiert und organisiert, mit den Erfolgen, Problemen, Mängeln und Rückschlägen. Als Land an der sensiblen Grenze zwischen den beiden sich mehr als 40 Jahre feindlich gegenüberstehenden Blöcken lag sie im Zentrum des Kalten Krieges und erreichte dennoch weltweit die internationale Anerkennung.

Wirtschaftlich erreichte die DDR 1950 das Vorkriegsniveau, verdoppelte es bis 1955 und übertraf den Vorkriegsstand von 1936 im letzten Jahr ihrer Existenz 13fach und den Stand von 1945 30fach. Die Menschen haben Großes geleistet unter den Bedingungen einer Siegermacht, umgeben von Freunden und Feinden im Inneren und außerhalb des Landes. Sie konnten sich ihre Heimat nicht aussuchen. Sie hinterließen der vereinigten Bundesrepublik auch keine Erblast in Höhe von 400 Milliarden DM, sondern hatten als sozialistischer Staat und als Volk mit gesicherten weltweiten Außenwirtschaftsverbindungen und einem Binnenmarkt von 16 Mio. Menschen 1989 ein Volksvermögen von rd. 1,74 Billionen M. an Grundmitteln und 1,25 Billionen M. im produktiven Bereich, ohne den Wert des Bodens und den Besitz von Immobilien im Ausland gerechnet.

Die politisch Verantwortlichen haben es für richtig gehalten, die Privatisierung innerhalb von drei Jahren in der Zeit einer Rezession abzuschließen und dabei immer wieder verkündet, daß die Werte, die man durch die Treuhand verkaufen will, eigentlich nur marode sind. Der Besitzstand der DDR ist dabei fast vollständig in fremdes Eigentum übergegangen, ohne daß deren Bürger daran partizipieren konnten, was sie mit ihrem Fleiß geschaffen haben. Das sind die unabänderlichen Fakten.

Wegen der Verantwortung für Vergangenes enthalte ich mich einer Einschätzung der nicht leichten Aufgabe der Treuhandanstalt, die das tat, wozu sie politisch beauftragt worden war. Einer meiner Stellvertreter und später Erster Kreissekretär der SED in der Plankommission sowie frühere meiner Mitarbeiter waren in der Treuhand in gehobenen Positionen tätig und auch durch persönliche Kontakte weiß ich, daß nicht wenige Mitarbeiter dort eine ehrliche und auch aufreibende Arbeit geleistet haben. Verabscheuen muß man auch den Mord an *Detlev Rohwedder*, der schon früher viel für eine gute Zusammenarbeit der Bundesrepublik mit der DDR getan hat. Aber es muß doch genügend Gründe dafür gegeben haben, daß zahlreiche Experten wie z. B. der bekannte und engagierte Wissenschaftler und Verfechter der Marktwirtschaft *Wilhelm Hankel* von der Goethe Universität Frankfurt/M. immer wieder deftige Worte dafür findet, wenn er von der Treuhandanstalt als der „Todsünde“ spricht, die „ein falsches Konzert verkörpert“, und „ein Riesenvermögen weit unter Preis verschleudert“ hat, und aus deren „Großpleiten“ man lernen sollte. Ich glaube, solange man nicht bereit ist, Aktiva und Passiva des Anschlusses der DDR an die Bundesrepublik in eine Bilanz zu fassen und Richtiges und Falsches dieses zweifellos schwierigen Prozesses nüchtern zu analysieren und zu trennen, wird diese Rechnung strittig bleiben. Und warum wird der Abschlußbericht der Deutschen Bundesbank vom 5. August 1992 nicht publik gemacht, in dem aufgeführt wird, daß die Auslandsschulden der DDR zu Ende ihrer Existenz, unter Einrechnung aller Guthaben des Bereiches KoKo, mit 20,3 Milliarden DM um ein Drittel geringer waren als bis dahin berechnet, und die innere Verschuldung des Kreditsystems an den Staatshaushalt mit 28 Milliarden andere Werte als bisher ermittelt wurden aufwiesen, so daß sich bei Hinzurechnen von 38 Milliarden DM Kredite für den volkseigenen und genossenschaftlichen Wohnungsbau die Summe der öffentlichen Schulden der DDR im Jahre 1990 von 83 Milliarden ergeben hat? Was die Auslandsschulden der DDR am Ende ihrer Existenz betrifft, so kommt der Bonner Ministerialrat a. D., Dr. *Armin Volze*, in einer außerordentlich gründlichen Analyse der Wesrverschuldung der DDR unter dem Thema "Der große Bluff" zu der interessanten Einschätzung, daß diese am Ende nicht mehr als 13 bis 14 Milliarden DM betragen hat."

Die Vereinigung der Unternehmensverbände von Berlin und Brandenburg e.V. und die Märkische Allgemeine Zeitung haben auf einem Forum im März 1995 zum Thema, „Was war die DDR zu Beginn der Wiedervereinigung wert“, den Versuch unternommen, etwas zur Beantwortung dieser Frage beizutragen. Immerhin konnte der Gesprächsleiter, *Alexander Gauland*, nach den Referaten von Professor Dr. *Schatz* vom Kieler Institut für Weltwirtschaft und mir festhalten, daß die beiden Referenten in ihren Ausführungen „so ganz gegensätzlich nicht waren, wie ich mir das am Anfang vorgestellt habe“. Auch die anwesenden Gäste aus Ost und West empfanden das Forum als interessant und aufschlußreich. Ich glaube, daß die Politiker aus Südkorea, die in Deutschland den Prozeß und die Kosten der Einheit studiert haben, sich nicht ohne Grund prononciert darüber geäußert haben, daß sie den Weg, den Deutschland gegangen ist, wahrscheinlich nicht wiederholen werden.

Auch wir Ostdeutschen haben in diesem Prozeß sicher gelernt und vieles erworben. Tatsachen nicht zu akzeptieren, ist immer ein Fehler. Geerbt haben wir durch den Anschluß der DDR an die Bundesrepublik Deutschland den Staat der bürgerlichen Demokratie, das rechtsstaatliche System, die Vorteile der Einheit und die stabile Währung. Das kann man unterschiedlich interpretieren, aber es ist sehr viel. Nun kann jeder reisen und ausreisen, wohin er will, wenn er Mut und das notwendige Geld dafür hat. Wer Arbeit hat verdient meist mehr als früher, und wer den Wegfall kostenloser oder subventionierter Sozialleistungen sowie die inzwischen hohen Mieten und Fahrpreise verkraften kann, dem geht es auch materiell besser. Viele Familien können sich moderne Haushalttechnik, elektronische Geräte, Telefon und ein Auto leisten. Für den Autobahn- und Straßenbau für eine verbesserte Infrastruktur wurde in den fünf Jahren nach der Wende mehr getan, als in den letzten 20 Jahren in der DDR. Gebaut wird mancherorts viel und modern, wie sollte man das übersehen. Die Materialien sind von bester Qualität und ausreichend vorhanden. Betriebe sind neu entstanden und künden von Produktionen der Zukunft, die dieses Land jetzt braucht.

Aber viele Bürger erleben das alles nicht bzw. können sich vieles nicht leisten. Sie leben von Arbeitslosenunterstützung oder Sozialhilfe und politisch begrenzten Renten. Sie sind täglich konfrontiert mit einer herzlosen Bürokratie und bangen dazu noch um ihren Garten, ihr Häuschen, um die bezahlbare Wohnung. Noch viel entschiedener als bisher muß die Arbeitslosigkeit bekämpft werden, um den Menschen, die an oder unter der Armutsgrenze leben, wieder Hoffnung zu geben. Wer nicht zu den vielen durch „Staatsnähe“ politisch ausgegrenzten Pensionären oder gar zu den unterschiedslos bestraften Angehörigen der ehemaligen Sicherheitsorgane gehört, wird sich über eine höhere Rente freuen, sofern nicht die gestiegenen festen Ausgaben fürs Wohnen und die Gesundheit die Steigerung auffressen oder im Falle langer Krankheit sogar übersteigen. Den vom Rentenrecht aus politischen Gründen Ausgegrenzten bleibt die Hoffnung einer baldigen Änderung, denn es kann nicht auf Dauer ein tragfähiges Konzept der Verantwortlichen sein, bei den Kommunisten das nachzuholen, was man bei den Nazis nach 1945 in der Bundesrepublik Deutschland versäumt hat. Es müßte eigentlich in Deutschland genügend Menschen geben, die die DDR nicht mit den Verbrechen des Faschismus und des Holocaust gleichsetzen.

Geerbt haben die Bürger der neuen Bundesländer aber auch einen Anteil an der hohen Inlandsverschuldung der Bundesrepublik, der - zumindest bis 1990 - nicht durch sie mit verursacht wurde und damals pro Kopf bei etwa 20 000 DM lag, während es in der DDR 6 000 Mark pro Kopf waren, an dessen Rückzahlungpflicht sie nun beteiligt sind. Es ist richtig, daß die Bundesregierung z. Z. viele Mittel von West nach Ost transferieren muß, das wird auch damit begründet, daß man dieses auf Grund der bisher unterschätzten Erblast der DDR weiter tun muß. Die Inlandsverschuldung pro Kopf sei dadurch weiter, auf nunmehr 28 000 DM pro Kopf angestiegen. Das Problem sollte man keineswegs unterschätzen, und es wird die Gemüter in Ost und West noch lange bewegen. Aber auch das ist eine einseitige Rechnung ohne die Gegenrechnung der Mittel, die in Form von Steuereinnahmen des Bundes und einigungsbedingter Steuermehreinnahmen in umgekehrter Richtung von Ost nach West fließen oder als teilungsbedingte Lasten wegfallen. Zum anderen ist diese Summe ohne das Erbe der Inlandsverschuldung berechnet, die mit umgekehrtem Vorzeichen bilanziert werden muß. Kaum einer wird somit ein richtiges Bild davon bekommen, wenn diese Rechnung nicht einmal von offizieller Seite überzeugend dargestellt wird. Hinzu kommt, daß der Geldtransfer von West nach Ost im bedeutenden Umfang eine Folge der Politik nach der Vereinigung und nicht allein das Ergebnis wirtschaftlicher Nachwirkung des so ungeliebten Staates DDR ist.

Es war ein Fehler der Politik, den Konzernen den Markt von 16 Mio. Bürgern der ehemaligen DDR schutzlos zu überlassen, anstatt in einer Übergangszeit den Betrieben der neuen Bundesländer die Chance der Anpassung an die Bedingungen der Marktwirtschaft zu gewähren, wie es z. B. beim Anschluß des Saargebiets im Verlauf von 6 bis 10 Jahren möglich war. Der Geldumtausch im Verhältnis von 1 : 2 und bis zu einem bestimmten Betrag für Spareinlagen der Bevölkerung der DDR mit 1 : 1 war eine große Leistung der Bundesrepublik, aber für viele ehemalige DDR-Betriebe war dieser Umtauschkurs und vor allem auch die Bewertung der Altschulden zu diesem Kurs der Todesstoß. Nicht ohne Grund konnten die Betriebe der DDR beim Export einen Richtungskoeffizient von 1,0 : 4,40 in Anspruch nehmen, um ihre Rentabilität zu gewährleisten. Niemand kann bestreiten, daß dieser Exportaufschlag ein Eingeständnis der Rückstände im Wirtschaftssystem der DDR gegenüber der Bundesrepublik war, und er widerspiegelte damit die Realität. Die Altschulden aber waren für jeden nach wirtschaftlicher Rechnungsführung arbeitenden Betrieb - auch den rentabelsten Betrieb - ein auferlegter planmäßiger Kreditanteil, mit dem er nach Abführung der Nettogewinne an den Staatshaushalt wirtschaften mußte, um das Kontrollrecht der Banken zu garantieren. Heute sind diese Altschulden zu einer realen und erdrückenden Last der ehemaligen Ostbetriebe geworden.

Zu all dem kam dann noch 1991/92 der vollständige Zusammenbruch des Ostmarktes hinzu, in den vorher 60 -70 Prozent aller Exporte der DDR geflossen waren, so daß viele Betriebe mangels Absatz ruiniert wurden. Das sollte man keinesfalls der Treuhandanstalt anlasten. Aber manches Geschäft mit dem Osten hätte weiterlaufen oder neu abgeschlossen werden können, wenn nicht Tausende Experten für diese Exportverbindungen entlassen worden wären, die das jeweilige Land und den Handelspartner gut kannten, z. T. deren Sprache beherrschten und persönliches Ansehen als solide Kaufleute genossen.

Es werden noch viele Jahre vergehen und gewaltige Investitionen notwendig sein, bis der Anteil der Industrie am Bruttoinlandsprodukt in den neuen Bundesländern ein für Deutschland normales Maß erreicht hat, daß mit moderner Technik produktiv gearbeitet wird und Werte schaffen werden, damit ihre Bewohner nicht mehr mit dem Gefühl leben müssen, Bürger zweiter Klasse zu sein, die von Almosen oder der Arbeit anderer abhängig sind. Mehr als 1 Mio. Menschen, meist Jugendliche, haben inzwischen die neuen Bundesländer verlassen. Was die Menschen hier am dringendsten brauchen, aber oft noch nicht haben, ist das Vertrauen in die Zukunft.

Kann das Ende ein neuer Anfang sein?

Hat die Theorie des Sozialismus einen Konstruktionsfehler?

Wenn man heute die Kernsätze der Theorie des Marxismus-Leninismus durchdenkt, ist man nach wie vor beeindruckt von der Logik und dem Gewicht der Aussagen. Die ganze Geschichte der Menschheit ist die Geschichte von Klassenkämpfen. Aus dem Urkommunismus entwickelte sich die Sklaverei mit Sklavenhaltern und Sklaven, aus dieser der Feudalismus mit Feudalherren und leibeigenen Bauern und daraus der Kapitalismus mit Bourgeoisie und Arbeiterklasse. Da die Produktivkräfte ständig wachsen, geraten sie in Widerspruch zu den Produktionsverhältnissen, die schließlich gesprengt werden und der neuen Gesellschaftsordnung Platz machen müssen. Diese Entwicklung vollzieht sich zunächst evolutionär, aber die Umbrüche erfolgen durch revolutionäre Kämpfe (Sklavenaufstände, Bauernkriege, Revolutionen). Im Kapitalismus wird der Widerspruch von gesellschaftlicher Produktion und privater Aneignung so extrem, daß die Befreiung der Menschen von jeder Ausbeutung objektiv notwendig gemacht und möglich wird. Die revolutionäre Kraft, die das bewirken kann, ist und bleibt auch weiterhin die Arbeiterklasse, die selbst keine Produktionsmittel besitzt, aber im Bündnis mit den Bauern und der Intelligenz alle Werte schafft, mehr Werte, als ihre Arbeitskraft selbst wert ist. Diesen „Mehrwert“ eignen sich auch heute noch die Kapitalisten an, und nur der Teil, der zur Reproduktion der Arbeitskraft erforderlich ist, verbleibt ihnen.

Um die Ausbeutung abzuschaffen, ist die „Expropriation der Expropriateure“ unvermeidlich notwendig und da die Arbeiter die absolute Mehrheit der Bevölkerung darstellen, ist die Errichtung der Diktatur des Proletariates in Wahrheit die höchste Form der Demokratie. Die Arbeiterklasse als Ganzes kann sich auf Grund ihrer Lage jedoch nicht die wissenschaftliche Theorie von *Marx* und *Engels* aneignen und muß sich, nach *Lenin*, deshalb einen bewußten Vortrupp schaffen, eine Partei neuen Typus, die revolutionäre Partei, auf die sie sich stützen kann, um den Kampf gegen die übermächtige Bourgeoisie zu führen, die alle Mittel der Macht im bürgerlichen Staate und das Kapital in ihrer Hand hat. Die Hauptfrage der Revolution ist die Frage der Macht und nur wenn sich die Revolution schützen kann, wird sie siegreich sein. Soweit nur einige Hauptsätze der Theorie.

Nun kommen aber die quälenden Fragen der Praxis. Warum war 70 Jahre nach der Oktoberrevolution in der UdSSR und 45 Jahre nach der Befreiung eines Teils der europäischen Länder von der Ausbeutung und den Fesseln der kapitalistischen Produktionsweise die Arbeitsproduktivität in allen sozialistischen Ländern niedriger als in den fortgeschrittenen Ländern des Kapitals, und warum wurde dieser Abstand immer größer? Warum hat sich das von den Fesseln der Ausbeutung befreite vergesellschaftete Eigentum dem Privateigentum nicht als überlegen erwiesen, und warum gehen die in der Welt noch verbliebenen Länder des Sozialismus den Weg der Reprivatisierung eines Teils des staatlichen Vermögens? Warum wurde das zum Untergang verurteilte „verfaulende" kapitalistische System immer stärker und seine zyklischen Krisen immer seltener? Warum befriedigt das kapitalistische Ausbeutersystem, das die Erwirtschaftung von Maximalprofit zum Hauptziel hat, die Bedürfnisse der breiten Masse besser als der Sozialismus, der die Befriedigung der Bedürfnisse als wichtigstes Ziel seines Systems bezeichnete? Warum wählen die Ausgebeuteten in freier Abstimmung die Vertreter der kapitalistischen Markwirtschaft mehrheitlich in die Parlamente, und warum stellte sich keine einzige Führung eines sozialistischen Landes der freien demokratischen Abstimmung, wo ihr doch das Votum der von Ausbeutung erlösten, zahlenmäßig überlegenen Arbeiterklasse sicher sein müßte? Warum strömten aus den sozialistischen Ländern so viele Menschen in die Länder des Kapitals, in denen Ausbeutung und Unterdrückung herrschen, und warum kamen von dort noch nicht einmal die vielen Arbeitslosen zurück, obwohl sie durch keine Gesetze und keine Mauer an der Ausreise gehindert wurden? Warum funktionieren in der kapitalistischen, anarchischen Wirtschaft die Materialwirtschaft, die Ersatzteilversorgung, die Zulieferungen sowie die Versorgung mit Konsumgütern und Dienstleistungen aller Art besser als in der geplanten Wirtschaft des Sozialismus?

Als Planer habe ich oft gesagt, daß wir die Grundfragen der wirtschaftlichen und gesellschaftlichen Entwicklung zentral richtig entscheiden müssen, damit sich Wettbewerb und Initiative breit entfalten können. Lösen wir diese Grundfragen nicht, kommen sie zersplittert als Tausende von Einzelfragen zu uns zurück, diktieren den Arbeitsablauf und stellen das System in Frage. Das ist sicher richtig. Und dennoch glaube ich heute nicht mehr daran, daß eine Planung mit klügeren Köpfen an der Spitze hätte bessere Antworten auf alle Fragen unserer Entwicklung geben können. Die politische Überzeugung, das Bewußtsein, die Losungen, die Initiative, der sozialistische Wettbewerb, das Neuererwesen und die gesellschaftlichen Aktionen bewirkten letztlich trotz ihrer Bedeutung immer noch weniger an Triebkraft und Innovation, als sie der Marktwirtschaft bei Strafe des Untergangs jedes einzelnen Unternehmers im Konkurrenzkampf von vorn herein innewohnen.

Es muß also für den Untergang des realen Sozialismus noch tiefere Ursachen geben als die Entartungen unter *Stalin*, den Subjektivismus der politischen Führungen, die Überzentralisierung im planwirtschaftlichen System und den schwerfälligen Wechsel von Versagern in führenden Positionen des Staates. Gewiß haben die Willkür unter *Stalin*, der 17. Juni 1953 in der DDR, die Ereignisse von Budapest, Posen und Danzig, der Bau der Mauer und der Einmarsch der Truppen des Warschauer Paktes in die CSSR, das Kriegsrecht in Polen und der Canossagang der sozialistischen Länder nach Krediten des kapitalistischen Finanz- und Bankkapitals die Widersprüche zugespitzt und das Ende des realen Sozialismus beschleunigt. Aber es bleibt die Frage offen: Wieso hatte das neu entstandene gesellschaftliche System des Sozialismus nicht die inneren Potenzen, mit den Problemen des Lebens besser fertigzuwerden als das sog. „absterbende“ kapitalistische System? Auch der Hinweis auf die Wirkung der reaktionären Politik der Westmächte, z. B. der von *John Foster Dulles* „am Rande des Krieges“ oder die *Hallstein*doktrin mit dem anmaßenden „Alleinvertretungsanspruch“ der Bundesrepublik oder die Beschimpfung der Sowjetunion als das „Reich des Bösen“ durch *Ronald Reagan* helfen uns nicht weiter, denn der Sozialismus wollte das System des Kapitalismus überwinden, und man mußte damit rechnen, daß sie einen energischen Widerstand entgegensetzen und das Feld nicht freiwillig räumen würden.

Deshalb meine ich, daß der real existierende Sozialismus an den anonymen Formen des gesellschaftlich-staatlichen Eigentums und seiner ungenügenden, demokratischen Legitimation, durch die historisch bedingte Schwäche der Arbeiterklasse im Mutterland der Oktoberrevolution zu Grunde gegangen ist und gleichermaßen auch am falschen Glauben, daß der Mensch aus ideologischen Gründen bereit sei, sein Leben lang große Taten für die neue Gesellschaft zu vollbringen. Denn der Mensch ist so wie er ist. Ihm sitzt stets das Hemd näher als der Rock. Das Versprechen auf eine Zukunft, in dem er einmal nach seinen Bedürfnissen leben soll, bewegt ihn weniger als die Sorge, was wird morgen sein, wie er seine Kinder großziehen, sein Eigentum sichern und mehren kann. Seine Familie, seine Sippe, sein Umfeld, sein Wohngebiet, seine Heimat sind ihm stets näher als der Staat, den er zwar als Ordnungsmacht akzeptiert, dem er Steuern entrichten muß, mit dem als Eigentümer der Produktionsmittel er sich aber nicht in einem Boot fühlt. Der Gedanke, daß alle in einen großen Topf wirtschaften, aus dem dann neu verteilt wird, überzeugt die Menschen nicht, täglich ihr Bestes zu geben, und der materielle Anreiz ersetzt nicht das Streben, privates Eigentum zu schaffen und möglichst zu vergrößern.

Vielleicht wäre eine Dreiteilung des Volksvermögens effektiver gewesen und hätte damit weit aus bessere und effektivere Bedingungen für den Sozialismus geschaffen:

- Das Vermögen staatlicher Großbetriebe, der Eisenbahn und Luftfahrt als Aktienkapital mit einem hohen Anteil kleinerer Volksaktien, aber auch mit Möglichkeiten der Bildung von Privatvermögen der Bevölkerung und der Anlagemöglichkeit ausländischen Kapitals vorzusehen. Dieser Weg wurde allerdings in Frankreich für das Staatsvermögen zugunsten der Privatisierung wieder aufgegeben.
- Es hätten mit strikter Freiwilligkeit genossenschaftliche Zusammenschlüsse gefördert werden müssen, die außer steuerlicher Abgaben an den Staat völlig selbständig wirtschaften.
- Das Vermögen von Mittel-, Klein- und Dienstleistungsbetrieben als privates Eigentum zu belassen oder als kommunale Betriebe und Einrichtungen auf Kosten-Gewinn-Basis zu bewirtschaften.

Das ist heute nur noch eine „Theorie“, aber vielleicht als eine geschichtliche Lehre nützlich.

Tatsache ist, daß in den Ländern des realen Sozialismus sowohl die Formen des allgemeinen Staats- und Volkseigentums als auch die Formen des Gruppeneigentums in dem Sinne gescheitert sind, daß sie sich ökonomisch nicht als überlegen erwiesen haben. Der volkseigene Betrieb wurde nicht wirklich als das Eigentum aller betrachtet und sogar geschulte Parteimitglieder ließen oft den volkseigenen Dienstwagen oder das staatliches Wohnhaus vergammeln, während sie den privaten Pkw und das Gartenhäuschen wie ihre Lieblingskinder pflegten. Die landwirtschaftlichen Produktionsgenossenschaften waren in der DDR noch die beste produktive Form. Sie waren funktionsfähiger, flexibler und produktiver als die Staatsgüter in der Sowjetunion, soweit sie gut geleitet und nicht politische Parolen wie die Propagierung der „Rinder-Offenställe" oder die administrative Trennung in Feld- und Viehwirtschaft negativ einwirkten. Die moderne Landtechnik übersteigt in ihrer Produktivität die Grenzen des Familienbetriebs, und solange man nicht fabrikmäßig-industriell produzieren kann, ist die Genossenschaft eine gangbare Form, und zwar immer dann zeichneten sich gute Ergebnisse ab, wenn die Mitglieder bestimmen können, wo es lang geht.

Einen interessanten Versuch der Lösung des Problems, die Anonymität des Staatseigentums zu überwinden, hat Jugoslawien mit der „Selbstverwaltung sozialistischer Produzenten" durchgeführt, aber letztlich ist auch dieser Weg an dem zentralen Dirigismus und dem Gruppenegoismus gescheitert. Ganz zu schweigen von der Form der chinesischen Volkskommune, die nichts anderes war als eine Form der gleichmäßigen Verteilung der Armut.

Manche verweisen auf Schweden als Muster einer Art von „bürgerlichem Sozialismus", in dem Demokratie und Marktwirtschaft eng verbunden sind. Aber einmal ist der Wohlstand in diesem Land wohl mehr ein Ergebnis der strikten Neutralität seit 1813 und damit des stetigen Aufschwungs der Produktion. Zum anderen sind heute ernste Zeichen unübersehbar, daß Schweden wegen des hohen sozialen Standes im Kampf der Giganten des marktwirtschaftlichen Systems zurückbleiben könnte.

Bleibt als ein vorläufiges Fazit: Nicht weil der Sozialismus seine Entwicklung plante, sondern die vollständige bzw. fast vollständige Verstaatlichung des Eigentums und die Verwaltung durch eine für die

Menschen nicht faßbare imaginäre Macht, die sich nicht durch freie Wahlen in ihrer Legitimation bestätigen ließ, war der Konstruktionsfehler des Systems.

Hat die sozialistische Marktwirtschaft eine Perspektive?

Konkret stehen vor China, Vietnam und - unter ungünstigeren Bedingungen - vor Kuba die Frage, ob eine sozialistische Marktwirtschaft überhaupt funktioniert und ob das ein neuer Anfang nach dem Scheitern des realen Sozialismus sein könnte. In Nordkorea herrscht weiterhin unumschränkt eine fast götzenhaft verehrte Familiendynastie, hinter der sich als die eigentlichen Machtorgane militärische Strukturen etabliert haben. Dieses Regime wird sich auch eines Tages wandeln müssen, und sich danach schrittweise zu einer Konföderation mit Südkorea vereinigen und zu demokratischen Reformen und zur Marktwirtschaft übergehen.

China hat unter *Deng Xiaoping* langfristig den Weg eingeschlagen, Sozialismus und Marktwirtschaft zu verbinden. Vietnam verfolgt mit der „*Doi-Moi*-Politik" die Errichtung der Marktwirtschaft mit sozialistischer Orientierung, bei der die Beseitigung der Armut als politischer Auftrag mit an vorderster Stelle der Prioritätenliste steht. Kuba schließlich geht mit der Förderung der Bauernmärkte zögernd erste Schritte in die gleiche Richtung. Die entwickelten Industriestaaten werden mit diesen neuen wirtschaftlichen Formen leben müssen. Sie sind gut beraten, wenn sie mit diesen Ländern politische Kontakte, eine enge wirtschaftliche Zusammenarbeit und Kooperation suchen und nicht ständig die eigene Gesellschaftsform als das non plus ultra anbieten.

Etwas näher möchte ich auf Vietnam eingehen, das bereits 1986/87, also noch zu Zeiten des RGW, den Weg der Privatisierung staatlichen Eigentums mit Ausnahme der Eisenbahn, der Energie- und Erdölwirtschaft einschlug. Ich hatte schon erwähnt, daß ich anläßlich meines Besuches im Oktober 1993 überrascht war, das Land nicht am Rande des wirtschaftlichen Ruins, sondern aufblühend in der Region anzutreffen. Die Einführung von Aktienkapital für größere Betriebe, die Privatisierung der Mittel- und Kleinindustrie, der

Dienstleistungen und des Handels haben einen beeindruckenden Schub nach vorn bewirkt. Das Ziel der Regierung ist, bis zum Jahr 2 000 40 Milliarden Dollar in den Aufbau der Industrie zu investieren. Dabei sollen 20 Milliarden Dollar aus Eigenmitteln und 20 Milliarden Dollar ausländisches Kapital eingesetzt werden. Zum Zeitpunkt meines Besuches waren schon 6,7 Milliarden Dollar von Anlegern aus den sog. asiatischen Tigerländern, aus Frankreich, Australien und anderen Staaten fest vereinbart. Deutschland lag zu diesem Zeitpunkt mit nur 7 Mio. Dollar auf Platz 24 der Liste. Trotz dieser Politik der Öffnung für das ausländische Kapital hat Vietnam nichts von seiner staatlichen Souveränität aufgegeben, was beweist, daß eine kommunistische Staatsmacht durchaus in der Lage ist, die Marktwirtschaft in ihrer Entwicklung mit kluger Hand zu führen. Das Staatliche Komitee für Investitionen und Kooperationen, das die ausländischen Investitionen auf ihre Zweckmäßigkeit überprüft, wird von *Dau Ngoc Xuan*, dem früheren Planungschef und Vertreter Vietnams im RGW, geleitet.

Ich kann nicht abschätzen, wie lange die geförderte kapitalistisch-marktwirtschaftliche Basis den von der Kommunistischen Partei Vietnams strategisch geführten Überbau trägt. Ich bin mir aber sicher, daß sich auch in den parlamentarischen-, Staats- und Rechtsorganen Veränderungen in Richtung Demokratie und Rechtsstaatlichkeit vollziehen werden. Der Weg dahin wird sich evolutionär und nicht im Sturz des Sozialismus und gegen die Partei *Ho Chi Minhs*, der als erster Präsident des befreiten Vietnams weiterhin verehrt wird, vollziehen.

Ein Problem wird die Herausbildung der sozialistischen Marktwirtschaft, nicht nur in Vietnam, mit Sicherheit begleiten und trotz energischer Gegenmaßnahmen zunehmen: Die Korruption! An einem Beispiel möchte ich dieses verdeutlichen. Bei einem Spaziergang durch Hanoi in Begleitung eines Staatsbeamten trafen wir einen Studienkollegen meines Begleiters. „Hallo, wie geht es dir“, fragte ihn mein Begleiter, und er antwortete: „Nicht schlecht, ich vertrete jetzt ein ausländisches Reisebüro in Vietnam. Komm doch mit deinen deutschen Freunden heute Abend bei mir vorbei, da können wir uns unterhalten.“ Abends fuhren wir zur angegebenen Adresse und standen vor einer schönen, weißen, im vietnamesischen Stil gebauten Villa. Vor dem Haus stand ein Mercedes. Die untere der zwei

Etagen war modern eingerichtet und - was für Vietnam eine neue Stufe der Lebensqualität darstellt - das Haus war voll klimatisiert. Das Essen war schmackhaft, die Atmosphäre locker und das Gespräch inhaltsreich. Mein Begleiter wurde im Verlaufe des Gesprächs immer stiller. Sein Studienkollege hatte sich in den drei Jahren, die er als Firmenvertreter tätig war, mit einem Kredit in Höhe von 120 000 $ die Villa und den Firmenwagen kaufen können, während mein Begleiter als hoher Beamte im Monat ein Gehalt von 30 $ erhält und streng kontrolliert wird, daß er sich nicht korrumpieren läßt. Ein schwieriges Unterfangen, denn er und viele seiner Kollegen arbeiten bzw. kommen ständig mit kapitalkräftigen Leuten zusammen, die die Übergabe von Geschenken für eine gute geschäftliche Chance als ganz normal ansehen. Den Wechsel qualifizierter Beamter aus dem Staatsdienst in die private Wirtschaft wird man zwar mit Hilfe der Parteidisziplin und der Administration noch eine Zeit lang verhindern können, aber die schleichende Korruption ist auch mit Gehaltserhöhungen für die Staatsangestellten kaum aufzuhalten. Selbst jene, die sich nicht korrumpieren lassen, müssen ständig mit dem Verdacht leben, korrupt zu sein.

Bestimmt nur allein der Profit den Gang der Weltgeschichte?

Die Existenz der untergegangenen sozialistischen Länder war, ob man das anerkennt oder nicht, eine Herausforderung für das kapitalistische System, sich selbst zu verändern, Instrumentarien gegen den ständigen Wechsel von Prosperität und Krise zu schaffen, der sozialen Komponente mehr Beachtung zu schenken und die demokratischen Strukturen und die Rechtsstaatlichkeit weiter auszugestalten. Mit den Leitzinsen, der Geldwertpolitik, den Diskontsätzen, dem Währungsausgleichfonds und mit der von *Karl Schiller* begründeten „konzertierten Aktion“, d. h. mit dem aufeinander abgestimmten Verhalten des Staates, der Gewerkschaften und der Unternehmerverbände zur Erreichung wirtschaftlicher Ziele, sowie durch andere Mechanismen können heutzutage Investitionsanreize gegeben und konjunkturelle Überhitzungen gedämpft werden. Heute ist die Anarchie in der Wirtschaft, zumindest in den Hauptländern des

Kapitals, nicht mehr wie früher ein Hauptmerkmal dieser Gesellschaftsordnung. Die großen Konzerne haben schon längst die Ländergrenzen überschritten und wirken weltweit. Im Rahmen ihres Einflußbereichs haben sie eine gut funktionierende Planung. Der kritisierte Kapitalabfluß in die Billiglohnländer dient in erster Linie der Erzielung von Maximalprofit, schafft aber zugleich Arbeitsplätze und fördert das Bildungswesen in früher hoffnungslos zurückgebliebenen Staaten, die den Etablierten durch niedrige Preise das Fürchten lehren und ein preiswertes Angebot von Konsumgütern bereitstellen.

Immer wieder betonen führende Persönlichkeiten, daß sich die Bundesrepublik Deutschland von der *sozialen Marktwirtschaft* leiten läßt, die *Ludwig Erhard* einführte und die ihm zu dem Ruf verhalf, der „Vater des Wirtschaftswunders" gewesen zu sein. Es ist zu hoffen, daß diese Wirtschaftsform auch für die Zukunft gilt, denn die Forderungen des Staates und führender Vertreter der Unternehmerverbände kratzen schon heute am sozialen Besitzstand, den die Gewerkschaften und die Belegschaften im harten Kampf um Mitbestimmung erreicht haben. Natürlich muß die Wirtschaftspolitik der Regierung das Ziel verfolgen, die Bundesrepublik wissenschaftlich-technisch und im Niveau der Produktivität auf einen der vordersten Plätze in der Welt zu halten, weil nur so der erreichte Wohlstand der Bürger dauerhaft gesichert werden kann. Dies verlangt aber auch ausreichende Investitionen für moderne Produktionsanlagen und konkurrenzfähige Kosten. Allen Politikern, die andere Modelle vertreten, sollte man deshalb von Grund auf mit Mißtrauen begegnen. Ich halte nichts von jenen, die nur soziale Forderungen stellen und gegen modernste Hochtechnologien und steigende Arbeitsproduktivität polemisieren. Ich bin überzeugt, daß eine auf Leistung und soziale Absicherung zielende Politik von den Menschen der neuen Bundesländer tatkräftig unterstützt wird, sofern man für sie Arbeit findet und sie nicht Zuschauer des Aufstiegs anderer sein müssen.

Manches hat sich verändert, und nur eingepaukte Dogmen aufsagen, hilft heute nicht weiter. Sicher gibt es im Sinne der marxistischen Lehre noch Klassen und Schichten, denn die einen besitzen Produktionsmittel und die anderen nur ihre Arbeitskraft und sie sind froh, wenn sie diese überhaupt verkaufen können. Die Polarisierung von arm und reich ist nicht aufgehoben sondern schreitet fort.

Den Marxismus für tot erklärt haben schon viele ohne Erfolg, und ich werde mich nicht in die Reihe dieser einordnen. Aber den Kapitalismus heute noch einfach als eine vermodernde, absterbende Gesellschaft darzustellen, den „Kapitalisten" als einen Havannazigarre rauchenden, im weichen Ledersessel sitzenden, dicken Ausbeuter zu betrachten, der als Klassenfeind enteignet werden muß und die Arbeiter als verelendete, unter dem Existenzminimum lebende Klasse der Ausgebeuteten darzustellen, die - wenn notwendig mit Waffengewalt - um die revolutionäre Macht ringen muß, ist heute weltfremd, obwohl es allerdings im Hinterhof des kapitalistischen Systems noch Schandflecken größter Armut und widerliche Diktaturen gibt, die den Keim revolutionärer Veränderungen in sich tragen.

Unter diesen Bedingungen gilt es, sich ein realistisches Weltbild zu erarbeiten. Ich mag diejenigen nicht, die nichts mehr mit der DDR, der SED und dem Sozialismus zu tun gehabt haben wollen und „Männchen" vor den neuen Herren machen. Genau so wenig mag ich aber auch jene Zeitgenossen, die mit erhobener Faust „Rot Front" rufen und unablässig betonen, daß der Kommunismus siegen wird, ohne jedoch Verantwortung für Vergangenes zu übernehmen und ohne Ideen zu haben, wie es weitergehen soll.

Heute arbeiten in den entwickelten Ländern des Kapitals eine Vielzahl hochgebildeter Menschen in der Produktion. Sie wohnen und kleiden sich gut. In den Ferien unternehmen sie Reisen, und manche von ihnen nehmen durch Aktienbesitz am Kapitalzuwachs teil. Der kapitalistische Maximalprofit ist heute ohne den Massenkonsum der Bevölkerung gar nicht mehr realisierbar.

Aber es gibt auch noch das große Heer der Arbeitslosen, Gelegenheitsarbeiter und Obdachlosen, die in Armut und Not leben müssen. Es gibt die unterentwickelten Länder der Dritten Welt mit hungernden, frierenden, von Seuchen geplagten Menschen, die ich als permanente Anklage an das so effektive kapitalistische System empfinde. Ihre Not ist nicht allein durch Appelle an die reichen Industriestaaten zu bewältigen, den Armen etwas abzugeben, sondern erfordert Veränderungen des Systems und seiner Instrumentarien.

Ohne starke Gewerkschaften und die anderen Interessenverbände würde, nachdem der Sozialismus weltweit eine Niederlage erlitten hat und seine Sogwirkung verloren ging, der notwendige soziale Gegenpol zum Profitstreben fehlen. Hier liegt ein großes Betätigungsfeld für sozial engagierte Menschen und für linke Parteien im Rahmen der Verfassung. Es ist nicht gut, daß sie sich immer noch gegenseitig bekämpfen und somit schwächen und die ihnen gebotenen Chancen nicht wahrnehmen.

Unter den Kapitalisten gibt es auch heute nicht wenige Spekulanten und Nichtstuer, die das von anderen erarbeitete Geld verprassen, und ich kann mich schwer an den Gedanken gewöhnen, daß auch sie eine positive Rolle im System der Marktwirtschaft spielen, weil sie Geld unter die Leute bringen und Arbeitsplätze schaffen. Der überwiegende Teil der Unternehmer muß jedoch täglich mit hoher Verantwortung arbeiten und ständig Spitzenleistungen vollbringen. Nach der Wende habe ich einige von ihnen persönlich näher kennengelernt. Da war z. B. der deutsche Filmproduzent und Oscarpreisträger, *Manfred Durniok*, der mich bat, ihn nach Hanoi als Berater zu begleiten um zu helfen, einen Film über das aufstrebende Vietnam zu produzieren und prominente Interviewpartner zu finden. Bis tief in die Nacht hinein saßen wir zusammen, und trotz unterschiedlicher Biographien konnten wir über Fragen des zu vereinenden Deutschlands, über die Weltpolitik, über Kultur und Kunst, über Vergangenheit und Zukunft debattieren und erreichten stets einen Konsens oder kamen diesem nahe, ohne das Gefühl haben zu müssen, daß man sich angepaßt hätte. Oder *Claus Vatter* von der Firma „Bellinda“, der gemeinsam mit einem amerikanischen Chemiekonzern in einem großen östlichen Land eine moderne Unterwäschefabrik bauen wollte, und der mich bei den Verhandlungen durch seine Fähigkeit beeindruckt hat, von Beginn an alle Fakten zur Errichtung des neuen Betriebes rationell zu kalkulieren und abzuwägen. Leider scheiterte das Projekt an den unsicheren Bedingungen im Partnerland. Da war auch der gegen jeden Menschen, so auch gegen mich, mißtrauische Chef eines Edelmetall-Bergbau-Betriebes aus dem kanadischen Vancouver, *Thomas Reissner*, der mir Einblick in die Geschäftspraktiken dieses Industriezweiges verschaffte, die mich oft frösteln ließen, aber mir letztlich großen Respekt abnötigten. Und schließlich möchte ich noch *Peter Dussmann*, den Eigentümer der „Dussmann Gruppe“, einem Unternehmen für komplexe Dienstleistungen nennen, das einen Umsatz von 1,5 Milliarden DM jährlich aufweist, weltweit Niederlassungen hat und 35 000

Mitarbeiter beschäftigt, den ich als Berater auf Reisen nach Osteuropa und -asien begleiten konnte. Über viele Tage erlebte ich ihn in Aktion oder besser gesagt in pausenloser „Action". Ich studierte, wie er sich auf seine Gesprächspartner einstellte, ganz gleich ob es ein Minister oder einfache Menschen waren. Hin und wieder konnte ich ihm Hinweise geben, wenn seine Diktion nicht der Mentalität seiner Gesprächspartner entsprach, die für mich gute Bekannte, für ihn aber bis dahin Fremde waren. Die Probleme der Welt sieht er von einem realistisch-pragmatischen Standpunkt aus, argumentiert klug und nimmt aber auch neue Erkenntnisse an. Er vertritt leidenschaftlich die Marktwirtschaft und läßt am Sozialismus kein gutes Haar, aber hört aufmerksam dem Gesprächspartner zu, was heute schon viel bedeutet. Großzügige Spenden für den Wiederaufbau der Frauenkirche in Dresden und für ein kleines Krankenhaus in Ostasien sind bei ihm genau so selbstverständlich wie die exakte Berechnung jedes Details im Geschäftsleben. Schon sehr früh hat er die Zeichen der Zeit verstanden und ist nach der Wende mit der Zentrale seiner Firma von München nach Berlin umgezogen. Es gelang ihm, durch richtige Strategie und erfolgreiches Marketing, inzwischen ca. 7 000 Arbeitsplätze in den neuen Bundesländern zu schaffen und neue Niederlassungen in fast allen Hauptstädten Osteuropas zu gründen. Die Tochterunternehmen in den alten Bundesländern, in Westeuropa und Amerika entwickelten sich ebenfalls positiv. Nicht selten ist ein „Ossi" Geschäftsführer der Niederlassungen, wie z. B. der frühere Junioren-Weltmeister der DDR im Rudern, *Michael Kirchner*, der nun Sprecher aller Niederlassungen der Firma in Deutschland ist. Für *Dussmann* gilt der Satz, nicht woher man kommt, sondern was jeder einzelne leistet, entscheidet über den Rang in der Firmenhierarchie.

Ich sehe mich nicht in der Gefahr, die Unternehmer zu heroisieren und registriere oft genug, wie es der Dresdner Kabarettist *Wolfgang Stumpf* treffend ausdrückte, daß man im Unterschied zur Praxis in der DDR Politiker heute öffentlich kritisieren kann, während man jetzt den Chefs gegenüber, die man früher in der DDR richtig in die Pfanne hauen konnte, stets sehr vorsichtig sein muß. Aber ich sage auch offen, daß mir die heutige Beratertätigkeit für die Unternehmer, die von ihrem System überzeugt sind und von mir nicht erwarten, daß ich mich verkaufe, Freude macht, weil sie mir das Gefühl gibt, Nützliches tun zu können. Es ist für mich auch eine neue Herausforderung in meinem Leben. Mehr als 40 Jahre bin ich zum marxistischen Klassenbewußtsein erzogen worden und diese Erziehung bleibt für den Rest meines Lebens haften. Ich bin mir sicher, daß die Menschen in der ganzen Welt auch weiterhin für ihre Klasseninteressen kämpfen werden, solange es Klassen geben wird. Meine Sympathien werden immer der Arbeiterklasse und ihren Verbündeten gehören. Aber den Klassenhaß zu predigen, habe ich aufgehört. Hassen werde ich auch weiterhin Krieg und Gewalt, Lüge und Verleumdung, Betrug und Verrat, Zügellosigkeit und Brutalität. Eine Klasse jedoch werde ich nie mehr hassen, wie ich auch keine Rasse oder Nation hassen kann.

Ich bin kein Wendehals, aber es wäre unmarxistisch, die Kapitalisten als schlechte und die Arbeiter als gute Menschen zu betrachten, denn nur der Besitz an Produktionsmitteln unterscheidet sie nach *Karl Marx* voneinander. Mit dem Klassenbewußtsein allein können nicht alle Fragen beantwortet werden. Als der sowjetische Außenminister *Andrej Wyschinskij* einmal gegenüber seinem englischen Amtskollegen *Ernest Bevin* sehr vordergründig die Interessen der Arbeiterklasse betonte, antwortete ihm *Bevin*, daß er der Sohn eines einfachen Arbeiters sei, während *Wyschinskij* von russischen Bojaren abstamme. Worauf *Wyschinskij* erwiderte, warum *Bevin* denn das Trennende in den Vordergrund stelle, man wolle doch das Einende suchen, und das sei, daß beide ihre Klasse verraten hätten.

Was habe ich in meinem Leben unter meinen Klassenbrüdern schon für großartige Menschen und Kollegen, was aber auch für fiese Typen, Intriganten und Schaumschläger kennengelernt. Gute und schlechte Menschen gibt es überall. Gerade nach der Wende 1989 habe ich eine Reihe westdeutscher Bürger als großartige Menschen näher kennengelernt. Im Gegensatz zu einigen führenden Politikern. Wie freundlich waren diese Herren, als sie noch zu Zeiten der DDR mit uns sprechen wollten. Heute aber giften sie uns an, als wären wir der letzte Dreck auf dieser Welt. Um nicht nur anonym zu bleiben, möchte ich dafür *Klaus Bölling* als den Prototypen dieser Spezies „Politiker" nennen. Ich habe in dieser Zeit auch sog. kleine und große Gauner kennengelernt, vom Organisator verlogener Kaffeefahrten bis zum Großbetrüger bei der Vermarktung des DDR-Vermögens, frühere Großgrundbesitzer, die die Bauern von ihrem im Einigungsvertrag abgesichertem Land vertreiben wollen. Man muß schon den ganzen Menschen betrachten, wenn man sich ein abschließendes Urteil über gut oder böse erlauben will.

Zum Abschluß möchte ich noch ein Beispiel der Metamorphose eines ehemaligen DDR-Bürgers zum Jungunternehmer schildern: Einer meiner engsten Verwandten, ein ehemaliger Staatsangestellter, war nach der Wende arbeitslos. Er nahm auf meine Empfehlung hin eine Arbeit als Tankwart an. Als die florierende Tankstelle an der Autobahn auf dem Berliner Ring privatisiert wurde, machte ihm der Konzern das Angebot, die Tankstelle als Pächter zu übernehmen. Er nahm das Angebot an, und mußte zuerst einmal ein Drittel der 18 Mitarbeiter entlassen. Das war notwendig, da nach Meinung der Konzernleitung für die Rentabilität der Tankstelle der Personalbestand zu hoch war. Für meinen Verwandten mit dem sozialen Denken eines ehemaligen DDR-Bürgers waren die Gespräche mit den zu entlassenden Mitarbeitern eine seelische Tortur. Nach den erfolgten Entlassungen investierte der Konzern in den Ausbau der Tankstelle, und erneut wurde die Hälfte des verbliebenen Personals entlassen. Speziell für den Nachtdienst wurde ein dafür ausgebildeter Mitarbeiter mit seinem Wachhund eingestellt. Die notwendigen arbeitsrechtlichen Regelungen für weitere Entlassungen versuchte mein Verwandter durch eine „fair play-Regelung" mit den betroffenen Mitarbeitern zu regeln. Diese ließen sich jedoch nicht darauf ein, klagten ihre Forderungen gerichtlich ein und er war gezwungen, über einen Anwalt dagegenzuhalten. Heute betreibt mein Verwandter gemeinsam mit seiner Frau und vier Angestellten erfolgreich die Tankstelle, aber ein Zuckerlecken ist das nicht. Für ihn und seine Frau gibt es weder einen Achtstundentag noch freie Wochenenden bzw. einen geregelten Urlaub. Ständig müssen sie einen wesentlichen Teil des Gewinns in die Tankstelle investieren, denn wenn sie den Service nicht ständig verbessern und ausbauen, fahren die Kunden zur nächsten Tankstelle, weil diese einen besseren Service hat. Also leicht ist ihr Leben nicht. Aber sie haben eine neue Aufgabe, die sie fasziniert, in der sie aufgehen, sich „verwirklichen können", wie man heute so schön sagt. Das sind die Gesetze der Marktwirtschaft und wer *a* sagt muß auch *b* sagen können, daß hat mit gut oder böse nichts zu tun.

Warum, so frage ich mich, sollen wir durch ein Festhalten an Thesen, nach denen wir im Sozialismus ein Leben lang gearbeitet haben und mit denen auch die DDR gescheitert ist, jungen Menschen die Chance verderben, unternehmerisch tätig zu werden? Sollen denn die Arbeiter immer und für alle Zeiten aus Ost- und die Unternehmer aus Westdeutschland kommen? Warum sollte ich meinen Kindern, Verwandten, Freunden und vielen anderen Menschen privates Eigentum verwehren, wenn sie dadurch eine höhere Lebensqualität für sich und ihre Familien erreichen und damit auch einen Staat schaffen, der den Hoffnungen der Menschen besser gerecht wird als der sozialistische es konnte?

Wird nun das Streben nach Profit in Zukunft den Gang der Geschichte weiter bestimmen und ist die Eigenschaft des Kapitals noch die gleiche, wie sie *Karl Marx* im ersten Band des „Kapital" beschreibt? „Das Kapital hat einen Horror vor Abwesenheit des Profit oder sehr kleinem Profit wie die Natur vor der Leere. Mit entsprechendem Profit wird Kapital kühn. 10 Prozent sicher und man kann es überall anwenden. 20 Prozent - es wird lebhaft. 50 Prozent positiv waghalsig. Für 100 Prozent stampft es alle menschlichen Gesetze unter seinen Fuß. 400 Prozent und es existiert kein Verbrechen, das es nicht riskiert, selbst auf die Gefahr des Galgens."

Wenn man heute die Geschäftspraktiken einiger Multis analysiert, die seltsamen Machenschaften des gescheiterten Finanz- und Baulöwen *Jürgen Schneider*, bis hin zu dem Mann, der mit einem Koffer voller Plutonium durch die Welt reiste und dabei anscheinend auch noch von offiziellen Diensten dirigiert wurde, muß man unruhig werden. Die Kriminalität, der Drogenkonsum, der Ausländerhaß nehmen zu. Der Atomkrieg scheint zwar gebannt, aber die Zahl und die Grausamkeit der nationalen und ethnischen Konflikte wachsen rasch. Das militärische Gleichgewicht als stabilisierendes Element der letzten 45 Jahre ist aus den Fugen geraten.

Die Vereinten Nationen sind bemüht, ihre Rolle zur Sicherung des Friedens und der Zusammenarbeit in der Welt zu spielen, aber nicht immer gelingt ihnen das so nachhaltig, wie es notwendig wäre. Die USA und die NATO haben nach dem Zusammenbruch der UdSSR und des Warschauer Vertrages eine militärische Monopolstellung erreicht, der Einzelstaaten wie Rußland, die Ukraine, Kasachstan und andere nichts Gleichwertiges entgegenzusetzen haben. China kann es vom Stand seiner Entwicklung noch nicht, so daß wir nur auf die Vernunft der Politiker der westlichen Welt angewiesen sind, daß nicht ein Esel zum Tanzen aufs Eis läuft, weil es ihm zu wohl geht. Vernunft ist aber in der internationalen Politik eine schwache Garantie.

Die Jahrtausendwende

Am Anfang des Jahrhunderts, in dem ich geboren wurde, begann eine stürmische Entwicklung von Wissenschaft und Technik in vorher unbekanntem Tempo. Bis dahin galten die Mechanik, die Wärmelehre, die Elektrizitätslehre einschließlich des Magnetismus und die Optik als die Gesetze, die die Natur regieren. Die Gesetze der Physik schienen vollständig erforscht, als man entdeckte, daß die klassische Mechanik nur für die irdischen Geschwindigkeiten und Dimensionen gilt, nicht aber für kosmische Entfernungen und daß das Atom nicht das kleinste Teilchen der Materie ist. Neue wissenschaftliche Erkenntnisse bestimmten nun die Physik und die Mathematik. Die Relativitätstheorie, Quantenmechanik, Festkörperphysik, Extremtemperaturen, elektromagnetische Wellen, Radioaktivität, Kernspaltung, -schmelze, Laserstrahlen, makromolekulare Stoffe, Biochemie, chemische Synthesen, neue Stufen der Astroforschung sollen hier nur die notwendigen Stichworte liefern. Gewissermaßen als Endprodukte der neuen wissenschaftlichen Erkenntnisse traten Flugzeuge, Raketen, Raumschiffe, Autos, Telefon, Fernkopierer, Telegraphie, Radio, Fernsehen, Transistoren, Mikroprozessoren, Computertechnik, synthetische Rohstoffe, Flüssiggase, neue wirkungsvollere Arzneimittel, Pflanzenschutz- und Schädlingsbekämpfungsmittel und viele andere Produkte ihren Siegeszug an.

Das erste Auto, das Modell „Tin Lizzie", verließ 1908 das Fließband der Fordwerke in Detroit und heute werden allein in Deutschland mehr als 5 Millionen Pkw pro Jahr produziert und fast jede Familie besitzt mindesten ein Auto. Nach *Otto Lilienthals* Gleitflug gelang den Brüdern *Wright* 1903 der erste Flug mit Motorantrieb und heute fliegen täglich Millionen von Passagieren um die Welt, z. T. im 350 Passagiere fassenden Jumbo-Jet oder in der Concorde mit Überschallgeschwindigkeit von 2,2 Mach (ein Mach = rd. 1 200 km/h). Die Sowjetunion brachte den ersten Kosmonauten ins Weltall und die USA den ersten Menschen auf den Mond. Kleine Taschenrechner oder Bürocomputer haben heute eine größere Rechen- und Speicherkapazität, sowie viel größere Geschwindigkeiten und sie können überhaupt mehr, als zu Beginn unseres Jahrhunderts eine riesige Hollerithzentrale von der Größe eines Wolkenkratzers konnte. Automatisierte, elektronisch gesteuerte Produktionslinien mit Industrierobotern bestückt bestimmen moderne technologische Prozesse. Temperaturen und Drücke bisher unbekannten Ausmaßes sowie Materialverbindungen und Legierungen werden in der industriellen Produktion eingesetzt und verbessern die Qualität der Erzeugnisse. Mit der Kernenergie wurde eine neue Energiequelle für die Menschheit erschlossen, die allerdings größte Sicherheitsmaßnahmen erfordert und in Deutschland einen Anteil von etwa 10 Prozent am Energieaufkommen hat. In Frankreich sind es dagegen schon mehr als 80 Prozent. Mit der Atom- und Wasserstoffbombe, den chemischen, biologischen und den anderen Vernichtungsmitteln hat die Menschheit zugleich so viel an tödlichen Waffen erfunden, produziert und in den militärischen Arsenals gelagert, daß jedes Leben auf der Welt bei ihrer Anwendung mehrfach ausgelöscht werden kann. Vieles von dem habe ich miterlebt und möchte auch deshalb nun am Ende meines Lebens in die Zukunft blicken. Was wird sie uns noch bringen?

Wird der „Seher“ *Nostradamus* (1503-1566), der eigentlich *Michel de Notre-Dame* hieß, und Astrologe und Leibarzt *Karls IX.* war, und durch seine dunklen Prophezeiungen bekannt geworden ist, weil er mit den Vierzeiler-Versen, den sog. „Siecles“, angeblich die Pest und das Großfeuer von London (1665/66), das Schicksal *Heinrich II.*, des Königs von Frankreich, das Ende der Valois-Dynastie sowie der Familie der *Katharina von Medici* und der Königin *Maria von Schottland* und vieles andere richtig vorausgesagt hat und bis in unsere Zeit auch den Zweiten Weltkrieg, die Atomenergie, die Raumfahrt, die Computerviren, den Zusammenbruch der Sowjetunion, den Golfkrieg, das Schicksal der *Kennedys* und das Ende des Kalten Krieges Hunderte von Jahren im voraus ankündigte, sofern man bereit ist, der Interpretation der „Siecles“ durch seine heute lebenden Jünger, z. B. dem Wissenschaftler für Religionen, Esoterik, Astrologie,

Geheimgesellschaften und -kulte, *Francis X. King*, zu glauben, recht behalten? Für die ersten zehn bis hundert Jahre nach der Jahrtausendwende sagen die Voraussagen nichts Gutes, sondern weitere schreckliche Ereignisse voraus: „Es droht eine weltweite Hungersnot derartigen Ausmaßes, daß viele von uns sich aus den Wurzeln der Wälder ernähren und andere Kannibalismus betreiben werden; ebenso Kriege, bei denen es zum Einsatz chemischer, bakteriologischer und atomarer Waffen kommen wird; die schlimmste Inflation, die die Menschheit je erlebt hat, steht bevor; sowie wirtschaftliche und soziale Folgen von fanatischen religiösen Exzessen. Kurz gesagt: eine Zeit schrecklichen Terrors und fast unvorstellbaren Grauens steht uns bevor."

Für Menschen, die in Bosnien, Tschetschenien, Nagorny Karabach, Ruanda und morgen vielleicht schon an anderen Brennpunkten grausamer, bestialischer, unmenschlicher kriegerischer Auseinandersetzungen leben müssen, haben *Nostradamus'* Vorhersagen sich schon zu bewahrheiten begonnen.

Ich selbst aber glaube ganz fest daran, daß die Menschheit ihre Chance für ein friedvolles Leben ohne das Inferno eines Dritten Weltkrieges nutzen wird und sich Tausende und abertausende in Ost und West in Nord und Süd für dieses menschheitserhaltende Ziel einsetzen werden.

Wünsche für die Zukunft

Ich wünsche mir eine Welt des Friedens, der Gewaltlosigkeit, des Humanismus, der Solidarität, der Nächstenliebe und Arbeit für alle. Es sollte niemals mehr bewaffnete Kämpfe zwischen Klassen und Rassen, Religionen und Nationen geben. Der gerechte Kampf um Freiheit der Sklaven mit Macheten, Knüppeln und der Streitaxt gegen die Sklavenhalter und der Kampf der Bauern mit Spießen, Schwertern und Gewehren gegen die Feudalherren machten noch einen Sinn, denn sie halfen mit ihrem opfervollen Kampf der jeweils neuen Gesellschaft zum Durchbruch. Der Befreiungskampf der Arbeiterklasse war gerecht und unvermeidlich, forderte aber einen hohen Blutzoll, und trotzdem konnte sich die Oktoberrevolution in Rußland nicht als das Modell des sozialistischen Staates der Zukunft behaupten. Ich befürchte beim Stand der Waffentechnik, daß bei weiteren Versuchen bewaffneter Umstürze Schlimmes für die Menschheit entsteht und gebe deshalb notwendigen gesellschaftlichen Veränderungen auf friedlichem Wege den Vorzug.

Die Waffen der Politik, der Ideologien und der Religionen sollten das Argument sein und nicht Gewehre, Bomben und Granaten. Historisch gesehen haben allerdings alle Revolutionen in der Geschichte der Menschheit zusammengenommen nicht annähernd so viele Opfer gekostet wie die beiden imperialistischen Weltkriege. Deshalb wünsche ich mir, daß zuallererst Kriege verhindert werden. Auch Amerika sollte nicht die Kraft seines Machtmonopols dafür einsetzen, alles machen zu dürfen, wozu es entschlossen und militärisch in der Lage ist. Jede politische Führung eines beliebigen Landes, das heute einen Krieg provozieren will, sollte von den Völkern der Welt mit allen Mitteln, wenn es gar nicht anders geht, auch mit Waffengewalt, daran gehindert werden.

Niemand anderes als der Sicherheitsrat der Vereinten Nationen sollte zukünftig Beschlüsse über die Anwendung von militärischer Gewalt gegenüber Staaten fassen dürfen, und Ziel dieser Aktionen sollte es sein, Kriege zu verhindern bzw. der Herstellung von Ruhe und Ordnung dienen und nicht Änderungen der staatlichen Ordnung oder der Grenzen zur Folge haben. Für den militärischen Einsatz gegen Kriegstreiber und gegen menschenfeindliche Terrorsysteme sollte ein ohne Gegenstimmen gefaßter Beschluß des Weltsicherheitsrats oder ein mit mindestens zwei Drittel Mehrheit gefaßter Beschluß der UNO-Vollversammlung erforderlich sein.

Dem Sicherheitsrat müßte noch mehr Macht verliehen und wegen der Machtfülle ein „Rat der Weisen“ als das Gewissen der Welt mit Vetorecht übergeordnet sein, in dem 10 bis 15 Persönlichkeiten mit Autorität sitzen, die sich um den Frieden verdient gemacht haben wie z. B. *Nelson Mandela*, *James Earl Carter*, *Sergej Kowaljow*, König *Juan Carlos von Spanien*, *Richard von Weizsäcker* u.a.

In Zukunft sollte nicht erst die Anwendung, sondern schon die Produktion neuer Atomwaffen weltweit geächtet werden, und der Bestand an Abc-Waffen wäre am besten unter Verschluß des Sicherheitsrats der UNO zu stellen. Die NATO sollte nicht nach Osten ausgedehnt werden, denn wie weit auch immer, wird sich ein östlicheres oder fernöstlicheres Land davon bedroht fühlen. Ich wünschte mir, daß alle noch existierenden militärischen Blöcke aufgelöst werden und so lange sie existieren, sollten sie nicht außerhalb von UNO-Beschlüssen in fremden Staaten militärisch operieren dürfen. Keinem Land sollte gestattet werden, außer den Kosten für Einsätze im Rahmen der UNO-Beschlüsse mehr als 5 Prozent des Staatshaushalts für militärische Ausgaben aufzuwenden. Wer weniger dafür ausgibt, sollte von der UNO gefördert werden, und die freigesetzten Mittel sollten einem Fond zur Linderung von Armut und Obdachlosigkeit in anderen Ländern bzw. der Finanzierung der Arbeit von UNO-Hilfsorganisationen dienen.

Um gutnachbarschaftliches Zusammenleben und Sicherheit innerhalb der souveränen Länder zu gewährleisten, sollte Waffenbesitz einzelner Personen genehmigungspflichtig sein und kontrolliert werden. Ist das Land ein volksfeindliches, faschistoides Regime, sollte die UNO über die konkreten Möglichkeiten der Unterstützung innerer Kräfte des Widerstandes entscheiden. Dem Kampf gegen Kriminalität, Drogen und Ausländerhaß müßte in der ganzen Welt höchste Priorität eingeräumt werden, und die UNO sollte jährlich die Zahlen über Verbrechen in den Ländern im Vergleich ihrer Mitgliedsländer mit dem Ziel veröffentlichen, von den an der Spitze in dieser Statistik stehenden Staaten gesonderte Maßnahmen zur Bekämpfung einzufordern. Gewalt und sexuelle Straftaten gegen Kinder müßten besonders streng geahndet werden. Tötungsverbrechen gegen Kinder sollten mit dem Tode bestraft werden können, aber für alle anderen Delikte sollte die Todesstrafe abgeschafft werden.

Mit Waffengewalt an die Macht gekommene Militärregime sollten sich spätestens nach einem Jahr demokratischen Wahlen stellen und dürften nur bei mehrheitlicher Bestätigung durch die Bevölkerung des jeweiligen Landes durch die UNO anerkannt werden. Niemand darf wegen seiner Hautfarbe, Herkunft oder Religion verfolgt werden. Bei groben Verletzungen der Menschenrechte sollte der Sicherheitsrat über notwendige militärische Aktionen entscheiden. Mafiöse Organisationen sind mit allen Kräften zu bekämpfen. Alle Terrororganisationen sollten unabhängig von ihrem politischen, nationalen oder religiösen Standort weltweit als kriminell eingestuft und entsprechend behandelt werden. Flugzeugentführer sollten als Verbrecher, die den Tod von Menschen billigend in Kauf nehmen, um ihre Ziele zu verwirklichen, prinzipiell ausgeliefert werden.

Ich wünsche mir weiterhin, daß unter Berücksichtigung der unterschiedlichen historischen Entwicklungsstufen der Länder der Welt die ständige Ausgestaltung demokratischer und rechtsstaatlicher Strukturen bis zur Stufe der allgemeinen, freien, gleichen, geheimen Wahlen bei gerechten materiellen Bedingungen für alle Parteien im Wahlkampf, wenn notwendig unter Kontrolle der UNO, gefördert und Rückschritte von erreichten Positionen verhindert werden. Der unterschiedliche Entwicklungsstand der Demokratie sollte jedoch kein Hinderungsgrund sein, normale staatliche Beziehungen zwischen den Staaten aufzubauen und auch zu unterhalten. Gute wirtschaftliche Zusammenarbeit und Kooperation können fruchtbarer auf den politischen Fortschritt wirken als ständige Forderungen und Belehrungen hinsichtlich der erreichten Stufe der Demokratie. Innerhalb des Landes sollte das Votum eines Volkes von niemand ignoriert werden dürfen.

Wünschen würde ich mir, daß alle Bürger der Bundesrepublik Deutschland vor dem Gesetz gleich sind, sowohl in ihren Rechten als auch in ihren Pflichten. Dem entgegenstehende Bestimmungen der Ausgrenzung von Bürgern der früheren DDR wegen Staatsnähe, Parteizugehörigkeit, Tätigkeit in den Sicherheitsorganen u. a. sollten aufgehoben werden. Die juristische Aufarbeitung von Straftaten zu Zeiten der DDR sollte ausschließlich unter Anwendung des damals geltenden DDR-Rechts erfolgen und möglichst bald abgeschlossen werden. Der Beschluß Nr. 25/95 des Bundesverfassungsgerichts zur Strafverfolgung einstiger DDR-Bürger sollte nicht nur den Justizkreisen sondern besonders den Politikern ein Ansporn sein, den Weg für Versöhnung und Einheit freizumachen. Bereits Verurteilte, besonders ehemalige Grenzsoldaten der DDR, sollten unter Berücksichtigung der Bedingungen z. Z. ihres Handelns sofort aus der Haft entlassen werden. Es sollten keinerlei Akten vernichtet werden, aber es sollte auch gewährleistet werden, daß nicht die ostdeutschen Dokumente auf dem freien Markt und die westdeutschen Akten als geheime Verschlußsache behandelt werden. Der Umgang mit den Akten sollte rechtsstaatlich geregelt werden und der Würde des Menschen entsprechen.

Noch bestehende Nachteile der Menschen in den neuen Bundesländern wie die unterschiedliche Entlohnung, die hohe Arbeitslosigkeit sollten schnell abgebaut werden. Förderungsmaßnahmen für die neuen Bundesländer sollten solange weitergeführt werden, bis die Lebenslage ihrer Bürger und die Arbeitslosenquote - auf möglichst niedrigem Niveau - etwa den durchschnittlichen Bedingungen ganz Deutschlands entsprechen.

Wünschen würde ich mir ferner, daß alle Halbherzigkeiten zu Berlin als Hauptstadt des vereinigten Deutschlands schnell überwunden werden. Das erfordert eine moderne Verkehrslösung und ein Bauen für die Zukunft. Kleinkariertes, provinzielles Denken ist fehl am Platz. Die Stadtväter Berlins haben vor mehr als 100 Jahren weitsichtig doppelte Magistralen für die Straßenführung freigehalten, und es wäre ein Witz, sie heute bei einem gesteigerten Verkehrsaufkommen zu verengen. Nicht Stauräume an niveaugleichen Kreuzungen, sondern ein durch Über- und Unterführungen kreuzungsfreier fließender Verkehr sollte in Berlin, wie in anderen Weltstädten auch, das Ziel sein. Eine Traufhöhe von 22 Metern für Bauten mag an einigen Stellen der Stadt aus historischen Gründen richtig sein, aber eine Großstadt wie Berlin, dessen Einwohnerzahl in den nächsten Jahren ständig wachsen wird, kann ohne Hochhäuser und Wolkenkratzer nicht auskommen.

Anstatt ständig neue Sparwellen über das kulturelle Potential Berlins rollen zu lassen, sollte ein großzügiges Förderprogramm für die Kultur anlaufen. Wenn Berlin in den nächsten Jahren mit 28 Mio. DM nicht nur ein Viertel, sondern ein Vierfaches der Fördermitteln, wie z. Z. Bonn für die Kultur ausgibt, erhalten würde, wird es vielleicht der Bedeutung als Hauptstadt angemessen sein. Mindestens aber die Summe von 120 Mio. DM, die Bonn erhält, sollte in Berlin eingesetzt werden, denn sonst verliert die Priorität der Hauptstadt auch auf kulturellem Gebiet an Glaubwürdigkeit.

Wünschen würde ich mir auch, daß das richtige Prinzip der Gewaltenteilung von Legislative, Exekutive und Judikative im geeinten Deutschland systematisch weiterentwickelt und ausgebaut wird. Der Anteil ostdeutscher Bürger in diesen Institutionen sollte systematisch erhöht werden, so daß die Menschen der neuen Bundesländer in einigen Jahren entsprechend repräsentiert sind. Die Bürgermeister und Oberbürgermeister sollten möglichst Bürger aus den entsprechenden Städten und Gemeinden sein.

Bei aller Bedeutung der Medien für das tägliche Funktionieren der Demokratie sollte die Tendenz verhindert werden, daß sie sich zu einer Art „vierten Gewalt" entwickeln. Im Journalismus gibt es neben vielen ehrlichen Berichterstattern auch eine Anzahl verantwortungsloser Schreiberlinge. Da die Schlagzeilen, die Einschaltquote des Fernsehens, die Spitzenmeldung des Rundfunks immer mehr über Sein oder Nichtsein der Medien entscheiden, sollten alle verpflichtet werden, auf der ersten Seite oder zu Beginn der Sendungen über ihre durch schluderhafte Recherche notwendig gewordenen Widerrufe und Dementis zu den Falschmeldungen offen und ehrlich Rechenschaft ablegen, auch dann, wenn einige dafür eine Sonderausgabe oder zusätzliche Sendezeiten benötigen. Alle sollten dazu verpflichtet werden, das Dementi ebenso mit der Namensnennung des verantwortlichen Redakteurs so zu veröffentlichen wie die Ausgangsmeldung. Demokratie und Pressefreiheit ermöglichen, bei all ihren noch vorhandenen Mängeln, in ihrem Grundansatz am besten, daß die richtigen Leute an die richtige Stelle kommen, unter öffentlicher Kontrolle stehen und zum richtigen Zeitpunkt ausgewechselt werden. Die Möglichkeit ist jedoch nicht immer die Wirklichkeit. Leider sitzen immer noch unfähige Leute zu lange in hohen Ämtern, qualifizierte Leute werden oft gezielt „fertiggemacht" und hoffnungsvoller Nachwuchs wird nicht eingesetzt bzw. zu schnell ausgewechselt. Frauen haben es immer noch viel schwerer als Männer. Ich wünsche mir weitere Schritte zur vollen Gleichberechtigung der Frau und überhaupt zu mehr Miteinander in der Gesellschaft. Mehr an Fürsorge für die Ärmsten und Kinderreichen mit niedrigen Einkommen sollte in die Programme der staatstragenden Parteien an vorderster Stelle aufgenommen werden.

Der soliden Personalpolitik sollte überall größere Aufmerksamkeit geschenkt werden. Politiker sollten nach dem Grundsatz „sieben mal messen, einmal schneiden", ausgewählt werden und dann für eine Zeit von mindestens 5 bis 10 Jahren ihr Amt ausfüllen, denn die Entscheidungen haben meist einen langfristigen Charakter und Richtiges oder Falsches wird meist erst viel später sichtbar. Ein schneller Ministerwechsel trifft den Steuerzahler am härtesten, muß er doch für beide - oder bei schnellem Wechsel noch mehr - die Gehälter und die Abfindungen bezahlen. Hier und da fehlt auch den Politikern das notwendige Fingerspitzengefühl, verglichen mit Spitzensportlern, die nicht auf dem Zenit ihrer Laufbahn aufhören können und sich wundern, daß sie plötzlich unter „ferner liefen" abgetan werden, der Beifall ausbleibt, oder daß sie ausgepfiffen werden. Wenn sich Politiker zu lange an Macht und Einfluß klammern, schaden sie der Sache und sich selbst. Deshalb wünschte ich mir, daß sie selbst fühlen, oder daß man ihnen wenn nötig auch auf die Sprünge hilft, wenn ihr Fell zu dick geworden ist. Spätestens wenn die gewählten Politiker den Bürgern nicht mehr zuhören können, ist die Zeit für einen demokratischen Wechsel überreif.

Jung und alt gehören in einem guten Führungsteam zusammen wie der Baß und die Geige in einem guten Orchester. Jeder sollte auf seinem Instrument ein Könner sein. Niemand würde auf den Gedanken kommen, einen Menschen heute als Pilot und morgen als Kapitän eines Ozeanriesen oder gar als Chefarzt eines Krankenhauses einzusetzen, aber in der Politik geht das scheinbar! Da ist es allgemeiner Brauch, daß man die Ministerämter wechselt wie einen lahmen Gaul. Auf jeden Fall wäre ich für mehr Fachkompetenz, auch an der Spitze des Staates, wohl wissend, daß es für viele dieser Ämter gar keine Ausbildung an den Universitäten gibt außer der des Lebens.

Ich schreibe all das auf, weil ich oft erleben mußte, wie in der DDR zum Schaden des Landes so gehandelt wurde, wie Generalsekretäre ihren Aufstieg, eine erfolgreiche Zeit hatten, und dann dahinsiechten oder abstürzten. Regierungschefs brüskiert und kompetente Minister entmündigt wurden. Wie Versager jahrelang im Amt und Hoffnungsträger in ewiger Bereitschaft blieben.

Ich wünsche mir auch eine Welt des wissenschaftlich-technischen Fortschrittes und des stetigen Progresses zum Wohle der Menschheit. Neue Umwälzungen künden sich am Beginn des Jahres 2 000 an und müssen beherrscht werden, damit sie allseitig Nutzen bringen. Wie im letzten Jahrhundert werden neue Erkenntnisse und Schlüsseltechnologien, wahrscheinlich sogar im beschleunigtem Tempo, die Entwicklung in der Welt bestimmen. Die Menschheit schickt sich an, Energie und Rohstoffreserven aus der Tiefe der Meere oder von anderen Planeten zu bergen. Atom- und Wasserstoffenergie werden unverzichtbar sein, denn alle alternativen Energien wie Sonnen-, Wind-, Gezeiten- und geothermische Energien können bei aller Förderung nur einen Teil der notwendigen Energiemenge liefern. Die Vorräte an fossilen Brennstoffen wie Kohle, Erdöl und Erdgas werden in nicht allzuferner Zeit aufgebraucht sein, nachdem der Mensch sie innerhalb weniger Generationen ausgebeutet hat. Außerdem belasten diese Energiestoffe die Umwelt im großen Maßstab.

Es ist zu verstehen, daß viele Menschen aus Sorge um die Gefahren und Konsequenzen der Atomspaltung die Kernkraft ablehnen, aber wer für die folgenden Generationen vorausdenkt, kann die Verantwortung für eine Welt ohne nukleare Energiequellen nicht übernehmen, wohl aber für eine Welt ohne Abc-Waffen. Damit nicht ein weiteres Tschernobyl passiert, ist die Kernforschung zu beschleunigen, um auch andere Formen der Energiegewinnung, wie die Gewinnung von Energie aus der Kernschmelzung zu entwickeln, durch die riesige Energiemengen gefahrloser als bisher gewonnen werden können. Auch die direkte Gewinnung von Elektroenergie aus Sonnenstrahlen (Foto-Voltige) sollte weiter verfolgt werden.

Die Einsparung von Energie muß in Zukunft ein Hauptweg der Energiepolitik sein. Deutschland hätte z. B. große Chancen, sich durch perspektivische Investitionen in Rußland die schier unerschöpflichen Erdgasressourcen nördlich des Polarkreises auf der Halbinsel Jarmal, einem Gebiet, in dem der ewige Frost bis zu einer Tiefe von 400 Meter reicht, dauerhaft zu erschließen und damit große Mengen von Kohle und Heizöl abzulösen, die eine wesentlich größere Umweltbelastung bei der Energieerzeugung hervorrufen als das Erdgas. Als Flüssiggas verwendet kann das Erdgas auch in Größenordnungen im städtischen Nahverkehr, im Eisenbahnwesen Benzin und Dieselöl einsparen helfen und zum Umweltschutz beitragen. Die Nutzung der in absehbarer Zeit auslaufenden Vorräte an Erdöl in der Welt könnte man durch die tiefere Verarbeitung des Erdöls zu hellen Produkten, zu Lasten des Heizöles, noch einige Jahre oder gar Jahrzehnte strecken, bis man durch den Einsatz von Methanol, Wasserstoff u. a. Stoffen einen Anschluß zum Betreiben der Kraftstoffmotoren gefunden hat.

Ich wünsche mir, daß nicht nur die klugen und perspektivisch denkenden Wissenschaftler und Industriellen des „Club of Rome“, die in Veröffentlichungen wie „Die Grenzen des Wachstums“, „Die Menschheit am Wendepunkt“ und „Das menschliche Dilemma, Zukunft und Lernen“ in gewissen Abständen immer wieder warnend und mahnend ihre Stimme erheben und feststellen, daß die entscheidenden Rohstoffe in den nächsten Jahrzehnten zu Ende gehen, sich einschalten, sondern daß - vielleicht innerhalb des Hauptausschusses „Wirtschaft und Finanzen“ der UNO - eine wissenschaftliche Planung und der Einsatz der Vorräte und Aufkommen und dic Nutzung der Ressourcen der Welt sowie die Möglichkeiten ihres Transportes über weite Entfernungen vorgenommen werden können. Ist es wirklich utopisch, mit Hilfe der Sonne Afrikas über Fernleitungen Europa mit alternativer Energie zu versorgen oder die Nickelvorräte in Kuba als die - neben Kanada und Rußland - größten bisher erforschten Lagerstätten nutzbar zu machen und damit die Welt weiter mit einem Metall zu versorgen, was als eines der ersten in der Welt aufgebraucht sein wird?

Ich wünsche mir, daß Deutschland im Konzert internationaler Arbeitsteilung in Forschung und Produktion von Hochtechnologien weiterhin alles tun wird, um an vorderster Stelle in der Welt zu bleiben. In wenigen Jahren werden Elektroautos mit neuartigen Akkumulatoren und das Kleinauto mit weniger als 3 l Kraftstoffverbrauch auf den Straßen rollen. Neue Umwelttechniken zur Entschwefelung und Abgasbeseitigung sowie zur Reinigung von Abwässern werden entwickelt und die Entsalzung von Meerwasser wird energiearm möglich sein. Die Sicherheitstechnik für die Atomkraft wird in die Nähe der absoluten kommen. Intellektuelle Computer für geistige Prozesse und Sprachübersetzung werden breite Anwendung finden und neue Generationen von Kommunikations- und Unterhaltungselektronik werden in Großserien zu Niedrigpreisen auf den Markt kommen. Für die ständig wachsende Zahl von Menschen auf dem Erdball werden synthetische Nahrungsgüter, wie z. B. Protein, Fette, Enzyme, u. a. konkurrenzfähig hergestellt werden. Neue Medikamente gegen heute unheilbare Krankheiten werden zur Verfügung stehen, und sicher wird es bald ein risikoloses künstliches Blutplasma geben, das weniger Gefahren in sich birgt, als das natürliche Blut. Die Transplantationstechnik und die Endoskopie werden neue Stufen erreichen. Das alles erfordert neue Materialien, Apparaturen, Technologien und Wirkprinzipien, die eine ständige Herausforderung für die Wissenschaft und die Industrie sind. Auch die Bio- und Gentechnik ist ein Gebiet der Forschung, daß man nicht einfach nur mit einem Kontra blockieren sollte, denn im Rahmen des 1990 in der Bundesrepublik angenommenen Gesetzes, das auch auf Europa ausgedehnt werden sollte, können vernünftig künstliche Veränderungen des Erbgutes bei Pflanzen und Tieren im Gegensatz zur traditionellen Züchtung gewünschte neue Eigenschaften im Organismus verankert werden. Für Pflanzen und Nutztiere könnte das einmal entscheidend sein, einerseits um eine Welthungerkatastrophe zu vermeiden, andererseits kann auch für den Menschen die vorbeugende Behandlung bzw. die Vermeidung erblich angeborener Defekte ein Glück sein.

In der Wissenschaft hat es im Anfang von Entdeckungen und Erfindungen stets ernsthafte Widerstände gegeben und man sollte nicht allzu stolz darauf sein, daß der Vatikan 1992, nach 360 Jahren, *Galileo Galilei* und seine Entdeckungen rehabilitiert hat, weil er und nicht die katholische Kirche damals das richtige Bild von der Bewegung der Welt hatte und *Galilei* deshalb wegen seiner Worte „und sie bewegt sich doch“ als Gefangener der Inquisition unter Hausarrest stand. Oder hatte die katholische Kirche vergessen, daß von der riesigen Kuppel der Isaak-Kathetrale in St. Petersburg ein langes Pendel zwischen der Säulenpracht aus Malachid und Lapislazuli hängt, das in weitausholenden Schwingungen der goldenen Kugel über die in den Marmorboden eingelassenen Zeitkerben die ketzerischen Thesen*Galileis* beweist?

Von Deutschland aus haben bahnbrechende Erfindungen ihren Siegeszug um die Welt angetreten, und durch die Vereinigung des Wissenspotentials aus Ost und West könnte der Einfluß weiter wachsen, wenn man die Wissenschaften allseitig fördert und ihre Erkenntnisse industriell nutzt. Man sollte auch damit aufhören, Wissenschaftler und Erfinder der neuen Bundesländer aus politischen Gründen abzuwickeln, nur weil sie für die DDR gearbeitet haben oder Mitglieder der SED waren. Irritiert bin ich auch darüber, daß es Parteien gibt, die die Meisterung der Hochtechnologien nicht auf ihre Fahne geschrieben haben, sondern aus Unwissen, Kurzsichtigkeit oder, was noch schlimmer ist, aus wahltaktischen Gründen, versuchen, kräftig diese Entwicklung zu bremsen. Wenn sie dann um so lauter Sozialprogramme propagieren, wird offensichtlich, daß ihre politischen Grundideen nicht staatstragend sind.

Ein Wunsch von mir wäre, daß die deutsche Sozialdemokratie an politischer Stärke gewinnt und wieder eine regierungsfähige Partei wird, wie sie es unter *Willi Brandt*, *Herbert Wehner* und *Helmut Schmidt* schon einmal war. Meines Erachtens würde ihr das gelingen, wenn sie ihre populistischen Ziele des Ausstiegs aus der Atomenergie aufgibt, indem sie die Wissenschaften, besonders die Hochtechnologien und die Leistungsgesellschaft fördert, um die sozialen Ideen und ihr Programm real und dauerhaft durchzusetzen, und wenn sie die Chance nicht verpaßt, sozialdemokratisch denkende frühere SED-Mitglieder als potentielle Basis zu sehen. Das wird sie aber nicht schaffen, wenn sie die Ablehnung der kommunistischen Vergangenheit früherer DDR-Bürger noch gefühlloser und schärfer betreibt als die anderen Parteien der Bundesrepublik. Sollte es wirklich eine Utopie bleiben, daß sich aus Sozialdemokraten, grünen Realos und PDS-Mitgliedern einmal eine starke linke Kraft entwickelt, die ernsthaft um den Wahlsieg gegen CDU/CSU kämpft, die meines Erachtens als einzige Partei - wenn auch mit Ecken und Kanten - ein tragfähiges Wirtschaftsprogramm für die Bundesrepublik hat, aber in ihren gesellschaftlichen Grundzügen nicht den Hoffnungen vieler Menschen entspricht und deshalb eine Alternative herausfordert.

Damit ein einheitliches Europa mit blühenden nationalen Ländern entsteht, wünsche ich mir, daß man nach Brüssel die besten Leute schickt und umdenkt, um nicht den Krummheitsgrad der Bananen zu normieren und Bestimmungen zu erlassen, was und mit welchen Merkmalen als Schlafanzug zu gelten hat, sondern um die Zusammenarbeit der besten Wissenschaftler und Wirtschaftler Europas zum Nutzen des schnelleren Fortschrittes zu organisieren und kleinstaatliches egoistisches Denken zu überwinden. Europa benötigt in Brüssel keine Superadministration, sondern eine geistig-kulturelle Zentrale mit sicherem Gespür für die Aufgaben der Zukunft.

Es wäre überhaupt wünschenswert, daß Fragen über die Grundrichtungen der wissenschaftlichen Entwicklung aus dem Parteienstreit herausgehalten und diese Gremien von Experten unterschiedlichster Disziplinen überlassen werden. Mich hat immer amüsiert, wenn führende Politiker in der DDR mit Begriffen der Mikroelektronik nur so um sich warfen, deren Aussprache sie sich vorher mühsam angeeignet hatten. Außer der Förderung von Wissenschaft und Technik durch jede deutsche Regierung, in welcher Koalition sie auch immer wirkt, wünsche ich mir weiterhin, daß das Bildungsprivileg aufgehoben und das Bafög so ausgebaut wird, das Chancengleichheit für alle auch materiell garantiert ist, und die Begabtesten an den Universitäten und Hochschulen studieren können und nicht jene, die es sich finanziell leisten können.

Mit jeder neuen Erfindung und Entdeckung sollten auch entsprechende Sicherheitsmaßnahmen und Mechanismen zum Schutz gegen Mißbrauch entwickelt werden, denn es wachsen zugleich die Gefahren für die Menschen bei unsachlicher oder verbrecherischer Nutzung. Das Gasattentat in der U-Bahn von Tokio, der Sprengstoffanschlag von Oklahoma, die Anschläge fundamentalistischer Kreise auf die Pariser Metro und in der Stadt, der Schmuggel von waffenfähigem Plutonium fordern alle Menschen zu einer neuen Stufe der Wachsamkeit heraus. Denn auch eine Atombombe im Handtaschenformat und ein Killervirus sind wissenschaftlich denkbar und können in den Händen von Verbrechern zu Geiseln der Menschheit werden.

Insgesamt wird man für das Universum in Zukunft kühne Projekte brauchen, um bei dem weiteren Anwachsen der Weltbevölkerung ein Überleben der Menschheit zu ermöglichen. Allein von 1920 bis 1993 ist die Bevölkerung der Welt von 1,8 auf 5,8 Milliarden angewachsen. Seit unserer Zeitrechnung an hat sich die Zahl der Menschen in 1 600 Jahren verdoppelt. Die zweite Verdoppelung dauerte dann nur 200 Jahre, die dritte 100 und die vierte 25 Jahre. Die nächste Verdoppelung wird sicher etwas langsamer voranschreiten, denn in China beginnen die eingeleiteten Maßnahmen zur Verringerung des Wachstums der Bevölkerung zu wirken, so daß für 2025 eine Weltbevölkerung von 8,5 Mrd. vorausgesagt wird. Diese Zahl ist aber nur eine vorsichtige Schätzung, und der Zuwachs beträgt dann weltweit immerhin noch 2,7 Milliarden Menschen, während die erste Verdoppelung nur einen Zuwachs von 250 Millionen in 1 600 Jahren ausmachte. Das alles muß man sich vor Augen halten, wenn man über Forschung und Fortschritt nachdenkt und nicht nur eine populistische Politik betreiben will. Für Deutschland und die anderen Länder mit einer niedrigen Geburtenrate muß deshalb die Familie als Urzelle der Gesellschaft gefestigt und die Ehe mit mindestens drei Kindern wieder als der Normalfall betrachtet werden. In anderen Ländern mit explosionsartiger Entwicklung der Bevölkerung wird dagegen die sexuelle Aufklärung und die Propagierung von Verhütungsmitteln unausweichlich notwendig werden. Auch wenn die katholische Kirche und besonders der Papst in Rom es anders sehen. Das Thema des Schwangerschaftsabbruchs wird vielleicht noch lange Zeit kontrovers diskutiert, aber ich hoffe für die Frauen, daß sie - wie es in der DDR durch Gesetz geregelt war - die Entscheidung zur Indikation bis zur 12. Woche in eigener Verantwortung treffen können und ihnen ein Facharzt in einer stationären Einrichtung zur Verfügung steht und die Krankenkassen die Kosten für einen Schwangerschaftsabbruch, zumindest anteilig und abhängig von der Höhe des Einkommens, übernehmen, damit die Kurpfuscherei und der Wucher mit der Seelennot der Frauen keine Basis mehr haben. Wenn man diese Regelung um eine sachkundige Beratung vor dem Eingriff ergänzt, kann sie noch besser werden.

Ich wünsche mir weiterhin, daß sich immer mehr Menschen den Schutz der Natur, die uns allen nur einmal gegeben ist, zu eigen machen und sie ihrerseits nicht das Funktionieren der modernen Technik behindern, wie es bei der Einlagerung abgebrannter Brennelemente in Gorleben geschehen ist. Moderne Wissenschaften dienen dem Wohl, dem Überleben der Menschheit und letztlich auch dem Umweltschutz, es sei denn, man betrachtet es als Ideal, in Zustände der Urnatur zurückzukehren oder radfahrend, Pflanzen und Früchte essend sowie Ackerbau treibend sein Leben zu verbringen. Aber nicht Wirtschaftswachstum und steigende Arbeitsproduktivität allein können heute der Maßstab einer gesunden Entwicklung sein, sondern stets ist die Ökologie zu beachten, die man als die Lehre von den Beziehungen zwischen den Organismen oder Individuen und der Umwelt definieren kann. Der Artenschutz der Tiere und Pflanzen sollte die Aufgabe und das Ziel aller Menschen sein, ohne allerdings daran vorbeizugehen, daß der Mensch die Nutzung von Tierarten im Interesse seines Daseins betreiben muß, wenn er nicht untergehen will.

Die Chance der Menschheit auf ein langes Überleben liegt auch darin, daß der natürliche Lebensraum, der Boden, das Wasser, der Wald, die Pflanzen und die Lebewesen reproduzierbar sind und der Mensch durch seine bewußte Tätigkeit die Bedingungen für die Reproduktion verbessern kann. Viele Ressourcen an Mineralien, Phosphaten, Wärme und anderen Naturschätzen sind außer Erdöl, Erdgas, Bunt- und Edelmetalle, Ferrolegierungen und Kohle noch für lange Zeit in ausreichenden Mengen vorhanden. Deshalb brauchen wir Maßnahmen zur Förderung der Reproduktion der Natur, einer sparsamen Verwendung und Wiederverarbeitung von Rohstoffen und einer Verminderung und schadlosen Beseitigung von Abprodukten gleichermaßen. Dabei verbrauchen wir in Deutschland große Mengen der knappen Vorräte an Holz aus den Regenwäldern, Erdöl, Metallen und Naturprodukte wie Wolle, Baumwolle, Fleisch, Fette und Genußmittel, für die es große Möglichkeiten der Einsparung ohne Verminderung der Lebensqualität der Bevölkerung gibt. Allein der Verbrauch für Verpackung und Werbung hat katastrophale Ausmaße erreicht, und der Grad des Rücklaufs zur erneuten Nutzung der Rohstoffe und der Wiederverwendung durch eine sekundäre Verarbeitung ist immer noch so gering, daß Einsparungen in Größenordnung eines Drittels des Jahresbedarfs keine Utopie sein dürften. Überschwemmungen und Trockenheit zeigen Möglichkeiten, durch Anstauen und regulierten Abfluß von Regenwasser und Schneeschmelze auch eine wachsende Bevölkerung und neue Betriebe mit Wasser zu versorgen und zugleich vor Katastrophen zu bewahren.

Den bedeutenden Abbau der Umweltverschmutzung in den neuen Bundesländern, insbesondere die Verminderung der Belastung durch Kohlenmonoxid, Schwefeloxyden, Fluor-, Chlor- und Schwermetall-verbindungen sowie Staub, Klärschlämmen und Nitraten muß man begrüßen, darf jedoch nicht vergessen, daß der größte Teil dieses Erfolges das Ergebnis der Deindustriealisierung durch Stillegung der Kapazitäten ist und nur der kleinere Teil durch den Bau moderner Klär-, Filter- und Entschwefelungsanlagen, durch schadstoffarme Technologien, Gewässerschutzmaßnahmen usw. erreicht wurde. Die Beseitigung veralteter Schwelereien und Brikettfabriken, von Teerverarbeitungswerken, Stätten der Aluminiumelektrolyse, Winklergeneratoren und Chemiefabriken aus der IG-Farbenzeit ist aber auf jeden Fall positiv einzuschätzen, auch wenn sie, hoffentlich nur zeitweilig, durch Produkte der westdeutschen Konkurrenz ersetzt worden sind, wozu die damalige DDR nicht die notwendige Wirtschaftskraft hatte.

Auf einigen Gebieten des Umweltschutzes ist es leider nach der Wende schwieriger geworden. Der Haushaltsmüll ist in den neuen Bundesländern infolge des erhöhten Aufkommens und der geringeren Wiederverwendung rapid angestiegen, die Belastung der Luft durch Stickoxyde hat durch den wachsenden Autoverkehr in starkem Maße zugenommen, was weder durch Tempolimit noch durch den Katalysator bei den Kraftfahrzeugen ausgeglichen werden kann. Abhilfe kann ein langfristiges Programm zur Verlagerung eines großen Teils des Güterfernverkehrs von der Straße auf die Schiene bringen, das hoffentlich bald Realität wird. Die Produktionseinstellung der Wismut und der Abzug der in der DDR stationierten Truppen der Roten Armee haben weitere Möglichkeiten eröffnet, mit den Umweltaltlasten aus DDR-Zeiten fertig zu werden, erfordern jedoch nicht geringe Mittel und werden noch längere Zeit in Anspruch nehmen. Dabei ist es wichtig, daß die Bevölkerung nicht ständig mit Horrormeldungen verängstigt, sondern daß mit soliden, wissenschaftlich begründeten Daten gearbeitet wird. Es wäre wünschenswert wenn unter marktwirtschaftlichen Bedingungen das „Serosystem" aus DDR-Zeiten zur Vermeidung, Erfassung, Sortierung des Rücklaufs und der Wiederverwendung der Abprodukte für die Produktion von Sekundärrohstoffen für ganz Deutschland aufleben könnte. Auch die Pumpspeicherwerke waren eine umweltfreundliche Art, den Energiebedarf in Spitzenzeiten abzudecken, und sollten nicht in Vergessenheit geraten.

Weiterhin würde ich mir wünschen, daß junge Menschen früher als bisher üblich leitende Positionen übernehmen und daß Weltoffenheit, Kultur, Kunst, Ethik gefördert werden und menschliche Wärme stärker in die Gesellschaft einzieht. Man sollte sich daran erinnern, daß viele Entdeckungen und Erfindungen von Menschen in ihren jüngeren Jahren gemacht wurden. *Albert Einstein* (1879-1955) war 26 Jahre alt, als er sein Werk über die Relativitätstheorie veröffentlichte. Von *Carl Friedrich Gauß* (1777-1855), dem Physiker und Astronomen, wird erzählt, daß er schon als Achtjähriger seinen Lehrer dadurch verblüffte, als dieser die Aufgabe stellte, die Zahlen 1 bis 100 zusammenzuzählen, und er nach kurzem Überlegen antwortete: Das Ergebnis ist 5 050. „Woher willst du das wissen", fragte ihn der Lehrer, und *Gauß* antwortete: „Ich stelle mir die Zahlen 1 bis 100 als Reihe vor und denke mir darunter in umgekehrter Reihenfolge die Zahlen 100 bis 1. Dann erhalte ich 100mal die Summe 101. Also kann ich rechnen: 100 x 101 = 10 100, und da ich das 2 x gerechnet habe, muß ich die Summe durch 2 teilen und erhalte als Ergebnis 5 050." Damit hat der 8jährige *Gauß*, wenn diese Geschichte wahr ist, schon als Kind das Gesetz der Reihe entdeckt. Oder nehmen wir die wissenschaftlichen Entdeckungen der letzten 200 Jahre. *James Joule* (1818-1889) war 22 Jahre alt, als er auf die magnetische Sättigung des Eisens stieß, und mit 25 Jahren entdeckte er das nach ihm benannte Joulesche Gesetz; *Alfred Nobel* (1833-1896) entwikkelte mit 29 Jahren das Sprengöl; *Ernst Abbe* (1840-1905) begründete mit 26 Jahren die optische Industrie; *Ziano de Ferranti* (1864-1930) baute mit 21 Jahren den ersten Wechselstromgenerator; *Friedrich Bergius* (1884-1949) führte mit 27 Jahren erstmalig die thermische Druckspaltung von Erdölfraktionen durch; *Heinrich Hertz* (1857-1894) gelang mit 29 Jahren der Nachweis langwelliger elektromagnetischer Wellen und sein Neffe, *Gustav Hertz*, den ich noch persönlich kennengelernt habe, wies mit 26 Jahren nach, daß Atome nur diskrete Energiebeträge absorbieren können, woraus er die Isotopentrennung ableitete. Sollten uns diese Beispiele nicht zum Nachdenken anregen, der Jugend größere Chancen zur schöpferischen Tätigkeit einzuräumen? Ist es nur Zufall, daß 1994 ein 16jähriger Schüler mit seinem Computer den Code des Pentagons geknackt hat? Alle jungen Forscher sollten dabei ständig an die mahnenden Worte *Thomas Edisons* denken, daß Genie „zu einem Prozent Inspiration und zu 99 Prozent Schweiß ist".

Der Mensch unterscheidet sich von allen anderen Lebewesen durch die Fähigkeit zu denken, Phantasie und Kreativität zu haben und um diese Eigenschaften weiter zu entwickeln, braucht er nicht nur die materiellen Bedingungen dafür, sondern auch Kunst, Musik und Literatur. Es wäre ein schlimmer Fehler, würde das alles vollständig dem Kommerz unterliegen. „Bei Büchern, Gemälden, kurz allen Kunstprodukten, die von Kunstleistungen des exekutierenden Künstlers verschieden sind, ist kapitalistische Produktion nur in sehr beschränktem Maße anwendbar", schrieb *Karl Marx* in der Beilage „h" seiner „Theorien über den Mehrwert". Der Dramatiker *Peter Hacks* antwortete auf die Frage: „Was kostet die Kunst, und weshalb kostet sie was sie kostet?“ in seinem Buch, „Schöne Wirtschaft“: „Die Kunst kostet, was sie dem Künstler zu geben Lust haben, gesetzt, er ist aufgelegt, es zu nehmen. - Warum eben so viel? - Weil andere Ursachen in der Sache nicht sind.“

Es ist zu verzeichnen, daß eine Verrohung der Sitten durch die Abhängigkeit der Kultur und Kunst vom Profit sowie durch ein übermächtiges Angebot an Grausamkeiten, Terror, Kriminalität und Sex in den Medien eintritt, deshalb sollte der Ethik als Sittenlehre wieder mehr Beachtung gewidmet werden. Bei *Aristoteles* (384-322 v. Chr.) gehörten die Politik und die Ökonomie noch zur Ethik und ihre Abspaltung kann nicht bedeuten, daß sie nun ohne Ethik und mit verdorbenen Sitten betrieben werden.

Die Literatur, die Musik, die Kunst allgemein, hatten in meinem Leben immer einen besonderen Stellenwert. Als Kind war es der Choral in der Kirche, das Volkslied in der Schule und die Marschmusik meines Vaters, die mich begeisterten. Als Flieger im Zweiten Weltkrieg, den Tod ständig vor Augen, wollte ich, daß an meinem Grab *Willi Glahé* Akkordeon spielt, *Hans Albers* „La Paloma“ singt und *Marika Röck* steppt. Für *Johannes Heesters* und *Zarah Leander* schwärmte ich in der Jugendzeit. *Richard Tauber* sah und hörte ich in der Semperoper in Dresden. Während meines Studiums in Moskau war ich ständiger Gast in Konzerten, Opern, im Bolschoi-Ballet und gehörte 1958 zu den begeisterten Besuchern im Tschaikowskisaal, als wir den jungen amerikanischen Pianisten *Van Cliburn* mit nichtendenwollenden Beifall bis nach Mitternacht mit Zugaben festhielten.

Mein musikalisches Interesse war immer breit gefächert. Als die eigenwillige Stimme von *Bill Ramseay* in der DDR noch als Unkultur galt, hörte ich sie gern und wenn *Gisela May* oder *Hildegard Knef* mit ihren rauchigen Stimmen *Brecht*-Songs darboten, drehte ich das Radio lauter. *Fred Frohberg, Helga Brauer, Bärbel Wachholz* waren meine Lieblinge der täglichen Unterhaltung und das Duo *Hauff-Henkler* beeindruckte mich in New Dehli, als sie für jeden der anwesenden Diplomaten aus 14 Ländern einen Song des betreffenden Landes in seiner Heimatsprache sangen. Vom Counter-Tenor bzw. der männlichen Altstimme *Joachim Kowalskis* bis zum modernsten Schlager ging meine Bandbreite. Heute sind es Melodien wie „Love Hurts“ aus Skarlet, von der Gruppe Nazaret oder die Laila von *Tom Jones*, die mich faszinieren und zugleich sind meine Frau und ich oft Gast in der Berliner Philharmonie. Von dem Barock-Konzerttrompeter *Ludwig Güttler* und vom Alleskönner *Gunter Emmerlich* war ich zu DDR-Zeiten geradezu ein Fan, ehe meine Sympathie für sie durch die Fliehkraft wegflog, so schnell hatten sie sich politisch gewendet.

Mit *Konrad Wolf, Manfred Wekwerth, Hans-Peter Minetti, Erwin Geschonneck* u. a. hatte ich gute persönliche Kontakte. Maler wie *Walter Womaka, Willi Sitte, Wolfgang Mattheuer* waren mir schon deshalb sympathisch, weil ich von Kindheit an malte und eigentlich den Beruf des Porzellanmalers ergreifen wollte. Mit den Architekten *Hermann Henselmann, Gerhard Kosel, Heinz Grafunda* hatte ich im Rahmen meiner Arbeit viel zu tun. In der kargen Freizeit griff ich gern nach einem Buch. Ohne Kunst und Kultur wäre mein Leben leer und einsam gewesen.

Schließlich wünsche ich mir, daß allen Kindern Liebe, Obhut und Aufmerksamkeit geschenkt wird und daß ihnen auch materiell beste Bedingungen für ihre allseitige Entwicklung vom Staat und in der Familie zuteil werden. Kindergärten für alle, schöne und sichere Spielplätze, eine gute Schulbildung, die notwendige gesundheitliche Betreuung, die Studienförderung für besonders Begabte, muß eine vorrangige Aufgabe des Staates und jeder Partei werden. Niemand darf dabei aber nur Forderungen stellen, denn die finanziellen Mittel dafür müssen erst erarbeitet werden, bevor man sie ausgeben kann. Das gilt auch für die Betreuung älterer Menschen, die ein arbeitsreiches Leben hinter sich haben und die wohlverdiente Ruhe genießen wollen. Niemandem würde eine Perle aus der Krone brechen, wenn die Formen der Solidarität und der Betreuung der Veteranen wiederaufleben würden, wie sie in der DDR und in den anderen sozialistischen Ländern bestanden haben. Mit wenigen Mitteln kann den älteren Bürgern das Gefühl menschlicher Wärme und Anteilnahme gegeben werden, was ihnen heute oft fehlt. Vielleicht kann man anstelle der immer früheren Ausgliederung älterer Menschen aus dem Arbeitsprozeß, ihrem Wirkungskreis und ihre Entlassung in die Tatenlosigkeit etwas von den asiatischen Erfahrungen übernehmen, die älteren Menschen und den Ältestenräten höchste Achtung entgegenbringen. Ein Minister, der mit Hartnäckigkeit die Pflegeversicherung durchgesetzt hat, müßte auch die Kraft und den Willen haben, den Teil der Menschen in den neuen Bundesländern, denen es trotz Maßnahmen gegen die Arbeitslosigkeit und eines in der Welt mit an vorderster Stelle stehenden Sozialsystems zum großen Teil nicht besser, sondern schlechter als früher geht, durch die Einrichtung eines Härte-Ausgleichfonds zu helfen und damit das Versprechen von 1990 einzulösen, daß es in den neuen Bundesländern niemandem schlechter gehen soll als vorher.

Ich selbst stelle an das Leben keine großen Ansprüche mehr und habe deshalb meine Wünsche und Träume an das kommende Jahrtausend formuliert, in dem meine Kinder und Enkelkinder leben werden. Sie und die anderen sollen einmal sagen können, daß sie viel gewagt und dadurch auch viel gewonnen haben. *Nostradamus* sollte mit seinen Vorhersagen unrecht haben und auch seine Jünger sollten sich darüber freuen, denn es ist auch ihr Leben.

Schlußbemerkung

Die Existenz und der weitere Fortschritt der Menschheit verlangt heute politisch von jedem Land der Erde, ganz unabhängig von seinen gesellschaftlichen Bedingungen und ideologischen oder religiösen Überzeugungen seiner Bürger eine Grundtendenz zur Demokratie, zur Rechtsstaatlichkeit, zur Gewaltfreiheit und entschiedenes Eintreten gegen Ausländerhaß, Rassismus, Terrorismus und Nationalismus. Wirtschaftlich wird jedes Land im Rahmen seiner Möglichkeiten die Wissenschaft und Technik, besonders die High-Technologien fördern müssen, um konkurrenzfähig zu werden und zu bleiben. Durch ständigen Druck auf Kostensenkung muß dem Gewinn auch in Zukunft die entscheidende Stelle in jeder wirtschaftlichen Tätigkeit eingeräumt werden, denn aus dieser Quelle fließen nicht nur die Steuern für den Staat, sondern letztlich alle Mittel für den gesellschaftlichen Fortschritt. Allerdings sollten sich alle klar darüber sein, daß die Kostensenkung durch Kürzung sozialer Leistungen ein sehr zweischneidiges Schwert ist, da dieser Weg die Konflikte mit den betroffenen Menschen verschärft und dem inneren Markt Kaufkraft entzieht, wodurch wie in einem fehlerhaften Kreis erneut Arbeitsplätze vernichtet werden. Ich selbst sehe gegenwärtig in einer Exportoffensive Deutschlands in die expan-tierenden östlichen Märkte einerseits und in einer bedeutenden Erweiterung der Dienstleistungen auf kommerzieller Basis, die in Deutschland gegenüber den USA weit zurückgeblieben sind, andererseits die beiden größten Chancen, um neue Schubkräfte für den Aufschwung freizulegen und die zur Zeit forcierte soziale Rezession zu stoppen.

***

Meine Erlebnisse und Erkenntnisse auf dem Weg vom kaisertreuen, christlichen Elternhaus über die Hitlerjugend, den Zweiten Weltkrieg, den Neubeginn nach 1945, im Sozialismus, den Aufstieg und Absturz bis hin zum Häftling in der Zelle 108 des Untersuchungsgefängnisses II in der Keibelstraße in Berlin-Mitte sowie die Jahre als Bürger der Bundesrepublik Deutschland habe ich vor allem zu meinem Selbstverständnis aufgezeichnet. Ich selbst bin Atheist und die Bibelworte, Lukas 15, 7 : „ Ebenso wird auch Freude im Himmel sein über einen Sünder, der Buße tut, mehr als über 99 Gerechte, die der Buße nicht bedürfen", werden mir persönlich nicht helfen können. Daß die Weltreligionen das Gute im Menschen vertreten und die Brutalität bekämpfen mögen, soll als Wunsch noch einmal formuliert werden.

Bei allen, die dieses Buch lesen werden, bedanke ich mich im voraus für ihr Interesse. Mit abweichenden Meinungen muß ich leben, denn jeder macht in seinem Leben andere Erfahrungen. Sehr froh wäre ich, wenn mein Buch dazu beitragen würde, über vieles noch intensiver nachzudenken.

Bildnachweis

1. Bildseite
Bei der Fliegerausbildung: *Gerhard Schürer*, 3. von links.

2. Bildseite
1983 Hochzeit mit *Steffy* 1983.

3. Bildseite, oben
Gerhard Schürer in seiner Berliner Wohnung (1995).

3. Bildseite, unten
Gerhard Schürer als Copilot.

4. Bildseite
Walter Ulbricht, Erster Sekretär des ZK der SED empfängt 1965 in seiner Funktion als Vorsitzender des Staarsrates der DDR den Vorsitzenden der Staatlichen Plankommission der UdSSR, *Nikolai K.Baibakow.*

5. Bildseite
Das Politbüro der SED gratuliert *Gerhard Schürer* zum 65. Geburtstag

6. Bildseite
Tochter *Christina* (1995).

7. Bildseite
Das Haus 7 in der Waldsiedlung inWandlitz - Wohnsitz von *Walter Ulbricht* und später von *Familie Schürer*

8. Bildseite
Dokument zum Orden für Völkerfreunschaft, verliehen vom Präsidium des Obersten Sowjets der UdSSR, unterzeichnet von *Michael Gorbatschow.* Der Orden wurde 1991 *Gerhard Schürer* nach der Auflösung der UdSSR durch einen Mitarbeiter der Russischen Botschaft in Berlin überreicht.

Personenregister